邓小平实录 ②

1945 — 1966

[改革开放40周年纪念版]

李新芝 / 主编

DENG
XIAO
PING

北京联合出版公司
Beijing United Publishing Co.,Ltd.

图书在版编目（CIP）数据

邓小平实录 . 2 / 李新芝主编 . — 北京：北京联合
出版公司 , 2018.7

ISBN 978-7-5596-2188-7

Ⅰ . ①邓… Ⅱ . ①李… Ⅲ . ①邓小平（1904-1997）
－生平事迹 Ⅳ . ① A762

中国版本图书馆 CIP 数据核字（2018）第 115877 号

邓小平实录 . 2

主　　编：李新芝

责任编辑：张　萌

北京联合出版公司出版

（北京市西城区德外大街 83 号楼 9 层　100088）

河北鹏润印刷有限公司印刷　新华书店经销

字数：380 千字　710 毫米 ×1000 毫米　1/16　印张：23

2018 年 9 月第 1 版　2018 年 9 月第 1 次印刷

ISBN 978-7-5596-2188-7

定价：49.80 元

第四编　逐鹿中原（1945—1949）

第五编 新中国成立初期（1949—1956）

第六编　十年总书记（1956—1966）

第四编　逐鹿中原

（1945—1949）

上党、平汉战役

1945 年 8 月 15 日，对中国人民来说，是一个难忘的日子。历经十三年的抗日战争，终于取得了最后的胜利。

8 月 15 日中午，日本天皇裕仁以广播《终战诏书》的形式宣布无条件投降。

中国人民欢庆胜利，但是和平并没有到来。

蒋介石又挑起了内战。

盘踞在晋西南的国民党第二战区司令长官阎锡山充当了急先锋。

8 月中旬，阎锡山部主力在日伪军的接应下进占太原及其附近地区。8 月 16 日，阎锡山按蒋介石的密令，命令其第八集团军副总司令兼第十九军军长史泽波率领第十九军、第六十一军的主力四个步兵师及一个挺进纵队（相当于师），从临汾、浮山、翼城侵入晋冀鲁豫解放区心腹地带上党地区，下旬占领了我从日伪军手中解放的襄垣、潞城及被我地方武装包围的长治、长子、壶关、屯留等城。

上党，是山西省东南部以长治为中心的地区，自秦汉置郡以来就是晋东南的政治、经济、文化、交通中心。它东控太行，西据太岳，自古就是军事要地。因那里地势高，所以称为上党。

阎锡山进占上党，有着特殊的战略意义。从整个战局看，当时蒋介石正从其大后方西南、西北调集大军向华北、华中、华南各解放区陆续开进。蒋介石率先在华北行动，一个重要的目的，就是为了进而占据东北。阎锡山的这一步是蒋介石实现"抢占华北，争夺东北"战略部署的一个重要组成部分。从局部看，阎锡山企图以一把刀子插入上党，分割我太行、太岳两根据地，进而占领整个晋东南，然后把晋冀鲁豫军区的主要兵力逼到山区予以消灭，恢复其在山西的反动统治。

蒋介石在积极准备内战的同时，还在一个月内三次电邀中共中央主席毛泽东赴重庆谈判，企图用假"和平"手段，以共产党人到国民党政府中去"做官"为交换条件，让中国共产党交出军队和解放区，达到消灭革命力量的目的。

这时的美国政府也改变了不赞成中国发生内战的态度。

中国共产党人的态度是坚持和平，反对内战；方针是针锋相对，寸土必争。

毛泽东以大无畏的革命家气度，准备飞赴重庆，参加国共谈判。

也就是在这个时候，战争已经在晋冀鲁豫解放区的门口打响了。

晋冀鲁豫解放区，西起同蒲路，与晋绥解放区相邻；东抵津浦路，与华东解放区相接；北起正太路、德石路，与晋察冀解放区相依；南至黄河，黄河以南有中原解放区。它是华北战略区的中央大门，它堵着国民党军队向北进攻的道路，成为国民党军队进攻的重点。

上党又是重点中的重点。

军情急如火。中央军委和毛泽东就如何消灭侵入上党的阎锡山部做了部署。

8月20日，中共中央决定统一太行、太岳、冀南、冀鲁豫解放区的领导：组成了由邓小平任书记、薄一波任副书记的中共中央晋冀鲁豫中央局；成立了以刘伯承为司令员，邓小平为政委，滕代远、王宏坤为副司令员，薄一波为副政委，张际春为副政委兼政治部主任，李达为参谋长的晋冀鲁豫军区，统一领导太行、太岳、冀南、冀鲁豫四个区党委和四个军区。

当时，在上党前线的只有参谋长李达一个人。

8月25日，刘伯承、邓小平、滕代远、薄一波、张际春率晋冀鲁豫军区指挥员陈赓、杨得志、陈再道、陈锡联、王近山等人，乘坐当时美军驻延安观察组的一架道格拉斯运输机回到了太行根据地。当时，美军并不知道我方的意图，也不知道乘坐人员的身份。

刘邓一行此前是去延安参加党的"七大"的。邓小平去得晚一些，他是在"七大"结束后接到毛泽东的电报紧急赶到延安的。在党的"七大"上，邓小平当选为中央委员，这是他第一次进入中央委员会。

刘、邓等人一下飞机就上了前线，那里的仗已经打得热火朝天了。

8月26日，中央军委指示晋冀鲁豫军区领导：集中太行、太岳军区主力首先歼灭阎锡山进入长治的部队，收复上党地区，消灭心腹之患。

8月29日，刘、邓做出了晋冀鲁豫地区的整个战略部署，并电报中央军委。

部署经中央军委同意后，晋冀鲁豫军区决定：刘、邓、张会合李达参谋长，指挥上党战役；滕代远、薄一波即赴冀鲁豫平原地区指挥那里的部队行动，并准备平汉线上的作战。

刘伯承、邓小平、张际春等在进行战前动员时，首先向集结待命的干部和战士传达了党的第七次全国代表大会的精神，讲当时国际国内的形势和打好上党战役的决心。邓小平指出：根本问题是抗战的胜利果实落在谁手里的问题，蒋介石、阎锡山伸手来抢，绝不能让他们抢走；毛主席在赴重庆之前说过"只有你们打得好，我才能谈得好"；我们上党战役打得越好，歼灭敌人越彻底，毛主席就越安全，毛主席在谈判桌上就越有力量；我们不要辜负党中央和毛主席的期望。邓小平向参战将士发出了"打好上党战役，支援毛泽东主席赴重庆谈判"的号召。刘伯承说：蒋介石的军队沿5条铁路开进，5只爪子伸开向我们扑来了。人家的足球向我们华北解放区的大门踢过来了，我们要守住大门，保卫华北解放区，掩护我东北解放区战略展开。平汉、同蒲是我们作战的主要方向，但现在的问题是阎锡山侵占我上党6城，在我们背上插了一把刀子。芒刺在背，脊梁骨发凉。不拔掉这把刀子，心腹之患未除，怎么放得下心分兵在平汉、同蒲去守大门呢？

"为保卫胜利果实而战""为支援毛主席谈判而战"的口号激励着广大指战员。他们纷纷宣誓坚决歼灭敌人，争取战役胜利，并以饱满的革命热情投入了战前练兵。

9月7日，军区下达发起上党战役的命令。10日，战役正式发起。

这是抗日战争胜利后，晋冀鲁豫军区部队对国民党军队进行的第一个大战役，也是军区部队由分散的游击战向集中的运动战转变的第一个大战役。战役开始后，9天内连克襄垣、潞城、壶关、屯留、长子5城，歼敌7 000人。驻守长治的阎锡山部队完全陷入孤立。

从9月20日起，开始合围长治。

长治是上党地区的首府，城高壕深，工事坚固，守敌是阎锡山的第十九军军长史泽波所辖的3个师，1万余人。

9月24日，我围城部队正式攻城。

阎锡山为了救援长治被围孤军，派第七集团军副司令彭毓斌率第

二十三、第八十三两个军的 6 个师和省防军 2 个师，共 2 万多人，于 28 日进抵沁县以南。同时，急电长治守军军长史泽波："上党必争，长治必守，援军必到，叛军必灭。"以稳住阵脚。

连日阴雨，给我攻城部队带来了一定的困难。敌援军将至，我又久攻不下。在此紧急关头，刘伯承、邓小平决定变攻城为围城打援。除留一部继续佯攻长治，吸引敌援军继续南下，并准备歼灭由长治出城接应之敌外，我部队主力兼程北上，在地方武装的积极配合下，将阎军合围于老爷岭、西峧野、磨盘垴至榆林地区。经过数昼夜激战，于 10 月 6 日敌除 2 000 余人逃回沁县外，全部被歼。彭毓斌被击毙，数十名高级军官被俘。

敌援军被歼，守城阎军顿成瓮中之鳖、惊弓之鸟。史泽波于 10 月 8 日夜趁大雨浓雾弃城西窜，企图横穿太岳山，逃回临汾、浮山和翼城。我野战部队和地方人民武装部队在"拼命抓住敌人"的口号鼓舞下，忍受饥饿和疲劳，日夜追击，于 10 月 12 日在沁河以东之将军岭及桃川地区全歼逃敌，包括史泽波在内的近万名官兵当了俘虏。至此，历时 30 余天，共歼敌 12 个师及 1 个挺进纵队共 3.5 万人的上党战役胜利结束。除沁县外，晋东南地区全部解放。

上党战役的胜利，给进犯解放区的国民党军以迎头痛击。不仅巩固了晋冀鲁豫解放区的后方，还巩固了中国共产党在重庆谈判中的地位。蒋介石原指望在重庆谈判桌上以此为筹码，没想到全副武装、趾高气扬、气势汹汹的国民党军队竟会一败涂地。

蒋介石又恼又恨又无可奈何，只好在谈判桌上乖乖地签订了"双十协定"。

败军之将史泽波对陈赓这样说："抗战八年中，贵军在上党地区和日军作战。日本投降后，我们来抢占地盘是不对的。不过，没想到失败得这样快，真是天助你们。"

上党战役的胜利为我军主力在漳河以北组织歼灭战，为全力歼击平汉线北犯的国民党军开辟了广阔的有利战场，在军事上为我军赢得了战略上的主动。经过这次战役，我军大量补充了装备、弹药和兵员，提高了正规作战的水平，加速了由游击兵团向正规兵团的转变。10 月 14 日，也就是在战役结束后的第三天，晋冀鲁豫军区司令部写出了《上党战役经验的初步总结》。刘伯承、邓小平将战役经验电报了中央军委。

在谈到上党战役的经验时，刘伯承、邓小平说："我们上党作战是经过夺城打援、围城打援、消灭突围逃窜之敌的三种形式与过程。"

毛泽东曾高度赞扬上党战役的伟大历史意义。他在《关于重庆谈判》的讲话中说：

> 现在有些地方的仗打得相当大，例如在山西的上党区。太行山、太岳山、中条山的中间，有一个脚盆，就是上党区。在那个脚盆里，有鱼有肉。阎锡山派了13个师去抢。我们的方针也是老早定了的，就是针锋相对、寸土必争。这一回，我们"对"了，"争"了，而且"对"得很好，"争"得很好。就是说，把他们的13个师全部消灭。他们进攻的军队共计3万8千人，我们出动3万1千人。他们的3万8千人被消灭了3万5千人，逃掉2千人，散掉1千人。这样的仗，还要打下去。

上党战役刚刚结束，邓小平和刘伯承又受命指挥平汉战役。

国共虽然签订了"双十协定"，但是，毛泽东认为："已经达成的协议，还只是纸上的东西。纸上的东西并不等于现实的东西。"他看透了蒋介石的心思，估计蒋介石会进一步扩大进攻解放区的规模。毛泽东强调："不给敢于进攻解放区的反动派很大的打击，和平是不会来的。"

事态的发展和毛泽东预料的一样。

蒋介石进攻华北、抢占东北的步子迈得更快了。

国共两党争夺东北的斗争在平汉路上展开了。

10月12日，毛泽东致电邓小平、刘伯承，指示："山东、华东主力转移至冀热辽区及东北，至快还需一个月。各部队到达后，布置战场，熟悉地形，初步完成准备，至快亦须两至三个月。因此，我们阻碍和迟滞顽军北进，是当前重要的战略任务。""我太行及冀鲁豫区可集中6万以上主力由刘邓亲自指挥，对付平汉路北进顽军，务期歼灭其一部至大部。"要求晋冀鲁豫军区除以一部兵力截击沿同蒲路北进的敌军外，集中主力歼击沿平汉路北犯的敌人。

10月17日，上党战役结束后，毛泽东又给以邓小平为书记的晋冀鲁豫中央局发来一份电报。电报中说："在你们领导之下，打了一个胜利的上党战役，使得我军有可能争取下一次相等的或更大的胜利。除以太岳全力展开同蒲路的作战，争取应有胜利外，必须集中太行与晋冀鲁豫全力，争取平汉战役的胜利。即将到来的新的平汉战役，是为着反对国民党主要力量的进攻，为着争取和平局面的实现，这个战役的胜负关系全局，极为重大。"中央要求"利用上党战役的经验，动员太行、晋冀鲁豫两区力量，由刘伯承、邓小平亲临指挥，精密组织各个战斗部队，取得第二个上党战役的胜利"。中央还指示，应诱敌深入到安阳、沙河间地区寻求机动，予以各个歼灭。

为了完成党中央交给的战略任务，10月10日，在上党战役尚未完全结束时，刘伯承、邓小平即从前线赶回晋冀鲁豫军区驻地涉县赤岸村，部署平汉战役。

刘邓指示：为适应组织平汉战役，所有冀南、冀鲁豫及太行山在平汉线上的部队均归王宏坤、陈再道、宋任穷指挥。以加强部队控制汤阴及其两侧，监视、迟滞敌人北进，主力迅速占领临洺关、紫山，以及临漳、成安、肥乡三城，准备在漳河北消灭敌人。

10月中旬，蒋介石嫡系胡宗南部之先头部队第三军、第十六军，沿同蒲路经榆次转正太路开抵石家庄，侵入华北解放区腹地；孙连仲的第三十军、第四十军、新八军等部4万余人，在其副司令长官马法五（兼第四十军军长）、高树勋（兼新八军军长）率领下，由新乡沿平汉路北犯，后续4个军亦在向新乡开进；伪军孙殿英部随孙连仲部一同北犯，乘机侵占我已解放的汤阴县城。

平汉战役也叫邯郸战役。

邯郸，是华北的战略要地。它处于全国解放区的中央，扼华北解放区的大门，西峙太行、太岳，东屐冀鲁大平原，南临黄河，北界正太，四周被同蒲、正太、津浦、陇海铁路所环绕，平汉线贯穿其中。

刘伯承说，邯郸这座城市，战国时代被称为"四战之国"，现在仍然是"四战之地"：东要配合山东，西要配合陕北，南要配合中原，北要配合晋察冀。它所处的战略位置，决定了邯郸战役的重要性。

10月16日，刘伯承、邓小平签署了平汉战役的作战命令，决心集中太行、冀南、冀鲁豫主力于漳河北岸至临洺关铁路两侧，以优势兵力歼灭沿平汉路北进的敌军。另以基干部队一部结合广大地方武装民兵，自新乡至安阳段两侧不断袭扰、截击、饿困北上顽军，切断其后方的补给线，迫使其残留大量兵力于沿途各要点，以迟滞其行动，保障我主力顺利完成任务。

刘邓命令王宏坤、陈再道、宋任穷统一指挥杜义德、陈锡联、秦基伟所部组成路西军，由汤得志、杨勇、苏振华指挥第一纵队及冀鲁豫军区主力兵团一部组成路东军。由张廷发指挥所属三个团为独立支队，各按部署集结到各自的目的地带，待机作战。

这一部署，后来被国民党方面称为"口袋战术"。

10月17日，刘邓又发出了《平汉战役某些战术问题的指示》，具体地分析了敌军的特点，规定了我军战术上的基本原则，以及关于野战、村落战斗、夜间战斗、特种兵战斗的具体战术，还规定了大兵团作战的指挥与协同动作时的纪律和注意事项。

10月22日，战斗开始，且异常激烈。

几十年后，邓小平回忆说：

"马法五的第四十军、第三十军都是强的。高树勋的新八军也有战斗力呀！锡联在马头镇拼了一次，一拼就是几百人伤亡。我们打平汉战役比打上党战役还困难。打了上党战役，虽然弹药有点儿补充，装备有点儿改善，但还是一个游击队的集合体。在疲惫不堪的情况下，又打平汉战役。队伍没有到齐，敌人进攻。我跟苏振华通电话，叫他坚持5天，等后续部队到达指定地点。那次，他们那个一纵队的阻击战是打得不错的，完成了阻击任务。这样，后面的部队才赶上。"

由于敌人装备精良、训练有素，加之兵力足、火力强，刘邓当即决定待机总攻，采用猫捉老鼠、盘软了再吃的战法。一方面以各种形式来疲惫、挫折和消耗敌人，等待后续部队集结完毕；另一方面分化、瓦解敌军，积极策动、争取高树勋的新八军起义。

邓小平说："平汉战役应该说主要是政治仗打得好，争取了高树勋起义。如果硬斗硬，我们的伤亡会很大。"

邓小平非常重视争取高树勋起义的工作。

平汉战役开始后，邓小平又多次布置了这项工作。

经过多方面的努力，高树勋于10月30日起义。这对平汉战役的胜利起到了极其重要的作用。

陈赓在评论平汉战役时说："日本投降以后，刘邓首长指挥上党战役歼敌13个师，取得我党建军以来战果最大的胜利。不到一个月，又在平汉路歼敌3个军，打破了他们自己创造的纪录。这两个战役制胜之道很多，最关键的一条，是刘邓首长敢于集中优势兵力，选择有利战场。如果把部队分散，到处零打碎敲，绝不会有这样的胜利。因为现在是对蒋介石了，同打日本时的情况相比已经发生了战略上的变化。"

后来，邓小平在谈到上党、平汉战役时说："真正讲反攻，是上党、平汉战役开始迎战敌人的。我们迎战敌人，逼蒋签订'双十协定'。"上党、平汉"那两个仗打得好险！没有弹药，一支枪才有几发子弹。打攻坚战很困难，决定的关头靠冲锋、靠肉搏战，这两个都是歼灭战。打胜了以后，武器也多了，人也多了"！"仗一打开，我们才开始真正形成一个野战军的格局。"

丢掉和平幻想　准备严酷斗争

邯郸，位于河北省南部，是华北一座历史名城。战国时期，它是赵国的国都，自从赵敬侯由中牟（今河南鹤壁）移都到此地以来，这个城市已有两千三百多年的历史了。至今，城内仍保留着不少战国时期的古迹遗址，如赵国宫女的"梳妆楼""照眉池"，蔺相如的"回车巷"，还有坐落在城西的古丛台等，这些都默默地记录着当年赵国的历史。

近代以来，由于邯郸地处平汉线北段，战略地位越来越重要。抗战时期，侵占华北的日军第一混成旅区即以邯郸为旅团部的所在地，并以邯郸为据点，向太行根据地多次进行空前的大"扫荡"和经济封锁。同时，他们大肆掠夺邯郸周围武安、磁山、上党等地区的铁矿、粮食与山货，在邯郸集中、装车，运往各地。抗战胜利后，据守邯郸的日伪军拒绝向八路军缴械投降，并凭险负隅顽抗。1945年10月1日，邓小平、刘伯承在指挥上党战役的同时，命令太行、冀南军区部队向邯郸守敌发起进攻。经数日激战，于10月4日解放邯郸。

在战国时期，由于赵国"数距四方之敌"，故邯郸曾被称为"四战之国"。现在，它仍然是"四战之地"，东要协同山东、苏北作战，西要配合陕甘宁的斗争，北与晋察冀相呼应，南要支援中原解放军。正因为邯郸具有这种特殊的战略地位和作用，刘伯承、邓小平才决定把晋冀鲁豫中央局和晋冀鲁豫军区领导机关迁到此地，以便领导全区部队，背负起"四战之军"的光荣任务。

自从邓小平、刘伯承率领晋冀鲁豫中央局和军区领导机关移驻邯郸后，邯郸便成为华北最大的解放区——晋冀鲁豫解放区的首府。连日来，这个古老的小城突然变得熙熙攘攘、热闹非凡。城里郊外，大街小巷，到处是满载物资的大车和身着灰色军装的干部、战士。邓小平也不断地四处走走，到各机关检查、了解情况，以便部署下一步的工作。

停战命令发布以来，表面上看，国民党停止了大规模的军事进攻，一些主要地区的军事冲突也有所缓和，国共两党正在就划定停战线、整编军队、改组政府等问题进行和平谈判。但实际上，国民党对谈判根本没有诚意，国民党军对解放区边沿区的蚕食和进攻也从未停止过。在东北，国民党不承认解放军在东北的地位，命令部队继续向东北解放区大举进攻；在中原，国民党一边同中原军区进行谈判，一边加紧对中原解放区实行经济封锁和军事进攻；在晋冀鲁豫地区，国民党不断派出部队，沿交通线侵占晋冀鲁豫解放区边沿城镇，并利用大量的伪军和地方团队，袭击、骚扰解放区边沿村庄。从1月14日到4月底，国民党军对该区的军事进攻已达到920次，其中万人以上的进攻有4次，千人以上的进攻有40次，百人以上的进攻有110多次。

鉴于国民党军不断向晋冀鲁豫地区发动进攻，1946年3月3日，三人小组马歇尔、周恩来、张治中飞抵新乡，召集驻该区的国共双方军队最高指挥官，就关于执行停战协定的具体问题进行谈判。晋冀鲁豫军区司令员刘伯承参加了这次谈判。由于国民党没有诚意，谈判未获任何实质性结果。在国共两党进行和平谈判的同时，国民党军仍不断破坏停战协定，在解放区边沿区制造军事冲突。一系列事实和种种迹象表明，国民党停战、谈判是假，而利用谈判时机部署、发动内战是真。事实上，内战的阴云一直笼罩着中国，内战的危机时时刻刻都存在着。在这种情况下，如何教育全区的干部、战士充分认清形势，保持清醒的头脑；如何正确解决一部分同志思想上存在的松懈意志、和平幻想、居功自傲和厌战情绪；如何调动各方面力量，做好反内战的各种准备，以便在将来的自卫战争中立于不败之地，这是邓小平和晋冀鲁豫中央局面临的首要问题。

早在平汉战役结束不久，邓小平便于1945年11月10日，在峰峰煤矿主持召开了晋冀鲁豫中央局成立以来的第一次全体会议，对全区的工作做了初步的安排。会议决定认真贯彻中共中央《减租和生产是保卫解放区的两件大事》的指示，在全区展开大规模的减租、生产运动。同时，统一全区财政经济领导与供给标准，以支持长期战争。在这次会议上，邓小平严肃地批评了平汉战役胜利后一部分同志思想上存在的居功自傲倾向和厌战情绪，号召全体指战员充分认识蒋介石的反动本质，努力克服一切困难，从思想上做好应付长期战争的准备。

停战以后，国民党反动派不断破坏停战协定和政协决议。1946年3月1

日至 17 日，国民党召开六届二中全会，公开否定政协通过的宪法草案修改原则。不久，国民党又召开"国民参政会"，通过了反对政协决议的议案，并声称要继续推行国民党一党专政。

针对国民党反动派这一背信弃义的行为，邓小平在检查直属部队练兵情况时说："国民党的六届二中全会和'国民参政会'，企图撕毁停战协定和政协决议，因此，大规模的内战危机严重存在。我们必须提高警惕、加强练兵，做好应付内战的准备，歼灭一切敢于进犯解放区的敌人。"

4 月 4 日，邓小平和刘伯承、滕代远、薄一波等联名签发了晋冀鲁豫军区《关于准备应付内战的指示》。4 月 25 日和 5 月 8 日，又联名签发了《晋冀鲁豫军区军事斗争纲领》和《关于应付大规模内战加强准备工作的指示》。这些指示的中心内容是：提醒全区各级领导干部和战士，对国民党反动派保持高度的警惕，揭露敌人破坏停战的阴谋，利用停战时机抓紧练兵，放手发动群众，搞好减租和生产，做好应付全面战争的各种准备。

在邓小平和晋冀鲁豫中央局的领导下，晋冀鲁豫解放区掀起了大规模减租和生产高潮。许多地区开展了反奸清霸运动，在把群众发动起来之后，就立即转入减租减息运动。在一些老解放区，则进行查减运动。对减租减息不彻底的村庄，进一步发动群众进行复查。通过减租减息，在经济上减轻了贫苦农民的负担，限制了地富剥削。不少农民从地主手中夺回土地、耕牛、农具，激发了其生产热情，促进了大生产运动的开展，调动了农民支持长期战争的积极性。

在领导解放区的减租减息和大生产运动的同时，邓小平把大量的精力投注于部队的政治教育和军事训练方面。

1945 年 12 月，晋冀鲁豫军区主力部队和各解放区的民兵基干团通过整编，正式组成了晋冀鲁豫野战军，刘伯承任司令员，邓小平任政委。野战军辖 6 个纵队：第一纵队司令员杨得志，政委苏振华；第二纵队司令员陈再道，政委宋任穷（后王维纲）；第三纵队司令员陈锡联，政委彭涛；第四纵队司令员陈赓，政委谢富治；第六纵队司令员王宏坤（后王近山），政委段君毅（后杜义德）；第七纵队司令员杨勇，政委张霖之。到停战命令发布时，晋冀鲁豫全区的主力部队已发展到 31 万余人，多数纵队用缴获来的武器装备了部队，还建立了炮兵营。野战军的正式成立，部队人数的增加和装备的改善，为进一步适应大规模的运动战创造了条件。

军队人数的发展和装备武器的改进，固然是提高部队战斗力的主要因素，但部队政治素质和军事素质的优劣，则更能体现部队的综合战斗能力，而这一点正是共产党领导的人民军队与其他反动军队的本质区别。作为政治委员，邓小平不仅重视部队人数、装备的发展，而且还十分注重培养和锻炼部队的政治、军事素质。他一向认为，只有素质优良的部队，才能克服一切困难，不怕牺牲，勇往直前，才能不断地适应战争的变化，保证赢得战争的胜利。特别是从抗战胜利到全面战争爆发的这段时间，随着国内主要矛盾的转化，部队作战的环境、任务和对象，以及作战的方式都起了很大的变化，部队正处在由分散的游击战向集中的运动战的转变时期。如何带领部队迅速实现这种战略转变，如何使部队尽快地、彻底地适应大规模的运动战，更好地完成党中央交给的作战任务，这是在新的历史条件下，整军建军，提高部队政治、军事素质的重要内容。

在上党战役和平汉战役中，部队虽然取得了胜利，但那是靠十三年抗战小米加步枪的精神、靠战士们死打硬拼的顽强战斗作风换来的，是付出了很大牺牲和代价才争取来的。更大、更残酷的战斗还在后面，光靠英勇牺牲的精神和死打硬拼是不够的，还必须教育全体指战员努力克服长期游击战争所带来的游击性和地方性，充分认识即将到来的战争的长期性、艰苦性，从思想上来一个彻底的转变。同时，利用停战时机，训练和提高部队的作战能力，改变战术，掌握攻坚、野战技术，培养和锻炼一支打不垮、过得硬、素质优良的军队。为此，邓小平倾注了大量的精力和心血。

在晋冀鲁豫中央局高层会议上，邓小平根据中共中央关于在军队中恢复党委制的决定，指示首先在各纵队和旅建立党的委员会，在组织上保证了党对军队的领导。此后，又根据工作的需要，逐步加强了团以下基层党组织的建设。轮训了党支部委员、党小组长，并吸收了大批在战斗中涌现出来的优秀战士入党，普遍进行党的教育，充分发挥了党组织和党员在部队中的战斗堡垒作用。停战期间，邓小平指示部队深入进行形势教育和人民军队本质教育。各部队通过列举国民党军不断破坏停战协定，向东北、华北和中原解放区进攻，积极准备内战的大量事实，教育指战员。使之认识到全面内战危机的严重性，从而消除了麻痹倾向、和平幻想，提高了斗志，进一步做好了应付内战的思想准备。

为了更好地配合部队的政治教育，邓小平授意晋冀鲁豫军区政治部，编一本进行人民军队本质教育的小册子，阐述毛泽东、朱德等领导同志关于人民军队的建军路线、建军原则和建军思想，作为人民军队本质教育和改进部队政治思想工作的教材。不久，《人民军队的建设》一书出版，并发到各个部队。这本书对提高部队政治觉悟和军事战术水平、增强战斗力起了很大的作用。

在多年的戎马生涯和政治工作中，邓小平逐渐积累了一套丰富的政治工作经验，并形成了与众不同的独特风格。他讲究实际，注重效率，反对浮夸、拖拉、空话连篇；主张深入基层，"一竿子插到底"，反对层层下达，延时误事。正因为如此，他时常到连以上的干部会上讲话、做报告，以便把上级的指示精神一下子传达到基层，迅速贯彻落实。他还十分欣赏报纸在政治工作中的特殊作用，认为这是上情下达、下情上传的最快、最好和最有效的工具。

正因为报纸能够尽快将上级的指示精神传达到基层，让全体指战员及时了解革命形势的发展和变化，同时又能及时反映战士们的政治思想、军事训练和生活方面的情况，邓小平指示晋冀鲁豫军区创办了机关报《人民的军队》，发到各个连队，让战士们互相传阅、学习，以配合正在进行的时势教育和政治教育。

1946 年 3 月 24 日，晋冀鲁豫军区机关报《人民的军队》创刊了。邓小平欣然提笔，作了如下题词：

> 人民军队的责任是随时随地为人民服务，一切为人民的利益着想。今天，我们必须亲自动手，努力生产，克服困难，以减轻人民的负担，使人民的经济向上，逐渐恢复八年战争的创伤，走向丰衣足食的道路。

在对部队进行政治教育的同时，邓小平和刘伯承加强了部队的军事训练。1946 年 5 月 1 日，中共中央发出《关于练兵的指示》，指出"国民党反动派除在东北扩大内战外，现正准备发动全面内战。在此种情况下，我党必须有充分准备，能够于国民党发动内战时坚决彻底粉碎之"。各地在接此指示后，应"立即下令全军练兵，上级督促检查，将此看成决定胜负的关键之一"。5 月中旬，晋冀鲁豫区召开了训练会议，颁发了 3 个月的练兵指示，要求全区部队和各地方武装立即掀起大规模的练兵运动。通过练习射击、爆炸、投弹、参战演习等，提高部队的战术和技术水平。6 月中旬，邓小平和刘伯承在邯郸主持召开了晋冀鲁豫地区高级干部练兵会议。邓小平在会上严肃地指出：全面内战危机已十分严重，部队必须加紧练兵，做好一切准备，以应付全面战争的爆发。他严厉地批评了忽视练兵的个别高级领导干部，指出练兵运动不只是战士们的事，各级指挥员要亲自动手，具体指导练兵运动。不要只委之于训练部门，自己当"阅兵大臣"。当天散会后，邓小平、刘伯承、李达、张际春等带领各纵队、旅首长来到打靶场上，亲自指导练兵，为全军做出了表率。

通过几个月的政治整训和军事训练，全区干部、战士的政治觉悟和军事素质已有显著提高。他们认清了蒋介石的反动本质，打消了和平幻想，从各方面做好了应付全面战争的充分准备。

6月中下旬，局势进一步恶化，蒋介石加紧调兵遣将，部署内战。在东北、华北、华东、西北和中原，国民党军重兵压境，内战危机如箭在弦上，一触即发。

在这种严峻的形势下，经邓小平、刘伯承指示，晋冀鲁豫中央局讨论确定了战争爆发后全区的工作方针：第一，争取战争的胜利；第二，任何时候不放松对发动群众和生产的领导；第三，在战争中，部队应坚持利用一切空隙练兵，提高技术和战术。

6月23日，邓小平签发了晋冀鲁豫中央局紧急指示，要求全区党政军民立即行动起来，迅速完成一切作战准备工作，以坚定不移的决心和信心，去争取战争的胜利。

一出陇海

1946年7月14日，晋冀鲁豫野战军指挥部正式组成，刘伯承任司令员，邓小平任政委，李达任参谋长，张际春任副政委兼政治部主任。同一天，邓小平和刘伯承乘吉普车从邯郸出发，率指挥部开赴冀鲁豫前线。

汽车沿着泥泞、坑坑洼洼的小路，冒着酷暑烈日一直向东驶去。穿越一座座绿荫掩映的村庄，绕过一片片一望无际的青纱帐，7月下旬来到鲁西南地区的菏泽县。

这时候，中原解放军在李先念、王震、王树声等人的领导下，已全部撤离豫鄂边区，越过平汉铁路向豫陕、鄂西北方向突围。而原在中原地区的国民党军 30 多个旅，全部被李先念的突围部队牵引到豫西、陕南、鄂西北一带。这就造成陇海路开封、徐州之间，以及铁路以南、新黄河以东以北广大地区的空虚。只有国民党整编第六十八、第五十五师 6 个旅及地方团队担任守备，其中整编第六十八师 3 个旅分布于长垣、开封、杞县地区，整编第五十五师 3 个旅分布于考城、兰封至商丘一线，主力在商丘地区。虞城、刘堤圈及其以东的铁路沿线和徐汴段以南的 10 多个县城的守备部队全是地方团队。这一形势表明，执行中央军委原定的豫东作战计划的时机成熟了。

8 月 2 日，刘伯承、邓小平在菏泽野战军指挥部召开军事会议，决定于 8 月 10 日发起陇海路战役，将部队分为左、右两路军。左路军攻取黄口、砀山、虞城，右路军攻取民权、兰封，然后主力越陇海路南下，攻占豫东各县，以策应华东主力和中原解放军作战。

邓小平在会上充满信心地说："陇海路是蒋介石向华北、华东、西北、东北运送兵力和物资的生命线，也是他的致命伤。只要我们在这条大动脉上打得好，敌人进攻解放区的全部计划就会乱了套，这就叫作牵一发而动全身。"

8 月 6 日，刘邓再次电告中央军委，表示出击陇海路的时间和计划不变。

毛泽东接到刘邓的电报后，即于 9 日，以中央军委的名义回电，表示同意 8 月 10 日开始作战。毛泽东在电报中告诉刘邓，目前程潜、刘峙、胡宗南及重庆所属的 30 多个旅"全部用于对付我中原军，故我中原军负担极重，急需援助"。他要求刘邓大军在发起陇海路作战的一个月内，"占领汴徐线及豫东淮北十余县，并歼敌二至三个旅"，迫使蒋介石从我中原军方面抽调数个旅向东、向北增援。毛泽东欣慰地指出：如果刘邓、陈粟两军能在苏中、淮北、豫东地区取得胜利，并调动围攻中原军的数个旅回援，使我中原军能在陕西、豫西、川东、鄂西、鄂中、鄂东、皖西等七八处地方站住脚跟，即是战略上的一大胜利。

8 月 10 日，陇海路战役开始。这天夜里，月色朦胧，星光闪烁，各纵队一路急行军，悄悄穿过陇海路北侧据点密布的 30 公里纵深地区，向正在沉睡的陇海路徐（州）汴（开封）间的敌人发起猛攻。经过激烈交战，11 日拂晓，第六纵队攻克兰封城，第七纵队攻克砀山城。到 12 日，各部队又先后攻克李家集、杨集、刘堤圈、柳河集等 10 余处车站，歼敌 5 000 余人，控制与破坏铁路 150 公里，完成了第一阶段的作战任务。

8 月 13 日，敌整编第五十五师第一八一旅由商丘向西增援，进抵柳河集以西地区；敌整编第六十八师 4 个团由开封东援，进到罗王以西地区。同时，蒋介石被迫从追击中原解放军的部队中抽调整编第四十一、第四十七、第三师回援开封。

中央军委指示，乘敌援军尚未到达时，越陇海路南下，在豫东地区展开攻势，迫使敌人将豫、陕调动的援军向新黄河布防，使其不能集中于开封一处向我进攻，以争取时间，各个歼敌。

根据中央军委的指示，邓小平和刘伯承等研究确定了第二步作战计划：第三、第六纵队各一个旅钳制敌整编第六十八师，并继续围困民权之敌；第三纵队攻歼敌第一八一旅，而后南下夺宁陵、睢县；第六纵队主力南下夺取杞县、通许；第七纵队主力西进夺取虞城、马牧集后，南下夺取亳县、柘城、鹿邑、淮阳等城。

14 日，各纵队按计划投入战斗。

15 日，第六纵队主力攻克杞县，冀鲁豫六分区部队攻克通许，敌夏（邑）永（城）虞（城）联合指挥部指挥长蒋嘉宾率 4 000 余人在虞城起义。

17 日，第二阶段作战命令被敌人截获，刘邓大军夺取豫东 10 余县的作战意图完全暴露。而这时，敌人的援军正向豫东逼近。西面，豫陕来援之敌先头 3 个旅，除 1 个旅向新黄河以南布防外，2 个旅已到达开封、阳武、封丘地区，后续 4 个旅正继续开进。东面，徐州敌人也开始西援。邓小平、刘伯承当机立断，迅速改变作战部署，放弃攻城计划，集中第三、第七纵队主力全力围歼敌第一八一旅，同时以第六纵队 1 个旅集结兰封待机，其罗王附近部队以运动防御迟滞东援之敌，调第二纵队到东明地区，掩护主力侧背安全。

21 日，全歼敌第一八一旅和第二十九旅 1 个团。这时，敌人西路援军整编第三、第四十一、第四十七师已全部到达开封、长垣、新乡地区；东路援军第五军和整编第十一、第八十八师进至砀山、夏邑以东地区，企图夹击刘邓主力。邓小平、刘伯承遂决定结束战斗，将主力转移到陇海路以北休整。陇海路战役于 8 月 22 日结束。

这次战役共作战 13 天，歼灭国民党正规军 2 个旅和 5 个保安团，计 1.6 万余人，解放砀山、虞城、兰封、杞县、通许 5 座县城，占领车站 10 余处，破坏铁路 150 公里，截断了敌人东西交通线。刘邓大军进攻陇海路战役的结果，达到了预定的战略目的之一：迫使蒋介石从围堵中原解放军的部队中抽调 3 个整编师回援开封，又从华北战场调第五军和整编第十一师到冀鲁豫战场。

这就减轻了中原解放军的压力，使其能在豫西、陕南、鄂西北等地站稳脚跟，创建新的根据地，同时配合了华东战场的作战。但由于战局变化，敌人增援迅速，原定乘胜出击豫东并占领10余县的计划却未实现。

按照中央军委预定的战略部署，在邓小平、刘伯承率部发起陇海路战役的同时，山东野战军在东部发起了朝阳集战役和泗县战斗，以策应刘邓大军向豫东出击。7月下旬，山东野战军发起朝阳集战役，歼敌5 000余人。8月7日，又发起泗县战斗。由于攻城兵力分散，主攻方向不清，加之连日大雨，进攻受阻，泗县城久攻不克，而部队伤亡较大，山东野战军遂于9日主动撤出战斗，8月底撤至泗阳东北地区休整待机。

泗县战斗失利，山东野战军主力向东撤退，豫东战场失去了东面的有力配合。而这时，苏皖解放区首府淮阴城的失守已成定局，敌人必然在得手淮阴后全力对付刘邓大军，豫陕方向来的援军正步步逼近。鉴于这种情况，邓小平、刘伯承不得不忍痛放弃豫东作战计划，命令部队向陇海路以北撤退。

晋冀鲁豫野战军撤至陇海路以北，山东野战军撤至苏北，表明徐州、豫东方向作战的结束。这次作战，虽因泗县战斗失利而未能完全实现预定计划，但它却成为实现毛泽东外线出击，向南作战战略的一次探索。邓小平把它形象地比喻为"探路"，他在随后召开的团以上干部大会上曾颇为含蓄地暗示："一出陇海，只是一次探路！"

所谓"探路"，就是探明将来外线出击，向南作战的道路，实际上也是探明出击中原的道路。一出陇海，执行豫东作战任务，可以说是探索向南作战道路的第一次尝试。而第一次"探路"的结果表明，在全面战争爆发初期，由于国民党军的进攻来势凶猛、咄咄逼人，而我军装备不足、缺乏作战经验，暂时还不宜远离解放区进行外线作战和攻坚战，而应依托老解放区人民的支援，在内线打运动战，创造条件，待时机更为成熟时再向外线出击。

所以，党中央和毛泽东在全面战争爆发不久，便根据敌情变化，对预定的战略计划做了及时的调整。

7月4日，毛泽东电告刘伯承、邓小平、陈毅和华中局："我先在内线打几个胜仗，再转至外线，在政治上更为有利。"

徐州、豫东作战结束后，党中央、毛泽东于9月总结了3个月的作战情况，确定了"夺取战略上的主动，由防御转入进攻""以歼灭国民党有生力量为主，而不是保守地方为主"的积极防御的战略方针。毛泽东认为，要实现外线出击，向南作战，首先就要大量歼灭进攻之敌，开辟逐步向南的道路。而暂时的内线作战，诱敌深入正是大量歼敌的最好手段，它是实现将来向南作战的过渡。因此，他曾致电华东局，只要有好仗打，在内线多歼灭几部分敌人再转至外线作战更为有利。

邓小平在指挥部队向陇海路以南纵深发展的过程中也看到，敌人在兵力部署和武器装备诸方面的强大优势是不容忽视的。我军要突破敌人的层层防线，立即实现外线作战，向南发展实有困难。所以，他完全赞同毛泽东的先内线再转至外线的计划。他在一次讲话中曾明确地表明了这一态度：

"在战争初期，我们的装备还不够优良，作战经验还不丰富，内线便于消灭敌人，便于组织和发展我们的力量，便于积累经验。所以，先在内线打是完全有必要的。"

二出陇海

1947年1月18日，邓小平接到毛泽东的电报，要他和刘伯承乘胜展开攻势，将陇海路北、陇海路南广大地区创造为机动战场，吸引郑州、徐州两绥署敌人主力来援并歼灭之，继续配合华东野战军主力作战。

1月19日，毛泽东又发来一份电报："路北局面业已打开，形势极好。为着歼敌大批有生力量、壮大地方兵团、创造战场、孤立敌人主力，以利最后歼击之目的，利用王敬久、王仲廉、孙震三部均在黄河以北及张岚峰被我俘虏之机会，请考虑休整数天后，大举向路南行动一次。以四五星期时期，攻占豫东、淮北大批可能攻克之城镇，收复大批失地。"

当时，蒋介石正在加紧部署"鲁南会战"。他调集53个旅，约30万人，从陇海铁路的徐海段、津浦铁路的徐济段和胶济铁路中段向鲁南进攻，同时调王敬久集团到徐州地区增强其鲁南作战的力量，企图先击破华东野战军，再转攻晋冀鲁豫野战军。由于王敬久集团的第五军和整编第七十五师远在豫北，一时难以调回，而陇海路南北的广大地区只有刘汝明的第八十八师、方先觉的残部和地方团队守备，如果乘此有利时机进行豫皖边战役，一定会在陇海路南北打开局面。夺取这一胜利不仅能有力地配合华东野战军主力作战，而且对于探索将来向南作战的道路意义重大。所以，邓小平、刘伯承研究决定，部队休整几天后，立即发起豫皖边战役，深入陇海路以南，解放豫东广大地区。

在野战军指挥部，邓小平一边抽着香烟，一边和刘伯承研究战役的具体部署。

"看来，这一次，部队必须分为两个集团作战了。这样吧，你率第一、第二、第三纵队为路北作战集团，夺取定陶、单县、曹县等广大地区，我率第六、第七纵队和豫皖苏军区部队为鲁南作战集团，直捣张岚峰的老巢柘城，在豫东一带展开。你看如何？"经过深思熟虑，邓小平和盘托出了他的计划。

"这主意不错，正合我意，就这么定了。"刘伯承和他一拍即合，颇为赞同地答道。

1月24日，寒风刺骨，雪花漫天。冀鲁豫平原上，白雪皑皑，银装素裹，邓小平指挥南线集团的第六、第七纵队正顶风冒雪向陇海路以南方向急进。

据当地老百姓说，这一年的冬天特别冷，而这一天可能是这一年中最冷的一天。

邓小平穿着解放区自制的灰色棉军衣，外面套了一件褐色羊皮短外套。每逢行军，他总喜欢随前卫纵队行动，以便随时了解发生的新情况。此刻，他正走在第七纵队的行列中。雪地里，留下了他那坚定的、深深的脚印。

第七纵队的底子是原冀鲁豫军区的主力部队。1945年11月，升编为晋冀鲁豫军区第七纵队，司令员是原冀鲁豫军区司令员杨勇，政委是原冀鲁豫区党委书记兼军区政委张霖之。这支部队久经考验、能打善拼、作风顽强，在创建与巩固冀鲁豫解放区的斗争中曾发挥了重要作用。改编为第七纵队后，他们继续发扬过去英勇拼杀的优良作风，在许多重大战役中立下赫赫战功，成为晋冀鲁豫野战军中最能打仗的纵队之一。

白茫茫的旷野里，一条长长的灰色巨龙疾速向南行进。

一辆被白雪裹得严严实实的轿车与灰色的巨龙相伴而行，里面坐的是国民党河南暂编第四纵队司令张岚峰。由于天气寒冷，这会儿，他把大衣裹得紧紧的，头和脖子都缩在大衣的领子里。

张岚峰是河南柘城县人，早年在西北军做事，后来一直以他的老家柘城为大本营经营他的势力。这次，邓小平指挥部队直捣柘城县城，其守军便是张岚峰的部下。而张在十几天前的巨金鱼战役中被解放军俘获。由于他表示愿意立功赎罪，劝说他在柘城的旧部弃城投降，所以，邓小平特别命令野直特派员张之轩带了一个班，用轿车把他护送到豫东，利用他做劝降工作。

雪还在下着，天越来越冷。敌人已经发现了刘邓大军南进的意图，透过漫天飞舞的雪花，几架飞机突然出现在行进的队伍上空。随着一声声轰响，银白色的大地被翻开了一个个的弹坑。硝烟裹着雪花扑面而来，挡住了人们的视线。邓小平一会儿卧倒隐蔽，一会儿又敏捷地从地上爬起来，拍拍身上的雪，指挥部队继续前进。

过了陇海路，部队加快了行军速度。

当天，大军云集柘城之下。张岚峰给守城的叔叔张映臣写了一封信，劝他率部弃城投奔解放军，但未能奏效。原来，蒋介石得知张岚峰被俘的消息后，料到情况有变，已经在解放军攻打柘城前从商丘第六绥靖区派了一个军统连，进驻柘城县城，严密控制了柘城张岚峰的司令部。所以，张岚峰的劝降信没有生效。

劝降不成，只有强打硬攻了。30日，部队发起了总攻。经过激战，守军两个团全部被歼，张映臣和团长被俘，解放军很快占领了柘城。

接着，部队向鹿邑守敌发起进攻。在鹿邑前线，邓小平亲临指挥。他找到担任这次作战主攻任务的第七纵队司令员杨勇，严肃地说："攻城的准备工作一定要充分做好，对可能出现的问题要考虑周到。要尽量减少部队伤亡，发扬你们敢打敢拼的精神，坚决夺下鹿邑城。"

攻城的战斗于拂晓打响，到第二天结束，全歼鹿邑城守敌，夺取了南线作战集团的第二个胜利。

为了扩大战果，调动更多的敌人来援，邓小平命令部队发扬连续作战的作风，向鹿邑以东的亳州方向前进。

攻城的准备工作在紧张地进行着。

指挥部设在亳州城外一个小村子里。敌机不断地来轰炸，老百姓早跑得精光，村里的民房倒塌一片。邓小平独自坐在临时指挥部里，他在等待杨勇、张霖之和第七纵队参谋长潘焱一起来研究攻打亳州城的具体部署。

潘焱冒着敌机轰炸的危险，气喘吁吁地跑了进来，一把拽住邓小平的胳膊就往门外跑："政委，敌机正在轰炸，还是先到村外隐蔽一下吧……"

"杨勇、张霖之他们可能还在路上，派人去看看吧。"邓小平一边走，一边还在惦念着他的两员大将。

"政委您放心，他俩可能现在还在二十旅，不会有事的。"潘焱一边保护着邓小平，一边派人去接应杨勇和张霖之。可邓小平还是不放心，直到杨勇、张霖之站到他的面前，他才宽心地露出了笑容。

经过连日来的紧张战斗，指挥员们都感到十分疲乏，个个满脸灰尘，深陷的眼窝透着丝丝倦意。可大战在即，他们谁也顾不得休息。

"抓紧时间谈谈情况和研究一下攻城的行动吧。"邓小平从潘焱手中接过一支香烟，点燃，深深地吸了一口。能在炮火连天的战场上偷闲抽支香烟，对他来说真是件快事。

研究完了工作，邓小平笑着说："抽支烟真解乏。要说抽烟，杨勇可有个绝招呢，行军骑在马上，舌大风照样可以划火柴点烟。这绝招我们可谁也学不来哟。"

邓小平的话把屋里的人全逗乐了，笑声驱散了连日来的紧张和疲劳。说实在的，平日里邓小平十分严肃，不多言笑。不管是在什么场合，他似乎都在保持着晋冀鲁豫野战军政委的威严，让人有一种敬畏的感觉。其实，了解他的人都知道，他的性格并不孤僻，有时还随和得很，他也常跟战士们谈天说笑。不过，并不是每个人都能从他那张严肃的面孔里体会到他的风趣和幽默的。

2月1日，亳州守敌在我第六、第七纵队主力的攻击下全部被歼，亳州解放。

亳州位于豫皖两省边界，是皖北的一座历史名城。这里商业繁华、经济发达，向来有商埠之称。邓小平在第六纵队政委杜义德的陪同下，漫步来到亳州城北门城楼下。大战后的亳州，硝烟弥漫，瓦砾遍地，战士们正在忙着打扫战场。邓小平仔细地观察着这座古城的城楼建筑，好像要从中发现些与众不同的风格似的。

"这座城市的确不同凡响，这是三国时期著名的军事家、政治家曹操的故乡，名医华佗也出生在这里。告诉战士们，要好好保护这座城市，爱护这里的古迹。"他一边看，一边嘱咐着身旁的杜义德。

明天就是大年初一了，可亳州城却死一般沉寂。无论是大街还是小巷，都丝毫寻不出一点儿过年的迹象。有的家门上贴着"一年苦中苦，三月都捐完"的对联。邓小平看了，感到有说不出的凄苦、悲凉之情。他转过头来对杜义德说："国统区老百姓的生活也很苦啊！明天就要过年了，可群众连白面都吃不上。赶快通知部队，打开粮仓，拿出一部分粮食救济群众，一定要想办法让群众过个好年。"

涡河北岸的粮库周围，人声嘈杂，一片沸腾。亳州城的老百姓手拿口袋，正在分粮。领到粮食的群众热泪盈眶，抑制不住内心的激动，高声喊道：

"解放军来了，分白面、大米过年了，还是解放军好啊！"

"解放军就是不一样，国民党的军队打人、抢人，解放军救人、济贫。"

看着群众背着粮袋，喜气洋洋，激动、兴奋的情景，邓小平脸上情不自禁地绽开了笑容。这笑容包含着对人民群众的无限深情，也流露出大战后胜利者的轻松和自信。

在邓小平指挥南线集团攻克柘城、鹿邑、太康、杞县、亳州的同时，刘伯承率领北线集团也打下了定陶、曹县、单县等县城。刘邓大军在陇海路南北的胜利又一次震动了蒋介石。他急忙调进占大名、南乐等地的第五军、整编第八十五师及武汉地区的第七十二师驰援陇海路，企图与先期到达的整编第七十五师合击刘邓大军，而后参加"鲁南会战"。

中央军委指示刘邓，拖住王敬久主力，阻止其东调，保障华东野战军作战。

2月11日夜，邓小平和刘伯承指挥陇海路南北两作战集团，不顾连日来作战的疲劳，向民权以西郑庄砦地区的敌整编第八十八师发起进攻，死死地拖住了王敬久集团，打破了其东进参加"鲁南会战"的计划。

豫皖边战役取得了歼敌1.6万余人的辉煌胜利。

在豫皖边战役中，邓小平亲自率领部队深入陇海路以南，在豫东广大地区胜利展开的结果表明，二出陇海与一出陇海的形势已大不相同。经过半年的内线作战，国民党的全面进攻受到严重挫折，兵力锐减。特别是由于战线不断延长，守备任务不断加重，用于第一线的兵力和机动兵力更不敷调用。以豫东地区的情形来看，守备该区的力量多是地方部队和地方团队，而正规军多被牵制在西北、华北、华东战场。邓小平率领部队深入陇海路以南，在豫东、皖北广大地区纵横驰骋，攻城略地，胜利发展，表明国民党在这一地区的优势已经明显减弱，而解放军的力量正在逐渐增强。豫东地区是刘邓大军将来兵出中原的必经之地，所以，邓小平对这一地区政治、军事力量的变化尤为关注。在整个战役期间，他一直没有忘记他所肩负的使命——探路。后来，刘伯承在一次讲话中说：邓政委说我们一出陇海和二出陇海，还有一个重要的战略任务，就是"探路"。二出陇海探路的结果表明，向南作战，兵出中原的时机正在成熟，而且为时不远了。

夜渡黄河口　兵出鲁西南

滔滔黄河是晋冀鲁豫野战军实施战略进攻，挺进中原的第一道障碍。蒋介石凭借黄河天险，自恃它可以抵得上 40 万大军，所以把主要兵力集中在陕北和山东两个重要战场，而在连接两个战场的黄河这一漫长的战线上，只以少数兵力设防。当时，蒋介石在黄河南岸东阿到开封 200 多公里的黄河防线上，部署了郑州绥靖公署第四绥靖区刘汝明集团的 2 个整编师。其中，整编第五十五师守肖皮口、郓城、鄄城、临濮集地区，整编第六十八师守菏泽、东明、开封地区。另外，又派整编第七十师位于嘉祥、济宁地区，准备机动应援。敌人认为，这一带河面宽、水位深、水浪急，是一道不可逾越的"天堑"，所以只在黄河南岸构筑了简单的滩头阵地和野战工事。这样，所谓可抵得上"40 万大军"的黄河防线便成了不设防的防线。

邓小平当时指出，蒋介石把两个"铁锤"放在山东和陕北，中间是黄河天险，刚好是个"把"，这就是所谓的"哑铃战略"。针对这一战略，邓小平和刘伯承决定把突破黄河防线的渡河点选在鲁西南的东阿至濮县之间，计划在张秋镇到临濮集 150 公里间分 8 个地段强渡黄河。然后，歼灭黄河南岸刘汝明集团的 2 个师，扫清鲁西南之敌，配合华东野战军粉碎敌人对山东的重点进攻，乘胜直出大别山。

1947 年 6 月 20 日，刘伯承和邓小平正式向部队下达《晋冀鲁豫野战军鲁西南战役基本命令》，确定我军为达到越过黄河反攻敌人之目的，决定实施鲁西南作战。命令规定了各部第一步作战任务：冀鲁豫军区独一旅于 27 日夜秘密渡河，驱逐河岸之敌，首先围住肖皮口之敌，使其无法缩回郓城固守；独二旅应于 27 日同时围住或歼击皇姑庵之敌；独三旅于 27 日夜秘密渡河，驱逐河岸之敌，首先割裂陶楼、张庄、郓城之敌，不使缩集鄄城，俟六纵赶到歼灭之。野战军第一纵队于 25 日由现地出动，经指定路线限 28 日夜进至旧范县至孙口段（以一个旅进到旧城集至旧范县段）黄河北岸地带，自行掩护渡河，务使先行梯队于 29 日夜渡河完毕，而后即直扑肖皮口、郓城之敌，并指挥军区独立第一旅、第二旅各个歼灭之。第六纵队于 25 日由现地出动，经指定路线限 28 日进至甘露集至旧城集一段（可以一个旅进至坝头至甘露集段）黄河北岸地带，自行掩护渡河，务使先行梯队于 29 日夜渡河完毕，而后即直扑鄄城及其附近之敌，并指挥军区独三旅各个歼灭之。第二纵队于 26 日由现地出发，经指定路线限 29 日进至白衣阁以西地区。30 日进至旧城集至旧范县段，借第一纵队之对敌牵制，自行掩护实施渡河，而后即直扑定陶之敌而歼灭之。第三纵队于 26 日由现地出动，经指定路线限 29 日夜进至八公桥西南地区。30 日夜进至坝头至甘露集段黄河北岸地带，借第六纵队对敌牵制，自行掩护实施渡河，而后直扑曹县之敌而歼灭之。

6 月 26 日，刘伯承、邓小平发出《晋冀鲁豫野战军鲁西南战役作战命令》，对鲁西南作战各军渡河及作战任务重新调整：冀鲁豫军区独立第一旅及所在军分区武装一部，应于 6 月 30 日拂晓秘密前往戴庙至孙口段黄河南岸地区隐蔽，黄昏时到达渡河点，掩护第一纵队渡河。原在黄河南岸的独立第二旅及所在军分区武装一部，应于 6 月 30 日拂晓秘密前往旧城集至临濮集段黄河南岸地区隐蔽，黄昏时到达渡河点，掩护第六纵队渡河。野战军主力分为第一、第二两个梯队，第一梯队由第一、第二、第六纵队组成，第三纵队作为第二梯队。渡河时间统一改为 6 月 30 日夜，各渡口同时行动。命令规定了各纵队渡河的具体地点。

为了保障渡河的胜利，邓小平和刘伯承巧妙地运用了著名的"暗度陈仓"的战术：命令太行、冀南、冀鲁豫军区部队伪装主力，在豫北发动攻势，造成敌人的错觉；命令豫皖苏军区部队向开封以南地区佯攻，转移敌人的视线，而主力却隐蔽地从豫北开赴黄河北岸，待机渡河。

当一切部署完毕，邓小平、刘伯承率领野战军指挥部从安阳出发，向黄河北岸移动。指挥部设在山东省寿张县（今阳谷县）沙河崖村一所农民的房子里。这是三间草屋，黄泥坯墙，茅草顶，房间不大，四壁钉满了地图，中央摆着 4 张方桌，桌上铺着黄呢军毯。这几天，邓小平常坐在桌旁，一边看着地图，一边一支接一支地抽烟，他面前的小瓷碟里堆满了烟蒂。

6 月 29 日，邓小平、刘伯承发出命令，要求把所有船只运下水，分别集中到 8 个渡口，并在每个渡口设立指挥部，专门负责部队渡河事宜，同时命令部队隐蔽地进入各渡河点。

6 月 30 日晚 9 点整，邓小平、刘伯承指挥晋冀鲁豫野战军 4 个纵队，共 12.4 万余人，分别从 8 个渡口同时行动，开始了强渡黄河的伟大壮举。

150 公里长的黄河上，波涛汹涌，大浪滔滔，滚滚浊流载着大小船只在夜幕中向对岸驶去。由于这次强渡黄河的行动是在极其隐蔽的状态下进行的，敌人又自恃黄河水流湍急、河床宽阔等自然条件而麻痹大意，所以对黄河北岸我军多日来准备强渡的行动毫无察觉。直到渡河部队到达南岸，冲向河岸工事时，敌人才仓促开枪射击。这时，渡河部队在北岸猛烈的炮火掩护下，冲进敌人的防御工事，迅速占领了黄河南岸滩头阵地，迫使敌人向南溃逃。当夜，刘邓大军一举突破了国民党军的黄河防线，打开了蒋介石中原防御体系的大缺口。

第二天，主力部队全部渡过黄河，开始向各自预定的目标前进。

7月4日，邓小平和刘伯承率领野战军指挥部来到台前县孙口渡口，准备从这里渡过黄河。仲夏之夜，黄河岸边是那样静谧，一切都在沉睡，只有奔腾不息的河水在悄悄地向东流去。偶尔，从河面上刮来一阵凉风，把黄河湾处那片芦苇吹得窸窣作响。邓小平站在黄河岸边，掀开衣襟，任夏风吹着。

一只渡船从岸边的芦苇中撑了出来，划到邓小平的面前。

"该上船了。"刘伯承在邓小平身边轻声提醒道。

"是啊，该上船了。"看着警卫人员扶刘伯承上了船头，坐稳了，邓小平才敏捷地一跳，坐在刘伯承的身边。

河面上静悄悄的，河水轻轻地拍打着船舷，发出有节奏的、悦耳的声响。一阵"嗡嗡"的声音由远而近，敌人的两架飞机投下几颗照明弹，把蒙蒙的黄河景色照得通亮。离岸边越来越近了。这时，从远处传来一阵阵激烈的枪声和炮声。渡过黄河的部队正在向盘踞在郓城、菏泽、曹县一带的敌人发动进攻，鲁西南战役已经打响了。

鲁西南一带是刘邓大军向南作战略进攻的必经之地。它处在国民党陕北、山东两个重要战场的中间，敌人守备力量薄弱。中央军委指示刘邓大军突破黄河防线后，首先发起鲁西南战役，有其重要的战略意义。其一，当时，蒋介石正在集中主要兵力进攻山东，如果刘邓大军渡河后向鲁西南地区守敌发动攻势，蒋介石就必然调动进攻山东的敌人来援。这就可以支援华东野战军作战，打破国民党军对山东解放区的进攻。其二，开辟鲁西南战场，歼灭敌人有生力量，配合华东野战军的内线作战，有利于华东野战军主力早日出鲁西南挺进中原。其三，鲁西南地区的国民党军将是追击刘邓大军挺进大别山的主要部队。如能在鲁西南大量歼灭敌人，可以减轻对刘邓大军尾追的压力，同时还可造成敌人的错觉，摸不清刘邓大军的战略意图。而刘邓大军则可利用这一有利时机，乘胜向南前进，经豫皖苏向大别山跃进。

这时，蒋介石看到刘邓大军突破了黄河防线，华东野战军主力又在津浦线发起强大的攻势，山东战场的左翼和后方受到严重威胁，便急忙调兵遣将，开赴鲁西南，以堵住这个刚被冲开的缺口，确保徐州、郑州这两个战略要地的安全。蒋介石命令刘汝明集团的整编第五十五师第一八一旅和整编第六十八师守菏泽，整编第五十五师主力守郓城，从砀山调来第一五三旅扼守定陶，以地方团队守营县等城，牵制刘邓野战军。另外，从豫皖苏区抽调整编第五十八师，从豫北抽调整编第三十二、第六十六师，在陇海线黄口至砀山段北上至金乡以北地区，和嘉祥地区的整编第七十师结成重点，增援鲁西南，并把在山东泗水的第二兵团司令王敬久调来统一指挥，逼迫刘邓大军背水作战。企图把刘邓大军歼灭在黄河、运河三角地带，或者重新逼回黄河以北。

根据这一敌情，刘邓决定采取"攻敌一点（攻郓城），吸敌来援，打其一边（定陶、曹县），各个击破"的作战方针，乘敌援军主力尚未到达之际，首先攻歼郓城、定陶、曹县之敌，而后集中兵力，于运动中歼灭来援的王敬久集团主力。具体部署是：第一纵队4个旅攻歼郓城之敌，第六纵队和第二纵队各一个旅攻歼定陶之敌，第二纵队主力围攻曹县之敌，第三纵队主力进至定陶东南之冉固集、汶上集地区待机，冀鲁豫军区独立第一、第二旅进至郓城、巨野之间地区待机。

郓城是蒋介石在鲁西南的一个军事重镇，防守该城的是国民党军曹福林的整编第五十五师，约1万余人。7月3日至6日，杨勇、苏振华率领第一纵队肃清郓城外围之敌，7日夜晚发起总攻。8日拂晓，全歼守敌，郓城解放。

在第一纵队围攻郓城的同时，陈再道、王维纲率领第二纵队直逼曹县。曹县守敌均是地方团队，闻刘邓大军临近曹县，连夜弃城逃跑。7月6日，曹县解放。

7月7日，第六纵队和第二纵队的第五旅，肃清了定陶外围之敌，10日傍晚向定陶守敌发起总攻。敌人凭借坚固的工事负隅顽抗。王近山、杜义德率领第六纵队在强大炮火的掩护下，奋勇冲破城门，占领了定陶县城。

这时，王敬久率领援军已分别到达六营集、独山集、羊山集、谢家集和金乡地区。

7月10日，刘邓接到中央军委的电报："如能歼灭（第）七十师，并争取在路北多歼灭几部敌人，然后休息若干天，整顿队势，举行陇海路作战实属有利。我军愈多在内线歼敌，则出到外线愈易发展。"邓小平和刘伯承分析了敌情，认为王敬久集团刚进入鲁西南地区，正在行进中，且兵力分散，如能分割包围起来，然后集中兵力，必能各个歼灭。故决定围歼兵力较弱的六营集守敌第七十师，而后再消灭独山集和羊山集的敌人。

7月13日拂晓，各纵队按部署迅速到达指定位置，分别完成了对六营集、谢家集、羊山集的包围。14日，第一、第六纵队向六营集守敌发起猛攻，歼灭敌整编第三十二师、整编第七十师一个旅。接着，向羊山集守敌发动攻势。

羊山位于金乡西北、万福河北岸，全长仅2.5公里，形状很像一只羊。紧靠山脚下，有一个镇，居住有七八百户人家，这就是羊山集。这时，国民党军整编第六十六师已赶到这里，并修筑了坚固的工事。刘邓野战军主力包围了羊山集后，蒋介石命令王敬久亲率整编第五十八师和第六十六师的第一九九旅由金乡北援羊山集。7月22日，我第三纵队第九旅和冀鲁豫军区独立旅向渡过万福河的国民党军第一九九旅发动进攻，全歼该敌。27日夜，对被包围的羊山集守敌发起总攻，激战至28日晚，全歼守敌整编第六十六师。

盛夏的鲁西南，大雨滂沱，战壕里的水足有齐腰深，仗打得很苦。经过28天日夜激战，共歼灭敌人9个半旅，约5.6万人，取得了鲁西南战役的胜利。这一仗，粉碎了敌人的黄河战略，迫使敌人从山东、陕北等地调动7个整编师共17个旅向鲁西南增援，打乱了国民党军的战略部署，有力地支援了陕北、山东解放区军民粉碎国民党军的重点进攻。

挺进大别山

在鲁西南战役尚未结束时，1947年7月23日，中央指示：对羊山集、济宁两点之敌判断确有迅速攻歼把握，则攻歼之。否则，立即集中全军休整10天左右。除扫清过路小敌及民团外，不打陇海，不打新黄河以东，亦不打平汉路，下决心不要后方，以半个月行程，直出大别山。占领以大别山为中心的数十县，肃清民团，发动群众，建立根据地，吸引敌人向我进攻打运动战。毛泽东还指示，进军大别山不能像北伐时期那样逐城逐地推进，而必须采取跃进的进攻模式。

刘邓遵照中央指示，准备全军休整半个月，然后依托豫皖苏，保持后方接济，争取大量歼敌。两个月后看情况，或有依托地逐步向南发展，或直出大别山。

原晋冀鲁豫野战军第三纵队司令员陈锡联回忆说：原来过陇海路后，准备休息一个星期。休息一个星期有两个意思：一个是恢复体力，捉到那么多俘虏、缴获那么多装备，整理了以后再走，走还是要走的；另一个是看情况，有机会的话依托根据地再打一仗。毛主席以个人名义给邓政委发了一封秘密电报，说陕北的情况非常紧张。意思是希望刘邓进大别山，在中途再也不能犹豫了，要赶紧走。

这是毛泽东7月29日的电报："现陕北情况甚为困难（已面告陈赓），如陈谢及刘邓不能在两个月内以自己的有效行动调动胡军一部，协助陕北打开局面，致陕北不能支持，则两个月后，胡军主力可能东调，你们困难亦将增加。"

刘邓接到这封万分火急的绝密电报后，十分焦急。他们当即致电中央军委：直趋大别山，先与陈谢集团成掎角之势，准备无后方作战。

四十多年后，邓小平回忆说："当时，我们二话没说，立即复电，半个月后行动，跃进到敌人后方去，直出大别山。实际上不到10天，就开始行动。"

7月30日，中央军委指示：如你们决心直出大别山，决心不要后方，要开一次团长以上干部会。除告以各种有利条件外，并设想各种困难条件，建立远征意志。最好每连能发一份鄂豫皖三省地图，使一切干部明白地理环境。确定征粮征税办法，方能解决大军给养，等等。同时，亦应使陈谢建立此种信心。

8月1日，刘邓召集纵队主要首长开会。刘伯承传达了军委7月23日的电报内容后说："我和小平同志一致认为，我军跃进大别山，是党中央、中央军委赋予我们的战略任务，是我们考虑一切问题的出发点和立足点。"随后，又做了具体的行动部署。邓小平接着谈到了毛泽东对这一战略举措估计的三种前途：一是付了代价站不住脚，转回来；二是付了代价站不稳脚，在周围打游击；三是付了代价站稳了脚。邓小平要求大家从最困难的方面着想，坚决勇敢地战胜一切困难，争取最好的前途。会后，各纵队首长立即赶回部队召集会议，传达刘邓首长的指示，准备在8月间大举进击。

军情紧急，水情更为严重。由于连日暴雨，黄河水位猛涨。尤其是蒋介石企图炸开黄河大堤，阻止人民解放军的进攻。刘伯承说他"忧心如焚"，邓小平也感到这一时刻是他一生中最为紧张的时候，"听到黄河的水要来，我自己都听得到自己的心脏在怦怦地跳"。

原国民党国防部作战厅厅长、起义将领郭汝瑰回忆说：当时，国民党方面正判断刘邓大军的战略意图下一步会怎样，攻不攻徐州，退不退回去，到底怎么办呢？大家认为他们要退回黄河北岸的居多，也有人认为会在鲁西南、黄泛区之间推磨打圈，谁也没有判断他们要进军大别山。刘伯承、邓小平他们进军大别山，那是纵井救人——跳到枯井里去救人，对他们来说，就是很危险的事情，所以那刘邓是最危险的了。

8月6日，刘伯承、邓小平等召集司令部有关处、科干部开会，研究下一步部队的行动问题。大家热烈发言，设想了几个方案，讨论各个方案的利弊条件。会开了一个上午，没有结果，下午接着开。经过长时间的酝酿和周密思考，刘伯承终于做出了决断，他宣布：大军南进，必须立即行动；要当机立断、抓紧时间，行动越早、越快，就越好，机不可失，时不我待。接着，他又进一步阐明下定这个决心的理由，对部队的行动做了具体部署。最后强调说：我们在进军途中，要坚定、沉着、勇敢、果断，披荆斩棘，夺路前进，一把钢刀直插大别山。

刘伯承讲完后，邓小平站起来说：刘司令员的意见和部署非常正确，我完全同意。我们下决心不要后方，直捣蒋介石的心脏——大别山，逼近长江，威胁武汉三镇和蒋介石的老巢——南京，把战线从黄河边向南推进到长江边。古人说过："卧榻之侧，岂容他人鼾睡？"我军的战略行动，必将迫使蒋介石调兵回援。这样，我们就能配合全国各个战场的兄弟部队，彻底粉碎蒋介石的"重点进攻"，彻底扭转全国战局，加速蒋家王朝的灭亡。

为了更好地完成这一战略任务，邓小平又强调了三点：

第一，一切工作要服从战略进攻任务的要求，要教育各级干部和广大战士，这是一个极其光荣的、艰巨的任务，是我军战斗史上的创举。要准备为实现这一伟大战略决策做出贡献，付出代价。要不怕疲劳，不怕困难，不怕牺牲，连续作战。第二，在我进军途中，敌人必然前堵后追、东西截击，我军在淮河以北主要是消灭敌人的地方武装，要力避与敌主力纠缠和作战，千方百计直奔大别山腹地，走到大别山就是胜利。第三，要教育部队，进入新区作战，一定要严格地遵守党的政策，遵守"三大纪律，八项注意"。

这时，军委连续来电，虽然指明南进需付出较大伤亡、减员之代价，而无论起到何种作用均需准备付出，但如能取得变化全局之作用，则付出此种代价更加值得。同时，出于关怀，又令刘邓部在现地休整补充10天，后又告诉至少7天不动。刘邓反复研究军委来电，根据党中央和毛泽东的战略意图，特别是根据当前敌情、水情，决定提前出动之决心不变，因地制宜，机断行事，按既定部署挥师南征。对此，中央连电答复："刘邓决心完全正确""刘邓部署很好""一切决策临机处理，不要请示。我们尽可能帮助你们"。

8月7日，刘邓大军兵分三路，以排山倒海之势，突破了敌人未及形成的包围圈，义无反顾地向大别山挺进。

刘邓行动10余天后，蒋介石仍未发现我军的战略意图，反而认为我军是既不能北渡，又不敢作战，只好向南"逃窜"。直到我军突破沙河后，蒋介石才如梦初醒。此时，有计划、有组织地大规模拦截、封锁已为时太晚，只好仓促布防。美军顾问组对蒋介石的错误判断也深感失望。

8月23日，刘邓大军到达汝河时，前面敌人的火力阻击很猛，后面的追兵距我只有30里。刘伯承说："狭路相逢勇者胜，杀开一路。"邓小平表示，我们要不惜一切代价和牺牲，坚决过去。

到了淮河时，邓小平提出，刘司令员指挥先行渡河，他负责率部阻击尾追之敌。刘邓大军冒险渡过淮河，刚刚走出5里多地，追兵就赶到淮河北岸，不料河水暴涨，可谓天助，数十万国民党军队只好望河兴叹。

"走到大别山就是胜利。"8月27日，刘邓大军终于走到了大别山。

也就是在这一天，邓小平亲自起草了《关于创建巩固的大别山根据地》的指示，指出：今后的任务，是全心全意地、义无反顾地创造巩固的大别山根据地，并与友邻兵团配合，全部控制中原；我们的口号是与鄂豫皖人民共存亡，解放中原，使鄂豫皖人民获得解放；号召大家切勿骄躁，兢兢业业，上下一心，完成每一个具体任务。

在军事上，邓小平提出，我们在最初一个月内，不求打大仗，而是占领城镇，肃清土顽，争取打些小胜仗。

他强调要充分发动群众及其游击战争，我军严格遵守"三大纪律，八项注意"，严整军风军纪，是树立良好影响，使群众敢于接近的先决条件。

刘邓大军要在大别山实施战略展开，面临重重困难：无后方作战；北方战士到南方生活不习惯；连续作战部队已成疲惫之师；群众未发动，政权未建立；等等。

邓小平在向中原局和野战军直属部队连以上干部通报目前形势与任务时，号召大家克服一切困难，重建鄂豫皖解放区。

他说：重建鄂豫皖解放区的任务是十分光荣的，是中国现代史上重要的一页！我们的决心是十分坚定的！解放区一定要建立起来！困难一定要克服！共产党的特点是越困难，越有劲，越团结！我们要有信心克服困难！我们一定要站住脚，生下根！邓小平反复向部队讲纪律问题，他针对有些部队一时呈现出来的疲惫和纪律松弛现象说：部队纪律这样坏，这是我军政治危机的开始。

在光山县王大湾召开的旅以上高级干部会议上，邓小平强调部队必须认真执行"三大纪律，八项注意"。他指出：毛主席在井冈山建军之初规定的"三大纪律，八项注意"，绝不是什么简单的规定，而是党的路线和政策的体现；增强斗志，反对右倾情绪，克服纪律松懈现象是歼灭敌人、发动群众、建立大别山根据地，实现党的战略进攻方针的根本环节。

10月的大别山，气候已转寒冷。刘邓大军12万将士，依旧穿着浸透了盛夏南征汗渍和雨露的单衣在山区转战。刘邓决心发动全体将士自己动手解决冬装的问题。遵照党中央和毛泽东"人员、粮食、被服、弹药一切从敌军和新区取给"的指示，刘邓大军采取战略行动，把部队展开在长江边上比较富庶的地区，一边打击敌人，一边解决布匹和棉花的来源，并把弄来的布匹和棉花分到各部队。各部队还派出采购人员，根据规定的政策，向商家和群众商购布匹和棉花。他们用树杈代替弹弓弹棉花，用稻草灰将布染成灰色，请当地老乡传授缝衣技术。在刘邓的带动下，全军上下一齐动手做棉衣。

不过十几天，刘邓大军都穿上了自己做的新棉衣。当某纵队首长送来几件机制的布棉衣给刘邓等首长时，邓小平笑着说："你落后啦！你看我们身上的棉衣怎么样？合不合身？这可比你那里的被服厂还要高级呀！是彻头彻尾'彻里彻外'的'手工艺品'。"

经过几个月的斗争，刘邓大军在大别山胜利地完成了战略展开，站稳了脚跟，实现了中央军委和毛泽东所指出的三个前途中最好的前途。在此期间，陈谢集团挺进豫陕鄂地区，陈粟大军也进至豫皖苏地区。这样，三路大军互相策应，在黄河与长江之间的广大地区，形成了一个"品"字形的战略态势。这就牵制了国民党南线一半以上的兵力，使中原地区由国民党军队进攻解放区的重要后方，变成了人民解放军夺取全国胜利的前进基地。

面对中原战局的这种变化，国民党统帅部惊恐不安。蒋介石改变战略，决心全力与我军争夺中原。争夺的重点，首先是大别山。蒋介石纠合33个旅的兵力，由白崇禧亲自指挥，对大别山展开了大规模的围攻。

邓小平敏锐地分析了形势，他指出：敌人对大别山的疯狂围攻，是垂死挣扎的表现。大别山是敌人的战略要害地区，敌人越是接近死亡，越要拼命争夺。敌人已没有战略进攻，只有战役进攻了。其对大别山的围攻，形式上虽然同过去对中央苏区的围攻相似，实质则完全相反：过去的围攻，是敌处于战略进攻，我处于战略防御的情况下进行的；现在的围攻，是敌处于战略防御，我处于战略进攻的情况下发生的。这并不表示敌人的强大，而只是敌人垂死前的回光返照。同时，我们跃进大别山，正是要吸引大量敌人向我进攻。把敌人吸引来得越多，我们背得越重，对其他兄弟战略区进行大规模的反攻和进攻就越有利。而各兄弟战略区的反攻和进攻，也正是对我们坚持大别山斗争最有力的支持。

邓小平满怀信心地鼓励全军将士：只要我们坚决执行毛主席指示的方针，在全国各兄弟战略区的配合和广大群众的支援下，一定能够粉碎敌人的围攻，把大别山根据地巩固起来。

为了粉碎敌人的围攻，刘邓根据中央的指示，决定采取"避战分兵"的方针：以主力部队留在大别山区，在内线进行小的斗争和游击战，牵住敌人；以总部机关带一部分部队分兵而行，跳出包围圈，转入外线，向大别山以西的桐柏、江汉一带实施战略展开。邓小平对刘伯承说："我到底比你年轻。我留在大别山指挥，你到淮西去指挥全局。"

邓小平率部坚持内线斗争，是刘邓大军挺进大别山以来最困难的时期，是我军"反攻以来面临的最大考验"。

邓小平后来回忆说：

> 我一个，先念一个，李达一个，带着几百不到一千人的前方指挥所留在大别山，指挥其他几个纵队。方针就是避战，一切为了站稳脚。那时，六纵队担负的任务最多，在大别山那个丘陵地带来回穿梭，一会儿由西向东，一会儿由东向西，今天跑一趟，明天跑一趟，不知来回跑了多少趟。调动敌人，迷惑敌人。别的部队基本上不大动，适当分散，避免同敌人碰面。这样搞了两个月，我们向中央军委、毛主席报告，大别山站稳了，实现了战略任务。

由于刘邓、陈谢、陈粟三路大军相互的战略配合，积极作战，我军把南线敌军的160多个旅中的90个旅牢牢地吸引在中原战场，并最终粉碎了国民党军对大别山的围攻。1948年1月15日，邓小平致电毛泽东说："现在看来，我们业已站住，不管情况如何严重，敌人是撵不走我们的。"

指挥三军　逐鹿中原

1948年春，中原战场大军云集，战云密布，一场逐鹿中原的大战正在密云不雨中。

1月、2月间，国民党为了加强其中原防御，将中原战场重新划分为第四（菏泽）、第五（信阳）、第六（商丘）、第八（合肥）、第十三（南阳）、第十四（阜阳）、第十五（襄阳）、第二十一（宜昌）8个绥靖区，组成邱清泉、胡琏、孙元良、张轸、裴昌会、张淦6个兵团，总兵力有37个整编师，连同非正规军共86个旅，66万余人。这些兵力分属徐州司令部司令官顾祝同、九江指挥部主任白崇禧、武汉行辕主任程潜、西安绥靖公署主任胡宗南指挥，目的是重点摧毁大别山根据地，巩固长江防线，确保江南统治区的安全。

4月，刘邓大军主力从大别山转到平汉路西后，蒋介石对他在中原的兵力部署又做了调整：以十几个旅继续"清剿"大别山；以整编第四十七军，胡琏兵团的整编第十八军及整编第九师分别位于郑州、漯河、南阳地区，监视进入豫陕鄂地区的解放军主力；以张轸兵团的整编第十、第二十、第五十八和第八十五师等部"扫荡"桐柏、江汉地区；以整编第五十六师守备襄阳、樊城地区；邱清泉兵团的整编第五军等部在鲁西南地区监视正在濮阳一带休整的粟裕兵团。

解放军方面，洛阳战役后，刘邓大军主力、陈谢兵团、华野的陈唐兵团三支大军在豫西地区胜利会师，经过短期的整训和补充，正在寻求新的战机。而华野粟裕兵团也正在积极完成休整，准备加入中原作战。

当时的中原战场，就像布局严密的棋盘，牵一发而动全局，一着走对，步步皆胜，一着走错，全盘皆输。

4月16日，中央军委分析了中原战场的形势后致电刘邓：平汉路敌人比较集中，华东野战军粟裕兵团即将结束休整准备机动，你们"新行动方向是豫西南、鄂西、豫西北及整个汉水流域，歼灭分散之敌，调动平汉线以东之敌向平汉以西，以利粟裕行动"。并指示，到豫西南及汉水流域去的兵力不宜太大，在补充了新兵、弹药、夏衣之后，即可"早日向西南，首先夺取宛西四县，然后出汉水"。

宛西四县指南阳以西的镇平、邓县、内乡、淅川。该区为豫、陕、鄂三省要冲，北通武关，南傍汉水，唐河、白河、潦河、赵河诸河流流贯其间，是河南省主要产粮区之一。这里的封建势力、地主武装很强大，全区有28个保安团，是蒋介石亲手扶植的"模范区"。由于宛西处在豫陕鄂和桐柏解放区之间，是解放军进一步向汉水流域发展的一大障碍，所以，刘邓决定，发起宛西战役，首先摧毁解放区中心的这一封建堡垒，巩固中原的后方，控制汉水中段，使豫陕鄂区与桐柏区连成一片。

在接到中央电报的当天，刘邓在叶县以东的郭店镇召集陈赓、谢富治、陈士榘、唐亮等将领开会，研究部署宛西战役。确定由陈赓统一指挥这次战役。

邓小平对负责指挥这次战役的陈赓说：

"这次战役，是我们三军会师、逐鹿中原的第一步棋，一定要出奇制胜，掌握中原战场的主动权。打下宛西四县，我们的后方就有了可靠的依托。今后，我们主力在中原机动作战，就无后顾之忧了。"他思忖了片刻，又接着说，"南阳地区是别廷芳的老巢，别廷芳在此实行'宛西自治'多年，对人民很有欺骗性。至今，那里的群众对他仍颇有好感。部队进入南阳后，在宣传和执行政策上一定要讲究策略，坚决执行新区政策和纪律，把工作重点放在打击极少数反动武装头子和地主恶霸身上，避免打击一大片，逐步争取群众。"

战役从5月2日开始，到17日结束。共歼灭国民党正规军和保安团队2.1万余人，解放了宛西城镇10余座。从此，中原解放军有了更广阔的后方，既可向西、西南机动，威胁国民党长江中游和大巴山防线，又便于向东作战，可寻机大量歼灭敌人。

宛西战役后，中央军委指示华东野战军粟裕兵团休整完毕暂不向江南做战略行动，先加入中原作战，以集中力量歼灭中原之敌，粉碎中原敌人防御体系。同时指示刘邓，牵制临颍地区的国民党整编第十八军，使其不能东援，为粟裕兵团渡黄河南下创造良机。

根据中央军委的指示，刘邓决定以围城打援的办法组织宛东战役。以第一、第三、第六纵队组成东集团，由陈锡联指挥，佯攻确山，吸引敌整编第十八军南下增援，以利于粟兵团南下。以第二、第四纵队、华野第十纵队和桐柏军区部队主力、豫西第七军分区部队组成西集团，由陈赓指挥，协同东集团，在羊册以东地区对由南阳东援的敌张轸兵团实施夹击围歼。

5月25日，东集团佯攻确山，敌整编第十八军南下增援，张轸亦率3个整编师由南阳东援。当张轸兵团主力行至赊旗镇以南的埠口时，遇到第四纵队的阻击。刘邓遂令东集团主力离开确山，兼程西进，参加围歼张轸兵团的作战，同时令华野陈唐兵团和中野第九纵队阻击敌整编第十八军。

这时，西集团的指挥陈赓鉴于东集团尚未赶到，而敌人队形过于密集不易割裂，所以于29日命令第四纵队主力稍向北撤，纵敌东进，准备在东集团赶到后，夹击该敌。但这一意图很快被敌人察觉。狡猾的白崇禧让他的参谋长在电话中故意对张轸说："确山形势危急，你们明天拂晓必须东进，以解确山之围。"张轸回答："我们坚决东进。"然后，白崇禧的参谋长又用日语说："确山敌人主力一部已向西前进，宛西敌主力全部东进，你们立即回南阳。"张轸也用日语说："我们立即回南阳。"当时，陈赓的监听人员不懂日语，只将对话的前半部分报告陈赓，而用日语对话的情形却未向陈赓报告，致使陈赓做出敌人要继续东进的错误判断。

31日凌晨，当陈赓命令部队东进的时候，敌张轸兵团却突然掉头向南阳逃跑。西集团猝不及防，又未能按计划在南阳、赊旗镇之间切断张轸兵团与南阳的联系，结果造成张轸兵团向南阳逃跑时无人阻击的局面。

当时，中野司令部有人懂日语，发现敌人回逃南阳的企图后，立即报告刘邓，但陈赓指挥部已开始向东行动，电台撤收，无法联系。

6月1日，刘伯承、邓小平亲自赶到陈赓的指挥部——南阳附近的彰新庄。刘伯承一进门便火冒三丈地说：

"怎么搞的嘛！部署得好好的，全乱套了！"

邓小平看着陈赓一语未发，但从他脸上的表情看得出来，他对没有组织好这次战役也十分生气。

当刘伯承了解到陈赓在发现张轸西逃后，已采取了应急措施，将敌人后卫部队分割包围在南阳以东的马刘营地区时，他的火气才平息了些。

6月2日，退回南阳的张轸兵团全力回援，遭到第四纵队坚决阻击。3日，全歼被围于马刘营地区的敌第五十八师师部及第一八三旅，战役遂告结束。

宛东战役历时10天，歼敌1万余人，虽完成了掩护粟裕兵团渡河南下的任务，但未达到全歼张轸兵团的预定目的。事后，陈赓主动承担了责任。刘伯承在总结这次战役的教训时指出，西集团迷于敌人表面现象，误认为张敌东进，也没有照顾到我东面有东集团，于 30 日黄昏将其主力东进到羊册、郭集地区，欲由南北夹击防敌东逃，因而放松了极重要的西面兜击，使张轸得于 31 日拂晓向西逃走，此为未全歼张敌的重大失着。

宛东战役期间，华东野战军粟裕兵团于 5 月 31 日渡过黄河南下，进入鲁西南、豫东地区，参加中原作战。

中央军委分析了中原地区敌人的兵力部署情况，确定中原地区夏季作战的重点是各方协助粟裕兵团歼灭敌第五军。中央军委估计，只要敌第五军被歼，便取得了集中最大力量歼灭敌第十八军的条件。只要该两军被歼，中原战局即可顺利发展。

据此，刘邓令华野陈唐兵团归建，向豫东急进，以加强粟裕兵团在鲁西南寻歼敌第五军的力量。同时，为吸引张轸兵团及胡琏兵团向西、向南，以减轻粟裕兵团在鲁西南行动之顾虑，刘邓商议决定，发动老（河口）襄（樊）战役。邓小平对当时中原战场的这一形势做了一个精辟的概括，他说：

"华野主力在豫东展开打，中野主力在平汉线牵住南线敌人兵团，然后我们乘敌不备，出'边车'袭取襄阳！"

6 月 5 日，刘伯承在南阳彰新庄召开了中原军区高干会议，初步提出了进行老襄战役的意见。此时，邓小平正在北张庄起草《关于执行中央一九四八年土地改革工作和整治工作的指示》，即"六六指示"。当刘伯承通过电话告诉他会议已经统一了进行老襄作战的意见时，邓小平高兴地说：

"既然大家已经统一了思想，就请师长先进行一些部署。待您回到宝丰后，再详细研究具体部署。"

6 月 9 日，刘伯承和李达回到宝丰北张庄中野司令部。邓小平也完成了"六六指示"并已上报中央，可以全力以赴指挥老襄战役了。

13 日，刘邓下达了老襄战役基本命令。

14 日，陈毅、邓子恢抵达北张庄，并一同参与战役指挥。

这时，粟裕来电，鉴于邱清泉兵团队形密集，难以分割歼灭，而陈唐兵团已到达睢县、杞县之间，距开封仅一天路程，开封守敌又弱，故改变了原定在鲁西歼灭敌第五军的计划，决定先攻取开封，调动邱兵团来援，再于运动中歼灭援敌。

看了电报，刘、陈、邓从全局出发，决定暂停进行老襄战役，并急调第一、第二、第三、第四纵队和华野第十纵队全力阻击敌第十八军及第二十八师等部，集中兵力保证开封作战的胜利。

开封是中原战略要点，河南省省会。守敌为敌整编第六十六师师部、第十三旅，河南省保安第一、第二旅等部，共3万余人。陈唐兵团于6月17日发起总攻后，至22日，全歼守敌，击毙敌第六十六师师长李仲辛，攻占开封。

开封是解放军在全国攻克的第一个国民党的省会。蒋介石闻讯，惊慌万分，急令邱清泉兵团由兰封西进，区寿年兵团经睢县、杞县迂回开封，企图重占开封，寻求决战。据此情况，粟裕决定放弃开封，以一部兵力牵制邱清泉兵团，以一部兵力割断邱、区联系，而主力则集中于杞县以东、以南地区围歼区寿年兵团。粟裕将此计划上报中央军委和刘、陈、邓，并希望刘、陈、邓派兵阻击北上之敌。

当时，刘伯承、陈毅正在襄城西北第四纵队驻地召开团以上干部会议，研究夏季中野各部的作战任务。邓小平在北张庄接到粟裕的电报后，速与刘陈电话联系，主张中野各纵全力阻击南线之敌，确保华野在睢杞地区歼灭区寿年兵团。

27日，邓小平以刘、陈、邓的名义给粟裕发了电报，同意粟裕的作战方案，中野以一部监视敌第十八军，并主动攻击北追之敌吴绍周兵团，以吸引敌第十八军回援。当晚，刘伯承、陈毅返回北张庄，与邓小平一起研究配合华野作战，牵制和阻击沿平汉路北援之敌的行动方案。

29日，刘、陈、邓组成临时指挥所，亲赴前线指挥，组织中野各纵队。成功阻击了张轸、胡琏、吴绍周3个兵团，有力地保证了粟裕兵团的作战。

这时，睢杞战场正打得难解难分。华野主力于6月27日晚发起总攻后，至29日晨，将区寿年兵团包围在龙王店及周围地区。战至7月2日，区兵团大部被歼，区寿年和第七十五师师长沈澄年被俘。

开封、睢杞战役是敌我三力在中原进行的一次大会战。华野在20天作战中，共歼敌10万余人，给中原战场的敌人以沉重打击。

在睢杞战役即将结束时，刘、陈、邓见中原战场的国民党军主力都被蒋介石调至豫东，而汉水中游的襄阳、樊城、谷城、老河口等地，敌则势孤力薄，遂令一直监视襄樊之敌的第六纵队。于7月2日发起襄樊战役，夺取川陕鄂三省要冲襄阳、樊城。

襄阳城北依汉水，与樊城隔水相望，城南及西南是一片山区，有万山、真武山、凤凰山、铁帽山、扁山等，是襄阳城的天然屏障。因此，素有"铁打的襄阳，纸糊的樊城"之说。

7月8日黄昏，刘、陈、邓率指挥部回到北张庄，全力指挥襄樊战役。

担任主攻襄樊任务的是中野第六纵队。在讨论攻占襄阳的方案时，邓小平对六纵司令员王近山说：

"打襄阳要综观全局，通盘计划，像割肉一样，先割哪块，后割哪块，割肥的，割瘦的，心中要有数！"

刘伯承嘱咐王近山要多动脑筋。他说，在一定条件下，最危险的地方往往也是最安全的地方，拿下这一点，全盘就好解决了。选择何处下手，要靠自己动脑筋判断了。

王近山是个智勇双全的指挥员。他依据刘邓的指示，仔细观察了襄阳的敌情、地形，制定了"撇山打城，主攻西门"的作战方案。事实证明，这一方案是完全正确的。

固守襄阳的敌人企图依托设防坚固的南山，坚守襄阳，等待援军，但王近山指挥部队于10日攻占了万山、琵琶山、真武山、铁帽山之后，一反历史上取襄阳必先夺南山的惯例，以一部兵力牵制南山之敌，主力则从东、西两面突然攻城，迫使南山之敌仓促撤至襄阳城内。15日夜，解放军发起总攻，从东、西两面突入城内。16日攻克襄城，活捉第十五绥靖区司令康泽。

襄樊之役，歼敌2万余人，解放了老河口、谷城、南漳、宜城、襄阳、樊城等地。捷报传来，从不轻易表扬人，特别是不表扬高级干部的邓小平，兴奋地称赞道：

"王近山有两个难得，一是别人叫苦的硬仗，他能主动要求去打，这是勇；二是打硬仗有讲究，这是谋，二者兼得。"

襄樊战役是逐鹿中原全局中的一着好棋，无论是从战场的选择、战机的捕捉，还是战役的部署与指挥上，都充分体现了刘伯承、邓小平综观全局、注重谋略、机动歼敌的军事思想。特别是攻襄阳，作战方法不循规蹈矩、不墨守成规，而是因时、因地、因敌而制胜，从而取得了战役的胜利。朱德总司令曾赞誉襄樊战役为"小型模范战役"。

后来，邓小平在总结部队分遣与集结的运动时指出："我们常常也可以主力监视敌人，而以一部出敌不意，寻求良好战机，如襄樊战役即其一例。"

襄樊战役的胜利，其意义还不仅仅在于军事上的作用。襄樊是蒋介石经营了多年的军事重镇，自誉"铁打襄阳，固若金汤"。在襄樊战役中，襄阳城一夜间变成一片瓦砾，蒋介石派去坐镇指挥的"王牌将军"、国民党中央常委康泽兵败襄阳，做了解放军的俘虏，这一事实不能不引起国民党高级将领的强烈反响。逐鹿中原，鹿死谁手？国军能不能打败解放军？将来，个人的归宿在哪里？这一连串的疑问像阴云一样笼罩着蒋介石。在南京召开的高级军事会议上，蒋介石第一次发现，由于襄樊战役失利，在他的最高决策圈内，开始出现了一种潜在的危机和裂痕。

襄樊战役中，国民党第十五绥靖区司令康泽被俘，在全国人民中也引起了强烈震动。康泽是蒋介石的心腹之一，黄埔第三期学生。他长期从事特务活动，是蒋介石的"十三太保"和"四大金刚"之一，先后任复兴社中央干事兼宣传处处长、三青团组织处处长，控制着蒋介石集团许多部门和地方的实权，是反共、屠杀人民的六刽子手。康泽落入解放军之手，使全国各阶层人民，特别是青年拍手称快。由周恩来起草、毛泽东亲自修改的中共中央祝贺襄樊大捷的电文说：

"这一汉水中游的胜利，对于中原战局的开展帮助甚大。尤其是活捉康泽，更给全国青年受三青团、特务迫害者以极大兴奋。"

邓小平在评价襄樊战役的作用时说：

"襄樊战役的胜利，其政治意义不亚于军事意义！"

经过宛西、宛东、开封、睢杞、襄樊几次作战，国民党在中原战场的分区防御体系也被粉碎。敌人虽然还能集中一些兵力与解放军作战，但只有郑州、开封、南阳等少数几个孤立据点。解放军已经完全掌握了中原战场的主动权。

在上述战役期间，中原各战略区得到了巩固和发展：鄂豫、皖西两区广泛开展了游击战争，不断粉碎敌人的"清剿"，开始由山地转向平原作战；陕南区以剿匪反霸为中心，坚决打击最反动的恶霸、土匪头子，发动了群众，巩固了政权；桐柏、江汉两区因野战军主力一直在该区活动，除配合野战军主力作战外乘机大量消灭了地方团队，扩大了解放区；豫皖苏、豫西两区比较巩固，入夏以后，以保麦、剿匪为中心，共剿灭地方团队4万余人，进一步巩固了解放区。

中原战局的胜利发展，预示着举行战略决战的时机已经成熟。

参加西柏坡"九月会议"

从全国战局来看，至 1948 年 8 月，解放战争已进入第三个年头。在过去的两年战争中，国民党军共损失兵力 264.14 万人，其军事防线进一步动摇，政治、经济形势陷入更大的危机之中。蒋介石为了挽救败局，决定召开"戡乱检讨会议"，对两年来的"剿匪军事进行彻底反省，彻底检讨"，以求得"会议以后，能真正有一番起死回生的改革""使剿匪军事转危为安，转败为胜"。

经过一番准备，8 月 3 日，国民党军事检讨会议在南京国防部礼堂召开，蒋介石亲自参加了这次会议。经过"彻底检查失败的原因"，蒋介石制定了新的军事战略方针：在战略上，黄河以北取"守势"，黄河以南取"攻势"。具体地说，就是"在东北求稳定；在华北力求巩固；在西北阻匪扩张；在华东、华中则加强进剿；一面阻匪南进，一面攻打匪的主力"。

在蒋介石忙着召开军事检讨会的同时，中共中央也在西柏坡召开了一次重要的会议，这就是著名的"九月会议"。会议通过全面检查两年来以战争为中心的各项工作，确定解放战争第三年的战略任务与方针，为取得战争的彻底胜利做准备。

8 月 28 日至 9 月 7 日，毛泽东在西柏坡主持召开了中共中央书记处会议，确定"九月会议"的文件和有关事项，决定于 9 月 8 日在西柏坡召开这次政治局扩大会议。

这一时期，邓小平正在河南宝丰县的皂角树村，接到参加这次会议的通知后，他便于 7 月 25 日早晨出发，前往西柏坡。

当时在中原局工作的杨志宏正好要去中央军委办事，便随同邓小平一道前往西柏坡。7 月 25 日，天还没有亮，杨志宏就来到了邓小平的住处，等候启程。

邓小平还在和刘伯承商谈着工作，天快亮时，他俩的谈话才结束。

握手道别后，邓小平坐上了一辆军用吉普车。杨志宏和其他几位同路去中共中央有关部门办事的人，则同乘一辆军用大卡车。

两辆汽车离开宝丰后，便一路向洛阳方向驶去。从河南宝丰到河北西柏坡，相隔数千里，加上当时的路极不好走，一路的辛苦是可想而知的。

中午时分，汽车到达洛阳，邓小平这才决定下车吃饭，休息一下。原计划下午继续赶路，后因邓小平需要到驻洛阳的部队中了解情况，所以临时决定在洛阳住一宿。第二天拂晓，邓小平一行又上路了，向黄河北岸的渡口北坡前进。

刚过了黄河北岸，头顶上突然出现了一架敌机。在毫无隐蔽的沙滩上，人和车完全暴露在敌人的视线之内。大家十分担心，一旦敌机俯冲过来，后果将不堪设想。幸运的是，并没有发生什么事。汽车继续前行，到达山西晋城时，已是深夜。但是，邓小平并没有忙着休息，而是找来晋城的干部谈工作。由于他这次前往西柏坡既没有带秘书，也没有带参谋，不得不找杨志宏和同路去中央军委办事的张有年帮忙联系。

离开晋城以后，邓小平一行经过高平、长治、潞城，向太谷方向前进。到达太谷县时，刚被敌机轰炸过的县城还在冒着滚滚浓烟。为免遭敌机袭击，邓小平一行准备等到天黑再前进。可是，一打听才知道，从太谷经榆次去石家庄的公路，在抗日战争时已被破坏，至今仍没有修复。大卡车无法通行，必须返回潞城，改经黎城、涉县、邯郸等地去石家庄，再到西柏坡。为了尽快赶到西柏坡，邓小平决定和杨志宏他们分道而行，独自乘坐吉普车经榆次沿正太铁路去石家庄。杨志宏十分担心邓小平的安全，但又拗不过他，只好怀着忐忑不安的心情，送他离开这硝烟弥漫的太谷县城。

当杨志宏乘坐的大卡车赶到石家庄时，邓小平早已平安到达了石家庄，正在和聂荣臻交谈着问题。

到了石家庄，离西柏坡已不远了。

自毛泽东来到西柏坡，中共中央和中央工作委员会合并，中央五大书记毛泽东、刘少奇、朱德、周恩来、任弼时在经历一年多的分别之后终于在西柏坡会面了。从此以后，西柏坡便成为中共中央和中央军委解放全中国的最后一个农村指挥所。

当邓小平赶到西柏坡村口时，毛泽东和中共中央其他领导人都出来迎接他。自1945年8月25日邓小平离开延安，3年时间过去了，今天重逢，大家都非常高兴。邓小平紧紧地握住毛泽东的手，不停地问候。毛泽东注视着邓小平消瘦的脸，很有感情地说："邓小平啊邓小平，你都快瘦成邓小猴了！"

从硝烟弥漫的中原前线来到中共中央所在地，邓小平感到无比轻松、惬意。在西柏坡，他不仅见到了中央五大书记，还见到了徐向前、聂荣臻、滕代远、薄一波等老战友和各战略区的负责人。大家高兴地交谈着，无不为解放战争的胜利开展而兴奋。

在西柏坡，由于住房不多，邓小平便住在叶剑英家。

离"九月会议"正式召开还有十多天的时间。在这段时间里，毛泽东找邓小平谈了几次话。在交谈中，毛泽东对中原战局的发展以及中原解放区的建设和巩固表现出极大的兴趣。他每次都很认真地听邓小平的工作汇报，还不时地提问有关问题。通过交谈，毛泽东要邓小平把进军中原一年来的工作情况和经验写一份详细的书面报告。

于是，邓小平伏案，将中原解放区的情况写成报告。

这份书面报告内容丰富、实用性强，是邓小平从理论上对领导创建中原解放区的艰苦斗争所做的一次总结，为今后各部队开辟和巩固新解放区提供了一套完整而有益的经验。这可以说是邓小平到达西柏坡后送给毛泽东的第一份"见面礼"。

9月5日，中央军委副主席、代总参谋长周恩来在西柏坡主持召开了关于军事问题的准备会议，邓小平参加了这次会议。会议主要讨论了解放战争第三年人民解放军的建军、作战问题，形成了《人民解放军第三年作战计划》（草案），准备提交即将召开的"九月会议"通过。在这次准备会议上，邓小平做了发言，谈了以下几点看法：

第一，在解放战争的第二年，敌人的兵员要比第一年充实。我们估计，今后一年，敌人补充兵员数目不止100万。因为敌人抓兵厉害，如敌第五军等部就有一套抓兵机构，兵员补充得很快。我们还应估计到蒋介石最后还可能学习阎锡山那一套抓兵办法——兵农合一。这是值得注意的。因此，对敌人今后补充兵员问题的估计，尚需考虑。

第二，在外线作战，我们的方针主要采取的是取之于敌。这是很对的，但军委应考虑到外线作战是否能完全自给。根据两年的经验，第二年的弹药缴获少于第一年的缴获。现在，战争的特点是消耗大，如豫东战役三个纵队攻击，而九个纵队打牵制战，单我们牵制敌张轸兵团的几十天作战，就消耗了一万发子弹，因此弹药供给发生很大困难。再有，就是人员补充跟不上的问题……

第三，中央军委提出集中统一正是时机。我们拥护中央军委统一起来，希望军委要有计划地统一计算与分配，这就好办事了。比如，供应制度与标准需要统一，否则部队待遇不一，相互影响甚大。建议野战军战士的生活标准稍微提高一点儿——野战军战士虽然吃5分钱的菜，但尚赶不上地方军3

分钱的菜吃得好。因为野战军每到一地，物价高涨，故钱多反而吃得不好。

第四，对明年渡江的准备，我们在政策方面可以说大体上有些准备与经验，但其他许多具体问题尚待准备，如思想准备、干部准备问题都是重要问题。干部怕过长江，即使是江南干部也不一定到过长江。

关于我军的纵队组成计划，邓小平认为，由 50 个纵队发展到 70 个纵队就够了。目前，主要是充实现在的 50 个，如果每个纵队保持 3 万人就很好了。我野战军有 150 万人，这就可以打遍天下了。在老兵没有充实前，不宜组成新的纵队。

最后，邓小平说，还有一个问题，也须在此说明，邓子恢同志来了一份电报，提出要求调一批干部的意见，包括财经、党的宣传、政权、保卫及办荣校和伤员归队等各种干部，其中有司华东提名要求调去的，有请中央军委考虑从各地抽派的，希望雨季后，这批干部能够南下。

9 月 8 日，"九月会议"在西柏坡中央机关小食堂正式召开。出席这次会议的政治局委员有 7 人，他们是：毛泽东、刘少奇、朱德、周恩来、任弼时、董必武、彭真；中央委员和候补中央委员有 14 人，他们是：徐向前、饶漱石、贺龙、邓小平、陆定一、曾山、叶剑英、聂荣臻、滕代远、薄一波、廖承志、陈伯达、邓颖超、刘澜涛；重要工作人员罗迈、杨尚昆、胡乔木、傅钟、李涛、安子文、李克农、冯文彬、黄敬、胡耀邦等 10 人列席了会议。这是中共中央自撤出延安后召开的第一次政治局扩大会议。

会议首先听取了毛泽东的报告。报告分为 8 个部分：关于国际形势的估计；我们的战略方针和战略任务；建立无产阶级领导的、以工农联盟为基础的人民民主专政；发扬党内民主，训练干部，提高理论水平，准备解放全国后各方面工作的干部；加强纪律性，克服无纪律无政府状态等。整个报告贯穿一个主题思想，这就是如何实现战胜国民党蒋介石和胜利后如何建设新民主主义的中国。与会同志围绕这个主题进行了认真、深入的讨论。邓小平也发了言，在他发言时，毛泽东还经常插话。邓小平在发言中说：

对毛主席的报告，关于形势的估计和今后的计划我完全同意。

两年歼灭敌人 200 个旅，按这一标准推算，再有 3 年是可以打倒蒋介石的（毛泽东：加"根本上"）。即使蒋介石能补充一些兵力，也弱得多了。他占的地方多，恢复元气的可能就小了。这种估计在党内、在人民中宣传是可以的，要估计到人民中的厌战情绪。宣传只有好处，没有坏处，可以使人民兴奋，可以发挥他们的积极性。过去也说过五六年的问题，但未引起重视。

对所提的任务也无意见，特别在加强纪律性是中心环节方面。无纪律状态，最近两年来是有发展的。因为到处打到外线去，客观上有这种发展的条件。自定政策、口号，报告不忠实等，如任其发展，会造成损失（毛泽东：不听是没有的，不报告是有的，如晋绥地委一书记，两年不报告。军队的情报灵通，地方就不灵通了）。军队的报告如不忠实，就会浪费很多。军队的打仗方面做得还比较好，但也还有缺点和错误。对把加强纪律性作为中心环节提出来，过去中原局的认识不够，如克服"左"是毛主席向我们提出六大问题时问醒了的。我们特别体验到在关键问题上得到中央指示之重要。

我们对下面采取了原谅态度、自由主义（毛泽东：一是抓，一是紧，又抓又紧。我们许多事，抓而不紧等于不抓）。提高纪律性，同时要提高民主生活，否则就会造成家长制，反而不能提高纪律性。根据部队经验，提高纪律性，重要是在高级领导机关。如善于掌握批评与自我批评，可以增加力量。有些事情，做错了，如果是经过批准的，领导要背起来；做对了是下级的。

谈五年之第三、第四年问题。前两年打胜仗是有了很好的基础，但战争到了第三年是关键，因为这时敌人比我们大，我们的困难从整体来说，比第二年更大了。我们的兵力有了削弱，敌人有了经验。我们的弹药可以补给，但兵员的补充就困难了。我们第一、第二年各动员9万人左右，第三年就无此条件了。第三年最好能保持原来的兵力，减员2万人是最好的情况。分配给我们歼灭敌人14个旅的任务，问题并不大，应该能完成，但也有困难。困难还不在财政上，过去华东、华北在这方面是尽了力量的，应该感谢。弹药也不成问题，最近补了不少。最大的困难是兵员问题，动员太多与"生产长一寸"有矛盾。设想还有减员，要求干部去得及时一点儿（毛泽东：干部不向前进，军队的前进不能解决任务）。华东野战军在中原确有困难，应预为准备。前方开销不宜过大，后方保障需要及时，这样对前后方团结好一些。

对于这些困难，要在胜利中解决。节约一点儿，俘虏工作做好一点儿。外线作战，俘虏的巩固是困难的。

第三年以外，还要准备第四年，这里面问题更多。如兵力减到10万人，但要有十六七万人才能过长江，没有5万人的补充就困难了，中原本身扩兵没有把握。第四年要决定胜利，明年上半年就要有大扩兵，否则要取得胜利就会困难。第四年的准备，政策是基础，思想准备要努力，革命不革命的问题要解决。南方干部不一定愿意回南方。干部的准备，3 万人的计划大体差不多了。计划 300 多个县、60 个分区、10 个区党委，我们占二分之一，我们 40 个团，一分区要一个营，一军区要一个团，我们的力量一分（毛泽东：原则上要分，开头要集中打，消灭区域性地方蒋军，搞它半年），估计到敌人就会挤来打。华东野战军的干部也是不足，以 50 万人南进（毛泽东：20 万，分两支）。如 20 万兵力南进，准备 300 万白洋，票子印好一些。

此外，医院以三分之一计算，就要 47 所，以二分之一计算要更多。自己可以解决三分之一，还要三分之二，这是全国性的大困难。通信，一个军区得有 3 个电台，每纵也得有 3 个电台，每旅有 1 个，还不要求到团，请准备 43 套，包括机要报务人员。服装是军容、军威所系。武器的配备，924 步炮由东北调来，用之于南线最适当。宣传机关、通讯社、剧团，中原一套不能拿走。第三年的工作现在就要准备，时间并不长。

"走向统一"非常重要，既能解决很多问题，又可增加效率。

在西柏坡，邓小平还时常惦记着中原解放区的工作。他经常发电报给刘伯承、邓子恢，一方面给他们报告"九月会议"的情况；另一方面又根据中共中央的新精神，对中原局的工作提出新的意见。9 月 6 日，邓小平给中原局连发了两份电报。在第二份电报中，邓小平对中原局如何加强纪律性的问题提出了建议。他说："我们正在开会，这次会议解决的问题颇多，包括军事、政治、经济各方面。毛主席在几次会议及谈话中，提出全党当前的任务，仍为'军队向前进，生产长一寸，加强纪律性，革命无不胜'四句话，但强调指出加强纪律性，即克服全党严重存在的无纪律无政府状态，为保障前两项任务及革命胜利之中心环节服务。"邓小平最后说："会议不日可结束，会毕即归来。"

9 月 13 日，"九月会议"结束了，邓小平没有在西柏坡多逗留。送别时，毛泽东对邓小平说："我们每年见一次面，每年都有很大的变化。我们明年见面时，全国的形势一定比今年更好！"

邓小平说："毛主席、党中央看得远。我回去后要和刘伯承同志很好地研究一下，我们应当发挥更大的作用。主席、中央交给我们的任务，我想一定能够完成。"

周恩来对邓小平说："你们的位置太重要了，要靠你们去消灭国民党蒋介石的命根子，消灭他的主力部队，还要去剿蒋介石的老窝呢！"

邓小平说："希望这一天能早点儿到来。"

10月上旬，邓小平从西柏坡回到了河南宝丰县北张庄。

在邓小平赴西柏坡期间，9月4日，中原局专门召开了会议，研究克服无纪律无政府状态的问题。9月6日，又做出《关于克服无纪律无政府状态的请示与报告制度的决定》，并根据邓小平电报中的建议，首先检讨了自身的问题，认为过去"没有把各级不做报告以及其他方面无纪律无政府状态提到原则的高度，没有把它看成是革命成败的关键。相反地，采取自由主义的容忍态度，这是极其错误的"。在中原局的带动下，中原各区党委都先后召开了会议，认真学习，对照检查，深刻检讨无纪律无政府状态的各种表现。中原野战军各部队则开展了以检查团以上干部作风为重点的运动。

就在"九月会议"结束的当天，豫西区党委便在鲁山县程村召开了全区各地、县委干部参加的扩大干部会议，集中进行整党。邓小平回到宝丰的时候，豫西区党委扩大干部会议已经开了近一个月。邓小平决定到鲁山去参加这次会议，以便尽快地把中央"九月会议"的精神传达下去。

10月14日，邓小平来到程村，受到正在这里参加会议的各级干部及农民代表近500人的热烈欢迎。

在一片掌声中，邓小平走到桌子前，向大家摆了摆手，就开始了他的讲话：

"这次中央政治局扩大会议根据国际形势，根据自卫战争的成就，提出了下列战略任务：'军队向前进，生产长一寸，加强纪律性，革命无不胜。'由游击战争过渡到正规战争，歼灭敌人500个旅，5年左右，从根本上打倒国民党。"

邓小平强调指出："要保证我们战略任务的完成，中心环节是提高纪律性。过去无纪律无政府状态已到了不可忍耐的程度，一年来，我们基本上克服了或正在克服着。拿中原来说，即要把提高纪律性作为一个中心，中原局、区党委、地委、县委均要掌握这一中心，八九个月内要解决此一环节。全党的意志、思想、行动要团结得像一个人一样，要消灭党内怪头怪脑的违犯纪律的现象。"

接着，邓小平讲到了建立报告制度与提高纪律性的关系。在讲到写书面报告的时候，邓小平谈起了这次在西柏坡开会的一件事。他说："毛主席要书面报告、综合报告。我去开会时想偷懒，口头报告就算了，但毛主席说不行，还要补书面报告，这是欠了债的。一年多前的也要补，不但要补，而且还要做自我批评。"

邓小平在回顾、总结中原局的工作时说："准备全国胜利，一个是军队向前进，一个是准备干部。战略任务的第一条便是军队向前进。第二年之所以能取得伟大胜利，即由于军队向前进。战略之所以发生根本变化，是因为我们转入进攻。我们进攻中原，进攻大别山，突击方向选择对了。我不止一次听到毛主席赞扬中原，有些人说中原路线错误或成绩不大是不对的。当然，我们也犯了急性病，但这不过是'伟大胜利的主流之浪花'。"

邓小平还展望未来，讲起打过长江去的问题。他说："军队向前进是必要的，不过长江能不能打倒蒋介石呢？不能！一定要过长江。要不断地讲，部队干部里都要讲，地方干部里也要讲，即使有些人不过长江，也要讲可能会过，要天天讲。""今天不是动员大家过江，但是总有一天要过长江的，遵守纪律而过江是好的。但是，还要懂得为什么要去。有两个月的时间即讲两个月，有五个月就讲五个月，几十万干部要过长江。华北是怎样解放的？是南方人到北方去解放的。北方人为什么不应该到南方去？这是礼尚往来嘛！"

淮海战役

1948 年 11 月，历时 66 天的淮海战役开始了。

两个月前，中共中央在西柏坡召开政治局扩大会议，也就是著名的"九月会议"，指出了全党的战略任务是：建设 500 万人民解放军，在 5 年左右的时间内（从 1946 年 7 月算起），歼敌正规军 500 个旅（师）左右，从根本上打倒蒋介石国民党的反动统治。

根据中央政治局"九月会议"精神和中央军委的指示，人民解放军先后在东北、华东、中原、华北和西北战场上，发起规模空前的秋季攻势，歼灭了国民党许多有生力量，取得了辉煌的胜利。至 11 月初，随着济南战役、辽沈战役的胜利，整个战争形势开始发生重要的变化。毛泽东说，中国的军事形势现已进入一个新的转折点。人民解放军不但在质量上早已占有优势，而且在数量上现在也已经占有优势。"现在看来，只需从现时起，再有一年左右的时间就可能将国民党反动政府从根本上打倒了。"

此时，中原地区的国民党军各个集团已经不能构成完整战线，刘峙、白崇禧两个集团共 75 万人被孤立在徐州、武汉及其周围。中原地区的刘邓大军和陈粟大军已经控制了津浦路以西、平汉路以东的苏鲁豫皖地区、大别山地区，平汉路以西的郑州、洛阳地区，以及南阳、郧阳、襄阳、荆州等地区。在中原和国民党军重兵集团战略决战的时机已经成熟。

淮海战役是以徐州为中心，在东起海州、西至商丘、北起临城（今薛城）、南达淮河的广大地区进行的。参加这一战役的有华东、中原两大野战军和华东、中原军区及华北军区所属冀鲁豫军区的地方部队共约 60 万人。

对于这次战略决战，国共双方都非常关注。

蒋介石说：徐淮会战实为我国家存亡之最大关键。

中共中央主席毛泽东也明确指出：此战胜利，不但长江以北局面大定，且全国局面亦可基本解决。

发动淮海战役，最初是由华东野战军代司令员、代政治委员粟裕于 9 月 24 日向中央军委提出的。9 月 25 日，中央军委同意粟裕的建议，认为："举行淮海战役，甚为必要。"10 月 11 日，中央军委和毛泽东电告中野和华野，指示两大野战军协同作战，执行淮海战役的计划。

毛泽东说：两支野战军在一起，不是增加一倍的力量，而是增加几倍的力量。

为了保证淮海战役的胜利，中央军委决定成立以邓小平为书记的五人总前委，成员有刘伯承、陈毅、粟裕、谭震林，执行领导淮海前线军事和作战的职权，统一领导与指挥华东、中原两支野战军（简称"华野""中野"）。在原拟淮海战役计划基础上，以徐州为中心与蒋介石最大的战略集团进行大规模决战。

在淮海战役之初，中原野战军的任务是切断徐蚌线，占领宿县，配合华东野战军全歼黄百韬兵团。

早在 1948 年 10 月下旬，中央军委就曾电示陈毅、邓小平："率中原野战军主力到蒙城地区集结，然后攻取蚌埠，并准备渡淮南进，占领蚌埠段铁路。"陈毅、邓小平根据整个敌我态势，经过认真、反复的研究，当天急电中央军委，建议把中野集结地改为永城、亳县、涡阳中间地区。这样，无论南出宿县—蚌埠线，或东出徐州—宿县线均较方便。尤其后者，对配合华野作战，更加直接、有力。中央军委当即同意了这个建议。

11 月 3 日，刘伯承、邓子恢、李达向中央军委建议："陈邓主力应力求首先斩断徐州、宿县铁路，造成隔断孙元良兵团，会攻徐州的形势。"中央军委电示陈邓，同意这一建议，令陈邓："你们到永城后，不停留继续东进，完成对宿县的包围……"

徐州位于陇海、津浦两条铁路的中心，是中原战场最重要的战略要地。国民党在那里集结重兵，以刘峙为总司令的国民党徐州"剿匪"总司令部就设在那里。在徐州西边是邱清泉的第二兵团；东边是李弥的第十三兵团和黄百韬的第七兵团；北边驻有第五、第十三、第十四等3个绥靖区部队；南边到蚌埠铁路两侧，西有孙元良的第十六兵团，东有李延年的第六兵团。

11月5日，人民解放军发起淮海战役。邓小平命令徐州以西的中野主力及华野一部共6个纵队，在徐州西侧陇海线上的商丘、砀山段70公里处发起猛攻，并控制了由此至郑州的300公里铁路线，直逼徐州。

华野主力在粟裕的指挥下，在徐州以东对黄百韬兵团发起猛攻，将敌第七兵团合围在碾庄。

11月10日，邓小平在临涣集文昌宫召集杨勇、陈赓、陈锡联、秦基伟等纵队司令员开会。

邓小平说明了攻占宿县的重要意义。他指出：此次中原野战军4个纵队从正面扑向津浦线，夺取宿县，控制徐州、蚌埠段，对直接配合华野歼灭黄百韬兵团，对防止徐州敌重兵集团南逃，特别是对阻止由平汉线确山东进，急援徐州之敌黄维兵团，都有重大意义。我们占领了宿县城，控制了徐蚌两侧广大地区，就有了战场，就可以腾出手来，对付黄维兵团。

最后，邓小平指出：淮海战役关系到中国革命的进程，必须全力以赴，不惜任何代价，坚决、大胆地去夺取战役的胜利。"为了这个目的，在淮海战场上，只要歼灭了敌人南线主力，中野就是打光了，全国各路解放军还可以取得全国胜利，这个代价是值得的。"

宿县是一座古城，在徐州以南，蚌埠以北，扼南北交通要冲，有"南徐州"之称。自古以来，是兵家必争之地。蒋介石在宿县积存了大量武器、弹药、被服、装备等军需物资，是徐州重兵集团的后方补给基地。宿县城是永久设防的城市，守敌有1.3万余人。它有高厚的城墙、坚固的工事，环城有宽约3丈、水深没顶的护城河，易守难攻。

会后，各纵队司令员连夜召开会议，传达首长的指示和野司部署，认真讨论了作战方案。兵分三路，以急行军速度向宿县地区开进。经过连日激战，终于在 11 月 16 日胜利攻占宿县。

攻占宿县，吸引了徐州之敌南顾，减轻了东援的压力，有力地配合了华野主力围歼黄百韬兵团的作战。

邓小平后来在回忆中野攻占宿县时多次说："宿县是关键，占领了宿县，就把徐州和南面切断了，实际上形成了对徐州的战略包围。"

11 月 21 日，粟裕接总前委电令，组织部队强攻碾庄。11 月 22 日，攻克碾庄。我军以歼敌正规军 18 个师的战绩结束了淮海战役第一阶段的战斗。

11 月 23 日，毛泽东在给刘、陈、邓等祝贺淮海战役歼灭黄百韬兵团和第一阶段伟大胜利的电报中，对攻占宿县切断徐蚌线，给予很高评价。毛泽东说："你们消灭了刘峙系统正规军 18 个整师（包括争取何张 3 个师起义在内），并给邱清泉、李弥、孙元良、刘汝明 4 个兵团以相当打击。占领徐州以南、以东、以北、以西广大地区，隔断徐蚌联系，使徐敌陷于孤立地位，这是一个伟大胜利。在战役发起前，我们已估计到第一阶段可能消灭敌人 18 个师，但对隔断徐蚌，使徐敌完全孤立这一点，那时我们尚不敢做这种估计。"

也就是在这一天，总前委和中野指挥部进驻宿县小李家村。指挥部设在一个大院子里，刘伯承、陈毅、邓小平 3 个人住在村边一个偏僻的小院子里。3 个人住着一个里外间，邓小平和陈毅住在外间，年龄最大的刘伯承住在里间。3 个人中，邓小平年龄最小，身体也好。在对黄维兵团的作战中，他主动担负了战役的具体组织、指挥工作。邓小平对刘伯承、陈毅说："具体工作让我多做些，夜间值班我也多值些。"他还向作战科宣布，一般事情多找他请示报告，重大事情同时报刘、陈首长。

淮海战役的第二阶段，是打敌黄维兵团，或是打敌李延年、刘汝明两兵团，抑或是进攻徐州地区的杜聿明、邱清泉、李弥、孙元良等部。总前委常委及时向中央军委提出了自己的看法。原华东野战军参谋长张震后来回忆说："小平同志审时度势，一看到这个情况，认为只有把黄维兵团歼灭，因为黄维兵团已经走得精疲力竭了。同时，他也离蚌埠比较近，那边南京的部队逼近。为了把南京和徐州拉开，所以决定先打黄维兵团，然后再集中中原野战军和华东野战军消灭杜聿明集团。"

刘、陈、邓是 11 月 14 日向中央军委提出以"歼灭黄维兵团为上策"的。19 日，他们再次向中央军委建议："下一步作战以在南线打黄维、李延年为上策。"21 日，毛泽东、中央军委电示同意。24 日，毛泽东、中央军委又复电总前委："（一）完全同意先打黄维。（二）望粟陈（士榘）张（震）遵刘、陈、邓部署，派必要兵力参加打黄维。（三）情况紧急时，一切由刘、陈、邓临机处置，不要请示。"

黄维兵团是蒋介石嫡系精锐兵团之一，下辖 12 万余人，其中第十八军号称蒋军"五大主力"之一，且全副美式装备。中原野战军开始参战的总兵力也不过 12 万余人，且装备处于劣势。要啃黄维这块硬骨头，是相当吃力的。但是，歼灭黄维兵团的作战，关系到整个战役的进程，对解放全中原有重要作用。中野指战员遵照总前委指示，决心不惜任何代价，在华东野战军的协同下，与黄维兵团进行决战。

黄维兵团 18 日进至蒙城地区后，即遭中野部队的顽强阻击。24 日上午，黄维兵团强渡浍河，进入了我军预设的袋形阵地。黄维发觉自己处于不利态势，仓皇掉头南撤。中野部队于当日黄昏全线猛烈出击，25 日晨将黄维兵团包围在双堆集一带地区，开始进入"完成包围、紧缩包围、准备攻击及对付敌人攻击"的第二阶段。

11 月 26 日 5 时，刘、陈、邓向中央军委和毛泽东发去合围黄维兵团的第一封捷报。当天晚上 8 时，毛泽东回电："25 日 11 时、26 日 5 时两电均悉。黄维被围，有歼灭希望，极为欣慰。"

黄维被围后，根据蒋介石的命令，先是精心挑选了 4 个主力师在飞机、坦克、炮火的掩护下，向东南方向突围，被中野第六纵队和陕南独立旅击退。

恰在此时，敌 4 个主力师中的一一〇师趁突围之机率部起义。

这个师早在 1946 年就在邓小平的精心策划下，秘密建立了以地下党员、师长廖运周为书记的中共地下组织。淮海战役开始后，邓小平指示他们相继举行起义。一一〇师的起义，在敌人内部引起极大震动。

黄维见突围无望，即调整部署，就地固守。在短短的时间里，迅速构筑了大量土木工事和永久工事，将近千辆战车围成一座围墙，形成了一道巩固的防御体系，等待南北增援。

蒋介石见形势危急，急令徐州杜聿明部增援黄维。

杜聿明率 30 万之众，撤离徐州，企图救出黄维后南撤，却被华野部队全部合围于陈官庄一带。

在围歼黄维的日子里，邓小平整天守在作战室，每天工作到深夜。

为了尽快歼灭黄维兵团，刘、陈、邓把部队分成东、西、南三大突击集团，从三个方向向黄维兵团发动猛攻。12 月 5 日，召开了有各纵队司令员参加的总前委会议，下达《总攻黄维兵团命令》。邓小平斩钉截铁地说："我们的决心是拿出拼老命的精神，在双堆集消灭他的土木系一十八军，坚决搞掉'总统'王冠上的这颗红宝石！"

12 月 6 日，陈赓率东集团，陈锡联率西集团，王近山率南集团，向黄维兵团发动了空前激烈的总攻。激战至 15 日 12 时，歼灭黄维兵团 10 万余人，俘虏兵团司令黄维、副司令吴绍周（兼第八十五军军长）等人，圆满地完成了淮海战役第二阶段的任务。

12 月 18 日，中共中央致电总前委及华野、中野领导和全体参战军民，热烈祝贺淮海战役第二阶段作战的伟大胜利。歼灭黄维兵团后，总前委在华野指挥部蔡洼村召开了一次总前委会。这是总前委 5 位成员第一次聚在一起。会上主要研究了渡江作战方案和对部队的整编问题。会后，在华野指挥部的小屋前，邓小平、刘伯承、陈毅、粟裕、谭震林 5 个人合影留念，为世人留下了一张永载史册的照片。然后，刘伯承、陈毅奉命前往西柏坡开会，邓小平返回小李家村主持总前委的工作。

12 月 30 日，邓小平率总前委经宿县、徐州至商丘，次日到达张菜园。在那里度过 1949 年元旦，并且指挥淮海战役的第三阶段，全歼杜聿明集团。

1949 年 1 月 6 日，华野对杜聿明集团发起总攻。至 10 日下午，全歼杜聿明集团，生俘杜聿明，击毙邱清泉。

淮海战役共歼灭国民党军 55.5 万余人，解放了长江中下游以北广大地区，使蒋介石的精锐主力损失殆尽，反动统治的中心南京以及上海、武汉等地，处于人民解放军直接威胁之下。

这是一个了不起的胜利，是战争史上以少胜多的战例。据说，斯大林知道后，连声说："奇迹，真是奇迹！"

淮海战役胜利后，毛泽东对邓小平等人说：淮海战役打得好，好比一锅夹生饭，还没有完全煮熟，硬被你们一口一口地吃下去了。

渡江战役

淮海战役胜利后，国民党南线主力基本被消灭。人民解放军乘胜南下，直指长江北岸。国民党的政治和经济中心南京、上海，以及长江中下游城市武汉，已处在人民解放军的直接威胁之下，国民党政权处于风雨飘摇之中。

还在 1948 年的 12 月 30 日，中共中央主席毛泽东在为新华社写的新年献词《将革命进行到底》中就向全国人民指出："已经有了充分经验的中国人民及其总参谋部中国共产党，一定会像粉碎敌人的军事进攻一样，粉碎敌人的政治阴谋，把伟大的人民解放战争进行到底。"

解放战争在全国范围内的胜利已经指日可待了。

1949 年元旦，蒋介石发出和谈声明，企图在和谈烟幕的掩护下，争取时间，调整部署，编练新军，在江南布防，阻击人民解放军于长江以北，造成所谓"南北分割"的局面，然后伺机卷土重来。

两周后，中共中央发表了《中共中央毛泽东主席关于时局的声明》，揭穿了蒋介石的和平骗局，提出八项条件作为国共和平谈判的基础。"声明"同时指出："在南京国民党反动派接受并实现真正的民主的和平以前，你们丝毫也不应松懈你们的战斗努力。对于任何敢于反抗的反动派，必须坚决、彻底、干净、全部地歼灭之。"

1949 年 1 月 8 日，中共中央召开政治局会议，研究确定了党在 1949 年的任务，指出：1949 年和 1950 年将是中国革命在全国范围内胜利的两年。

以邓小平为书记的中共中央中原局于 1 月 29 日在商丘召开了扩大会议。会议传达了中央政治局的会议决议和毛泽东主席的各项指示，总结了淮海战役和中原解放区党政军各方面的工作，讨论了关于准备渡江作战的一些问题，还研究了部队整编等工作。关于这次会议的情况，2 月 9 日，邓小平向毛泽东上报了《在华野中原高干会上传达中央政治局决议的经过情形》的报告。根据中央军委的决定，淮海战役期间组成的统一指挥中原野战军和华东野战军作战的总前委，照旧在渡江作战中统一指挥中原和华东野战军作战。

2 月 9 日，总前委又召开了专门会议，邓小平做了关于国际、国内形势的报告，提出了渡江战役的要求。根据中央军委关于集中中原野战军和华东野战军在长江下游实施渡江作战，夺取京、沪、杭，摧毁国民党反动统治中心，解放华东、华南，并准备对付美帝国主义可能的军事干涉的指示，研究了渡江作战的时间、部署、准备及支前等问题。会后，总前委向中央军委做了《关于渡江作战方案和准备工作意见》的报告，请中央军委考虑速示。此后，全军进行了渡江作战的政治动员和各项准备工作。

也就在这个时候，中原野战军遵照中央军委的指示，改称中国人民解放军第二野战军（简称"二野"），刘伯承任司令员，邓小平任政治委员，张际春任副政治委员兼政治部主任，李达任参谋长。同时根据中央指示，组成第二野战军前委，邓小平为前委书记。华东野战军改称第三野战军（简称"三野"），陈毅任司令员兼政治委员。

1949 年 3 月 5 日，中共七届二中全会在河北平山县西柏坡召开，邓小平、陈毅、谭震林出席了会议。会议讨论了人民解放军的渡江作战问题，决定：人民解放军应争取解放长江以南的华中、华南各省。完成渡江后，有步骤地、稳健地向南方进军。

3 月 14 日，在中央召集的座谈会上，邓小平提出了华东管辖的范围和人事安排，毛泽东同意邓小平任中共中央华东局第一书记。

会后，毛泽东又专门召集邓小平、陈毅等商讨渡江作战问题。毛泽东对邓小平说："交给你指挥了。"

淮海战役总前委改为渡江战役总前委，仍由邓小平任总前委书记。中央部署，由总前委率第二、第三野战军于 4 月中旬进行渡江战役。

邓小平带着中央军委和毛泽东的嘱托，和陈毅一起回到了前线，进一步落实渡江战役的各项准备工作。

部队加紧了战前的动员。实际上，在 1 月初的时候，邓小平就签发了《两个月整训的军事政治工作大纲》。后来，他又亲自组织宣传部编写了《打过长江去，解放全中国》《人民军队要做遵守纪律执行政策的模范》两个政治教材，发给全军。2 月 8 日，中央军委发出《把军队变成工作队》，指出：新解放区的一切工作干部，主要依靠军队本身解决。要求军队必须着重学习党的各项政策，学会管理城市，准备接收并管理城市。邓小平根据中央指示，要求全军普遍进行城市政策、新区政策的教育。并采纳中原解放区的经验，在部队中组织了一些城市接收机构，为进入江南新区、接管城市做了思想和组织上的准备。

3 月 26 日，邓小平在蚌埠附近的指挥部主持召开第三野战军高级干部会议，讨论渡江作战方案。

3 月底，总前委进驻肥东瑶岗。31 日，邓小平亲自草拟了《京沪杭战役实施纲要》，以总前委的名义上报中央军委。

关于这份"纲要"的起草过程，原第三野战军参谋长张震后来回忆说："我们司令部作战室专门研究作战方案，进行了讨论。小平同志最后做了总结，该怎么样打，该怎么样部署。会后，（3 月）29 日，小平同志对陈毅说，你们把我们讨论的写一个作战计划过来。陈老总找到我，说这个参谋工作他也不太熟悉，让我写。当时，我就写了一个《两个野战军渡江作战的计划、方案》，写了以后送给小平同志。小平同志讲，写得太具体了。因为我们讲的是哪个团、哪个军向哪个方向打、怎么打、怎么突破江防。小平同志讲，作为总前委写这个作战计划纲要的话，应该站得高一些，更有原则性一些。要给指挥员有一个机动的余地，他们会按照战斗的情况执行。所以，他自己写了《京沪杭战役实施纲要》。"

《京沪杭战役实施纲要》指出：

> 敌人总兵力是 24 个军 44 万人，我军二、三野战军共计 7 个兵团 21 个军 100 万人。我军占有绝对优势。拟将渡江部队组成东、中、西 3 个集团，采取宽正面、有重点的多路突击法。第一阶段达成渡江任务，实施战略展开；第二阶段割裂和包围敌人，切断退路；第三阶段分别歼灭被围之敌，完成全部战役。歼灭敌军集结于上海至安庆段之兵力，占领苏南、皖南、浙江全省，夺取南京、上海、杭州，彻底摧毁国民党反动派政府的政治、经济中心。

毛泽东于 4 月 1 日复电批准了这个"纲要"。

第二、三野战军开始进入渡江战役的全面准备。

关于渡江作战日期的选择，总前委和中央军委之间进行了反复的商讨。总前委在 2 月 9 日的报告中首次提出了以 3 月底为渡江日期的建议。后来，中央军委和总前委更多出于政治上的考虑，配合国共和谈以能达成有利于人民的协定，于 3 月 17 日"共同决定渡江战斗之确定日期为 4 月 10 日"。之后，陈毅、谭震林提出，要完成军委提出的渡江前需夺取浦口、浦镇及攻占江北敌人据点的任务最少需要一周时间的准备，因此建议："正式渡江作战，应延至 16 日为宜。"中央军委重新决定："全军可于 4 月 13 日或 14 日开始渡江，这样对于谈判有利。"但是，陈毅、邓小平、谭震林又认为："原定的 13 日正是阴历十六日，月光通宵，我第一梯队的突击队无法隐蔽，不能求得战术上的突然性。因此，建议推迟两天，即 15 日黄昏发起渡江。此时正值阴历十八日，下午九时以前昏夜，甚为有利。"这一建议，得到了中央军委的同意，并写入《京沪杭战役实施纲要》。

4月上旬，国共和谈有了突破性的进展，中央军委电示总前委，如《国内和平协定》于4月15日左右签订成功，则原先准备的战斗渡江，即改变为和平渡江。因此，渡江时间势必推迟半个月或一个月。根据国共和谈最终期限是4月20日，军委又提出22日、25日以后、29日三个渡江日期，征询总前委意见。

邓小平等经多方面调查认为，5月江水比7月、8月还大，渡江将发生极大困难，现百万大军拥挤江边，过久推迟，将不得不后撤以就粮草。而签字之事，亦应设想敌人翻脸，故建议先打过江，以争取和平接收。

中央军委坚持这是政治斗争所必需，"决定推迟一星期渡江，即由15日渡江推迟至22日渡江"。并告总前委下达推迟渡江命令时，不要说是为了谈判，以免松懈士气。

对此，邓小平等认为，不应回避"为了谈判"，而应正面讲清渡江与谈判的关系。总前委在下达的指示中强调：我们渡江，应站在政治最有利的地位的基础上进行渡江，就是说如果谈判破裂，责任在对方；如果《国内和平协定》签字后，对方不实行或拖延执行时间，其责任亦在对方。我们在谈判结束之后渡江，则是理直气壮的，"故于全局和人民有利"。如政治需要，将再次推迟。所以，在部队中要"一面防止急性病，一面防止战斗意志的松懈"，此间"中心工作仍应放在加强战斗准备上"。

总前委这一指示，中央军委认为"甚好"。

因为中共和谈代表团提出4月20日为《国内和平协定》签字的最后期限，所以中央军委提出"20日以后我军何日渡江，完全由我方选择，不受任何约束"。

总前委根据中央的指示精神，于4月17日提出20日晚全线渡江作战。

中央军委和毛泽东复电表示："完全同意总前委的整个部署"，20日开始攻击，22日实行总攻，一气打到底。同时指出："此次我百万大军渡江南进，关系全局胜利极大。希望我二野、三野全军将士，同心同德，在总前委及二野、三野两前委领导下完成伟大任务。"

于是，邓小平为总前委起草电报，下达了渡江作战的命令。这时，突击集团准备先期渡江，邓小平等以总前委名义复示："只要有可能就可以这样做。总之，整个战役从20日晚开始后就一直打下去，能先过江就该先过江，不必等到齐。因为全长1 000余公里的战线完全等齐是不可能的。"4月20日，国民党政府拒绝在《国内和平协定》上签字。当晚20时，渡江战役按预定计划开始。21 日，毛泽东主席和朱德总司令发布了《向全国进军的命令》，命令中国人民解放军"奋勇前进，坚决、彻底、干净、全部地歼灭中国境内一切敢于抵抗的国民党反动派，解放全国人民，保卫中国领土主权的独立和完整"。

在总前委的统一指挥下，西、中、东三路大军在西起九江、东至江阴的江防线上全线出击，强渡长江，一举突破了国民党号称"固若金汤"的长江防线。

23 日，人民解放军攻占了国民党统治的中心——南京。

接管南京

"钟山风雨起苍黄，百万雄师过大江。"1949 年 4 月 23 日，中国人民解放军占领南京，宣告了国民党反动统治的覆灭。

4 月 24 日，邓小平向军委报告："我们遵命于明日（25 日）夜到南京，并与刘伯承商量，二野亦于明日（25 日）夜移动，后日（26 日）夜可达南京。"但总前委离开肥东时，突然下起了连绵不断的大雨，交通受阻，由此耽误了行程。4 月 26 日午时，总前委就此电报军委并告已到南京的宋任穷等人。邓小平与陈毅是 27 日夜到南京，刘伯承、张际春、李达和二野机关则是 29 日到南京的。

邓小平、刘伯承、陈毅会合的当天，三人到总统府参观，进入蒋介石的办公室。邓小平风趣地说：蒋委员长悬赏缉拿我们多年，今天我们找上门来，看他还有什么威风，还想吹什么牛！刘伯承指着台历说：蒋先生的台历还是 4 月 22 日，"安全转移"还不慢哪！陈毅怀着喜悦的激情，挥毫写下了"旌旗南指大江边，不尽洪流涌上天。直下金陵澄六合，万方争颂换人间"的磅礴诗句。

南京刚刚解放，百废待兴，工作千头万绪。邓小平把南下干部和地下党的会师当作"第一关键的工作"来抓，力求从组织上会师开始达到思想上、政策上会师，以便步调一致争取胜利。

4 月 29 日，邓小平、刘伯承、陈毅和南京秘密市委陈修良商定于 5 月 1 日在国民大会堂召开干部大会，主要领导人都出席讲话，目的是"统一思想与行动"。

5 月 1 日，在华东局直接指导下举行的会师大会开得隆重、热烈，到会的南下干部 2 000 多人，地下党干部 700 多人，共约 3 000 人。市军管会副主任宋任穷主持会议，宣布了中共中央批准中共南京市委成立，常委由刘伯承、宋任穷、张际春、陈修良、周兴、陈士榘等 6 人组成，刘伯承、宋任穷为正、副书记。会上，刘伯承、邓小平、陈毅、刘晓、饶漱石先后发表了讲话。

邓小平在宣读了由毛泽东主席亲自修改、批发的《中共中央祝贺南京解放》的通电后说：中国革命的伟大胜利历尽无数艰难曲折，牺牲了成千上万的斗士先烈，光在南京雨花台被杀害的就有 10 万。经过 22 年的奋斗，在毛主席领导下，中国的新民主主义革命才取得了根本的胜利，真是来之不易。所以要学习毛泽东思想，学习七届二中全会决议，统一意志，统一步调，才能担负起新形势下的新任务。他还说：一定要警惕糖衣炮弹的袭击，犯了错误对不起先烈，就应该到雨花台去检讨！

邓小平强调党内团结的极端重要性。他指出：南京解放后，党的会师是第一关键的工作，一定要搞好。南下干部和地下党干部要互相团结、互相尊重、互相学习、互相帮助，共同做好接管工作，为建设人民的新南京做出新贡献！

刘伯承、陈毅也先后即席讲话，他们都一再强调要加强团结、相互支持，真正做到组织上、思想上、政策上的会师。

南下的同志与南京地下党的同志对解放与接管南京都做出了积极的贡献，但由于过去各自的斗争环境、经历和工作方式不同，也发生了一些不够协调的情况。邓小平根据历史上几次会师的经验教训指出：首先要在领导层中求得一致，然后运用批评与自我批评的武器，耐心贯彻；通过此关键，达到整个队伍的团结。为进一步贯彻华东局关于会师工作的指示，南京市委常委于 5 月 7 日专门讨论而做出了统一步调的四项具体规定，保证接管工作的顺利进行。

毛泽东看到 5 月 23 日南京市委关于会师工作向中央、华东局的报告，当天即电告华中局、东北局："兹将南京市委关于外来党与本地党会师问题的经验转发你们，请你们充分注意此项问题。务望抓紧指导，不可再蹈我党历史上对此问题处理不善的覆辙。"

在以后的工作中，南京的南下干部和地下党干部之间团结加强，相互的关系有了较大的改善。

南京是国民党的政治中心，有庞大的官僚机构和统治机器，需要接管的国民党中央和南京市两级政府等单位有 700 多个，国民党政府留下来的公务人员、警察、工勤人员等有 7 万多人，怎么办？邓小平胸有成竹地说：中央早有指示，一律包下来，三个人的饭五个人吃嘛！除怙恶不悛的战争罪犯和罪大恶极的反革命分子外，凡属国民党中央、省、市、县各级政府的大小官员，"国大"代表，立法、监察委员，参议员，警察人员，区、乡、镇保甲人员，凡不持枪抵抗、不阴谋破坏者，一律不加俘虏，不加侮辱。这些人中，凡有一技之长而无严重的反动行为或严重劣迹者，人民政府准予分别录用。

在邓小平等同志的正确领导下，南京的接管工作比较顺利，经过一个来月的时间就大体完成。

除了会师、接管，邓小平还抓了外事工作。

从 5 月 23 日到 26 日，4 天内即发生解放军与外国人争执的事件六起，其中以误入司徒雷登住宅和电报局不给外国记者发报较为突出。

事情是这样的：5 月 25 日清晨，我第三十五军的一位营长带着通讯员为安排部队食宿，误入西康路美国大使馆。他俩见楼下无人，便上了二楼。这时，司徒雷登正在洗脸。他见两个解放军进来，不知所措，便指着二人哇哇大叫："你们要干什么？"这时，营教导员跟了进来，为缓和事态的发展，便有礼貌地说："对不起，我们就走！"三人当即离开那里。当天夜里，"美国之音"就广播了"进入南京的中国人民解放军检查了美国大使馆"的新闻。为此，毛主席致电总前委，对此事进行了严厉批评。邓小平查明情况后一面派市军管会外事处处长黄华与美方谈判沟通，一面对部队加强外交政策与外事纪律的教育，此后没有再发生类似的事情。

关于外国使馆和外侨问题，黄华与周兴（南京市公安局局长）给总前委、华东局写了一个报告，提出对在南京的 32 个国家的 238 名外交官及其 114 名家眷的政策是：除社会主义阵营国家外，统统按一般侨民处理，不承认其外交特权，并限制其活动范围。对帝国主义资产采取"压下来，挤出去"的办法，迫其退出，逐步接管。邓小平和刘伯承非常重视，立即转报中央。几天后，中央回电表示同意。

渡江战役后，国内形势发展很快。国民党军队不断被解放军歼灭，残敌溃退华南和西南一带。1949 年 5 月 23 日，中央军委根据向全国进军的部署电告二野：准备两个月后，向西南进军。6 月 2 日，军委又电示二野：小平准备入川。邓小平随即从上海回到南京，对进军大西南做了一系列的准备。邓小平和二野前委根据中央军委指示，全面分析敌情，拟定了避开正面，大迂回，大包围，断后路，各个歼灭西南敌人的作战要旨。同时，拟定了接管西南的方案。为准备支援战争、开辟和接管西南的干部，邓小平在二野前委会上传达了党中央的战略部署，研究了随军干部的筹调计划。为解决进军西南的干部不足问题，邓小平提议在南京、上海、苏南一带招收一批青年知识分子到西南去服务。邓小平的提议获得陈毅的支持。会议将随军干部工作团定名为"中国人民解放军西南服务团"，由二野副政委兼政治部主任宋任穷为总团主任。

由南京市军管会负责筹建的南京西南服务团（后称"二团"）于6月25日招收学员，7月28日与上海一团会合，苏南分团于8月31日也到了南京。还有二野军大、华北革大、华东革大的学员队伍，北平中央直属机关及东北局派来的干部队伍。编入西南服务团序列的共约1.7万人。这样，1949年8月、9月间，就形成了"八方风云会金陵"的局面。

邓小平按照1949年6月11日《中央关于准备三万八千干部的布置》的决定，充分利用京沪杭地区文化教育较发达的人才优势，大量吸收城市中的青年学生、专业技术人员、工人达万人，以老解放区干部为骨干而组成干部工作团，是解放战争时期党在干部建设上大量吸收知识分子的一个重要措施。

这期间，南京这个"火炉"正好升温。邓小平冒着酷暑先后为西南服务团和二野军大的干部、团员做了5场报告。应南京市委邀请，邓小平还到南京市各界人民代表会议做政治报告，为南京党支部书记和排以上干部上党课，动员整党。另外，他在南京准备了稿子，8月初还到北平在新政协筹备会上报告渡江作战和接管京、沪、杭等大城市的工作。

邓小平在南京所做的这些报告内容极其丰富，主要有以下几个方面：

第一，总结渡江作战和接管京、沪、杭等大城市的经验。邓小平对渡江作战，京、沪、杭大城市接管等工作做了系统、全面的总结。他说：胜利当然是由于军队的勇敢、人民的支援，但决定的因素是党中央、毛主席规定的一套明确的路线与政策。28年的历史证明：路线正确时便胜利，否则就失败、受挫折，所以一切工作均应以政策为出发点。他还总结了华东解放后采取三步走的做法供西南工作参考。

第二，正确估量形势与采取对策。邓小平认为对胜利一般容易看到，但应多看一些困难，找出根源和克服办法，这样才能继续前进。他分析当时的困难，一是来自帝国主义封锁与反动残余势力的捣乱；二是接收了国民党留下来的烂摊子；三是军队多了，开支巨大；四是农村工作没有搞好，使城市陷于孤立。所以，要下决心自力更生，加强农村工作，精兵简政，团结大多数。

他指出这些都是一些"根本性的工作和办法"。

第三，进军西南的意义、办法和态度。邓小平说：解放和建设川、康、滇、贵4省是一个光荣而伟大的任务，是一次8 000里的小长征，前途很大，困难很多。他还说：西南有7 000万人口，是全国战略大后方。无论工业、农业、商业，都有相当的基础，将来是中国大工业基地之一。但西南历来是封建军阀割据，地方军队多、土匪多、袍哥多、枪支多，封建势力大。再加上蒋介石11年的统治和经营，现在又退缩在那里妄想作为复辟基地。西南最后解放，一切困难都落在西南，所以要充分估计进军西南的艰巨性。邓小平强调要正视困难，从实际出发，采取具体、有效的办法：一是搞好内部团结，搞好会师；二是依靠西南人民；三是搞好统一战线。要团结好工人、农民、小资产阶级、民族资产阶级。对敌人要像剥葱一样，一层一层地剥，先打击最主要的敌人，然后各个击破，以达到最后打倒敌人的目标。以上三个法宝掌握得好，就可以减少困难，克服困难。

进军西南的正确态度应是：准备吃苦，再加上好好学习，向西南人民学，向周围同志学，向毛主席、党中央指示学。

第四，学习革命理论重在实效。邓小平强调要做一个好的革命者，就要把革命理论学好，首先要学毛泽东思想。他指出：毛主席的文章看起来很通俗，但没有实际斗争经验的人很难看出奥妙来。如《论人民民主专政》，那是新民主主义的全部纲领，是中国人民百年来和中国共产党28年来的经验总结。它解决了革命的性质、力量、敌人、方法、道路和前途等一系列问题。要联系实际、联系思想对照才能学懂弄通。他一再提示：学习理论是为了"站稳立场""学会思想方法""理论要在实际当中好好运用"。

第五，做合格党员和革命的好青年。邓小平把党的"七大"、《党章》规定的党员标准概括为：努力学习、遵守决议、联系群众、模范作用。他分析党的状况，从总体上讲党是可以信赖的，但从个别地方和分开来说，从一个个党员来说，水准不够的、不合格的党员是存在的。怎样使不合格的党员成为合格的？邓小平说：方法就是整党、教育，党员要接受教育，开展批评，只要言行一致、忠诚与老实，就很容易成为真正的、合格的共产党员。邓小平教育青年要树立全心全意为人民服务的革命人生观。他语重心长地对青年说：一个革命者是不是忠于党、忠于人民，就看是不是老实，是不是实事求是。他用党的历史上的许多事实说明，不老实的人迟早要跌跤的，爬得越高，跌得越重。他勉励青年，要一辈子说老实话、办老实事、做老实人。

许多听过邓小平报告的老同志说：邓小平报告的精髓是用实事求是的思想路线武装我们的头脑，言简意赅，切中要害，发人深省，催人奋进，使人终生难忘。在邓小平和刘伯承等教育、带领下的西南服务团后来成为接管和建设大西南的一支生力军。

邓小平在南京时，争取一切机会和干部、战士、工人、学生、各界人士接近，他那平易近人的作风给人们留下了深刻的印象。许多老同志对邓小平在南京的一些"小事"难以忘怀。

解放军刚进城时，先头部队来到总统府，有的战士出于阶级仇恨，竟用刺刀向挂在总统府厢房里的蒋介石绣像的头、眼、胸部各捅一刀。这幅全身绣像高3米多、宽2米多，由彩色丝线和金银线刺绣而成，据说是浙江省省主席为蒋介石60岁生日祝寿时送的。邓小平知道后批评说："怎么能干这样愚蠢的事呢？不能以感情代替政策和纪律，这是一种损坏文物的行为。"邓小平、刘伯承为此通报全军，加强政策和纪律教育。南京市军管会两次发出通知，贴出告示，要保护文物和名胜古迹。以后，在南京的部队和各级领导都倍加爱护历史文物。有的还对文物进行了初步修理，受到南京人民和一些外国通讯社的称赞。

邓小平几次出席数千人的报告会都轻车简从，一般只有两人，一人主持，一人报告。他每次做报告都要了解对象、掌握动态、研究难点，自己厘清思路，不读稿子，深入浅出，侃侃而谈。在南京大学操场上讲"论老实"的那次会议中间休息时，听报告的青年一拥而上，围住邓小平要求签名留念。他都一一签名，并亲切地回答了学员提出的问题。

一个星期天，在玄武湖草坪上，邓小平、卓琳带着孩子和解放军干部、战士在做"击鼓传花"的游戏。当手帕传到邓小平手中时，他敏捷地把手帕传给紧挨他的同志，鼓点正好停顿，于是一阵掌声，欢迎那位同志表演节目，大家又欢笑起来。

第二野战军离南京赴西南前夕，邓小平指示机关干部撤离所在地时要爱护公物，秋毫无犯。有个卫生检查组来到二野首长和各部处领导的住处，邓小平正在办公室聚精会神地审阅文件，小组的同志向他报告来意，他微笑着说："那好，你们负的责任不小啊！"邓小平所住的那个楼总的来说比较干净，室内用具也完好无损，但通过检查，发现灯罩不太干净，厕所里有块玻璃有裂缝。邓小平表扬了检查组认真、负责的作风，并喊来公务员擦洗灯罩、更换玻璃。他还说：这不仅是卫生、文明的检查，也是纪律的检查。纪律是军队的荣誉，没有纪律就要脱离人民群众。我们解放了城市，更要爱护和建设城市。我们要走了，就要走得干干净净、利利索索，这是解放军的好传统。

在南京解放初期的日子里，邓小平以其果断而又扎实的工作作风，不断总结经验、化解矛盾、开拓前进，为解放中国南方大部分地区，做出了重大贡献。

从丹阳到上海 [①]

南京解放后不久，为便于指挥上海战役和加速训练接管上海的干部，总前委、华东局和华东军区机关移驻京沪线上的丹阳县城。

总前委驻地位于县城新北门内宝塔弄的戴家花园。这是一处有门楼的住宅，其主要建筑是一栋楼房和几间平房。布局合理，庭院里有宽阔的空地，绿树成荫，有一口水质颇好的水井，一条可通吉普车的石板路直通门前。我佩服打前站的同志的好眼力，选到一处好地方。它与华东局机关离得不远，来去也方便。

当时，我是华东军区司令部参谋处四科的管理员。为搞好几位主要领导同志的日常饮食，我在这庭院里办了一个小厨房。

5月3日，陈毅司令员从南京来到丹阳。他巡视了庭院里的每个角落，楼里楼外都看了个仔细，对这里的环境表示满意，指示我们立即铺开摊子工作。同时，顺便告诉我们，两天后邓小平政委将来丹阳，要我们预做准备。

5月6日，我们怀着焦急的心情等待邓政委的到来。连一向沉得住气的陈司令员也显出某些不安，几次三番地看表，不住地朝门楼外的小街上张望。这是可以理解的，因为按照从南京到丹阳的公路里程计算，他们的汽车早该到了，加之南京解放不过十来天，杭州刚刚解放，上海还有国民党汤恩伯集团几十万大军守着，分散在各地的散兵游勇一时不可能肃清，所以大家都有些担心。从中午等到下午，从下午等到夜幕降临，四处已出现星星点点的灯火，依旧没有半点消息。

夜深了，忽然听到马达声，大伙的心禁不住提了起来。直到汽车开近了，

---

① 此文为唐士祥的回忆。

看见安然无恙的邓政委从汽车里钻出来，大伙这才松了一口气。原来，他们的汽车差点儿开到杭州方向去了，后来看见路边歪着、翻着许多有国民党标志的汽车、大炮，才掉转头来。

正在高兴之际，转眼之间却不见了陈、邓首长。已是夜深人静的时候，他们能到哪里去呢？后来才弄清楚，原来两位首长同华东局财委干部骆耕漠同志（与邓政委同车来丹阳）一起上街找消夜去了。半夜三更，店家早已关门，只碰到一个正打点回家挑馄饨担子的小贩。因为只剩了很少一点儿馅子、皮子和碎面条，三个人只凑合各吃了一碗连皮子带面条的糊"抄手"（四川人把馄饨叫"抄手"）。从首长方面说，虽然他们是出于一番好意，不想让我们多劳累，可我们细想起来既内疚又后怕。假如我们事先准备一些点心，这事不就可以避免吗？再说，社会秩序尚不安定，万一首长们有个三长两短怎么办呢？！随着陈、邓首长的先后到来，戴家花园一改平日的冷冷清清，变得生气勃勃起来。

上海作战的序幕即将拉开。三野主力正向上海周围的军事要地集中。数千名接管干部陆续来到丹阳。这些人能否通过训练，正确领会党的方针政策，则直接关系到未来接管上海的工作能否顺利完成。由于丹阳人数骤增，许多祠堂、庙宇都住满了人。一个又一个紧急而迫切的问题提到了总前委和华东局的面前。

作为总前委书记，华东局第一书记，华东军区、第二野战军政委的邓小平同志，肩头上担子的分量是可想而知的。而此时总前委、华东局和华东军区、二野、三野的主要领导成员，除陈、邓首长在丹阳外，其余大都在外地。南京解放后，刘伯承司令员留南京主持二野前委的工作，并任南京市市长和军管会主任。三野谭震林副政委率领第七兵团从芜湖强渡长江以后进军浙江，解放杭州后留杭州主持工作，任浙江省委书记、省人民政府主席。三野粟裕副司令员率领三野主力强渡长江以后，即同张震参谋长率领三野机关自常州东移苏州，并挥师直指上海。上海是中国第一大城市，人口密集，工业集中，国民党集团投入数十万重兵驻守，苦心经营，势在必得。这就决定了这里必有一场恶斗，决定了上海作战必是京沪杭战役中最艰巨、最复杂的一次作战。我们多次听到陈、邓首长打比喻说：上海作战是一次极其特殊的战斗，好比瓷器店里捉老鼠，既要捉住老鼠，又不能把那些极其珍贵的瓷器打碎。为了打好京沪杭战役中最紧要的一仗，陈、邓首长经常在一起研究如何顺利地攻与上海又完整地保留上海的办法。他们还把分散在外地的刘伯承、谭震林、粟裕等同志请到丹阳来，一起精心研究，以便根据变化了的情况不断修订、补充和完善作战计划，及时做出新的决策。我还看见宋任穷、叶飞、曾山、宋时轮、张震、舒同等首长也来开过会。他们都是匆匆地来，匆匆地去，有一种强烈的使命感。每当这时，我们的小厨房常常要准备十多个人的饭，还要加点儿菜，特别忙。

邓政委经常找人到住处来谈话。来人有穿黄军装的，也有穿西装或长衫的，有的像有钱的阔老板。赶上吃饭的时候，邓政委总请他们一同入席吃饭。直到后来，我们才慢慢知道一点儿情况。原来这些人中有的是来自上海的地下党，有的是上海经济界、文化界的知名人士，有的是非常熟悉上海内情的专家学者。他们中有些人是冒着生命危险绕道香港等地来的。

战争时期实行供给制，首长们的伙食标准并不高，我们必须变着法儿给首长们改善伙食。蚕豆、豌豆、杨花萝卜等，首长们都喜欢吃，特别是带酸辣的菜。我们尽量做得合他们的口味。看见他们吃得津津有味，我们就感到极大安慰。

陈、邓首长平时工作节奏紧张，开夜车是家常便饭。我们吸取了邓政委来丹阳时没吃上饭的教训，自做一些点心随时预备着。每逢他们熬夜，就及时送一点儿去。邓政委有时来到我们中间，看见我们忙碌，就给予种种鼓励。说我们工作很辛苦，要注意休息，挤时间多学些文化，多学些科学常识。

江南的春夜温暖而柔美。有时天气格外好，无风无雨，繁星满天，我们就在小庭院的草坪上拉起白布放映电影。陈、邓首长总请来一些准备去上海接管的干部一起观看，还关照我们要给警卫员、汽车司机和小厨房的大师傅们留出位置。

一次，我往首长们住的楼上送饭，听见邓政委同几位首长议论最近部队纪律状况不好，说丹阳城里清街是军人，整天兜来兜去。陈司令员也在场，情绪比较激动，对军纪松弛的现象很不满意。

我摆好饭，他们边吃饭边议论。当有人说到我们有些领导人放弃领导责任，不严格管理部队，有些没有戏票的军人硬要闯进戏院看戏的时候，邓政委重重地放下碗筷，激愤地说：

"这像什么话！我们的领导同志是怎么当的？！那些没有戏票硬要闯进戏院看戏的人，是谁给他们的权利？！我们当领导的要抓军队纪律，如不好好抓一抓，进上海以后肯定会天下大乱的！"

"太不像话！是哪些人干的，要查个一清二楚！"陈司令员也很生气，大有一查到底的气概。

在丹阳热闹的街道上，尤其在光明戏院一带的繁华地界，我也曾看到过类似的情景，但没想到性质如此严重。现在经首长们一提醒，才意识到这事非同小可。

邓政委一连几天都抓严肃军纪的问题。

5月10日，陈司令员向在丹阳训练的接管干部和直属机关排以上干部做大报告，着重强调加强革命纪律的重要性。

陈、邓首长还不断找人研究打下上海以后随之而来的接管问题，亲自过问接管计划，过问"入城守则"和有关规定，提出军队"不入民宅"，连许多细节都考虑得十分周密。

5月12日，我军对上海之敌发起全面攻击，相继肃清上海外围的敌军，部分地突进敌军主阵地。

5月23日晚，我军发起总攻击，迅速占领除苏州河以北一带地区的全部上海市区和高桥、吴淞等地。在丹阳的大批接管干部军纪严整、英姿焕发，随时准备开赴上海投入接管工作。

5月25日，细雨蒙蒙，陈司令员冒雨从丹阳乘火车经常州、无锡、苏州等地到达上海南翔镇，就近掌握上海战局。邓政委继续留在丹阳担负全局性的领导工作。

陈、邓首长分开行动以后，原先的管理、勤务人员也一分为二，我随陈司令员行动。5月25日来到南翔镇以后，在南翔中学休息了一阵，傍晚后在上海地下党负责人刘晓、刘长胜等同志的陪同下，我们随同陈司令员乘汽车来到沪西中山公园后面的圣约翰大学。圣约翰大学校园宽阔，校舍完好无损，许多教职员工已离校，空房很多，进驻数千人也绰绰有余，是建立指挥机构的理想所在。陈司令员对此十分满意，一再感谢上海地下党同志的出色工作。

在前往圣约翰大学的路上，沿途战斗痕迹依然可见。还看见几支在夜色中行进的队伍和露宿街头的部队，他们显示了良好的组织性和纪律性，秩序井然。我看到了加强革命纪律的无比威力，看到了丹阳整肃军纪的巨大作用。

5月26日，邓政委率领总前委、华东局机关和大批接管干部，在苏州河北时稀时密的枪炮声中，乘火车抵达上海。陈司令员和刘晓、刘长胜、潘汉年等同志前往火车站迎接。

由于陈、邓首长和大批接管干部进驻圣约翰大学，这里成了指挥作战和接管工作的临时最高指挥部。在这里，陈、邓首长下达了肃清上海残敌的命令。

我军对上海苏州河以北地区负隅顽抗的敌军发起了坚决攻击。敌军纷纷缴械投降。5月27日，我军终于歼灭了上海市区最后一股敌军，迎来了上海灿烂的曙光。

刚刚回到人民怀抱的上海百废待兴，千头万绪。为了有效地指挥接管和恢复工作，指挥部不待秩序完全恢复，就决定将指挥机构迁入市区中心区域。同时，将丹阳来的数千名接管干部立即分往各级政府机关和各个重要单位，以充分发挥他们的骨干作用和联系群众的桥梁作用。5月28日，华东局机关顺利迁到市中心区瑞金二路三井花园（原国民党"励志社"所在地，现为上海瑞金宾馆）办公，军管会所属的军事、政法、财经、文教等各接管委员会的主要干部也陆续来到，其他接管干部则按计划分往各处。这里有两幢法式楼房，设施齐全，庭院宽阔，虽然在国民党逃跑时遭到部分破坏，到处搞得一团糟，但经过大家一齐动手整理，很快面目改观。各项工作也顺利地开展了起来，成了名副其实的具有权威的最高指挥机关。陈司令员就是从这里走出去，到原国民党上海市政府那里接管了全部工作，就任新中国首任上海市人民政府的市长。

从进驻三井花园起，陈、邓首长更加繁忙，不断接见各方面的干部，出席各种会议，并亲自深入各异做调查研究、解决问题。邓政委总是高瞻远瞩、深谋远虑。他在上海建设大厦主持的华东局会议，做出了许多重大决策，对上海的恢复和未来的发展具有深远影响。此时，陈、邓首长很难在同一个时间安安稳稳地用餐了。邓政委常常忙得不回住处。陈司令员有时啃两块烧饼就当一餐饭。我们的小厨房不得不采用打游击的方式寻找"战机"，尽量让他们吃上一餐可口的热饭，但这样的机会并不多得。

来上海以后，在不同场合不止一次地听邓政委说，当前的首要任务是重点解决上海的经济恢复问题。随着时间的推移，这一指示越来越被人所理解，越来越显示出无比正确和极端重要。试想一下，像上海这样一个大城市，人要吃饭，工业要原料，假如经济上发生了问题，不出乱子才是怪事。邓政委善于发挥干部的积极性、创造性。华东财经委员会在草拟《新解放区财粮税收工作条例草案》时，我听到他一再恳切地告诫：条文不宜过细，对下面限制不宜过多。要相信各地区的司令员、政委，相信他们都有丰富的工作经验，给他们定几条方针、原则，他们会根据具体情况灵活运用的。对各级干部要放手、信任，充分发挥他们的创造性。陈、邓首长经常是这样做的。他们不遗余力地抓上海的经济恢复工作，善于调动各级干部的积极性，通过这些干部去带领广大群众一道前进。

不久，陈、邓首长先后迁往上海湖南路262号原周佛海的公馆，我也一同前往。这是一处花园别墅，一幢小型楼房掩映在浓荫丛中，两位首长分住楼上和楼下。

或许这就是临别纪念吧。7月中旬，邓政委离开我们去南京。不久，他和刘伯承司令员为了完成解放祖国大西南地区的崇高使命，又不辞劳苦地率领第二野战军踏上了新的征程。

第一次到北平

从1938年走上抗日战场，到1945年打响与国民党之战的第一枪，再到强渡黄河、挺进大别山、进行淮海战役、举行渡江战役，直到解放南京、解放上海，已经11年了。这11年的岁月中，邓小平栉风沐雨、历尽艰难，却从未病倒过。他虽不强壮，但却健康，为了战争，为了胜利，他也必须保持健康。抗日战争以来，邓小平一直坚持每日洗冷水浴，无论春夏秋冬，每日清晨，他都用一桶冷水，从头到脚一冲而下。就是寒冬腊月，天寒地冻，也从未间断。

可是，到了上海，在战争取得了决定性的胜利之后，邓小平却病倒了。

他头痛，痛得卧床不能起身。

他太累了，实在太累了。

中央批准他休假一个月。

9月的一天，邓小平、卓琳带着3个孩子到北平了。

在北平，邓小平一边治病、养病，一边还在向中央报告工作和研究解放大西南的作战。闲暇时间，他还带孩子去北平西郊的颐和园，在秋水激滟的昆明湖上兴致勃勃地泛舟畅游了一番。

这是邓小平第一次到北平。

他第一次到北平，就参加了两大盛事。

一个是中国人民政治协商会议第一届全体会议。

一个是中华人民共和国的开国大典。

1949年9月21日，第一届中国人民政治协商会议在中南海怀仁堂隆重召开。

各界、各阶层人士的杰出代表从四面八方而来，在胜利喜悦的气氛中欢聚一堂。人人脸上挂着喜庆的笑容，个个心中充满了对新生活万般憧憬的激情。

在会上，毛泽东庄严宣布："占人类总数四分之一的中国人民从此站立起来了。"

会后，为了祭奠在人民革命战争中牺牲的无数先烈，毛泽东率领全体代表，挥锹撒土，庄严、肃穆地为将要竖立在天安门广场的人民英雄纪念碑举行了奠基礼。

1949年10月1日，这一天终于来到了。毛泽东同他的战友们登上天安门城楼，庄严地宣布：

中华人民共和国中央人民政府今天成立了！

邓小平和刘伯承、陈毅这些开国元勋肩并肩地站在天安门城楼上，注视着广场上鲜艳夺目的五星红旗在阳光的照耀下冉冉上升，倾听着雄壮有力的《义勇军进行曲》那震撼人心的鸣奏，俯瞰着广场上30万欢呼沸腾的人民群众和威武雄壮的游行队伍。在他们的心中，领略的是一派胜利的豪情壮志，感受的是对未来新的国家、新的天地、新的事业充满信心的渴望和追求。

中华人民共和国的开国大典，不是历史上帝皇王侯的换代改朝，也不是新旧军阀的轮番替取，而是人民，是中国人民翻身做主，建立了自己的国家。

从公元1949年10月1日起，中国那具有五千年文字记载的历史，翻开了完全崭新的一页！

友谊重如山——与陈毅

邓小平和陈毅是四川同乡。青年时代，他们有过赴法国勤工俭学的共同经历。他们都是从那里走上了救国救民的革命道路的。在解放战争大决战的日子里，他们并肩驰骋沙场，结下了深厚的战友情谊。解放上海后，两家人同住一个院子。两人调中央工作后，不仅工作上联系密切，而且两家人住前后院，交往甚密。说来有些不可思议，邓小平平素沉稳内向、少言寡语，而陈毅潇洒豪爽、幽默风趣，两人的性格迥然不同，然而只要他们凑在一起，却总是海阔天空、谈笑风生。

邓小平和陈毅在留法勤工俭学时，都饱受过失学、失业之苦，饱尝过资本家对工人，特别是对外籍劳工的残酷压榨，两人又都做出了同样的选择——投身革命事业（只是两人在那里并不相识）。

邓小平与陈毅初次见面是从法国回国之后。1929 年的夏天，已担任红四军军长的陈毅受红四军前委的重托，从福建专程来到上海向党中央汇报红四军的工作。邓小平当时是中共中央秘书长，在参加听取汇报的过程中，第一次见到了陈毅，两位彼此仰慕已久但不曾谋面的老战友一见如故。

从陈毅的汇报中，邓小平了解到了很多关于红军建设和作战方面的情况和经验，特别是红四军的民主建军原则和"三大纪律"等，给他留下了深刻的印象。

不久，邓小平被中央派往广西，领导那里的革命斗争。从未打过仗、没有指挥作战经验的邓小平把从陈毅那里得到的经验，运用到红七军和左、右江革命根据地的创建中去，成功地发动了百色起义和龙州起义，把广西的红色革命工作开展得轰轰烈烈。

几十年过去后，邓小平仍然念念不忘在他踏上戎马生涯之初，陈毅对他产生的影响，时常回忆起那些遥远的往事。有一次，陈毅的小女儿珊珊到邓家串门，邓小平还对她提起此事，他说："我从你爸爸那里听了不少东西，后来搬到红七军去用！"并当场准确地给她背诵出了当时听到的"三大纪律，八项注意"中的第二、第三条。

1934年10月，邓小平随红军主力北上长征，陈毅则留在南方，领导部队坚持游击战争。抗战爆发后，陈毅先后任新四军支队长、代军长。1943年末，陈毅接到毛泽东发来的电报，要他赴延安参加党的"七大"会议。陈毅立即前往。1944年元旦过后，他行至八路军前方总指挥部所在地——左权县麻田，和邓小平又一次会面了。因为党的"七大"不能马上召开，中央发来电报，要他不必急于赶路，在太行山了解一下整风经验。邓小平给他找来许多文件，使他读到了很多应该读却未读到过的中央文件，补上了重要的一课。

几天后，陈毅接到了让他动身的命令。邓小平专门为他选备了好马，并派部队护送，确保沿路安全，使陈毅一行顺利地到达了延安。

陈毅非常感激邓小平的热情帮助和周密安排。不久，他挥笔写下了《过太行山书怀》的诗篇，抒发情怀。

1948年，解放战争进入关键时刻。邓小平、刘伯承统辖的部队甚多，三部分野战军在20万人以上，军区武装也约有20万人。他们希望中央调一位富有经验和指挥才干的大员加强领导力量，充实中原局。邓小平想到了陈毅。于是，4月20日，他和刘伯承致电中央，请调陈毅来中原局工作。中央经过反复研究，5月9日复示，同意了他们的请求，并发出《华北、中原两解放区的辖区和人选》的通知。其中决定邓小平为中原局第一书记，陈毅为第二书记，刘伯承为中原军区及中原野战军司令员，邓小平为政委，陈毅为军区及野战军第一副司令员，并兼华东野战军司令员、政委。从此，南线形成了一个统一的指挥中心。邓小平、刘伯承、陈毅这三位几十年走南闯北却乡音未改的四川老乡组成了不可分割的一体。他们团结一致、相互支持、配合默契，发挥出了高超的作战指挥水平。

淮海战役发起后，中央又决定，由邓小平、刘伯承、陈毅、粟裕、谭震林五位同志组成总前委，负责淮海战役一切事宜。邓小平任总前委书记，刘伯承、陈毅、邓小平三人为常委。在他们的亲密协作、共同指挥下，淮海战役取得了完全胜利，共歼灭国民党军55.5万余人，创造了世界战争史上的奇迹。后来，毛泽东对刘伯承、陈毅、邓小平称赞道：淮海战役打得好，好比一锅夹生饭，还没完全煮熟，硬被你们一口一口地吃下去了。至此，国民党军队在南线的精锐主力已被消灭，我人民解放军主力直指国民党反动统治中心——南京，解放全中国指日可待。

在这种形势下，1949年3月，中共中央在西柏坡召开党的七届二中全会。邓小平与陈毅、谭震林等一同如期赶到西柏坡赴会。邓小平被毛泽东委以"点将"的重任，提出华东管辖范围和人事安排。早有充分准备的邓小平在会上宣读了名单，其中提到：上海市由陈毅任市长。会后，邓小平、陈毅等被毛泽东召集去商讨渡江作战问题。之后，邓小平和陈毅一道回前方。

4月20日晚，在总前委的周密安排和指挥下，我军以排山倒海之势，一举突破号称"固若金汤"的长江防线，浩浩荡荡地渡过长江。4月23日，攻占了南京。几天后，在庄严威武的解放军队列中，邓小平和陈毅迈着矫健的步伐，一步一步并肩踏进了蒋介石的总统府。

解放南京后，总前委移至丹阳县。邓小平比陈毅晚两天来到丹阳，到达时已是深夜。一直为邓小平迟迟不到而焦虑不安的陈毅，见到邓小平，心中如石头落地，他转忧为喜，不顾已是深更半夜，拉着邓小平等人到街上吃夜宵。

紧接着，他们就分秒必争地投入到解放上海的作战指挥中。当时，刘伯承在南京，粟裕和谭震林还在各自的部队，只有陈、邓两人在丹阳。他们做出了周密的作战部署并安排了入城准备工作。经过我军英勇作战，上海这颗东方明珠终于回到了人民手中。

来到上海后，邓小平和陈毅住进了瑞金路原国民党励志社。上海解放了，但总前委面临的问题依然很多。要反敌人的武装封锁，更要尽快恢复上海的生产和经济建设。为了建设一个崭新的大上海，邓小平和陈毅从早到晚，忙碌不停。他们白天下基层，晚上听汇报，常常通宵工作，有时忙到黎明时分才躺下打个盹儿。

这时，陈、邓的家属也来到了上海，两家人共同住在励志社的楼上。尽管他们仍旧日夜忙碌，但开始有了家庭的温馨。工作之余，邓小平和陈毅经常一起下棋、散步，有客人来还一起陪客人进餐。他们两家各有三个孩子，两个大家庭，两位大首长，住在一个院子里，按说会有诸多不便，但他们两家却相处得很和睦，像一家人一样。一天，两位首长忽然来了兴致，把各自的夫人和孩子们都叫到院子里，亲亲热热地照了一张"全家福"。

1949年10月，邓小平参加了开国大典后，随即同刘伯承一起指挥第二野战军进军西南，陈毅则留在了上海。

1952年，邓小平从西南调到中央工作，担任政务院副总理。两年后，陈毅也从华东调至中央工作，任国务院副总理。他们从此又开始了亲密合作，经常一起开会、讨论工作。他们的家也同住在中南海的庆云堂胡同，是前后院，两家来往很多，关系很好。晚饭后，他们常常一起散步、相互串门，海阔天空地聊天，十分开心。一天的劳累在此时便会云消雾散。

邓小平知道陈毅喜欢吃东南亚的水果榴梿。每逢外国友人送来榴梿，邓小平都要把一多半送给陈毅。得到一点儿好的葡萄酒，也总是送给陈毅品尝。邓小平的继母夏伯根每逢做了四川泡菜或豆瓣酱，也总是念叨着给陈老总这位四川同乡送去尝尝鲜。

"文革"开始后不久，邓小平和陈毅先后遭到林彪、江青一伙的打击、迫害。1969年，林彪发布"一号命令"后，邓小平被贬江西，陈毅被遣送到石家庄。从此，这对亲如兄弟的老战友天各一方，竟然再没有相见。

1972年1月，邓小平一家在江西从广播里听到了陈毅因患癌症逝世的噩耗，悲痛不已，然而此时的邓小平却不能亲自去向老战友告别。

在北京八宝山陈毅的追悼会上，毛泽东对陈毅的夫人张茜说：陈毅是一个好人，是一个好同志。同时，毛泽东也提到邓小平，说邓小平的问题是人民内部矛盾。毛泽东重新起用邓小平的第一个信号竟是从邓小平好友陈毅的追悼会上发出的，怎么不令人百感交集？

1973年2月，邓小平接到中央要他返京的通知，遂携全家回到北京。刚到北京，就听说陈毅的夫人张茜也身患癌症住院。一天，邓小平夫妇带着小女儿邓榕前往301医院探望。当时，在英国学习的陈毅的小女儿珊珊从英国回来探亲，正好也在医院。一见面，大家思绪万千，满腹话语不知从何说起。张茜穿着肥大的病号服，人很消瘦。她向邓小平夫妇讲述了"文革"以来他们的遭遇，然后她指着珊珊：她还在英国学习，以后就拜托你们照顾她了。邓小平郑重地点点头说："您放心。"卓琳听了难过得不断擦着眼泪。

张茜去世后，邓小平充满真情地说："别的人我都不管，就管珊珊一个，我收她当个女儿！"1975年，珊珊从英国学成回国。大哥陈昊苏带她去见邓小平，邓小平留他们吃饭。饭后，邓小平诚心诚意地对珊珊说："珊珊留下来住吧！"珊珊十分感谢邓小平的好意，但没有这样做。她牢记着父母的遗训，不管人生的道路多么艰难，都要自己去走。

粉碎"四人帮"以后，珊珊结婚了。当时，邓小平尚未完全复出，但他仍然邀请珊珊带着爱人到家中做客，表示祝贺。珊珊特意呈送给邓小平一幅父亲陈毅的"大雪压青松"的诗词手迹，以表达崇敬和感激之情。

此后，邓小平成为党的第二代中央领导集体的核心。尽管他日理万机，为国家大事操劳，但仍关心着珊珊。他时常通过女儿询问珊珊的工作和生活情况。每次见到珊珊总是关切地问："有没有困难？有困难对我讲。"

1993年，在国外工作的珊珊回来，专门去看望邓小平。此时，邓小平已从中央领导的岗位上退了下来，在家安度晚年。见到珊珊，邓小平非常高兴，他不停地同珊珊聊着，回忆起他和陈毅相处的一段段往事，老人家的神情中显露出对战友的无限怀念。

"这才是真正的将才"——与陈赓

陈赓是刘邓大军中唯一授予大将军衔的将领，也是邓小平特别喜爱的将领之一。百团大战的敌后一战，使陈赓真正领教了邓小平的厉害。从此有"陈赓谁都不怕，只怕邓小平"之说，也使陈赓对邓小平更加佩服。上党战役，面对敌情变化，来不及请示的陈赓"擅自做主"，改变邓小平的部署，却受到了邓小平的称赞。他在刘邓麾下十数年，创造出了一个又一个辉煌战绩，从一名旅长，成长为主力兵团的司令员。解放战争时期，三路大军逐鹿中原，当人们将陈赓与刘邓并提时，陈赓立即纠正：我陈赓何人，怎敢和刘邓相提并论？

1940年8月，彭德怀领导华北八路军发起了震惊中外的百团大战，取得了辉煌的战果。百团大战第一、第二阶段的重大胜利，使日军受到沉重打击。日军恼羞成怒的同时，看到了共产党领导的八路军的巨大力量，决定暂时放弃对正面战场国民党的进攻，集中兵力转向华北各抗日根据地进行疯狂的大"扫荡"。因此，从10月6日起进入了百团大战的第三阶段，第一二九师在敌人强大的进攻下处境十分艰难。10月28日，刘邓率师部人员连夜行进到宋家庄，在日趋严重的形势面前，给每人发了一支步枪，准备各自为战。根据八路军总部的命令，29日，陈赓指挥第三八六旅以及决死纵队对日军坚固阵地关家垴实施总攻击。整整一个上午，炮声隆隆不息。中午，刘邓率师部奔赴前线。到达西申坡后，邓小平指示：

"一切为着前线的胜利！今晚机要科、一科任务特别重，不能睡觉。"

当时，师部工作人员一个个都疲惫不堪，但坚决执行这一指示，坚守岗位。夜10时许，彭德怀来电，规定次日凌晨4时发起总攻，要求不惜一切坚决消灭关家垴、东庄、中村之敌。从凌晨4时开始到中午，战斗一直在激烈地进行，敌机一架接一架飞来，实施狂轰滥炸，企图掩护其部队突围。我方的伤亡数字在不断增大。

距关家垴不远的刘邓指挥所内，刘伯承、邓小平守在电话机旁，密切关注着前线战况，气氛十分紧张。这时，参谋将话筒交给刘伯承。原来，是陈赓报告因为伤亡太大，有的连队只剩下10余人，已经有些顶不住了。

刘伯承对着话筒大声地说：

"……同志！无产阶级的队伍，难道我不心疼吗！"

说完，气冲冲地把话筒摆在了桌上。

这时，坐在一旁的邓小平拿起电话，十分严肃地对陈赓说：

"同志！全局！全局！要从全局出发！要不惜一切代价坚决拿下来！打大仗不可能无伤亡，问题是把火力组织好，一鼓作气，减少伤亡。"

这几句简短有力的话，特别是"全局！全局"这几个字，重于泰山，提醒陈赓，要一切从大局出发、从全局出发。陈赓斩钉截铁地表示：

"坚决服从，一定狠狠地打下去，直到把日军全部消灭为止。"

这以后，电话一个接一个来往不断。不一会儿，陈赓报告：

"已歼敌500余人，还有300余人钻进了山里的窑洞不肯出来。"

刘伯承对着话筒怒吼：

"把手榴弹从烟筒里扔进去，给我炸！用石灰呛死他！"

邓小平接过去说：

"用柴火向洞里烧，熏死他！"

就这样，在刘、邓的指挥下，陈赓率部浴血奋战，打得日军丧魂落魄。据被日军抓去的民夫回来说，残余日军在死人堆里抱头痛哭。

这一仗之后，在第一二九师参谋人员中传开一种说法：

"陈赓对谁都不怕，就怕邓小平。"

实际上，这是在无可争辩的权威和铁的纪律面前的折服。而这种折服又何止陈赓，整个第一二九师，整个晋冀鲁豫军区部队，以致后来整个第二野战军都是如此。

1943 年，已任太岳纵队司令员的陈赓被调到延安参加整风运动，接着又参加了党的"七大"，被选为党的第七届候补中央委员。抗日战争胜利后，他于 1945 年 8 月 25 日随刘、邓首长同机返回晋冀鲁豫军区，并从邓小平政委那里亲自受领了上党战役第一阶段攻取外围要点作战中进攻长子吸引长治之敌出援的任务。

陈赓一回到位于屯留西面的纵队司令部，就向指挥员们强调：

"这次让我们来攻打长子，是邓政委的建议，经总部批准的，这是首长对我们的信任。大家一定要注意总结这次作战的经验，从战争中学习战争。"

正在这时，刘邓得知了敌人援兵出动的消息，当即改变部署，命令围城打援，除以一部兵力继续包围并佯攻长治，主力部队即分东西两路隐蔽转移北进，以急行军于 10 月 3 日拂晓前到达白晋路两侧的磨盘垴、老爷岭的预定战场歼敌援兵，然后回过头来再打长治。根据这个方案，马上做出了战役的具体部署。

按照刘邓的命令，陈赓即于 9 月 28 日，率领第三八六旅昼夜兼程北进。部队情绪十分高涨，冒着滂沱大雨，踏着泥泞，于 10 月 1 日到达了预定地区。陈赓立即部署第七七二团占领了余吾镇西南的东梓，第二十团控制了岳地村至余吾镇的公路，士敏独立团进抵草滩，准备协同友邻部队歼灭增援的敌军。

2 日早晨，敌先头部队第四十七师进抵老爷岭附近，遭我太行纵队第十四团阻击。为了诱敌深入，刘邓决定放弃地形险要的老爷岭阵地，以迷惑敌人。同时命令陈赓率第三八六旅经过走马岭向敌左翼迂回，友邻部队向敌右翼迂回。当日中午，敌第四十七师占领老爷岭，并继续前进。当敌发觉我迂回行动后，立即停止前进，扼守老爷岭阵地，准备与我决战。

战至 5 日，敌我态势发生变化：敌酋彭毓斌率援兵由沁县向上党进发，占领了老爷岭后，正跃跃欲试，准备进攻磨盘垴。我太岳纵队在西，由陈赓指挥；太行纵队在东，司令员是陈锡联；刘邓首长的位置，在陈锡联指挥所稍后一些。陈赓和刘邓首长联系不便。下午 3 时，陈赓来到前沿阵地，和主攻团第二十团团长楚大明等人谈话。当从打退老爷岭敌人的战斗说到下步总攻磨盘垴的战斗时，楚大明团长向陈赓介绍了敌我情况及黄昏时如何进攻的方案。

在讲到远处地形的时候，楚大明拿起望远镜望了望，原想把望远镜调整好了，就递给陈赓瞭望的。可是，他把望远镜拿起一看，却不说话了。停了好大一会儿才说道：

"真是奇怪，怎么敌人的牲口，头都朝北？"

楚大明继续观察，停了一会儿又说：

"人也向北走，是在运动。"

第三八六旅刘忠旅长将望远镜接过来，观察了一会儿也说：

"敌人确实在向北运动。"

敌我在磨盘垴周围对峙，我军处在它的南、西、东三面，磨盘垴的守敌应当面向南、西、东方，而北面是敌人的后方。第三八六旅的指挥所就设在老爷岭顶上。这时，磨盘垴一带被弥天的硝烟遮住，太行纵队正在与敌人酣战。敌人大队沿着公路向南移动，但在东北方向又有小队敌人由东面向北移动。原来，经过连日来我军对老爷岭的连续攻击，猛烈战斗，敌第四十七师一夜间伤亡过半。彭毓斌一面指挥残部做最后挣扎，一面连电阎锡山再为增援。阎锡山即令驻沁县的省防第三军杨诚部前往，并令第六十八师留在沁县的一个团一同出动。这些部队也被我军截击，伤亡累累。老爷岭、磨盘垴经过我军两天的猛烈进攻，敌军伤亡惨重，无力支持。就连关山村敌总指挥部所在地也受到威胁。这时，彭毓斌的南援决心根本动摇，已经下令敌军北逃，但为欺骗我军，故意佯南而实北。

熟悉陈赓的人都知道，他要下大决心，是要经过反复考虑才能定下来的。每逢紧要关头，他的沉着、灵断令人钦佩。而这一次，他是在和领导中断联络的情况下，突然发现了敌人逃跑的迹象。要在此时当机立断，改变刘邓首长的部署，没有十分的把握是下不了决心的。所以，他双手举着望远镜，仔细看了好长时间，一言不发，全神贯注，连别人议论的声音都已听不到了。

经过了几分钟的认真观察，陈赓放下望远镜，这才比较急促地说：

"根据情况判断，看来敌人确实开始向北逃跑，大部队已经在运动了。磨盘垴守敌之所以未动，是在麻痹我们。"

在他举起望远镜仔细观察、反复思索的时候，新近到职的纵队副司令员王近山也拿起望远镜做了认真、细致的观察。王近山别号"王疯子"，是出了名的打仗狠、下决心狠的人。他听完陈赓的话后说：

"司令员，你快下决心吧，时间太紧了。"

此时的陈赓，想到了刘邓首长经常的教导：前线指挥员要善于根据敌情我情机动灵活地执行上级的指示，这才是对上级指示应有的态度。于是，他下决心道：

"刘忠同志的部队，改变总攻任务，立刻向北追击。楚大明同志的团在最先头，在敌人行进的公路左侧北进，插入敌后，追上敌人！沿途不许打敌人，捉俘虏，'发洋财'（指缴获武器和物资）。你们的任务，就是赶到敌人前头，切断敌人的退路，以便围歼！"

王近山补充道：

"对，快带部队追击，敌人走大路，他们的先头部队可能已走20里了。我们走山路，要在明天拂晓前赶到敌人前面，必须抓紧时间。别搞层层动员了，赶快带部队追！"

是的，敌人3万多人、80门炮，队形由北向南，就是原地向后转，我军与其先头部队的位置有近20里。

陈赓大声说：

"对，立刻行动，只对战士们说：'敌人逃跑啦，我们只要跑到敌人前面就是胜利！'"

刘忠、楚大明在说声"是"的当儿，就已带领部队出发了。王近山随楚大明团也追了下去。

太岳军区第一分区副司令员李成芳带领的决死一旅部队（第三十八团、第二十五团）是总攻磨盘垴的预备队。陈赓立刻打电话去，要他们也带部队追击。

陈赓对几个参谋说：

"我的腿不争气。这种追击的小道也不能走牲口，只好落伍了。我就给战士做动员工作吧。"

当时，整个部队在运动中，太岳纵队指挥所同刘邓指挥部的电话线还没有架通。由于敌情突然变化，部队行动由总攻磨盘垴改为向北追击，是陈赓为了不失掉战机，当机立断，临时单独决定的。部队开始行动以后，陈赓即派侦察科科长彭克前往刘邓指挥所，向刘邓首长报告火线情况和自己根据敌情当机立断的决定及追击的部署，同时提出了请兄弟部队向敌人出击的建议。

邓小平听了陈赓临机处置的情况报告，十分欣赏，夸赞说：

"这才是真正的将才。"

困守长治，亟待援军解围的敌十九军军长史泽波，听到这股援军全部被歼，又接到阎锡山要他突围的一道十万火急的电报，即于 10 月 8 日弃城西逃。敌人的这一步棋，早在刘邓的意料之中。敌人刚一出城，我军就组成两支精干部队进行平行追击：刚刚结束了围攻敌援兵作战还未得片刻休息的我主力部队，立即掉转头来，由北向南翻山越岭，日夜不停地追击；围攻长治的部队，则向西北侧翼抓住敌人。南北两路部队，形成对西逃敌众的钳形合围。广大民兵也奋勇作战，沿途阻挠逃敌，对于迟滞逃敌起了很大作用。

10 月 9 日凌晨，陈赓接到刘邓命令，要他们马上赶到东、西峪一带截击逃敌。陈赓立即指挥太岳纵队各部不顾一切疲劳，克服一切困难，兜击逃敌。限令第三八六旅三天内赶到桃川一带。从地图上看，上落村到东、西峪只有 200 多里，但这一带全是难以行走的大山，半天爬不过一个山岭。第二十团和第七七二团昼夜兼程，终以惊人的速度飞奔，赶到前面堵住了敌人逃路。决一旅各部也经连续三昼夜兼程疾进，在沁水东、西峪地区兜住敌人，活捉敌第十九军军长史泽波。整个上党战役共歼敌 3.5 万余人，仅太岳纵队就俘敌 1.4 万余人。

1947 年 8 月，刘邓大军遵照毛泽东的战略决策，千里跃进大别山。与此同时，毛泽东决定由陈赓、谢富治率陈谢兵团东出豫西。对陈谢兵团的使用是一着高棋：在西，可以牵制在陕北的国民党军胡宗南集团；在东，可与刘、邓、陈、粟互相配合、互相策应，形成中间突破，两翼牵制逐鹿中原的局面。陈赓晓得，刘邓大军此刻正向大别山跃进，背后有敌人的几十个旅跟着。陕北敌情一直紧张，困难很大。不久前，他还在毛泽东发来的电报里读到这样的话："现陕北情况甚为困难（已面告陈赓）。""陈、谢出豫西后，胡宗南对陕北攻势必被破坏。"

为了及时策应刘邓大军，陈赓怕黄河水情会延误这次渡河的行动，特别焦急，便亲拟电报报告中央并刘邓及晋冀鲁豫中央局。大意是：河水突然暴涨，因渡船都是用新伐的树造的小船，水高浪急，如果强渡，小船会被打翻；此刻不能如期渡河，焦急万分；只待河水稍落，立即率部抢渡。

发了电报，陈赓还是难以安下心来。他对旁边的作战参谋说：

"刘邓挺进大别山，情况紧急。毛主席留在陕北，也很困难。我们早一天渡过黄河，就早一天为他们减轻点儿压力。"

这时，情报科科长从河边打来电话报告水情：

"据群众讲，这次涨水，不会持续多久时间，短期内就能降下去，因还未到秋雨连绵的时候。到了雨季，洪水上来，往往要持续十几天也降不下去。"

陈赓听到这一消息十分高兴，马上和身边的同志参照山间河流水情做了研究，发电报给党中央和晋绥军区，了解陕北和晋西北一带黄河上游的水情。中央很快复电说：陕北这时未下大雨，黄河水位也不高。

陈赓接到电报，高兴地说：

"当下河水可能很快降落下去，就是渭水情况不明。那条河的流量没什么了不起。我军可以很快渡河，去呼应刘邓大军了。"

就在这时，刘邓首长的电报来了。大意是：我们这里并不太紧张，你们晚一些天过黄河没有关系。渡河要确保安全，不能着急。

陈赓手持电报，心情十分激动，说：

"刘邓首长对我们多么关心！他们要我们安全渡河，说他们不紧张。他们背后跟着敌人三十几个旅，还不紧张？"

1948年4月，中央军委为实现在淮河、汉水、陇海、津浦之间，"集中机动兵力打中等及大的歼灭战，在歼灭战中解决问题"的意图，对中原野战军的指示是：鉴于平汉路的敌人比较集中，华东野战军粟裕兵团即将结束休整准备机动，你们的行动方向是豫西南、鄂西北及整个汉水流域；歼灭分散之敌，调动平汉路以东之敌向平汉路以西，以利粟裕兵团行动。并指出到豫西南及汉水流域的行动，应首先夺取宛（即南阳）西之邓县、镇平、内乡、淅川四县，然后出汉水。

宛西四县为豫陕鄂要冲，封建势力的统治甚强。反动势力在所谓"保家自卫"的口号下，组织地主，扩充民团，搞所谓"村村联防"，镇压群众的反抗运动。全区共有28个保安团，是蒋介石赞誉的"模范区"。白崇禧在伪国大会上也曾大肆吹嘘过宛西民团的"威力"。该敌人对地形熟悉，情报灵通，行动十分狡猾，一经发现我主力即分散逃遁；见我兵力薄弱，则凭借城防工事及注了水的外壕、地雷等顽抗。广大人民群众在这股反动势力的残酷剥削、压榨下，长期过着暗无天日的生活，对统治集团充满仇恨，渴望早日得到解放。

根据军委指示，刘邓首长于叶县召开军事会议，以第二纵队、华东野战军第十纵队和桐柏军区主力为主要作战集团，在陈赓司令员的统一指挥下于5月2日发起宛西战役。首先歼灭宛西四县的封建地主民团，然后以四纵主力西出渭南，配合西北野战军作战。第二纵队、华东野战军第十纵队和桐柏军区主力向汉水方向发展。

这是一次硬仗，又是两个野战军的部队联合作战，需有一员大将统一指挥。于是，刘邓首长想到了陈赓。命令在陈赓的统一指挥下，遂行宛西作战任务。参战总兵力为 35 个团。具体是：以第二纵队、华东野战军第十纵队及桐柏军区主力两个旅为南路军，由宋时轮统一指挥，于 5 月 2 日攻击、围歼邓县之敌；以第十二旅及陕南地方武装为西支队，于 5 月 2 日晚突击包围淅川、荆紫关之敌，待主力到达歼灭之；以穷四纵队之第十、十一、十三、二十二旅及陕南军区第十七师和豫西分区武装为北路军，攻击和围歼西峡口、内乡、镇平、侯集镇之敌。西支队、北路军统由陈赓直接指挥。

宛西战役于 5 月 2 日发起，5 月 17 日结束，共进行 15 天。陈赓不负刘邓首长重托，指挥部队勇猛出击，共歼敌 2.1 万余人，将老河口、西峡口以东，南阳（不含）以西、西南广大地区的城镇（邓县、淅川、镇平、内乡等）全部占领，由各分区接防，继续剿匪，巩固新开辟的根据地。主力则迅速集中进行机动。这一战役是成功的，完成了刘邓首长发起宛西战役的总意图。

陈赓曾特别强调：

"我们能顺利挺进豫西作战，主要是由于敌人主力被引向陕北、大别山、沂蒙山区三大主战场，我们乘虚而入。我们这支部队是晋冀鲁豫野战军的一部分，因作战形势需要，我们在一个地区单独活动了一段时间，现在我们又归还建制了，归刘、陈、邓首长直接指挥。前一段通讯社、报纸为了宣传，称我们为陈谢大军。我陈赓何人！怎敢和刘、邓、陈、粟相提并论？"

陈赓从不许在部队中自称"陈谢大军"，他在每次讲到这件事情的时候，总是显得有点儿"诚惶诚恐"的样子，常是笑着伸出个小指头，说：

"我们只是这个，一路小军！"

1948 年秋，济南、郑州解放后，徐州敌刘峙、杜聿明集团急忙调整部署：以黄百韬兵团控制新安镇地区；李弥兵团固守徐州；邱清泉兵团控制砀山、徐州段；孙元良兵团和第四绥靖区部队向蒙城、宿县间集结；李延年在蚌埠组织新的兵团，妄图集中兵力于徐州地区，以屏障南京。

根据敌人这一态势，中央军委指示：淮海战役第一阶段，华野集中七个纵队，歼灭新安镇地区的黄百韬兵团，以六个纵队从东北逼近徐州，阻击可能由徐州东援之敌；中野则迅速东进举行徐蚌作战，斩断敌交通要道——津浦路之徐蚌段，以孤立徐州。

10月27日，陈赓率第四纵队离开郑州沿陇海路东进。陈毅司令员、邓小平政委随第四纵队指挥所行动，直接指挥中原部队。陈赓司令员做陈毅、邓小平的助手，担负起近似参谋长的工作。此时的陈赓，工作非常细致，也非常谨慎，对陈、邓首长十分尊重。为了保证陈、邓首长的指挥，每天晚上都是很晚才睡，了解情况，同参谋人员一起研究敌我动态，准备好了以后就亲自向陈、邓首长汇报，并听取他们的指示。

陈赓在率领本部队时，一般只管战役意图、进程、大局，他现在做的事过去都由参谋来做。所以，他只记敌人兵力，不大记番号。如果需要了解，就打电话临时问参谋，哪个师、哪个团叫什么番号。现在，为了保障陈、邓首长的指挥，他也记敌人的番号了，连团一级的番号都记。在作战指挥上，即使是他指挥职权范围内的事，他也要向陈、邓首长请示报告。在生活方面，他要求对陈、邓首长要尽量给予照顾。

对陈、邓首长的安全，陈赓也非常关心。如在途经开封时，指挥所决定在开封吃顿饭、洗个澡，但为防敌机轰炸，陈赓在亲自护送并安排陈、邓首长住到离开封8里以外的小村庄后，才又返回去组织指挥所人员休息。

离开开封后，第四纵队指挥所越黄泛区向东南方向前进，沿陇海路追击孙元良兵团。这时，接到刘伯承司令员的电报，建议打宿县并攻占徐州以南一段铁路，以切断徐蚌间敌之联系，并钳制徐州之敌东援。

11月10日前后，刘伯承司令员赶到第四纵队，仍使用陈赓司令员的指挥所，只是增加了参谋人员和两部电台，以加强指挥。

指挥所设在永城县附近的一个小村庄里。淮海大战在即，刘、陈、邓首长在这里召开了有各纵队领导参加的军事会议。会议室就是当时的作战室，一间茅草屋，外屋安放一张农家织布机，屋内墙上挂着军用地图。就在这简陋的茅草屋里，聚集着中国现代史上的一代英豪，运筹着决胜千里的宏伟计划。

陈赓司令员首先提出：

"邱清泉、李弥、孙元良兵团都向徐州龟缩。我们大部队每天都上去拖，因是大平原拖不住，也阻击不住，他们一绕就过去了，部队很疲劳，而且意图也容易暴露。我建议，最好将兵力集中起来摆出一个态势，叫敌人判断不出我们的意图来，我们就主动了。"

陈赓这一建议，正是此时刘、陈、邓首长所思所想之事，立即得到了三位首长的一致赞同。邓小平夸赞说：

"陈赓打仗，是越打越精了。"

1949年4月23日，我百万雄师胜利突破长江防线，解放南京。在此次战役中，陈赓兵团原定的任务是要攻占南京，接管南京。这时，刘邓首长根据敌人在江防被突破后演变为溃乱的趋势，决定不以主力与第三野战军成交叉运动去南京地区，而以全力直出贵溪、上饶、徽州以指向浙赣线。于是，取消陈赓领导的第四兵团接管南京的任务，改为直出上饶、弋阳地区，为的是早日切断浙赣线，协同第三、第五兵团歼灭浙赣线上的敌人，迂回敌汤恩伯集团侧背，隔断汤恩伯、白崇禧两集团的联系。

为了不失战机，不给敌人喘息的机会，刘邓一再督促各兵团"排除困难，兼程前进，勿使敌逃脱"。刘伯承还向各级指挥员指示猛打、猛冲、猛追的方针，强调指出：

"敌人已成崩溃之势，在布成新防线之前，不可能进行有效的抵抗。追击越深入，敌越惊慌，胜利也越有保障。这是我军作战不同于以往任何时期最根本的特点。为此，各部队立不顾一切疲劳，不为地形及天候所限制，不为辎重及小的俘获所拖累，不为小股敌人所钳制，勇往直前，大胆迂回包围，务求抓住其主力而歼灭之。"

陈赓接到刘邓首长的命令，立即放弃原定进南京的计划，一刻也不耽误，马上做了直出上饶、弋阳地区的部署。各部队按照规定路线和区域，冒雨急向浙赣线挺进。兵团主力首先到达贵溪、横峰地区，斩断浙赣铁路；右纵队第十三军紧追逃敌，跃进千里，于5月3日解放弋阳，先头部队前出浙赣线南福建云际关地区；左纵队第十五军日夜兼程前进，5月4日连克浙赣线上的横峰、上饶、广丰，5日又克铅山；第十四军自华阳渡江后兼程疾进，5月5日占领浙赣线上的鹰潭、东乡，先头部队第四十师前出浙赣路南，于7日解放金溪。

至5月27日，京沪杭战役宣告结束。

是役，我第二、第三野战军配合，不但解放了南京、上海、杭州，而且一直向南。其一部进入福建，解放了闽北地区；一部攻入江西，控制了赣中广大地区。

而控制赣中的正是陈赓所部，这为其后从江西直接进攻广东打下了基础。其时，陈赓更加钦佩刘邓首长的远见卓识。

毛毛（邓榕）在《我的父亲邓小平》一书中曾经这样记述了邓小平谈论

渡江战役后陈赓率部战斗的情景，字里行间，透露出他对这位爱将的欣赏之情：

父亲有一次向我们讲了个故事。

他说："那些仗，打得快呀！原因是敌人跑得快。我们的追击，都是成排、成连、成团地跑路，否则追都追不上。我们的部队，分成了多少路呀！陈赓打得最远，占领了江西的全省。红军时期，蒋介石抓住了陈赓，后来因为念及陈赓在大革命时期曾救过他一命，就把陈赓放了。蒋介石放陈赓的时候，在南昌有人说：'欢迎你再来。'陈赓说：'再来，我就带十万部队来！'结果，真的是陈赓带兵去占领了南昌。幸好我当时没让陈赓打南京，让他直接往南边打去。否则，陈赓就实现不了他的诺言和愿望了！"

陈赓是刘邓手下的一员出色的爱将，他胆识过人、为人豪爽、生性活泼，甚至有点儿调皮，深得刘邓赏识。在战争时期，中央和刘邓多次让他独当一面，担当重任。说起陈赓，父亲总是十分骄傲，欣赏不已。

合作默契，共同指挥——与谭震林

1948年，中国人民解放军发动了伟大的淮海战役。中央指定由邓小平、刘伯承、陈毅、粟裕、谭震林组成总前委，邓小平任书记。谭震林说："总前委在战役中合作默契，共同指挥，才取得了历史性的重大胜利。"1982年，中央新闻电影制片厂拍摄《淮海千秋》时，谭震林与粟裕一起，欣然接受了采访。在采访时，谭震林穿起草绿色军装，手执"教鞭"，站在淮海战役指挥地图前，讲述当年毛泽东、中央军委的指示、命令，讲述以邓小平为书记的前委的作战部署，帮助人们重温中国人民解放战争史上这个重大战役的宏伟场面。

淮海战役硝烟未尽，1949年中央决定进行具有伟大历史意义的渡江战役。当时，华东野战军改编为第三野战军，谭震林任副政委；中原野战军改编为第二野战军，邓小平任政委。按照中央的指示，渡江作战仍由淮海战役时组成的总前委领导。邓小平、陈毅坐镇指挥第二、三野战军。在渡江战役中，邓小平表现出了高超的指挥艺术和决策才能。在这次战役中，谭震林是奉命最先率部打过长江去的我军高级指挥员。当时，他指挥的是第三野第七、第九兵团组成的中突击集团。4月20日晚，谭震林指挥的30万人奉命从芜湖对岸强渡长江天堑。万炮齐轰，千帆竞发，最快的船只仅用15分钟就抵达南岸。国民党苦心经营的长江防线，一夜之间就被我军突破。渡江后，中突击集团向内突击，把敌人的注意力吸引到长江中段，为我东、西集团渡江创造了有利条件。

由于国共和谈的进行，在西柏坡开会的邓小平、陈毅商定，推迟原定的渡江时间，并报中央批准。正在训练部队的谭震林接到命令后，马上理解了中央军委及邓陈的意图。他要求部队指战员以中共七届二中全会精神武装头脑，认真贯彻执行以邓小平为书记的总前委的指示。同时，又要求大家切实防止在敌人的"和平"阴谋面前产生松懈战斗意志和迷失方向的危险，把立足点放在谈判破裂、继续做好渡江战斗的准备上。中突击集团大部渡江后，4月22日晚，谭震林等率领七兵团指挥部，乘坐木帆船从北岸起渡过江。当指挥船行至江心时，突遇从安庆向南京顺流而下的国民党军舰。敌舰发现我渡江部队，立即枪炮齐发，情况万分危急。谭震林一方面指挥船只避开敌舰，另一方面组织火力还击。当时，正在肥东总前委指挥所的邓小平、陈毅获悉这一险情后，十分担心谭震林等人的安全，接连不断地来电询问，直到确知谭震林等已经顺利抵达江南坝埂头，未受任何损伤时，才放下心来。多年后，当时与谭震林同船过江的老同志回忆起这次险情时，还激动地说："总前委成员之间休戚与共、相互关心，真是情同手足、胜似兄弟啊！"23日，我军解放南京。当时谭震林遵照邓小平"部队渡江后，英勇顽强就主要表现在两条腿上"的指示精神，命令各部要不顾疲劳，继续猛力向前推进，歼灭逃敌。

1956年2月，党中央派出代表团参加苏共二十大。邓小平、谭震林均为代表团成员。他们再度共事。代表团在讨论赫鲁晓夫的"秘密报告"时，邓小平、谭震林的观点不谋而合。他们都反对赫鲁晓夫全盘否定斯大林。邓小平说：斯大林是国际人物，这样对待他是胡来！不能这样对待革命领袖斯大林。谭震林完全赞同邓小平的意见，他说：这虽然是苏共的内政，我们不一定能影响他们，但我们不应该随便同意他们的意见，应有自己的态度。

在"文革"中，素以心直口快被称为"大炮"的谭震林，与林彪、江青一伙展开激烈的、针锋相对的斗争已是众所周知。谭震林对于当时全国一片混乱的局势表现出深深的忧虑。他说："'革命'总不能不吃饭啊！这是个最起码的道理。我们这样一个几亿人口的大国，把农村搞乱了，把农业这个基础摧垮了，地里不长庄稼，不收粮食，怎么得了！"当造反派冲击中南海，揪斗刘少奇、邓小平时，他气愤地说："刘少奇是国家主席，邓小平是党的总书记，江青他们这伙人目无党纪国法，如此无法无天，真是不能容忍！"对林彪在讲话中指名攻击刘少奇、邓小平"压制群众，反对革命路线"，以及陈伯达在《无产阶级文化大革命中的两条路线》中大叫批判"资产阶级反动路线"，谭震林也很是反感。他说：刘少奇、邓小平是党的全国代表大会选举产生的中央领导人，不能随意点名批判，搞"文革"，"光有群众，没有党的领导，怎么行"？正是这场史无前例的运动，使谭震林思考了许多以前没有思考过的问题，痛切地感到了党内民主的重要性和要实事求是的难度。在"文革"中，他对国家形势向好的方面的每一点转变都格外珍惜。1973年，谭震林从桂林回到北京后，常去叶剑英家，多与邓小平等老同志交往，一心想与老同志沟通思想、交换看法。特别是邓小平第二次复出后主持中央日常工作，使全国形势好转，给了他很大鼓舞。

粉碎"四人帮"的当天晚上，谭震林兴奋得彻夜未眠，这是他自"文革"开始以来从未有过的心态。从此以后，他坚决支持邓小平提出的必须准确地、完整地掌握毛泽东思想的科学体系的精神，坚决支持并积极参与对"两个凡是"的批判和真理标准的讨论。在纪念毛泽东诞辰85周年前夕，《红旗》杂志社约谭震林写一篇纪念毛泽东的文章，他立即着手写了《井冈山斗争的实践与毛泽东思想的发展》一文。他回顾了党的革命历史及毛泽东思想的形成与发展过程，还着重批判"两个凡是"，直接表玥自己对真理标准讨论的观点。但文章拿去后，被当时主管宣传工作的负责人以"《红旗》不能介入这种争论，文章要重新修改"的理由扣发。谭震林坚持原则说："文字上可以改，但基本观点不能动。"稿子转到邓小平那里，他看后指示："这篇文章很好，至少没有错误。我改了一下，如《红旗》不愿登，可送《人民日报》。为什么不卷入？可以卷入，可以发表不同观点的文章。看来不卷入的本身，可能就是卷入。"特别是党的十一届三中全会后，谭震林由衷地拥护以邓小平为核心的党中央的正确领导。他坚决拥护并积极宣传邓小平在1979年3月理论工作务虚会议上所做的《坚持四项基本原则》的讲话，高度评价邓小平提出的建设具有中国特色的社会主义的思想。他不止一次地说："小平同志坚持了马克思列宁主义、毛泽东思想的基本原则，在新的历史条件下发展了毛泽东思想。全党要认真学习和加深理解以邓小平为核心的党中央制定的路线、方针、政策，坚决地贯彻执行。"

《邓小平文选》出版后，谭震林非常高兴。他认真研读，提出应该"大书特书"。1982年9月，80岁高龄的谭震林在接受《工人日报》记者采访时说："我们这些人迟早是要去见马克思的，但舍不得去，因为'四化'重任在肩，前景迷人啊！"谭震林临终前，尽管呼吸困难躺在病床上，仍在口授纪念毛泽东诞辰90周年的文章，并结合学习《邓小平文选》的体会，再次赞扬邓小平对党和国家特别重要的作用。在他病危弥留之际，他还对身边的亲属说：10月1日，"我要上天安门和群众见面，支持党中央选出的新的领导班子"。谭震林纪念毛泽东90周年诞辰的文章《继承和发展毛泽东思想》在他逝世后作为遗作在《人民日报》发表。在这篇文章中，他用了整整一节的篇幅来谈《邓小平文选》，可见他对《邓小平文选》的观点和精神的赞赏。这些体会也可以说是谭震林用他一生的切身感受对邓小平做出的最切实、最客观的评价。他说：

"《邓小平文选》的出版，使我们能够更清楚地回顾粉碎'四人帮'以来，特别是党的十一届三中全会以来，我国社会主义事业稳步地健康发展的喜人情景，特别是毛泽东思想在新的实践中继续发展，打破了多年来思想界、理论界沉闷无生气的局面，出现了思想活跃、各方面工作不断创新的动人情景。毛泽东同志多次讲到但始终没有实现的'又有集中又有民主，又有纪律又有自由，又有统一意志又有个人心情舒畅，生动活泼，那样一种政治局面'，现在已经出现了，这是最可贵的。

"邓小平同志在拨乱反正，完整而准确地理解毛泽东思想，发展毛泽东思想和推进我国的'四化'建设等方面，起了特别重要的作用，代表着我们党的正确领导。"

他还说，《邓小平文选》的内容极为丰富。从发展毛泽东思想的角度来看，他认为有这样几点应该大书特书：

第一，提出把国民经济搞上去是全党全国人民的总任务。他说："邓小平同志强调这个问题，正是抓住了中国社会主义事业发展中的根本问题。抓住了它，其他问题就比较容易解决了。"

第二，思想路线上的拨乱反正。他说："在这方面，邓小平同志主要是抓住坚持实事求是，走群众路线这个根本。"

第三，尊重知识，尊重人才。他认为这是邓小平同志的"一项极有远见的战略决策"。

第四，大力解决革命事业接班人的问题。他说："在邓小平同志的倡导下，党中央制定了一系列政策和措施，如坚持集体领导制度、干部培训制度、老干部退休制度和各级组织领导成员的任期制度。"以及"接班人的条件"。

"更为重要的是他自己坚决退居第二线，让德才兼备的、比较年轻的同志早接班，担负起党和国家的领导职务。这无论在我党历史上还是在我国历史上，都是创举。为我们党和国家树立了一种新的、极为宝贵的典范"。

不看资格看能力——与刘华清

邓小平对刘华清有着比较深入的了解，是从解放战争时期开始的。

1947年，刘华清随大部队进军到大别山。同年7月，参加了著名的羊山集战役。刘伯承在其撰写的《千里跃进大别山》一文中描写了羊山集战役的情况："15、16两日，我军继续攻击困守在羊山集的敌第六十六师。由于羊山集三面环水，背依羊山，敌人又抢修了坚固的工事，所以几次未能攻下。"这时，刚刚夺取了曹县的第六旅正在羊山集附近待命。当战士们听了前线的战况后，群情激昂，纷纷请求旅首长向上级要任务。作为第六旅政委的刘华清，迅速向上级首长做了汇报。7月18日凌晨3点，第六旅接到上级命令——接替兄弟部队，担任主攻羊山集的任务。"蒋介石一面命令部队固守待援，牵制我军，一面急调八个师零两个旅赶来寻我主力作战。但我趁敌援兵主力尚未靠拢的时机，22日首先歼灭了金乡来援之敌一个旅。"7月22日，总攻的时间到了。清晨，旭日东升，第六旅的3个团与兄弟部队一起同时投入战斗。第十六、第十七团由羊山集西北实施主要突击，第十八团沿羊山集街及其南侧向东突击。战斗一直进行到深夜。第二天拂晓，守敌第六十六师全部被歼，羊山集战役大获全胜。这一战役的胜利为我军挺进大别山打开了通道。为此，晋冀鲁豫野战军和第二纵队的首长给第六旅记大功一次，并在全军通令嘉奖。从此，第二纵队第六旅名震全军，外电评论称刘华清为刘邓大军中的一员猛将。

新中国成立后，刘华清根据组织安排，于1954年前往苏联伏罗希洛夫海军学院学习。4年的现代化海军技术和指挥工作的系统深造，为刘华清日后总领海军工作、参与国防科技事业的领导工作打下了理论基础。同时，对当时的苏联海军建设情况也有了进一步的了解。

1958 年，刘华清学成回国，出任海军旅顺基地第一副司令兼参谋长、海军北海舰队副司令兼旅顺基地司令员。从此，与海军结下了不解之缘。

　　1961 年，国防部第七研究院成立，刘华清出任首任院长，领导研制成功了"四型舰艇"中的一型——"035"潜艇。

　　1966 年，刘华清出任国防科工委副主任，协助聂荣臻统筹海军和全军的装备科研工作。直到"文革"中期，作为国防科工委的代表，刘华清出任全军"文革"小组成员，不久便被迫退出。虽说是离开了海军，但刘华清的心里依旧放不下研制中的潜艇、各种舰艇、导弹……

　　1972 年 5 月，在他重返海军出任副参谋长之后不久，便和当时的海军司令员萧劲光一起赴旅顺基地视察"035"潜艇。视察中，他严肃地指出："潜艇要维持生产，科研生产不能断线。"

　　回京后，萧劲光、刘华清立即将有关"035"等产品的研制情况向周恩来总理做了书面报告。几天后，由周总理亲自批阅的报告转到了海军，他在"水下航速如能达到设计指标，性能比'33'潜艇有较大提高"等多处画下了红色着重线。1974 年，"035"潜艇终于交付海军使用了……

　　1977 年 7 月，中共中央恢复了邓小平中央军委副主席、中国人民解放军总参谋长的职务。1979 年，刘华清因工作需要再度调离海军，出任中国人民解放军总参谋长助理、副总参谋长。因直接在邓小平的领导下工作，邓小平也对他有了进一步的了解。

　　1982 年，刘华清又奉命调回海军，出任海军司令员。出任海军司令员之后，刘华清便着手推动人民海军的现代化建设，力主发展大型水面舰艇、核潜艇和海军航空兵，提高广大官兵的战术水平，增强海军综合作战能力。他曾在一篇论文中写到，世界上所有重要的经济、军事大国几乎都是海上大国。中国海军必须担负起历史的责任，把握历史机遇，成为太平洋地区一支重要的海上力量。否则，中国将在世界性的"新技术革命"浪潮中落后，最终被历史淘汰。他第一次提出"积极防御，近海作战"的海军战略，为建设一支与中国国际地位相适应的、具有现代战斗力的强大海军指明了具体目标和建设步骤。他指出，近海不等于沿海，近海是一个与大洋相对的概念，是指有一定纵深的、广阔的太平洋水域。

　　对此，外电评论："从 20 世纪 80 年代以来，中国海军确有颇大起色，如水下潜艇发射导弹，使中国具有在核战略中极为重要的第二次核打击力量。

各分舰队远航外洋，向南太平洋水域发射火箭，南沙群岛中越之战，南极考察，等等，所有这些，使得中国海军走向世界，走向了外洋……"美国海军少校杰弗里·戈德曼撰文称："改进海军军官培训的措施是刘华清的一个贡献……他已经把中国海军安置在通向 21 世纪的道路上。仅是近海防御部队的时代将要过去，中国人民解放军海军条例和作战能力将是美国海军在可预见的将来所关心的要点。"

毋庸讳言，中国进入改革开放以来，随着经济实力的迅速增强，领导层的英明决策，再加上广大海军官兵的不懈努力，中国海军已迅速走上向远洋型发展的道路，而使海军在战略思想上实现新的突破并做出理论上的解释与实践的，当属时任海军司令员的刘华清了。这也许正是海外专家、记者把他称为"受过现代化教育的老红军""中国海军装备专家""中国的马汉"的缘故吧！

1987 年 11 月，刘华清出任中央军委副秘书长。次年 4 月，担任中共中央军事委员会委员。

为了废除领导干部终身制，邓小平带头从领导岗位上退了下来。他希望有能力、年纪较轻的人来担任党和国家的领导职务。刘华清，在他的印象中，是中央军委副主席的最佳人选。他说：刘华清身体好，知识面比较广，解放后一直搞国防工业、搞科技装备，在苏联还学了好几年。他懂科学，搞卫星、导弹都参加过，是聂荣臻同志的主要助手。选这么个人当军委副主席恐怕比看资格好……

这些话，是评价，是赞赏，更是期望。

1989 年 11 月，中国共产党第十三届五中全会决定江泽民为中共中央军事委员会主席，杨尚昆为中共中央军事委员会第一副主席，刘华清为中共中央军事委员会副主席……1992 年 10 月，在中国共产党第十四届一中全会上，刘华清当选为中共中央政治局常委、中共中央军事委员会副主席……

出任军委副主席，刘华清更觉肩上担子的分量，在参与领导人民解放军革命化、现代化、正规化建设工作的同时，他经常深入部队以及国防科研生产第一线，调查研究，为科学决策获取第一手材料。他坚决贯彻执行邓小平新时期军队建设思想，强调必须从中国国情出发，用邓小平建设有中国特色社会主义理论武装人民军队；坚持把革命化、现代化放在首位，加强思想政治建设，发扬红军传统，保证人民军队建设的正确方向；坚持积极防御的军事战略方针，着眼高技术条件下的局部战争，提高人民解放军在现代条件下的防卫作战能力；坚持自力更生与积极引进国外先进技术相结合，加快国防科技和武器装备建设的步伐；坚持把教育训练摆到战略位置，从难、从严训练部队，加强院校建设，培养和造就了大批现代化军事人才；坚持精兵合成、平战结合、提高效能的原则，不断优化军事的编制、体制，强化质量，走精兵之路；坚持以法治兵的优良传统；坚持艰苦奋斗，勤俭建军，充分挖掘现有物质条件的潜力，提高后勤保障能力；坚持改革创新，努力建设一支强大的现代化、正规化、革命化的人民军队。1993 年，他在《求是》杂志发表了一篇题为《坚定不移地沿着建设有中国特色现代化军队的道路前进》的文章，其中谈道："我们必须抓住机遇，在集中力量、一心一意进行经济建设的同时，艰苦奋斗，开拓进取，努力把我军的现代化建设提高到一个新的水平……"他认为，进一步加强我军现代化建设，是摆在我们面前的一项紧迫任务。国家以经济建设为中心，军队以现代化建设为中心，这是时代的要求、历史的必然。我们长期处于和平环境，必须居安思危。

他没有辜负邓小平的期望。

"咱们一块儿干"——与杨得志

战争年代，杨得志曾是邓小平麾下的一员爱将。抗日战争结束，邓小平回晋冀鲁豫军区，又将杨得志要回。20 世纪 80 年代的华北大演习，邓小平命杨得志负责筹划指挥。杨得志不负所望，演出了国威，演出了军威。

1945 年 8 月，日寇投降，中国人民取得了抗日战争的伟大胜利。中共中央为了适应新的形势需要，决定成立晋冀鲁豫军区，刘伯承任司令员，邓小平任政治委员。太行、太岳、冀南、冀鲁豫四个区统归刘邓指挥。同时，决定在延安学习的高级将领奔赴各个战场。

一年前，率部来延安保卫党中央的冀鲁豫军区司令员杨得志，向邓小平询问关于自己下一步工作安排的打算。对杨得志一直十分欣赏的邓小平说：

"你呀，我的意见，还回冀鲁豫去，咱们一块儿干！"

杨得志当然十分愿意，接着，即和邓小平同乘一架飞机飞回太行，然后再转赴冀鲁豫军区。

一到军区所在地，杨得志就问苏振华：

"刘邓首长那里有什么指示吗？"

"有几份电报。"苏政委回答。

"快让他们拿来。"杨得志说，"同时，马上给刘邓发报，报告我已经回到了部队。"

联系当前国民党军正在大举派兵北上抢占解放区以及阎锡山派兵进攻我上党根据地的形势，杨得志更感到了刘邓首长对自己的信任和殷殷期望。

9月10日，太行、太岳、冀鲁三个军区的主力部队及地方兵团一部，在刘邓首长直接指挥下发起上党战役。

侵占上党地区仅是蒋介石发动全面内战的一个步骤。这个步骤的真正目的，是控制同蒲、平津两条铁路，以便抢占平津以及整个华北，进而运兵东北，夺取东北，篡夺全国抗战的胜利果实。这样，作为南北交通大动脉的平汉铁路，必将是敌人的主攻方向和敌我争夺的焦点。刘伯承司令员和邓小平政委洞若观火，很快识破了蒋介石的阴谋，在决定消灭侵犯上党之敌的同时，命令冀鲁豫军区的主力部队集中于平汉线，结合太岳、冀鲁军区部队各一部，加紧肃清平汉线新乡以北的日伪军，开辟战场，配合上党地区的作战。

杨得志坚决执行刘邓首长的指示，率部开展了肃清日伪军的战斗，有力地配合了上党战役。国共两党于1945年10月10日签订了和平协定（即《国民政府与中共代表会谈纪要》，亦即"双十协定"）。"双十协定"的签订，标志着我党我军同国民党反动派所进行的针锋相对的斗争，取得了重大的胜利。

然而，国民党不但丝毫没有执行"协定"的诚意，反而更加速了对解放区的进攻。

蒋介石在"协定"墨迹未干之时，就以14个军分三路沿平汉、同蒲、津浦三条铁路向华北解放区突然进攻，气势汹汹，大有一口吞掉我华北解放区之势。

国民党第四十军、第三十军、新八军、第三十二军，并配合伪军孙殿英部为第一梯队，约4.5万余人；第二十七军、第三十八军、第八十五军、第七十八军为第二梯队，约5.5万余人，总计兵力约10万人，沿平汉路向石家庄、北平挺进。以第十六军、第一军、第三军为左侧卫，沿同蒲路、正太路，经榆次、石家庄北进；以第十二军、第九十七军和伪军吴化文部为右侧卫，沿津浦路经徐州北进。

一时间，华北平原上铺天盖地都是国民党的军队：土路上，人叫马嘶，尘土飞扬；铁路上，汽笛长鸣，一列列军车满载着国民党兵和各种军用物资，向我华北解放区杀奔而来。他们企图控制铁路，发挥美国现代化装备的优势，割裂我各解放区的联系，压迫我军退入农村或山地，以便各个歼灭。

这三路进犯敌军，以平汉路的为主。其首要的目标，是夺取我晋冀鲁豫解放区的首府——邯郸。

平汉路的进犯敌军善于阵地战，特别长于工事构筑和固守，射击也较准确，但缺乏机动和反攻击精神，尤其不善于运动战。在野战中，惯于以正面部队巩固阵地、钳制对方，以有力部队施行一翼或两翼包围，或以优势火力给对方以有力的杀伤。装备虽较先进，但比较笨重，以致行动迟缓，互相间的协同和支援也较差，对后方顾虑多，怕我军抄他们的后路。由于官兵打仗目的不明确，所以多怕死，不善于白刃格斗，最怕在交通不便的地方打遭遇战和夜间战斗。

但这些进犯敌军都是原西北军的底子，军官较有军事素养和战斗经验，统驭力强；士兵久经训练，在国民党军队中算是较有战斗力的部队；在装备上火力重于突击，其第三十军是半机械化部队。

此时，刘伯承、邓小平正在山西上党地区指挥上党战役，尚未返回邯郸。得到敌人杀奔华北的情报，他们都不禁倒抽了一口凉气，因为此时晋冀鲁豫军区的部队大多仍在山西上党地区，邯郸前线只有杨得志、苏振华所部不到两万人的兵力。敌我兵力是五比一。

邓小平拿起一支在上党战役中缴获的"三五"牌香烟，划着火，深深地吸了一口，吐出烟雾，接着又深深地吸了一口，陷入了深深的沉思之中。刘伯承双手捧着茶杯，不住地、小口地抿着茶，也在思谋着破敌之策。

邓小平的烟灰缸里已经塞满了烟头，室内烟雾缭绕，警卫员在不断地为刘伯承续着茶水。

"杨得志他们的担子不轻啊！"邓小平先打破了沉默。

刘伯承显然想出了些眉目，用征询的口气对邓小平说：

"根据敌我态势和地形条件，我们可以把战场选择在平汉线东侧滏阳河以南、漳河以北的河套里。这里是多沙地带，不好挖工事，无坚可守，北有滏阳河可挡住敌人进路，南有漳河可阻断其退路，可以把敌人的长处转化为短处，使我军能够避其长、击其短。我军东西有纵深的根据地和广大人民的支援，可以叫杨得志他们利用滏阳河、漳河间的横幅地带向敌人实施钳形攻击。这样，或许能顶住。"

一向沉稳的邓政委听后，不禁一拍大腿，高声说：

"好，咱们想到一块儿去了，就叫杨得志他们这样干。"

为了使作战部队便于统一指挥，经中央军委同意，刘邓首长命令将冀鲁豫、冀南、太行、太岳四个军区部队主力，依次改编为晋冀鲁豫野战军第一、第二、第三、第四纵队：第一纵队以杨得志为司令员，苏振华为政治委员；第二纵队以陈再道为司令员，宋任穷为政治委员；第三纵队以陈锡联为司令员，彭涛为政治委员；第四纵队以陈赓为司令员，谢富治为政治委员。除第四纵队使用同蒲路方向作战外，其余均集中使用平汉路方向。

平汉路的敌情也牵动着党中央。

这时，中共中央毛泽东主席给中共晋冀鲁豫中央局诸同志发来电报指出：

> 在你们领导之下打了一个胜利的上党战役，使得我军有可能争取下一次相等的或更大的胜利。在你们领导下的一切力量，除以太岳全力展开同蒲路的作战争取应有胜利外，必须集中太行与晋冀鲁豫全力，争取平汉战役的胜利。即将到来的新的平汉战役，是为着反对国民党主要力量的进攻，为着争取和平局面的实现。这个战役的胜负关系全局，极为重大。你们须准备以一个半月以上的时间，在连续多次的战斗中，争取歼灭8万顽军的一半左右或较多的力量，方能解决问题。望利用上党战役的经验，动员太行、晋冀鲁豫两区力量，由刘伯承、邓小平亲临指挥，精密组织各个战斗，取得第二个上党战役的胜利。8万顽军中，有几个军具有颇强的战斗力，不可轻视。但顽军新到，地理、民情不熟，系统不一，补充困难，急于求胜，又有轻视我军的心理，使我有隙可乘。务望鼓励军民，团结一致，不失时机，以上党战役的精神，争取平汉战役的胜利。

根据党中央、毛泽东的指示精神，晋冀鲁豫中央局书记邓小平和军区司令员刘伯承立刻签署了中央局和军区的指示，对各级党委、各军区和各纵队提出了具体要求。

很快，杨苏收到了刘邓首长签发的《关于平汉路作战部署给一、二纵队首长的指示》。"指示"明确要求第一纵队要在漳河以北邯郸以南顶住北犯之敌。

这时，投入平汉战役的其他部队，因刚刚结束上党之战，尚在开进途中，大战之后全靠两条腿由山西赶来，确实是需要时日的。这就形成了我一个武器装备不全的纵队，要暂时抗击总兵力超过我5倍的敌人的进犯。

杨得志率部进行了数十天的血战，终于完成了刘邓首长交给的任务。

1981年3月10日上午，一辆黑色轿车驶入一个大院——这是军委主席邓小平的住处。

车上下来的是人民解放军总参谋长杨得志和副总参谋长张震。谈话预定内容：总长向中央军委邓小平主席汇报北京军区组织演习的方案与军委办公会议意见。

3月6日，张震代表总参几位领导同志，就组织实兵演习的总体设想和具体方案，给邓小平写了请示信。信中按三个方案分别汇报了拟调动军兵种部队的具体数字和总数，提出按照邓小平指示过的，拟编成集团军进行合练。同时，列举了我军另几次较大规模的演习。信中特别指出：

"这是我军历史上实兵演习规模最大的一次。"

邓小平处回话：请杨总长、张副总长于3月10日上午到小平同志处面议。此时的杨得志只有两点想法：第一，见到邓主席，要做进一步的汇报；第二，坚决按邓主席的批示办。

杨得志首先说：

"我们简要地把演习的方案向您汇报一下。"

张震送上演习的方案图。

邓小平接过图，看了一下，说：

"这个图我看过了。"

这显然是说，情况我已经知道了。既然如此，杨得志便大幅度压缩了汇报内容，只用几分钟时间，就预想的三个方案做了简要说明。

杨得志汇报说：

"演习拟了三个方案：第一方案，按北京军区汇报的×万人的方案；第二方案，压缩到×万人左右；第三方案，只搞图上作业。这三个方案考虑的根据，主要是调整时期要动用这么多的部队，花这么多的钱，比较困难。在来之前，军委办公会议也研究了一下。有的同志说，按第一方案演习花钱太多，所得的效果又如何？还有的同志说，只动用××军加上一点儿训练保障，部队不做大的调动，可以节约一些。办公会议的其他同志也认为规模小一点儿好，节约一点儿好。"

邓小平吸了口烟，并不插话，示意杨得志继续说下去。

杨得志接着说：

"今天上午，我又同秦基伟同志电话商量过，他还认为按第一方案好。我们考虑第一方案主要是花钱多些。"

邓小平点点头，说：

"我曾经听到他讲过演习的设想，没有讲要花多少钱。"

杨得志身体前倾，说：

"到底怎么确定好，请邓主席指示。"

张震对第一方案做了一些简要的补充说明。然后，两人静静地望着军委主席，请他定夺。

邓小平仍是战争年代的风格，讲话直切正题：

"搞这么一个演习也是给军队打打气，我们好久没有打仗了。我们同越南打了一仗，还不是合成军。要搞合成军，天上、地下都该有吧！这次演习，有地面部队，有空军协同，只是没有海军。这样的演习对军队有鼓舞作用，经过训练再搞实兵演习，可以提高部队实战水平。多年没有搞了，还是搞一次。军委常委同志不是都同意吗？

"部队阅兵式、分列式也好久没有搞了。不能说阅兵式、分列式是形式主义，对部队作风培养有教育意义。现在，有的部队懒懒散散不像个样，我想适当的时间要搞一次阅兵。阅兵对军队在人民的观瞻中有好处。现在，人民不知道军队在干什么，经过阅兵式、分列式，把军队摆一摆给大家看，给人民看。这样更加强了军民关系，对加强军队训练也有作用。"

杨得志默记着谈话要点："阅兵，观瞻，军民关系。"

张震接着邓小平的话题汇报说：

"去年××军搞了一次阅兵，空降兵走得最好，大家反映很好。"

邓小平显然了解情况：

"那次演习听说搞得不错，那次演习规模不大。"

"那次演习是一个师，也用了空军。演习的钱花了××万元，动用储备物资××万元，主要是油、弹药费钱。"张震详细地汇报着。

邓小平说："就是用油多一些，现在我们油还不多，打的炮弹也多一些。"说到这里，邓小平一边吸烟，一边扬了一下手掌，拍板道，"就按第一方案搞一次，节约一点儿，总参具体抓。"

"杨总长是领导小组组长，具体的请秦基伟同志搞。"张震说。

邓小平呷了一口茶，说：

"看看部队这次搞得怎么样，这样的规模我们过去没有搞过，关键问题是看这次的组织能力怎么样。"

张震蛮有把握：

"北京军区集训干部已搞过四次图上作业，已经有一定基础了。"

邓小平指示：

"演习时，各军区首长、各军兵种首长要组织一些干部来看，总参要抓。这笔钱还是要花，要搞好一点儿，要把部队的气鼓一下，要把军队训练得像个军队的样子。用炮弹可以，就是油多用了一些，现在主要是生产不出来。"

说到这里，邓小平讲了个用炮弹多的战例。讲着讲着自己先笑了，邓小平难得这么开心。杨得志、张震也会心地微笑起来。

张震请示：

"如果这样搞，要用一笔经费，要动用储备物资。"

最后，邓小平说：

"好吧！就这样。"

张震3月6日的请示信已平展在案头，邓小平提笔批示：

　　　　同意这一方案，力求节约。

邓小平

三月十日

3月12日，三座门第一会议室，总长杨得志、国防部部长耿飚、北京军区司令员秦基伟和各军兵种负责同志到会。张震传达了邓小平的批示和关于演习问题的指示，杨得志讲话，表明对邓小平批示的态度，并宣布演习代号。

3月18日，北京军区召开准备工作会议，杨得志总参谋长和杨勇副总参谋长到会并讲话。杨得志在讲话中鼓励大家认真贯彻邓主席的指示，创造一流的成绩，用实际行动改善"观瞻"。军委、总部和各军兵种领导同志热烈发言，说邓主席给了军队最大信任、最大支持，军队要创造出最好的成绩，向邓主席汇报。

于是，便有了 1981 年金秋那举世瞩目的数十万人的华北大演习。

"不握手会议"——与陈锡联

在刘邓部队一说起"不握手会议"，人们都会对邓小平的严格治军肃然起敬，而这次"不握手会议"的主角，则是陈锡联。大胜之下，部队生出"骄气"，邓小平见微知著，防患于未然，在开会时不但不和高级将领们握手，而且还逼着陈锡联等人做检讨。此次会议，使陈锡联受益终生。

自从 1946 年 6 月国民党军向解放区大举进攻后，几个月来，我晋冀鲁豫解放军在刘伯承司令员、邓小平政委的率领下，所向披靡，连战皆捷，胜利一个接着一个，战果一个比一个大。正因为这样，在部队中开始滋长起一种骄傲情绪，有的指战员也开始不检点起来，个别部队的斗志有些松懈，群众纪律不大好，军民、官兵团结也出现了一些问题。

数十年来，在军事斗争中，邓小平不仅以指挥有方、多谋善断而闻名全军，而且在治军上是以严著称。在政治上要求绝对服从中央和军委的领导，要求部队无条件地执行党的路线方针，遵守党和政府的政策法令。他重身教、律己严，执行纪律一丝不苟，常亲自深入部队督促检查。一经发现不良倾向，立即进行整顿。对部队的高级干部要求更加严格，从来都是铁面无私。现在，部队因胜利而带来的一些毛病，他看在眼里，急在心中。于是，他利用战斗空隙，召开了一次增强斗志、整顿纪律的会议。

被传为治军佳话的"不握手会议"，就是在这一情况下召开的。9 月接到开会通知那天，正是一年一度的中秋佳节。

第三纵队司令员陈锡联、第六纵队司令员王近山和第七纵队司令员杨勇，几乎同时收到了通知，要纵队司令员到"野司去开会"，"野司"就是晋冀鲁豫野战军司令部的简称。陈锡联司令员想：一出陇海，活捉赵锡田，仗打得很辛苦，战果也不小，开会又逢中秋节，到"野司"吃月饼去。

陈锡联一到"野司"开会的地方，就有一种异样的感觉，觉得气氛十分严肃。

纵队司令员们进屋后刚刚坐下，邓政委就宣布了开会的宗旨：

"今天，开个'不握手会议'，不要刚打两个胜仗，就沾沾自喜，握手言欢，心满意足，你好我好，什么都好。要更多地想想自己的不足，几个月来做得怎么样？群众纪律怎么样？内外部的团结搞得好不好？部队的指挥、战斗作风都还存在着哪些问题？现在发言吧！"

刘伯承司令员、李达参谋长和张际春副政委依次发言，指出部队中存在着大量这样或那样的问题。会议从上午开到中午，午饭后接着开，开到下午一两点。这时，不断有参谋人员进来报告：敌第五军和第十一师已经逼近了。但邓小平紧绷着脸，就是不散会。趁着会间休息，陈锡联找到了杨勇。

"人贵有自知之明。"陈锡联对杨勇说，"今天咱俩不做自我批评，恐怕就散不了会！"

"是啊！"杨勇同志也十分敏感。

陈、杨都知道，第六纵队王近山司令员也到会了，他在大、小杨湖作战中打得挺出色，是这次会上受表扬的。杨勇自然非常明白陈锡联的意思，他对陈锡联说：

"回去我先检讨。"

陈、杨一回到开会的地方，杨勇头一个发言，说：

"七纵军民、军政关系不好，仗也打得不好。所有这些，我全都负责，我回去好好进行整顿，提高斗志。"

陈锡联接着杨勇的话，在会上检查道：

"三纵所发生的一切问题，全都由我来负责。"

听到这里，邓政委站起来宣布：

"会议就开到这里，现在散会。"

事后，陈锡联每每回忆起这次"不握手会议"的情形，常爱对人们讲：

"邓政委对高级干部要求更加严格，尤其在重大是非原则问题上，他是绝不迁就的，但他对这些干部也非常信赖，相信人们的觉悟，知道高级干部们一旦认识到错在哪里，就一定会勇于克服的。"

邓政委在会议上几乎没有多说一句话，没有多说一个字，但他的话字字重千钧，在陈锡联及其他同志的脑海里留下了难以磨灭的印象。

会后，第三、第六、第七纵队首长回到各自的工作岗位，立即对所属部队进行了有效的整顿。

1947年8月，我军进入大别山后，蒋介石急忙调来20多万重兵进行"围剿"。12月，刘邓首长决定分兵对敌。在研究作战部署时，邓小平考虑到大别山区不利于大兵团作战，同时考虑到刘司令员年纪大一些，提出让他带第一纵队及中原局机关去淮河以西。刘司令员不同意。邓小平说：我是书记、是政委，这个事就这么定了。这样，邓小平带着第二纵队、第六纵队和第三纵队留在内线作战。为了拖住敌人，粉碎敌人的"围剿"，邓小平带领大别山我军民发扬英勇、顽强的光荣传统，在数日不得一饱、半月不见油盐极端困难的条件下，与敌人进行不屈不挠的斗争。一次，陈锡联到前方指挥所，见到邓小平政委和李先念副司令员，李副司令员问他：

"锡联同志，背得动吗（指背着敌人行动）？"

还没等陈锡联回话，邓小平就说：

"就是要多背一些、背重一些。我们多背些敌人，多忍受一个时期的艰苦，拖住敌人几十个旅，就能使山东、陕北的兄弟部队腾出手来，大量消灭敌人。釜底抽薪就不要怕烫手，这是个关系到全局的战略行动。"

听着邓政委一番话，陈锡联深为其全局观念所感动，大声表态：

"请政委放心，我们一定完成多背敌人的任务。"

1949年7月华东解放后，党中央、毛主席指示刘邓大军，在贺龙司令员所率的第十八军协同下，进军大西南。我军采取战略大迂回、大包围的方针，猛打猛追，所向披靡，很快于1949年11月30日打下了国民党的陪都重庆。一天，刘邓首长找陈锡联谈话，让他任重庆市委第一书记、市长。陈锡联说：

"我不会也不懂地方工作，还是让别的同志干吧！"

邓小平鼓励他说：

"打仗是为人民，当市长也是为人民，不会可以学嘛。"

重庆解放以后，陈锡联就按照组织上的安排，紧张地投入到了地方工作中。当时，西南局、西南军区，还有重庆市军管会、市政府等党政军机关都住在市区，大家忙着找好房子住。邓小平知道后，很快就把机关的领导同志召集到他家里开会，非常严肃地说：

"听说你们来了以后房子不够住。大家来西南是为人民办事的，不是来享受的。人民期望我们要做的事很多，我们刚来，还没做多少事，就闹房子。你们想一想，原来住这些房子的人都到哪里去了！"

听着这发人深省的话语，再看看刘邓首长两家合住一幢房子，人口多，住得很挤，大家觉得既受了批评，也受了教育，什么话也不说了。回去立即动手，让的让，退的退，搬的搬，一夜之间就把问题解决了。

陈锡联对邓小平有着十分深厚的感情，在邓小平逝世后，他曾深情地回忆说：

> 小平同志是我敬爱的老首长。我有幸曾长期在小平同志直接领导下工作，尤其是战争年代，他和刘伯承同志带领我们浴血太行，逐鹿中原，跃进大别山，决战淮海，解放大西南，这些情景总在眼前浮现。小平同志坚定的共产主义信念，驾驭战争的雄才大略，顾全大局的博大胸怀，对祖国对人民的赤子之情和关心爱护部属的长者风范，深深地印在我的心中，使我永远难忘。

"我就是要用'王牌'对'王牌'"——与杨勇

在刘邓大军里，杨勇以勇冠全军而闻名。邓小平对他既有高度的赞扬、中肯的评价，也有适时的鞭策、严肃的批评，这些都透出殷切的关怀和爱护。"文革"狂潮骤起，邓小平成为"党内第二号走资本主义道路的当权派"，杨勇则置政治形势险恶于不顾，坚决反对批邓。1979年，南疆不宁，邓小平派杨勇实地调查，从而做出了惩罚地区小霸的正确决策。

1945年12月，遵照晋冀鲁豫军区司令员刘伯承、政治委员邓小平的命令，第七纵队成立，司令员为杨勇，政委为张霖之。

1946年8月，按照杨勇的命令，第七纵队第二十旅、第二十一旅于13日零时30分对砀山城发动总攻。第二十旅以炮火和飞行爆破的方法将砀山城南门炸开一个大缺口，突击分队迅速占领城头。第二十一旅、第六十一团从西门突击，一举成功。在十字街头，两个旅的攻城部队会合，全歼砀山守军。

在强大的军事压力下，国民党虞城、夏邑、永城三县总指挥蒋嘉宾率部4 000余人在虞城起义。

正当大家沉浸在胜利的喜悦之中时，指挥左路军行动的邓小平却批评了杨勇和张霖之。因为第七纵队新补入的大量俘虏兵，来不及进行整顿，以致个别不良分子违反群众纪律，造成了不好的影响。大胜之下，杨勇并未骄傲，为了改变这一状态，他决心利用邓小平政委跟随第七纵队行动的好机会，请他帮助做工作。杨勇通知全纵队团以上干部马上到司令部集合开会。大家刚在小院的树荫下坐好，杨勇和张霖之就陪着邓小平来到了会场。

邓小平说："陇海战役已进行了四天。第一阶段，你们打得很好，解放了砀山，俘虏了几千人，缴获武器也不少。"说到这里，邓小平的话锋一转，语气变得严肃起来，"但是，有人却干了违反群众纪律的事。你们打仗牺牲了那么多人，为了什么？不是为了解放砀山人民吗？不是为人民而战吗？为什么又这样损害群众的利益，你们不觉得羞愧吗？你们要认真地赔偿群众的损失。"

面对邓小平的严厉批评，大家一个个惭愧地低下了头。就在讲话的当口，国民党军的飞机轰鸣着飞到了头顶，大家都有点儿紧张，担心邓政委的安全。邓小平非常平静地扫视了一下天上的飞机，说：

"杨勇，你去看一下，敌机从什么方向来的，来了几架。"

当时在座的除了团以上干部外，还有纵队的参谋人员。杨勇完全可以叫个参谋去看，但他没有那样办，而是像一名战士接到命令一样，立即跑了出去。不一会儿，杨勇回来向邓政委详细地报告了观察到的情况。

邓小平听了杨勇的报告，挥挥手，十分镇静地说：

"没得关系，飞机不是天天来嘛！不得怕，继续开会吧。"

敌机开始轰炸了，一颗颗炸弹呼啸着落了下来，掀起一簇簇土柱和一股股气浪。杨勇不顾个人安危，又一次冲了出去，站在场院里果断地指挥着机关、部队疏散。

邓小平很为他这员爱将的安全担心，三番五次地提醒杨勇：

"要注意安全，要看清敌机扫射的方向，向横的方向躲闪！"

战士们看见首长尚且如此奋不顾身，非常感动，一个个拿起武器向着敌机猛烈还击……

为了尽可能地给邓小平提供好一点儿的工作环境，杨勇专门指示作战科的参谋们，每天要专门给邓政委安排一条行军路线，还要准备一辆胶轮马车，作为代步工具。杨勇亲自挑选了一班年轻、精壮、有战斗经验的战士担任警卫工作。

这段时间，邓小平与杨勇在行军的路上形影不离，在昏暗的灯下分析研究敌情，讨论作战方案。气氛是那样的和谐，关系是那样的融洽。每当邓小平做出决定，杨勇总是一丝不苟地执行，执行完毕都要及时向邓小平详细汇报。

1946 年 10 月 3 日，国民党新五军进至龙固集以西地区，整编第十一师进至巨野南张凤集地区。根据刘邓首长的部署，这次出击敌整编第十一师的第一仗由第七纵队担负。

为了把这场关键性的战斗打好，开战之前，刘邓首长亲自莅临第七纵队。听说刘邓首长到来，正在为制定作战方案而苦苦思索的杨勇真是喜出望外，他奔出屋外紧紧地握住刘、邓首长的手，大声说：

"真没想到两位首长能在这个时候到来，有您们前来坐镇，仗一定会打好。"

刘伯承司令员笑着说：

"瞧你这风风火火的样子，都是三十多岁的人了，还是这么个急脾气。"

邓政委一边与杨勇握手，一边说：

"杨勇，我们有那么大的神通吗？这个主角还得由你来唱。"

刘、邓首长一到，杨勇立即通知召开全纵队营以上干部会议，他要让刘邓首长为大家鼓鼓劲儿。

会议上，刘伯承司令员首先讲话："这次战役，是解放战争以来的第三个战役了。第一仗是陇海战役，歼灭敌人 1.6 万人。第二仗，是大小杨湖战役，歼灭敌人 1.7 万人。"刘伯承顿了一下，把手一挥说，"这是第三仗，主要是摸一摸这两只'王牌'老虎的屁股。"

会场一阵哄笑。

刘伯承用手示意大家安静，说："不要笑嘛，是真的！前面来的新五军和整编第十一师，是蒋介石的两只虎，全副美械装备，是有战斗力的。在他们的后面，还有四个师跟着。我们打了两个战役，总算把他们牵过来了。你们西面的龙固集，由第二纵队坚决阻击新五军，而你们则要在张凤集攻击整编第十一师。在进攻中，要重视每一个动作，想到每一个细节，切不要盲动，也不要畏惧。作战方案一旦成熟，就要干脆、利索地猛打、猛冲，用我们的英雄主义气概压倒敌人的嚣张气焰。"刘伯承说到这里，大声说，"下面，请邓政委给大家做指示。"

邓小平从椅子上站起，接着刘伯承的话说："第七纵队是在实战中经过锻炼的部队，全纵队的战斗素质比较好，能够打硬仗、恶仗，特别是攻城破垒，很有一套。战斗作风勇猛、顽强。这些都是应该发扬光大的。但是，大家切不能以此而满足，成绩只能说明过去，并不能代表现在和将来。这些成绩不过是程咬金的三板斧，要再接再厉，打垮敌人的'王牌军'。"说到这里，邓小平扫视了一眼会场，提高嗓音说，"要说敌新五军是'王牌'，那么你们也是'王牌'。我就是要用'王牌'对'王牌'，看看哪个'王牌'最后获胜。"

会场里群情激昂，杨勇带领营以上干部高喊：

"我们一定要战胜敌人！"

看着这龙腾虎跃的场面，邓小平欣慰地笑了。

会后，刘伯承拍着杨勇的肩膀，亲切地说：

"杨勇啊，这次战斗你们肩上的担子可不轻啊！你知道整编第十一师的底吗？你了解敌师长胡琏其人吗？"

杨勇如实答道：

"知道一点儿。"

"知道一点儿可不行啊！胡琏是有特点的。他出身寒门，资质聪慧，自幼发愤读书，立志要出人头地，是黄埔四期的高才生。他在指挥作战中，一是警惕性强、作战企图心强；二是非常重视侦察，恐怕他早已了解清楚你的情况了；三是注意研究对方战斗的情况及指挥特点，根据对方的情况采取不同的对策。遇强手，就选择有利地形，负隅顽抗；若遇弱手，就集中优势兵力，实施猛烈攻击。再有，他用人唯能，不讲情面，有一套笼络部下、收买人心的办法。另外，整编第十一师的装备精良、战斗作风顽强，善于攻坚。"

对于整编第十一师的主帅，杨勇是研究过的，现在听了司令员的介绍，更感到了这场战斗的险恶。他想了想，对司令员说：

"放心吧，司令员，我理解您的意思。这次战斗，我们是不会轻敌的，还是您的那句老话'狭路相逢勇者胜'，我们有信心。"

"好！有信心就好，这是战胜敌人的基础。下面，就看你指挥得如何了！"邓小平接过话茬儿，欣赏地看着杨勇。显然，他对杨勇的回答很满意。而后一句话，则是对杨勇的殷切希望和严格要求。

杨勇没有辜负刘邓首长的期望，指挥所部一举歼灭整编第十一师主力三十二团 3 000 余人。刘邓首长通报表扬了战斗中涌现出的英模人物。

1947 年 1 月，邓小平直接随第七纵队行动。在他的直接指挥下，部队于 1 月 30 日发起总攻柘城的战斗。经过激战，很快攻克了县城，取得了歼敌两个团的胜利。

部队挺进豫皖边后首战告捷，给了豫皖边敌人以有力的打击。同时，对豫皖边人民坚持斗争、争取胜利也是极大的鼓舞和支持。

接着，我第七纵队乘胜前进，对鹿邑城守敌发起了攻击。第二十旅旅长匡斌、政委石新安率领所部担任主攻，第十九旅配合作战。战斗打响后，指战员们个个精神抖擞，英勇、顽强地和敌人拼杀。经过一夜激战，打退敌人多次反扑，拿下了鹿邑城西关。杨勇将下一步作战计划向邓小平做了汇报和请示。

邓小平听完后赞赏地说：

"很好！我同意你们的意见。"

这时，邓小平划着火柴，点着烟，一边吸一边踱着步子指示道：

"攻城的准备工作一定要充分做好。对可能出现的问题要考虑周到，要尽量减少部队伤亡，要发扬你们敢打硬拼的精神，坚决夺下鹿邑城！"

第二天拂晓，攻城战斗打响了。杨勇、张霖之在第二十旅指挥所，将邓政委有关攻城的指示传达给第二十旅旅长匡斌、政委石新安，果断地指挥部队攻城。战斗持续了一昼夜又半天的时间，全歼了鹿邑城守敌，使豫东广大地区又重新回到了人民的手中，完成了邓小平交给的"坚决夺下鹿邑城"的任务。

在夺取南集团作战的第二个胜利后，为了扩大战果，使战斗进一步朝纵深发展以调动更多敌军前来增援，我第七纵队又担负起配合第六纵队歼灭亳州守敌的任务。在部队朝亳州方向行进的过程中，邓小平仍随第七纵队指挥机关行动。途中，部队又遭到敌机疯狂的轰炸、扫射，潘焱问邓政委是不是停下来先隐蔽一下，待敌机轰炸过后再走。邓小平果断地说：

"要抢时间，迅速赶到预定位置，就是胜利。"

待敌机轰炸过后，邓小平返回驻地。时间不长，杨勇、张霖之也回来了。经过几天来的紧张战斗，他们已很疲惫。为了让他俩好好休息一下，潘焱说：

"你们洗洗脸，喝口水，喘口气，先休息一下吧。"

但杨勇、张霖之急着要向邓政委汇报，邓小平也说：

"不用休息了，抓紧时间谈谈情况和研究今后的行动吧。"

潘焱一边从兜里掏出一包烟，一边说：

"这也好，既然政委说不休息了，我看大家还是抽支烟，边抽边谈。既消除疲劳，又不耽误工作，怎么样？"

邓小平和杨勇都是够格的烟民，立即点头赞成。于是，大家一边抽着烟，一边听杨勇叙述攻打鹿邑城的经过，对攻打亳州的战斗部署也做了具体研究。

研究完工作，下步作战部署已定，邓小平显得轻松、愉快，笑着说：

"抽支烟真解乏。要说抽烟，杨勇可有个绝招喽，行军骑在马上，刮大风也照样可以划火柴点烟，这绝招我们谁也学不了。"

张霖之在一旁对杨勇拱手打趣道：

"佩服！佩服！"

大家说着笑着，把几天来行军作战带来的疲劳都抛到了九霄云外。

在邓小平的指挥下，部队马上又投入了新的战斗。2月1日，亳州守敌在我第六纵队及第七纵队第十九旅的攻击下，全部被歼。敌军王敬久部为了夺回亳州，终于被我军调动了出来。2日，王敬久慌忙调遣他的第七十五师第三十六旅，由砀山乘汽车奔向亳州，企图夺回县城，挽回败局。当敌人大批人马刚刚进入亳州北5里的丁大庄地区时，早已在此"恭候"的第六纵队及第七旅率先攻入村内。村内敌人此时已乱作一团，4日，在飞机的掩护下，丢下武器、车辆，落荒而逃。第七纵队第二十旅正好急行军赶到，立即死死地堵住了敌人的退路，和第十九旅一起展开了激烈的围剿战。指战员个个士气旺盛，猛打、猛冲，打得敌人如同热锅上的蚂蚁。当战斗胜利结束时，敌军一个旅除旅长和400官兵逃脱外，其余均被我军歼灭。

这一战斗胜利结束后，部队继续在豫皖边地区寻机作战，邓小平仍和第七纵队指挥机关在一起行动。原计划部队直出陇海铁路，但因情况有变，邓小平决定部队暂缓行进，原地宿营待命，并发报给第六纵队，命令他们也停止行动，原地待命。第二天凌晨1时许，第六纵队政委杜义德来到第七纵队司令部，看到部队正在休息，感到很是奇怪，便有些生气地问：

"为什么你们在休息，我们第六纵队部队还在行军，这是怎么回事？"

说话间，深夜还没有休息的邓小平正好走来，看见是杜义德来了，便笑着打招呼。当邓小平听杜义德讲到第六纵队还在继续前进时，忙说：

"这是怎么回事？我已用电报通知你们原地待命了。"

说着，要杨勇他们立即查明情况向他报告。经野战军司令部随同邓小平来的参谋人员和第七纵队司令部核查，原来是第六纵队部队在行军中，第七纵队电台一直呼叫不出第六纵队的电台，因此，电报没能发出。但是，电报没有及时发出，机要科却没有向邓小平报告，也没有向杨勇他们报告。杨勇立即将情况向邓小平做了汇报。为了弥补过失，邓小平指示：

"想办法立即通知第六纵队部队停止前进，就地休息待命。"

同时，邓小平对第七纵队做了严肃的批评：

"指挥机关哪怕只是在一个环节上出了差错，也可能给部队造成严重损失。必须以此事为戒，建全制度，提高效率，加强纪律性。"

接着，邓小平又为此亲自向杜义德做了解释工作。

对邓小平的批评，杨勇心悦诚服。看到邓小平亲自帮他们向杜政委做解释工作，心中充满了感激之情。

1947年8月，刘邓大军千里跃进大别山。1948年初，中原局根据党中央的指示及敌我双方的态势，确定中原地区的斗争任务是：继续大量歼灭敌人，粉碎敌人的中原防御体系，发展和巩固中原根据地，使之成为我军继续前进的基地。在整顿和发展地方武装，坚持、巩固、发展各解放区的同时，野战军主力逐步集中作战，并抓紧一切时机整党、整军。

为了指导好部队的"三查三整"工作，第二野战军政委邓小平一路风尘来到第一纵队。此时，第七纵队已与第一纵队合编成新的一纵，由杨勇任司令员，苏振华任政委。

对于邓小平的到来，杨勇真是高兴极了。他没想到自从刘、邓于1947年年底在大别山分兵，他跟随刘伯承征战，能这么快就又见到邓政委。

杨勇大步迎了上去，庄重地敬礼，热烈地握手，看到与部队同甘共苦、对部属体贴入微的老首长，心里很是高兴。

邓小平进了屋，杨勇与纵队其他领导人一起向邓政委汇报了部队的情况及有关整党的意见。杨勇请邓小平给部队干部讲话。

春寒料峭，霏霏的小雨下得很急，寒风还在旷野上逞威。

邓小平站在息县赵集村外一片平整的场坝子上，细细地看了看站在自己面前的第一纵队各旅的部分干部和直属队排以上干部。这些小伙子，一个个矫健、英武，黝黑的脸庞，结实的身板，站在那里纹丝不动。在他们身上充分显示出威武的军容、严明的军纪。邓小平微笑着显露出满意的神态。

蒙蒙细雨早已打湿了邓小平身上的棉衣，凛冽的寒风刺着面颊，他以特有的四川口音，语气激昂地说：

"我们进大别山是为了开辟国统区战场，把尖刀直插入敌人的心脏。我们出大别山是为了寻找有利战机，大量地歼灭敌人。这一进一出，目的完全是一致的。如果说以前我们打进去是革命形势发展的需要，那现在的出，就可以说是革命斗争策略的要求。我们主动撤出，在客观上起到了减轻敌人对我大别山区的军事压力，从而使我们千辛万苦开辟的大别山根据地能更好地坚持下来，这不正是我们当初千里跃进的目的吗？因此，我们现在主动打出来是前进，而不是后退，是在跃进大别山前进1 000里之后，又前进了500里。"

邓政委的话，似春风刮走了指战员心头的疑虑，如洪钟敲击着同志们的心扉，使大家豁然开朗。

在"三查三整"总结会上，杨勇代表纵委做了报告：

"一年来，我纵执行了中央军委和毛主席正确的战略方针——跃进中原大别山的艰巨任务。在中原局的直接领导下，现基本上完成了这一历史任务。如鲁西南战役和进入大别山以及诸次战斗胜利……在执行这艰巨任务中，严重考验了我纵本身……工作上存在严重的、刻不容缓的错误和弱点：非战斗减员的惊人数目，内外纪律的败坏，士气的下降，战斗力的减弱，右倾情绪长期存在。由此证明，我纵工作不够过硬，只能在胜利环境下做轰轰烈烈的表面工作，受不起挫折，经不起困难环境考验……"

为了解决这些问题，杨勇提出：

"……转变我纵工作，只有抓住加强党的领导、三大民主建设和正确的干部政策三个环节……今后，只有领导作风克服了官僚主义，首长亲自动手，深入下层向群众学习，才有可能使正确的工作决定贯彻到底，才有可能使不切合部队实际或不大切合部队实际的决定得到修正。只有如此，才能转变我们纵队不踏实的坏作风。

"最后，必须执行中央和中原局关于反对无纪律无政府，事先不请示、事后不报告的屡次指示和建立报告制度的决定，是转变我纵工作和改变作风的有力保证。"

杨勇能在屡战屡胜、战绩辉煌的情况下，保持清醒的头脑，一针见血地指出纵队存在的问题，并提出改正的三点意见，可谓难能可贵。

邓小平听着杨勇的总结，满意地笑了。他知道，在这样的将领带领下，第一纵队将会有更大的起色。

1973年，在毛泽东的决策下，邓小平复出，杨勇由衷地感到高兴。

1976年1月，周总理逝世，报刊"反击右倾翻案风"逐步升级，矛头指向邓小平并逐渐公开化。新疆军区司令员杨勇冷静地观察着事态的发展，回顾着邓小平主持中央日常工作一年多来全社会各行各业出现的可喜变化，他坚信自己的老首长是正确的。他照常抓工作，忙于召开民兵工作会议，学大寨会议，就是不抓"反击右倾翻案风"。杨勇对主管宣传、文教的贾那布尔说：

"你对宣传部、报社、新华分社，要注意掌握着点……现在斗争很复杂，你们不一定很了解，在没弄清之前，不要瞎跟。"

2月上旬，在吐鲁番召开的普及大寨县经验交流会上，有人问到如何对待"反击右倾翻案风"时，杨勇明确而坚定地答复说：

"要以中央文件为准，以红头文件为准。"

他随手拿起一张报纸说：

"报纸、刊物不足为凭，只能当参考。"

这些话，被在场的新华分社一个副社长马上写进"内参"报到北京，说杨勇"散布对中央报刊的不信任，煽动群众对中央宣传的不满情绪""杨勇同志的这种态度，是新疆'反击右倾翻案风'开展不起来的原因之一"。

杨勇对于邓小平的态度，触怒了"四人帮"一伙在新疆的爪牙。乌鲁木齐出现了铺天盖地的大字报、大标语，有的指名道姓批判杨勇"按兵不动"，对抗"反击右倾翻案风"。

杨勇对郭林祥和司马义·艾买提等人说：

"我相信毛主席对'上海帮'的批判没有错，我也相信邓小平同志是正确的，我们就是要按兵不动。"

2月17日，《人民日报》发表文章《要害是复辟资本主义》，点名批判"'三项指示为纲'是党内不肯改悔的走资派全面对抗毛主席革命路线的修正主义纲领"。毫无疑问，这是捅破了窗户纸，把问题挑明了。

此时，杨勇的处境已十分险恶。大字报的矛头主要对准他，说他是在新疆"搞右倾翻案风的罪魁祸首""复辟势力的总代表""推行邓小平修正主义路线的代理人"。还有人在盯他的梢，并写出"内参"告他的状。上面还派了个创作小组来收集材料，准备写"戴领章帽徽的师以上军内走资派"的剧本。

1976年2月24日，中央来电通知：杨勇、司马义·艾买提、何林兆、曹达诺夫、贾那布尔到京参加紧急会议。

会议于29日开始小组讨论，每人发言都摘登会议简报。有的省委领导调门很高，批判邓小平"与毛主席的革命路线相对抗，是个不肯改悔的党内最大的走资本主义道路的当权派"。

杨勇看了会议文件和会议简报，同随行的同志商量怎样发言、怎么表态。批邓，违背他的心愿，丧失原则；不批，在当时的政治大气候下又难过关。大智大勇的杨勇，找到了当时最有效的"护身符"。他找来《毛主席重要指示》说：

"毛主席讲'他还是人民内部矛盾'嘛，我们要坚持称小平为同志，文字上你去斟酌，反正我们没有那么高的调门！"

3月1日下午，杨勇经过反复地、认真地思索，在小组会上做了这样的发言：

"邓小平同志提出的'三项指示为纲'，在学习元旦社论之前，由于自己路线觉悟不高，识别能力差，没有看出问题，并且传播贯彻了。毛主席在党的七届二中全会上就说过无产阶级和资产阶级的矛盾是主要矛盾，以后又一再教导我们要狠抓阶级斗争这个纲。为什么直到现在我们还理解不深，遇到修正主义的东西还看不清？原因是自己属于小资产阶级，思想容易右。从这次教训中，使我进一步体会到认真看书、学习，弄通马克思主义的重要性……"

这段话，是按照《毛主席重要指示》"顺杆往上爬"的。你说批了没有？我批了。到底批了什么？又什么也没有批。这充分显示了杨勇的政治智慧。

会议结束后，杨勇同新疆来开会的同志研究了回去传达的问题。会上发的《清华大学大字报选编》，都是"批邓""反击右倾翻案风"的文章，会议要求各单位回去自行翻印。杨勇向贾那布尔交代：

"我们一不要翻印，二不要扩散，回去不要传。"

他分别和比较知心的郭林祥、司马义·艾买提、何兆林说：

"对于批邓，我是想不通的。小平同志没有错，这样做不得人心。"

回新疆传达、贯彻会议精神时，杨勇采取了消极应付的态度。

关于点邓小平名的问题，杨勇坚持传达到哪级就在哪级点，不登报，不宣传，不广播。

为了减轻其他常委的压力，杨勇在会上主动承担了传达、贯彻"三项指示为纲"的领导责任。

6月初，杨勇把主要精力转到军队工作上来，对边防、战备和军事训练抓得很紧，对"批邓""反击右倾翻案风"采取了消极对抗的态度。

从6月到9月，在这3个月的时间里，军区召开过21次常委会，竟没有一次是专门讨论"批邓""反击右倾翻案风"的。这就是杨勇对待"批邓"的态度。

1977年7月16日至21日，杨勇出席了在北京召开的中国共产党十届三中全会。会议正式做出决定：恢复邓小平的一切职务。身为中共中央副主席、国务院副总理、中央军委副主席的邓小平，仍然兼任着总参谋长。让邓小平这样一位久经考验的无产阶级革命家出来掌舵，完全符合全党、全军的心愿。6月，杨勇率中国人民解放军代表团赴朝鲜民主主义共和国访问归来，在给中共中央、中央军委的报告中特意写上了这样一段话：

> 金主席、吴振宇谈话中还关心邓小平同志何时出来工作，做什么工作。
> 金主席说：我见过他多次，他有能力，政治上很强。

杨勇心里清楚，开始拨乱反正的人民军队，迫切需要邓小平这样德高望重的老一辈革命家出来掌舵、引航。

如今，众望所归的邓小平又出来掌舵了。在逆境中徘徊的东方巨轮，终于扬起了高昂的帆。

1977年9月，奉中共中央和中央军委的命令，杨勇再度出任中国人民解放军副总参谋长。他刚刚参加了邓小平主持的军委座谈会。邓小平重申了他在1975年军委扩大会议讲话中提出的一个原则，就是在没有战争的条件下，要把军队的教育训练提高到战略地位，并指出要从加强部队训练和办学校这两个方面来把它加以具体化。要求各级学校训练干部、选拔干部、推荐干部，起到集体政治部或者是集体干部的作用；要求各级干部提高指挥现代化战争的能力，在五年或者是更多一点儿的时间内，实现作战部队干部年轻化。邓小平的讲话，可谓高屋建瓴，为军队当前建设指明了方向。作为邓小平在总参的助手，杨勇经常认真地思考如何在实际工作中具体落实或体现这些思想，使人民解放军的教育训练和各项建设走上正轨。

作为主持总参日常工作的杨勇，面前的工作堆积如山，十分艰辛。对他来说，棘手的问题实在太多，最突出的是如何把当时正在进行的"三查三整"工作搞好。这次查整首先是从作风和纪律入手，然后重点转为清查和林彪、"四人帮"有牵连的人和事，进行揭、批、查。在过去的几年里，总参机关中与林彪、江青反革命集团有牵连的人和事比较多，真要把所有的事情查个水落石出并非易事。正在杨勇感到为难之际，明察秋毫的邓小平为杨勇鼓劲，并为这项工作明确了方向：

"总参搞'三查三整'，我看很有必要。这次查整要解决两个问题，一个是班子问题，一个是作风问题。总参要带头把班子搞好，把作风搞好！当然，班子也好，作风也好，都要分清是非。而要分清是非，没一股子劲不行，甚至包括得罪一些人，不得罪人也不行……"

邓小平的指示和鼓励，使杨勇抛弃了各种顾虑，认真组织、指导了这项工作。他严格区分两类不同性质的矛盾，以是否参与阴谋作为区分矛盾的基本界限，使总参的揭、批、查工作进行得比较顺利。但是，为了澄清是非，杨勇也的确得罪了一些人，甚至遭到攻击和诬陷。然而，为了党的事业，为完成邓小平交给的任务，他心底坦然、无怨无悔。

1978 年底至 1979 年初，我国南部边疆形势趋于紧张。1979 年 1 月的一天，杨勇奉召来到邓小平的住处。邓小平告诉他：

"近来南疆边境很不安宁，请你到前面去看看，小霸闹腾成了什么样子。如果他们还是不断闹事，还是那么不讲人道，对这种恩将仇报的恶人，我们也没必要客气。忍耐是有限度的，不给他们点儿颜色看看，他们就不会老实，我们也就不得安宁。"

11 日，杨勇受邓小平的委派乘专机来到昆明。翌日，他与新任昆明军区司令员的杨得志、政委刘志坚等一同驱车前往云南边境地区马关、河口等地视察。

坐落在红河与南溪河交汇处的河口，本是一个宁静、美丽的边陲城镇。自古以来，中国人民就在这里繁衍生息，自由、和平地生活着。可自从与中国山水相连的一个地区霸权主义国家背信弃义之后，这里便失去了往昔的宁静与安谧、欢乐与笑语。美丽如画的土地上笼罩起战争的阴云。站在边境的制高点上，杨勇举目南眺，清楚地看到了河界彼岸向中国境内延伸架设的那些竹篱笆和铁丝网，以及数不清的明碉暗堡。

是啊，真该教训一下这个小霸，让他们也识点儿好歹。杨勇心里这么想着，只是未露声色。

1 月 21 日，杨勇从昆明飞返北京。

1 月 22 日下午，征尘未洗的杨勇便来到邓小平的住处。在座的除邓小平外，还有中央军委副主席徐向前、聂荣臻和军委秘书长耿飚。杨勇汇报了他到云南前线视察的情况，在全面介绍了边境地区的情况之后，就惩罚地区霸权主义者的作战方案提出了自己的建议，其中一些建议是他在前线与各级指挥员磋商过的。

这些建议得到了几位老革命家的赞许，他们一致认为有必要进行一次自卫还击作战。目的在于惩罚侵略者，以保证边境地区的和平与安宁。

从邓小平家回来之后，杨勇很快就向诸位副总参谋长以及有关部门领导传达了军委首长的决心，并就总参如何保证这次作战的顺利实施提出了要求。接下来便是审定计划、调动部队、临阵厉兵等一系列复杂而具体的工作。

不久，中共中央政治局扩大会议决定：2月17日，云南、广西边防部队进行有限规模的出击，以打击侵略者的气焰，保卫边疆安全。中国不要别国的一寸土地，但也不允许别人侵犯我国的一寸土地——是谓惩罚！

2月17日拂晓，广西、云南边防部队以迅雷不及掩耳之势发起攻击。

3月5日，新华社奉命声明："自1979年3月5日，中国边防部队开始全部撤回中国境内。"

"我送你四个字，叫'内方外圆'"——与秦基伟

秦基伟是在邓小平的悉心培养下成为我军著名战将的。其间，邓小平对其既有谆谆的教诲、热情的鼓励，又有严肃的批评，有的甚至通报刘邓全军。但其中都体现了一个"爱"字，都是对部属真心实意的关心和爱护。

1946年1月10日，我党代表同国民党政府代表正式达成停战协定。双方颁发了于1946年1月13日午夜生效的《停战令》。蒋介石在下达《停战令》的同时，还密令他的军队迅速"抢占战略要点"。为了执行《停战令》，由我党代表、国民党政府代表和美方代表在北平成立了军事调处执行部。我方委员是叶剑英，国民党方面的委员是郑介民。居于中立地位、担负调解角色的是美方代表罗伯森。

军调处执行部，下设若干个执行小组，在各冲突地区进行调处。我党、我军多是就地取材，委任当地军政负责人参加调处，一则了解情况，二则解决问题方便。

秦基伟当时任太行军区司令员，被委任为军调处第十二小组（即石家庄小组）中共方面首席代表、少将军衔。军区副政治委员黄镇被委任为第十小组（即新乡小组）中共方面首席代表，也是少将军衔。他们俩一人北上，一人南下，所调的地区，基本包括了我太行军区管辖的区域。

出发之前，邓小平特意把秦基伟叫去，嘱咐秦基伟：

"军事斗争我们胜利了，但政治斗争更为重要。同国民党打交道，要多

长几个心眼。凡事不要急，不要轻易表态，少说话，多调查，言多必失，要善于抓对手的把柄。"

最后，邓小平还交代了一条原则：

"我送你四个字，叫'内方外圆'。这是什么意思呢？就是说，自己掌握原则，原则问题寸步不让。但这并不等于就要拍桌子、掷板凳地跟人家干，方式方法上要研究，要不动声色地解决问题。"

邓小平的这番话，是非常有针对性的，因为秦基伟一直都是军事干部，没搞过政治，谈判更没搞过。

秦基伟向邓小平表示：

"牢记首长要求，尽量控制自己，做到有理有礼有节。"

最后，邓小平又告诉秦基伟，薄一波副政委就在邯郸，要秦基伟多向薄一波汇报、请教。

在以后的谈判斗争中，秦基伟牢记邓小平的教诲，在斗争中，注意策略，有理有节，很好地完成了谈判任务。

1948 年 5 月，人民解放军发起宛西战役。由于宛西战役的发起，在中原地区形成了这样一个奇妙的格局：陈谢主力攻打南阳，郑州之敌西犯我洛阳，华野陈唐集团威逼郑州，秦基伟率领的第九纵队则以神速的机动游弋其中主动争取战斗，另外开辟战场，逮住敌人就打。在敌人进至登封、密县时，第九纵队机动地转入敌后，干脆、利索地攻下荥阳，歼敌一个团部两个营，且在登封之敌撤退时，抓紧战机，看准火候，紧咬不松，将敌第一二七旅大部歼灭，继而乘胜收复密县。这期间的战斗，秦基伟率部左右开弓，连战皆捷，都没吃亏。中原野战军首长十分满意，刘伯承、邓小平、张际春联名发来了嘉奖电——

秦并转全体指战员同志：

九纵队在郑州外围牵制敌人，配合宛西战役中。13 日以奇兵出击荥阳，将守敌暂编二十六旅新一团（缺一个营）歼灭。16 日，又协同地方武装予敌四十七军一二七旅大部以歼灭性打击，毙伤敌千余人，俘虏敌团长以下 2 000 多人，收复登封。此种用歼灭手段达成完满的牵制任务，值得表扬，特电嘉勉！

接着，第九纵队又在兄弟部队的配合下，于 1948 年 10 月发起郑州战役，歼灭国民党军 1.1 万余人，解放中原重镇郑州。打下了郑州，第九纵队可以说是人财两得，兵员和装备、供给都有了很大补充。而中原野战军其他纵队都是刚从大别山过来，装备、物资、财力都很紧张。因此，秦基伟严令，除第二十六旅外，其他部队不得入城。担任警备任务的部队也不准擅自动用缴获财物，所有缴获一律上交，支援兄弟部队。这一举措，从全局利益出发，大公无私，先人后己，得到了邓小平的好评。

在解放军的高级领导人中，邓小平治军严厉是人所共知的，有功必赏，有过则罚，一丝不苟。秦基伟在兼任郑州警备司令期间，因为看戏，曾受到了邓小平的严厉批评。

秦基伟比较喜欢河南豫剧，觉得豫剧唱腔虽七拐八拐，但却很有韵味。一年四季都是作战，难得有个进城消闲的时候，没想到却因为看一场戏闯了一个祸。

那天晚上，秦基伟把工作安排好，换上便衣，掖好手枪，悄悄地寻到一家剧院门口，自己掏钱买票进去了。

怕出事就有事，偏巧这天晚上邓小平政委打电话找秦基伟。虽然郑州解放，但淮海大战在即，军情仍然紧急，邓小平一听说秦基伟不在，找不到主官，马上就火了。司令部的值班参谋绝对是个忠诚的好同志，明明白白地向邓小平报告：

"秦司令员看戏去了。"

这还了得吗？没二话，邓小平下令通报全中原野战军批评。

受批评，秦基伟开始也感到不舒服，但仔细想想，觉得这个通报批评也是该挨的。郑州刚解放，工作千头万绪，敌情仍很严峻，自己作为郑州警备司令，哪能随意离开工作岗位？如果部属们也学自己的样子，岂不乱套了！

另一件事也给秦基伟以很大的震动，是第九纵队后勤部部长杨以山惹起的。

郑州打下后，部队首先补充的是武器弹药，其他装备还未改善。第九纵队的首长外出开会，要么骑马，要么步行。在城市里，这样的交通方式确有不便。杨以山见铁路局有几部小汽车，就去向人家借了用。

这件事反映到邓小平那里，一个命令下来，撤了杨以山的职。

杨以山是个工作十分勤恳的同志，就因为借一部车子被撤职，是不是处理重了点儿呢？邓小平不这样认为，他严厉地说：

"什么借？郑州是你打下来的，你是胜利之师，他铁路局虽不是国民党的党政军机关，但也是国民党的办事机构。那些人本来就对共产党心存疑惧，你明借暗要，不是抢也是抢，违反了我党、我军的城市政策，还不该撤职！"

第九纵队打下郑州后，邓小平通报批评了纵队司令员，撤了纵队后勤部部长的职。这一手确实厉害，敲山可震虎。把部队存在的居功自傲情绪一下子杀了下去，纪律作风松弛的苗头得到了制止。在非常时期，尤其需要这样，所以，秦基伟和杨以山都口服心服。

邓小平此举，可谓高明之举、远见之举，与其后党的七届二中全会上毛泽东提出的进城以后务必保持谦虚、谨慎的作风的要求是一致的。

憾事——与高树勋

高树勋是以平汉战役期间率部起义这一光荣伟大的义举而闻名全国的。争取高树勋起义，是解放战争初期刘伯承、邓小平在军事上打败国民党军队进攻的同时，打了一场出色的"政治仗"。

1945 年 9 月至 10 月，抗日战争刚刚取得胜利，蒋介石国民党玩弄假和谈真内战的骗局，邀请毛泽东到重庆谈判。在谈判期间和谈判刚结束，国民党先后发动了进攻解放区的上党战役和平汉战役。刘伯承、邓小平率领所部在军事上勇敢地打败了国民党军队的进攻，并在平汉战役进行的同时，开展了秘密争取高树勋率部起义的政治攻势。

高树勋原是冯玉祥西北军的一名高级将领，后被蒋介石改编。抗日战争爆发后，他率所部积极参加抗战，并同彭德怀、萧华、杨得志等我军高级将领多有接触，对共产党领导的八路军表示赞佩。所以，邓小平说：高树勋与我们的"关系比较久"。同时，高树勋对蒋介石在国民党军队内部重嫡系、轻杂牌、排斥异己，尤其是对蒋阴谋部署、挑起内战，表示不满和反感。1945 年 10 月"双十协定"签订前后，蒋介石密令国民政府第十一战区副司令长官马法五、高树勋率 3 个军沿平汉路大举向北进犯。高树勋对蒋介石的命令消极敷衍，并早有同我军合作反蒋的意向。

平汉战役前，1945 年 9 月上旬，高树勋派战区总部参议王定南（中共地下党员）秘密来到上党战役前线指挥部面见刘伯承、邓小平，并转交高给彭德怀写的亲笔信。主要内容是：向彭将军致以问候，希望和共产党、八路军建立联系。对高树勋的言行，刘伯承和邓小平做出积极反应。9月20日，他们联名电告党中央和军委：我们的对策是要充分利用反蒋派与蒋介石的矛盾，争取中立，以便专力对蒋；请中央对此给以指示。第二天，中央书记处复电同意刘邓提出的方针，指示在扩大敌人内部矛盾的条件下，应加紧在西北军中进行工作。

为争取高树勋率部起义，刘伯承、邓小平指示在高部成立党的工作组，由共产党员王定南任组长，田树青、周树一为组员，在刘邓直接领导下工作。

根据中央的指示精神，刘伯承亲自给高树勋写信，欢迎他派人和我党联系，望他不断进步，为革命、为人民做出贡献。刘伯承、邓小平还多次听取了王定南的汇报，并指示他加紧进行争取高树勋的工作。邓小平指示王定南："为打退蒋介石的进攻，使蒋介石政治上陷于孤立，必须在国民党军队中开辟新的战线。首先要争取受蒋介石排挤、歧视的非嫡系部队，争取一切可能争取的国民党将领站到和平、民主的旗帜下来。党中央、毛主席要求在这一工作上迅速做出成绩，所以你要赶快回到新乡去，做好高的工作。"并亲自安排了申伯纯、靖任秋等同志协助王定南工作，随后又派人到新乡附近建立联络站同高联系。

不久，刘邓接到争取高树勋工作组负责人申伯纯的报告和高树勋写给刘伯承的信。信中表示，当此日本已经投降之时，全国正需要真正之团结，以建立现代之民主国家。如仍以法百斯来统治，必将走到灭亡之路。同时，高还向我方提供了国民党军队关于华北的作战战略及有关军事情报。第二天，刘邓即电示申伯纯："对高树勋是争取中立的方针，并经过他联络西北系，进行反蒋统一战线。"要求申伯纯尽快与高面谈一次。这份电报也同时转报给党中央。随即得到中央军委的复电，指示如果高反蒋在行动上有所表现时，我当予以适当之援助。

为粉碎国民党军队的进攻，刘伯承、邓小平决定尽快发起平汉战役。进入10月中旬，刘邓在邯郸西郊的峰峰矿区设立前线指挥所。16日，刘邓下达《平汉战役令》，同时上报中央军委。

10月25日，我军将敌人合围在预定区域。高树勋部被我军合围后更加动摇。刘邓抓住时机，再次召见王定南。邓小平指示王定南：高树勋率新八军和河北民军已经开进邯郸以南的马头镇。党中央和毛主席指示我们，要不惜一切代价拦阻国民党这3个军北进，这是我们当前重要的战略任务。你现在回去立即劝说高树勋将军，根据形势需要，他要就地起义，配合我们完成阻止国民党军队北上的战略任务。刘伯承要求王定南进一步促使高树勋痛下决心。他说：这正是高树勋将军走向革命的大好时机，他要当机立断。

王定南奉命急返高树勋驻地，向高转达刘邓意见，劝其立即起义。但高对立即就地起义思想上准备不足，尤其是顾虑仓促起义，国民党当局会残酷迫害自己在徐州的家眷和其他军官家属。王定南也认为这确实是个重要的实际问题，表示待请示设法解决，并于10月28日凌晨赶到指挥部向刘邓汇报。

王定南向刘伯承、邓小平同志汇报说：高很愿意同我军谈判，但还有些顾虑，主要是他的夫人还在徐州，担心起义后家属要遭迫害。邓小平同志对这个情况非常重视，明确指出："这是一个军事仗，又是一个政治仗，一定要军政双胜。"并对王定南同志说："高现在起义，不仅对当前作用很大，对今后的政治影响也是很大的。你转告他，时机很重要啊！"刘伯承、邓小平同志当即令王定南同志起草电报，请中央电令新四军陈毅军长派人将高夫人从徐州接出来，送到解放区。高得知后感激不已。当天晚上，刘伯承、邓小平同志还派李达参谋长代表他们去河南新乡看望、慰问高树勋。李达向高谈了对国民党第四十军、第三十军应抱的态度，又谈了1931年董振堂、赵博生二位西北军将领，不满蒋介石反共、反人民的政策，在江西"剿共"前线举行闻名全国的宁都起义的意义。还说起了西北军得到中国共产党的帮助，改变了政治方向，参加了国民革命军，举行了著名的五原誓师，受到民众欢迎和支持的情景。当双方谈到西北军这些光荣历史时，高树勋非常兴奋、激动，他表示：我早已下决心这样做。

1945年10月30日，高树勋将军率领国民党新八军、河北民军共1万余人在邯郸以南马头镇起义，宣布退出内战，主张和平与民主。

高树勋率新八军和河北民军起义，加剧了敌人的动摇和混乱。31日晨，马法五率残部突围逃跑受阻。11月1日夜，马法五被俘，第三十军、第四十军两个军全军覆没，为平汉战役取得胜利奠定了基础。

10月31日，刘伯承偕薄一波等，来到马头镇会晤高树勋。刘代表毛泽东、朱德及邓小平等，对高反对内战、主张和平的起义之举表示热忱欢迎，并对起义官兵表示亲切慰问。

11月1日，毛泽东代表党中央致电刘邓，指出"高树勋起义意义很大，你们处置很对"，并建议高部改称"民主建国军"或"人民建国军"。11月2日，党中央以朱德、毛泽东的名义电贺高树勋："闻吾兄率部起义，反对内战，主张和平，凡属血气之士，莫不同声拥护。特电驰贺。"高树勋读了电报后非常激动，说：承蒙朱德、毛泽东先生如此错爱，我将万死而不辞。11月3日，中央电示刘邓：高部军官眷属在西安者共三百余，亟须拨款接济，由高树勋派人持函到西安八路军办事处，届时将一千五百万元如数交去人到银行领取。11月10日，起义的新八军、河北民军改称为民主建国军，高树勋任总司令，通电反对内战，主张国内和平，震动全国，产生了巨大的政治影响。11月13日，经中共中央批准，由邓小平、薄一波介绍高树勋加入中国共产党。12月15日，毛主席号召开展"高树勋运动"，并把开展"高树勋运动"作为解放区十大工作任务的第二项，指出："为着粉碎国民党的进攻，我党必须对一切准备进攻和正在进攻的国民党军队进行分化的工作。一方面，由我军对国民党军队进行公开的、广大的政治宣传和政治攻势，以瓦解国民党内战军的战斗意志；另一方面，需从国民党军队内部去准备和组织起义，开展'高树勋运动'，使大量国民党军队在战争紧急关头，仿照高树勋榜样，站到人民方面来，反对内战，主张和平。"

高树勋起义及开展的"高树勋运动"，成为国民党军队中有爱国心、厌恶内战的广大官兵的一面旗帜，加速了全国解放战争胜利的进程。

可是，不久后发生的一件事，却给我们党在处理高树勋的问题上留下了一个遗憾。高树勋起义后，刘邓把他安排在根据地的中心区——长治，加以保护。1947年秋，他的一个老部下（警卫团团长）与洛阳国民党特务机关频繁联系，企图拉走部队，事实确凿。刘邓意见：无论如何要把高树勋请到司令部来，以免受到伤害；对他的部下，只要不拉走部队，也就算了。可是，具体进行这一工作的两位负责同志弄得很过火，把高手下的部队整得很凶，处理也不适当。其实，只要高树勋留下了，他下边的部队是不会走的。所以，邓小平后来讲："我一直遗憾的是，后来我们对高树勋处理不公道。他的功劳很大，没有他起义，敌人虽然不会胜利，但是也不会失败得那么干脆，退走的能力还是有的，至少可以跑出主力。"

1983年10月，为纪念邯郸起义38周年，河北省人民政府在高树勋当年起义的地点马头镇建碑纪念，邓小平同志亲自为纪念碑题写了碑名。1989年11月20日，邓小平同志在会见编写第二野战军战史的老同志时的谈话中，对高树勋起义又做了高度评价。他说："平汉战役应该说主要是政治仗打得好，争取了高树勋起义。如果硬斗硬，我们伤亡会很大。……他一起义，马法五的两个军就被我们消灭了，只跑掉3000人。"

挺进大别山的决策

1947 年 8 月，刘邓大军以锐不可当之势胜利挺进大别山，似一把利剑直插蒋家王朝的心脏。这一具有战略眼光的举措，不仅震动了国民党南京当局，迫使他们不得不手忙脚乱地从附近几大战场急调重兵"回援救驾"，从而有力地支援了山东和陕甘宁解放区，而且极大地鼓舞了解放区军民反击国民党军队重点围攻的斗争意志，拉开了解放战争战略反攻的序幕。

这一事关全局的重大决策是如何形成的？决策的实施过程又是怎样的呢？

刘邓大军挺进大别山的决策从 1947 年初至 1947 年 8 月付诸实施，前后历经 7 个月，而真正出台这一决策则是后 3 个月的事。

1947 年 2 月，解放区军民英勇作战，粉碎了国民党军队全面进攻的计划，迫使蒋介石收起迅速打败中共军队的野心，收缩全面攻击战线。然而，从内战爆发以来，战火一直在解放区范围内燃烧，解放区付出了沉重的代价，人力、物力遭到很大程度的消耗和破坏。

早在内战爆发之初，毛泽东就觉察出国民党将战争引向解放区，破坏和消耗解放区的人力、物力，使中共军队不能持久地贯彻反革命战略方针。为了打破蒋介石这一战略方针，毛泽东曾指示战斗在太行山区的刘伯承、邓小平率领的晋冀鲁豫野战军（即刘邓大军）"可考虑以太行、山东两区主力渡淮河向大别山、安庆、浦口之线前进""依靠老根据地逐步向南……即可从国民党区域征用人力、物力，使我老区不受破坏"。在这个策略中，毛泽东针对内线作战所带来的损失重大的实际，提出了向外线、向国民党统治区推进的作战思路，并明确提出了把大别山作为外线推进的首选目的地。这是战略南进计划的最初考虑，只是因为当时国民党军队兵力强大，进攻迅猛，太行、山东两区主力始终未能脱身，所以无法实施这一以其人之道还治其人之身的计划。

1947年1月下旬，解放区军民反击国民党军队的全面进攻接近尾声，毛泽东高瞻远瞩地判断反攻的时机即将来临，认为到外线作战的部队从现在开始就要完成一切准备工作。1月24日，中共中央致电刘伯承、邓小平，要求刘邓大军"准备5月开始向中原出动，转变为外线作战"，具体实施战略南进计划。

可是到1947年3月间，形势又发生了逆转：蒋介石集团为挽回败局，经过精心策划，调遣精锐之师重点进攻山东、陕甘宁解放区，妄图把中共军队压到黄河以北、以东地区，在尽可能狭小的范围内加以围困或消灭。针对这一局势，毛泽东迅速决断：保卫解放区，对来犯之敌予以迎头痛击。并于3月6日电令刘伯承、邓小平，指示到外线作战的计划"现可改变"，要求刘邓大军全力以赴投入内线作战。

4月下旬，国民党军队的重点进攻渐显颓势，山东、陕北两大战场局面有所缓和，但国民党军队还是侵占了解放区的不少地方，重要城市张家口、临沂以及革命圣地延安相继落入敌手。根据这一情况，刘伯承、邓小平认为，这一阶段可以实施战略南进计划，并向中央军委建议，可以一部分兵力先行南进，开往豫皖苏边区建立根据地，进可以攻击国民党首府南京，退可以迅速返回黄河以北，而且可以与华东野战军协同作战、互相策应，还可以把敌人的兵力从解放区拖出一部分。

毛泽东果断采纳了这一建议。经研究决定，此重任仍然交给刘伯承、邓小平承担。5月4日，中共中央电令"刘邓大军10万立即开始休整，6月1日以前完毕，6月1日以后经冀鲁豫出中原，以豫皖苏边区及冀鲁豫边区为根据地，以长江以北，黄河以南，潼关、南阳之线以东，津浦路以西为机动地区，或打郑汉，或打汴徐，或打伏牛山，或打大别山，均可因时制宜"。时隔4天，中央军委再次电令刘邓大军向既定目标出发，6月10日前渡河南进。

经过几个月的酝酿，战略南进计划已基本成形。然而，进攻的具体目标并未确定。大别山只是作为一个机动地区、一个选择的目标出现在决策者的脑子里，可以说，作为战略南进计划的重要组成部分，挺进大别山的决策此时尚不明朗，仍然停留在酝酿阶段。

战争的形势真是瞬息万变，还未等刘邓大军正式渡河南进，敌我军事力量已发生显著的变化。由于蒋介石坚持打内战，政治上日益孤立，经济上难以为继，军事上的失败是自然而然的事了。到5月底，其正规军近100个旅被歼灭，总兵力已由战争开始时的430万人降为373万人，而中共军队由战争开始时的120万人发展到195万人。毛泽东明察秋毫、审时度势，于5月30日在新华社发表了一篇《蒋介石已处在全民的包围中》的评论，指出"和全民为敌的蒋介石政府，无论在军事战线上还是在政治战线上，都打了败仗，都已被它所宣布为敌人的力量所包围"。毛泽东坚定地认为战略反攻的时机已经成熟，明确表示"在这样的情况下，我们不应等到敌人的进攻被完全粉碎、我军在数量上和装备上都超过敌人之后再去展开战略进攻，而应抓住这个有利时机，不让敌人有喘息的机会，立即由战略防御转入战略进攻"。

根据国民党军队在山东、陕北两头进行重点进攻而在黄河一线的中央部位实施防御的"哑铃战略"，毛泽东英明决定实施中央突破，强渡黄河，挺进中原。由此，渡河南进的计划转变为战略反攻的计划。挺进大别山的方略再次被提上了议事日程。

根据中共中央的指示，1947年6月30日夜，刘伯承、邓小平率领第一、第二、第三和第六纵队10万大军迅速突破黄河天堑，彻底粉碎了国民党军队的"哑铃战略"，使鲁西南地区的敌人直接暴露在刘邓大军强大的突击力量之下。蒋介石和南京军事当局极为震惊，急忙从豫北战场和豫皖苏战场调集3个整编师和1个旅前来增援，试图恢复"黄河防线"，堵住被冲破的缺口。

刘伯承果断调整策略，采取"攻敌一点，吸敌来援，打其一边，各个击破"的战术，使刘邓大军从7月2日起的8天内，所向披靡，连克郓城、定陶、曹县等。然而，国民党军队增援越来越多，并密切注视刘邓大军的动向。

根据战局的演变，毛泽东明察出刘邓大军在豫皖苏边区及冀鲁豫边区建立根据地的一些客观条件已经发生变化。如果继续按照既定方针办，不仅刘邓大军自身命运未卜，而且会贻误战略反攻计划的实现。根据敌情变化，他果断决策，7月10日电令刘伯承、邓小平，不要恋战，应该向西南挺进，控制中原。目前，"争取多歼几部敌人，然后休息若干天整顿队伍，举行陇海作战，似属有利。愈在内线多歼敌人，则出到外线愈易发展"。

刘伯承、邓小平执行毛泽东的电示：一方面利用一切有利条件，指挥部队尽量歼灭敌人有生力量；另一方面共同策划部队下一步的行动方向。刘伯承、邓小平认为，"如果要控制中原，必定要决定于两个山，一个是大别山，一个是伏牛山，而蒋介石最关切的还是大别山。它比伏牛山更重要，中原要大定，就要把大别山控制起来"。鉴于豫西的伏牛山距离鲁西南较近，敌人兵力空虚，易于占领，更为了策应陕北战场，刘伯承、邓小平决定第一步进攻豫西，夺取伏牛山，之后再寻找时机挺进大别山。

中共中央军委和毛泽东经过认真研究，同意了他们的方案，并在7月17日电令"两个月内向豫西出动，极为必要，望照此执行"。尽管从刘伯承、邓小平到中共中央军委和毛泽东这时候仍没有把大别山确定为直接进攻的目标，但是，正如邓小平分析的那样"中原要大定，就要把大别山控制起来"。从地理位置考虑，从大反攻的战略、策略考虑，他们把大别山作为南进的最后目的地，作为战略反攻基地的思路日趋明朗。

的确，大别山地处鄂豫皖三省交界处，雄峙于国民党首府南京与长江中游重镇武汉之间，是敌人战略上最敏感而又最薄弱的"神经"地带。一旦占据了大别山，就可以形成东慑南京、西逼武汉、南扼长江、北瞰中原的态势，可进可退。而大别山又曾经是革命老根据地，具有深厚的群众基础，易于刘邓大军立足生根。另外，一个更为有利的条件是，刘邓大军中一大批指战员就来自曾在大别山地区战斗过的中国工农红军第四方面军。如当时的野战军副司令员徐向前曾任红四方面军总指挥，第二纵队司令员陈再道曾任红四军第十一师师长，第三纵队司令员陈锡联曾任红三十五军第八十八师第二六三团政委，第六纵队司令员王宏坤、政委杜义德分别担任过红四军军长、红三十五军第八十九师政委。这些指战员不仅熟悉和了解大别山的作战地形，而且懂得在此环境下如何坚持战斗，如何依靠人民群众建立巩固的革命根据地等。

然而，就在刘邓大军决定进行战略转移之际，鲁西南战役形势又发生了突变。国民党军队总指挥王敬久调整兵力，将重兵压在羊山集至独山集的一条直线上，摆成一字"长蛇阵"，企图逼迫刘邓大军决战。蒋介石乘军用飞机赶到开封亲自督阵，这无疑给毫无信心的国民党军队打了一针强心剂。刘邓大军在进攻羊山集的战斗中，一波三折，久攻不下。

面对这一突然转变的局势，毛泽东认为刘邓大军不宜久战，必须尽快脱离此地。7月23日，中央军委电令刘伯承"对羊山集之敌，确有迅速攻歼把握，则攻歼之，否则立即集中全军休整10天左右，下决心不要后方，以半个月行程，直驱大别山"。此电改变了中央军委5月4日做出的关于刘邓大军出师中原以豫皖苏边区和冀鲁豫边区为根据地的计划。鉴于蒋介石在开封督阵，并布有重兵，进攻豫西伏牛山的计划无法实施，所以同时改变了7月17日做出的"向豫西行动"的方案，从而正式提出了"直出大别山"的重大决策。

对于"直出大别山"，刘伯承和邓小平是早有思想准备的，但是，对羊山集之敌他们"确有迅速攻歼把握"，所以他们并不急于退出战斗。经过精心策划，他们设计和制定了"围点打援"的作战方案，终于在7月28日晚，一举拿下羊山集，取得了鲁西南战役的彻底胜利。7月29日，刘邓大军受到中共中央的通令嘉奖。

鲁西南战役一结束，刘伯承、邓小平就依照中央军委指示，命令部队抓紧时间休整，做好"直出大别山"的准备。但是，鲁西南战役胜利的喜悦鼓舞了指战员们顽强斗敌的意志，他们一致要求趁现在的士气高昂，继续在内线作战，多打几个胜仗。何去何从？刘伯承、邓小平感到，一方面，部队经过一个多月的连续作战，确实相当疲劳，需要较长时间的休整；另一方面，现在士气正旺，立即实施南进大别山的计划，恐怕还需要进行必要的思想动员。鉴于此，他们商定等到休整结束后再见机行事。

刘伯承、邓小平当即将他们的想法上报中共中央。毛泽东不是没有犹豫，但当考虑到刘邓大军广大干部战士目前的思想状况，考虑到南进大别山的各种物资甚至连大别山地区的军用地图还未准备好的实际问题，觉得立即实施此战略计划，确实存在不少困难。由此，毛泽东批准了他们的方案，回电强调利用休整时机"开一次团长以上干部会"，做好挺进大别山的一切准备工作。

正当刘邓大军休整之时，蒋介石又从陕北战场和山东战场抽调部分兵力，加上从中原战场的信阳、郑州、安阳和蚌埠等地抽调的兵力，共计11个师28个半旅30多万人聚集在徐州、商丘、开封一线，准备对刘邓大军实施合围，迫使其连续作战、背水作战，还扬言要决开黄河大堤，放洪水淹没刘邓大军于黄河之南。

军情急剧变化，刘伯承、邓小平商定立即缩短休整时间，提前跃进大别山。8月6日，刘伯承、邓小平召集司令部各处、科的有关干部会议，研究具体行动方案。刘伯承强调"南下大别山，是党中央、中央军委赋予的战略任务，这是考虑一切问题的出发点和归宿，一切考虑都必须服从这一战略全局"，宣布"立即实施战略进攻，向大别山挺进，今天下达命令，明天晚上开始行动"。接着，邓小平做了深入的思想动员，并指示立即起草电报，向中共中央和中央军委报告。

几小时后，中央军委复电批准了他们的方案，并就刘邓大军挺进大别山时敌人可能采取的对策做了具体的分析和研究。电告刘伯承、邓小平，敌人可能采取两种或三种策略对付进入大别山区的部队，要求他们"用全副精神注意于运动中大批歼灭敌人，一切依靠打胜仗"。即使在运动中付以较大伤亡、减员之代价，"均须准备付出"。

其实，早在7月底，中央正式提出"直出大别山"决策的同时，为了保证计划的实施，毛泽东就做出了三军配合、两翼牵制的周密部署，即在刘邓大军主力直趋大别山以外，由陈毅、粟裕率领华东野战军主力为左后一军挺进苏鲁豫皖地区，由陈赓、谢富治率领两个纵队为右后一军挺进豫西，在江、淮、河、汉之间布成"品"字形阵势，互为犄角。

1947年8月7日夜，刘邓大军10多万人马，在统一号令下，兵分三路，以排山倒海之势，开始了千里跃进大别山的壮举。他们先后跨越了陇海路、黄泛区、沙河、涡河、洪河、汝河、淮河等重重障碍，经过二十多天的艰苦跋涉和激烈战斗，终于在1947年8月27日到达大别山，完成了中共中央和毛泽东的既定战略。

挺进大别山，是中国革命战争史上的一个重大转折，体现了以毛泽东为代表的中国共产党人领导中国革命的大智大勇。这一决策经过几个月时间，上上下下反复酝酿，仔细斟酌，终于出台。而一经实施，就显示出无比的威力，打乱了国民党蒋介石集团进攻解放区的军事部署，拉开了中国人民解放军由战略防御转向战略进攻的序幕。从此，中国革命胜利的曙光已经到来。

巧渡黄河

1947年初夏，蒋介石集团为了抢夺根据地，把解放军从关内赶到关外，集中兵力重点进攻山东和陕北解放区。同时，为了防止解放军乘机南下，国民党在1000多公里的黄河南岸布置了一条自诩可顶百万大军的黄河防线，对解放军实行封锁剿杀。

中共中央从全国战略战役考虑，决定突破国民党部署的黄河防线，挥师南下实施战略反攻解放全中国。1947年6月下旬，中央军委主席毛泽东电令晋冀鲁豫野战军司令员刘伯承、政治委员邓小平率领晋冀鲁豫野战军率先突破黄河防线，在黄河南岸建立大别山根据地。此举揭开了解放军全面战略进攻的序幕。

山东东阿至河南开封之间的黄河是刘邓大军准备渡河作战地段，该地段敌军主帅为反共急先锋——国民党第四绥靖区司令刘汝明，下辖国民党整编第五十五师和整编第六十八师，其战线纵深内还有一个整编师驻嘉祥地区作为机动。蒋介石还在豫北、豫皖苏等地驻扎着第二集团军的6个整编师，待战斗打响后随时可以支援刘汝明部队。

正当刘伯承、邓小平运筹强渡黄河时，黄河夏季汛期提前来临了。暴雨连续几天下个不停，雨水卷着泥沙涌进黄河，黄河的水位急剧上涨，汹涌澎湃，滚滚东去。突变的天气给准备强攻的刘邓大军带来了诸多不利，无意中帮了国民党守军的大忙。

邓小平考察了整个战线地形后，发现鲁西南的张秋镇至临濮集地段黄河水势较平缓，河水不深，便于渡河，但敌军防守部队为整编第六十八师3个旅，是敌军防守黄河的主力。他们早已占据了有利地形，构筑了工事，如果强攻势必损失较大。正在权衡利弊时，凉爽的北风夹着沥沥小雨吹打在正在黄河边葫芦田里巡视的邓小平的脸上。足智多谋的他借景生情，想出了一条智取与强渡黄河相结合的妙计。

6月30日夜，天空一片漆黑，伸手不见五指，强劲的北风猛烈地刮着。此时的黄河北岸，刘伯承和邓小平正指挥晋冀鲁豫野战军，沿着黄河分段分点向南岸发起渡河进攻。驻守在张秋镇附近黄河南岸的国民党军，在探照灯的搜索照射下，突然发现水面万头攒动慢慢地向南岸游来。因天空没有一丝月光，水面又粼波荡漾，虽有探照灯不停扫射，但南岸敌军却无法看清楚水面游来的是何物。敌军瞪大眼睛仔细瞭望后，猛地意识到可能是共军渡河了。哨兵连忙把这个紧急军情报告给驻守此段的第六十八师师长刘汝珍。刚刚入睡的刘汝珍慌忙起床，来不及穿好衣服就快速赶到黄河口。这时，黄河对岸黑压压的一片已游到黄河中间。刘汝珍判断是共军主力渡河，立即调集部队命令他们迅速做好战斗准备，务必把共军全部消灭在水面，一个也不许登陆。

待泅渡者快靠近南岸时，敌军枪炮齐鸣，密集的火力狂扫河面。顷刻间，河面掀起了一米多高的水柱浪花。泅渡者有的被子弹炮弹打中、炸飞，有的沉下去又浮上来。不管敌人如何打，泅渡者仍然冒着密集的弹雨不顾一切地向南岸游来。敌军被这个从没见过的顽强的阵势所惊呆，纷纷退缩。眼看泅渡者快游到南岸，敌师长刘汝珍为了保存实力，慌忙向第四绥靖区司令刘汝明汇报请求撤退。谁知刘汝明不但不准撤退，反而下达了谁撤退就枪毙谁的命令，一边又加紧从其他河段抽调敌军赶来支援，并电请国民党第二集团军司令王敬久增派6个师火速前来支援，争取全歼晋冀鲁豫野战军。

当北岸泅渡者冒着枪林弹雨靠近南岸时，已慌成一团、乱了阵脚的敌军才发现哪是什么共军，全是头戴钢盔军帽的葫芦。敌军发现被骗后立即停止战斗，放松警戒原地休息。就在这时，敌军后面传来隆隆的枪炮声，喊杀声震耳欲聋，解放军铺天盖地地杀过来，丈二和尚摸不着头脑的敌军匆忙应战。经过一场恶战后，敌军伤亡惨重，阵地很快被刘邓大军占领。黄河北岸的晋冀鲁豫野战军大部队迅速渡过黄河，敌军残部纷纷投降，敌师长刘汝珍被当场活捉。

敌师长刘汝珍被押解到刘伯承、邓小平面前时，才发现共军司令部已搬到黄河南岸，国民党黄河防线已彻底崩溃。他惊讶地问刘伯承、邓小平是如何过河的，怎么没见一兵一卒。邓小平哈哈大笑，幽默地对他说："刘师长，我不用兵卒，只用几千只葫芦就打败了你全部美式装备的正规师。"

原来，邓小平巡河回去后，同刘伯承共同研究出一条智取与强行渡河并用的妙计。他下令征集了数千个葫芦，每个葫芦都头戴钢盔军帽，然后用绳索绑紧，下面系一块小石头放入水中，顺风漂往南岸。在漆黑的夜里伪装成解放军渡河，吸引了敌军主力并促使其他河段的守军前来支援。就在敌军集中火力全神贯注地对付葫芦时，刘邓指挥1个纵队乘坐木船、木排，迅速突破敌军的一个薄弱防守环节，强行登陆后出其不意地绕到敌人后方，迂回包抄冲杀过来，全歼守河敌军。然后，刘邓随着大军渡过黄河。

在以后几天里，刘邓又成功地组织了鲁西南战役，消灭了前来支援的王敬久集团的6个整编师，为我军顺利挺进大别山开辟了道路。

鏖战羊山集

1947年夏，解放战争整整进行了一年。蒋介石面对频频败仗，决定把对解放区全面进攻改为重点进攻，妄图凭借能代替"40万大军"的黄河天险，把晋冀鲁豫野战军聚而歼之。毛泽东透过迷雾，高瞻远瞩，明确指出战略进攻的时机已经到来，而且把战略进攻的矛头指向了大别山。

这一重任落到了刘伯承、邓小平肩上。

毛泽东明令刘邓"逼紧两步"，实施中央突破，打开南下通道，转入战略反攻。6月30日夜，刘伯承、邓小平遵照中央和毛泽东的指示，指挥晋冀鲁豫野战军12万大军，胜利突破黄河天险，揭开了解放军战略进攻的序幕。美国驻华大使司徒雷登闻讯大惊失色，对国民党国防部作战厅厅长郭汝瑰说："这简直是惊人的事件！不亚于当年法国马奇诺防线被突破。"国民党高级将领们面面相觑，蒋介石方寸大乱。7月3日，蒋介石向国民党军下达了围攻刘邓大军的总动员令，抽调30万国民党军，分左右两路，张开钳形攻势，向定陶、巨野地区推进，企图迫使刘邓背水作战，并堵住被冲破的缺口，恢复"黄河防线"。刘邓识破敌人诡计，将计就计，趁敌援军未到之际，发起了鲁西南战役，连续攻克郓城、定陶、曹县。右路国民党军的第七十师、第三十二师、第六十六师3个整编师，被孤立于巨野东南的六营集、独山集、羊山集一线。毛泽东审时度势，和蒋介石针锋相对，7月10日，给刘邓发来电报："放手歼灭敌人，歼敌越多，对配合山东我军粉碎敌人的重点进攻和跃进大别山就越有利。"鲁西南成为国共双方你争我夺的焦点。

刘邓大军临时指挥部设在巨野城北丁官屯村。入夜，刘伯承"闲来无事"，和往常一样在煤油灯下又打开苏联军事作家施米尔乐夫的军事专著《合同战术》中译本（上部），咬文嚼字，开始校译。受中央军委委托校译这部10万字兵书之时，恰值1947年新春巨（野）金（乡）鱼（台）战役开始之际。战争如此频繁、紧张、惨烈，一位55岁的老人，凭着一只发花的左眼，忍着浑身的伤痛，稍有空隙立即开始校译。现在到了收尾阶段，他在拼命，要在挺进大别山之前完成任务。邓小平习惯地在屋中来回踱步。"'攻守城之敌，不如攻运动中之敌'，陈锡联这个建议大有道理。"邓小平似乎是自言自语。刘伯承把毛笔朝砚台上一放，大声接言："对！就这么干！"战斗方略决定了，他们集中4个纵队主力以排山倒海之势由西向东，将敌右路军3个整编师分割包围，立即展开攻击。六营集战斗，敌整编第三十二、整编第七十两个师被歼，整编第六十六师乖乖地全部缩回羊山集内防守去了。

羊山，坐落在山东省巨野县东南，万福河北岸，山势由东向西，长约5华里、高约400米，山上突出三峰状似卧羊，故名"羊山"。其东峰为"羊头"，中峰为"羊身"，西峰为"羊尾"。山虽不高，但中峰突起，能鸟瞰全山及山下村落，且山势崎险，山上有日伪时构筑的碉堡工事，易守难攻。山的南面是一个约有千户的大集镇，称为羊山集，东西长约3里，集的周围筑有石墙。除北面靠山外，东、南、西三面墙外均有宽约丈余的壕沟，积水深约2米。国民党整编第六十六师进驻羊山集后，修复原日军构筑的工事的同时，加修许多新的工事，将羊山制高点和主要房屋连在一起，构成防守的核心阵地。同时，还将野战阵地伸出羊山集四周2里多远。

整编第六十六师系蒋介石嫡系陈诚的主力部队，装备精良，战斗力较强。师长宋瑞珂曾以国民党首席代表的资格参加军调部罗山执行小组会议，在国民党军队高级将领中可说是个会治军、能作战的将领。该师是蒋介石打内战的主力之一，是块难啃的骨头。

王敬久在国民党将领中也算得上"出于其类，拔乎其萃"者，对中国古代兵法相当有研究，颇得蒋介石信任，被委以第二兵团司令的重任，这次特地被调来鲁西南统一指挥作战。7月11日，王敬久赶到羊山集，召开整编第六十六师干部会议，以鼓士气。他说："要想打胜仗，不被歼灭，不当俘虏，必须做到十个字。头一个是稳扎稳打的'稳'字……"接着一个字一个字说下去。不知是王"心虚"，还是真的是"天意"，讲完第九个字，把第十个字忘了，怎么想也想不起来，便说不讲算了。直到回到整编第六十六师师部吃饭的时候，他才想起来，是灵活运用的"活"字。为此，王一天都神色沮丧、精神颓唐。参谋人员背地里无不讥讽地说："王司令官吊儿郎当、没精打采，怕死、怕俘，讲话时竟把活命的'活'字忘了，预兆实在不妙。"

此话倒也应验了。当王敬久把整编第六十六师、整编第五十八师自六营集、独山集、羊山集、金乡城莫名其妙地摆成一条长蛇阵时，刘邓12万大军已从四面八方压来，完成了分割包围。整编第六十六师早已陷于刘邓大军的天罗地网之中。

7月12日，第二纵队第六旅从曹县奉令东进，奔袭驻扎在巨野南谢集的整编第六十六师第十三旅第三十八团。第二纵队司令员陈再道亲自送旅长周发田、政委刘华清出发。顶着酷暑，周发田、刘华清和战士们一样一路小跑，当夜接近了谢集之敌。他们采取刘邓常用的"围三阙一"战术，全歼敌第三十八团，团长郑文颐被生俘。此战规模虽小，但因系蒋精锐部队之所属，对蒋军震动很大，同时也大大增强了我军歼敌取胜的信心。第六旅随即向东，协同第三纵队包围羊山之敌。

同时受命的第三纵队司令员陈锡联,率纵队主力于13日黄昏赶到羊山地区,将整编第六十六师团团包围起来,当晚向敌发起攻击。

7月14日,刘邓大军完成了对羊山集的全面包围。蒋介石感到大事不妙,电告王敬久,要整编第六十六师突围,但为时晚矣,刘邓再也没有给他安排的时间。

15日晚,晋冀鲁豫野战军发起羊山战斗,以第三纵队第八旅从东北角攻击"羊头",第九旅由羊山集正南方向实行突击进攻。16日晚,以第二纵队由西面实施攻击,第五旅攻击"羊尾",第四旅攻取羊山集西大街。激战中,将士们不怕牺牲、前仆后继,各部均有进展。第八旅攻占了"羊头",第五旅攻占了"羊尾",并有一个营的兵力迫近了主峰"羊身"。第四旅攻占了西大街,歼敌一部后继续向西门进攻。

17日拂晓,敌在"羊身"制高点的火力掩护下,进行猛烈反冲锋。我占领"羊头"及"羊尾"之各部,均暴露在敌人强大的火力之下,站不住。为减轻伤亡,除第五旅一个营占领"羊尾"尾部和第四旅一个营占领西门外的一所独立院落外,其余全部退出阵地。17日夜,第八旅第二十二团在夜幕的掩护下由东北突破前沿阵地,越过峭壁再次攻上"羊头",遭敌猛烈反扑。我奋力反击,反复冲杀20余次,但终因山石坚硬,无法构筑工事,且天将亮对我战斗不利,于拂晓撤出。同时,攻入羊山集内西半部的我一部,直攻到敌第三十七团团部门口。给敌以杀伤后,也因将天亮就暴露在敌制高点之下,继续强攻已相当困难,被迫撤出阵地。

连日恶战,刘邓第四旅伤亡严重。刘伯承、邓小平命令第二纵队第六旅接替第四旅担任主攻任务。19日,经过两天的整补,第六旅率先向羊山集之敌发起攻击。第六纵队第十六旅从北面攻击"羊身",突破敌前沿阵地。第三纵队第九、第七旅也从东南角攻入羊山集内。经彻夜激战,敌虽遭严重打击,但仍控制着"羊身"制高点。黎明时分,我遭敌主峰火力猛力侧射,难以巩固阵地,再次被迫撤出战斗。几天激烈地反复争夺,双方都伤亡惨重。

这是刘邓大军征战史上少有的恶仗。攻击部队根据刘邓"保持冷静和清醒"的告诫,进一步总结经验,采取火力、爆破、突击三者相结合,正面攻击与侧翼迂回相结合的战法,进行逐屋、逐堡的争夺,做到夺取一地,巩固一地,逐步稳固地向前发展。敌则屡屡受创,频频向蒋介石、王敬久告急。

蒋介石也豁出去了，他不信斗不过毛泽东手下的刘伯承、邓小平。他要亲自出马，杀杀刘邓的锐气。7月29日，蒋介石乘军用专机飞抵开封亲自指挥作战。他一面急令王敬久率整编第五十八师和整编第六十六师的第一九九旅由金乡北援羊山集，一面采取挖肉补疮的办法急忙从西安、洛阳、汉口等地调8个师又2个旅驰援鲁西南。同时，派空军副司令王叔铭于20日空投其亲笔信，要整编第六十六师师长宋瑞珂"在羊山集固守待援"，牵制我军。

王敬久畏于蒋介石的严令，即派第五十八师和第一九九旅配上一个炮兵营和一个战车连，由第五十八师师长鲁道源指挥，在飞机、大炮、坦克的掩护下，由金乡北进。刘邓及时调整部署：趁敌援兵主力尚未到达之际，以一部继续围困羊山之敌外，集中第三纵队主力及第二纵队一部，先歼灭由金乡增援之敌，尔后再打羊山。并具体指出：在正面敞开一个缺口，诱敌先头部队第一九九旅渡过万福河，进入我预设的口袋内，然后切断其与第五十八师的联系，于运动中歼灭之。

22日下午，王敬久孤注一掷，下了死命令：第一九九旅旅长王仕翘"即日晚12时抵达羊山集，否则以军法从事"！这道命令向王仕翘传达了10多次，并且每次都加上一句："不到就枪毙旅长！"王接到命令后，非常沮丧，自知活路无望，绝望地对其下属说："人家张开口袋等着我们，去明明是送死，还是让我自杀了吧！有我在，你们也跟着下不了台。我死了，你们倒可以自己去找出路……"在严令逼迫下，王仕翘只好赶着全旅官兵渡河北援。冀鲁豫军区独立旅遵照刘邓指令，给敌以严重杀伤后，正面故意开了一个口子，让其渡过万福河，随即切断了其与第五十八师的联系。第一九九旅进入离羊山集5里地的刘庄时，羊山集守敌见援兵已近，立即派第五九六团来接应。在这两股国民党部队即合未合的时候，我第二纵队第九旅和冀鲁豫军区独立旅冒着滂沱大雨发起攻击，以突然而迅猛的动作从四面八方冲向敌群，打得敌人无心恋战、溃不成军。经过两个小时的激战，敌第一九九旅及从羊山来接应的第五九六团，除1名连长带3人逃入羊山集外，全部被歼。敌旅长王仕翘、副旅长何竹被活捉。国民党军第五十八师闻声立刻又缩回金乡。"死命令"让第一九九旅送了死。

羊山之战已经打了10天，刘邓大军攻击部队3次攻下"羊头"，却没能巩固占领。数十万国民党军正在猬集聚拢，时间拖久了，将对我不利。密切关注战局的毛泽东23日给刘伯承、邓小平发来电报：对羊山集之敌"判断确有迅速攻歼把握，则攻歼之。否则，立即集中全军休整10天左右……以半月行程直出大别山"。刘邓分析当前的情况：我军伤亡较大，羊山之敌伤亡更大，况且各路援敌尚在调动中，金乡之敌再无力北援，力歼顽敌应该有把握。于是，决心集中全力，迅速歼灭该敌。下定决心后，刘伯承、邓小平飞马直奔前沿阵地，来到距羊山仅4公里的金山前沿指挥所。他们与各纵队领导一起详细察看地形，分析打不下来的原因，并制定了抓住敌人要害、集中火力、先攻制高点，然后四面包围，分割、围歼敌人的作战指挥方针。总攻时间定于27日18时。

为充分做好战前的一切准备，我军进行了深入、细致的思想动员，把当前形势和中央军委的战略部署及尽快打下羊山的重要意义，向广大官兵交代得清清楚楚。号召全体指战员发扬老红军"攻必克，守必固"的光荣传统，为了人民的翻身和祖国的解放立功，提出了"只准前进，不准后退"的响亮战斗口号。人人都知道即将开始的总攻击是一场更加激烈而又残酷的战斗，而战斗对他们来说就意味着奉献。广大指战员士气大振，早把个人生死置之度外，纷纷要求到最危险的地方去，完成最艰巨的任务。决心书、请战书，一份份如雪片般飞向上级机关；许多共产党员预先交纳了党费，做好了牺牲的准备。战士们抓紧时间擦枪补弹、加固工事，并冒着随时可能遭敌冷枪暗算的危险将交通壕挖到敌人阵地前，以便到时跃出壕沟就可发起冲锋……

羊山守敌，经我十余天的围困打击，伤亡惨重，粮弹缺乏，而空投的食品、弹药又大都落入我阵地；炮兵部队的马匹在猥集一隅伤亡颇多，存活人员靠吃死马肉勉强维持；固守困难，援兵无望，士气低落。与此同时，我军及时展开政治攻势，利用喇叭筒向守敌喊话。羊山周围，喊声不断，撼敌心魄。

7月27日早晨，天气突然放晴，火红的太阳将数日的阴霾驱赶殆尽，阵地上弥漫着积水蒸发出的臭气，但山坡毕竟干爽了许多，有利于我攻击时攀登。战士们高兴地说："好兆头，好兆头！"

18时整，随着刘邓首长的一声令下，万炮齐鸣，总攻开始了。刘邓大军所属第二、第三、第六纵队的炮兵，军区榴炮营和第一纵队的炮兵团一齐向羊山猛烈轰击。野炮、山炮、榴弹炮及其他各种火炮发出沉闷的怒吼，喷射出无数条火龙直飞羊山守敌。开始还隐约看到一群群敌人东跑西窜，后来火焰吞没了羊山，再也看不到敌人的行踪。我各路突击队战士踏着炮弹炸开的道路，一齐出击，杀声连天，迅速扑向羊山守敌。

第七旅主力第十九团的突击连队第十连和第九连迅捷地向前运动，顺利地接近了敌人第一层鹿砦。蒙了的敌人醒过来了，敌暗堡、石缝里的火力点又开火了，十几挺重机枪在前面打成一道火墙。"羊头""羊尾"的侧射火力也疯狂地射来。前面的战士倒下了，后面的接着往上冲；上去的倒下了，后面的再往上冲……随着交通沟的巩固，占领的阵地越来越大。我主攻部队终于从北面攻破敌阵，攻占了"羊身"主峰，骑上了"羊腰"，控制了制高点。

以第七连为突击队的第六纵队第十六旅第四十七团，发扬英勇、顽强和善啃硬骨头的精神，用小兵群多路冲击的战法，经45分钟激战，终于从"羊尾"攻上主峰，于19时和第七旅会合。面临灭顶之灾的敌人不甘心失败，逐屋、逐院、一个地堡、一个壕沟地做最后的垂死挣扎。我军利用主峰的有利条件，钳制"羊头"上的集内敌人，第八、第九旅迅速攻上"羊头"，突破敌村南阵地，趁势向集内攻击，很快占领了敌人构于隅首的核心工事，割断了敌南北街之间的联系。刘邓大军的勇士们在集内大街小巷中和敌人展开了拉锯式的血战，逐屋、逐堡地夺取，以炸药、手榴弹、刺刀歼灭顽抗之敌。整整一夜，羊山集枪炮轰鸣、杀声震天。经过激烈的巷战，到28日拂晓时，守敌大部被歼。

28日8时左右，战斗最后发展到集镇东北角一所院内。第二纵队第六旅第十八团第二连指导员葛玉霞带领全连仅剩下的30余人对院内敌人做最后攻击。一阵猛烈的投弹、射击，打得院内砖瓦乱飞，使敌无丝毫还击之力。战士们随即一齐高喊："缴枪不杀！解放军优待俘虏！"

话音未落，一个留着八字胡的敌军官慌慌张张地跑了出来，举着双手连声高喊："不要打了，不要打了！我们投降，请弟兄们饶命！"并恭恭敬敬地对葛玉霞说："我姓郭名雨林，是本师参谋长，请你们进去，里面还有长官。"语音未落，一个倒戴帽盔、身穿军便服的矮个子军官走出来，规规矩矩地向葛玉霞行了个礼，颤抖着说："里面伤亡太大了。"郭雨林介绍说："这就是我们的师长宋瑞珂。"

羊山之战，打得蒋介石火烧火燎、如坐针毡。他们纠集的解羊山之围的援军，有的被我军坚决阻止，无法前进；有的害怕陷入我军布下的口袋阵，不敢积极前进。就连受命从兰封星夜兼程赶赴羊山集的王仲廉兵团，也畏首畏尾、蜗步行进。直到7月28日，整编第六十六师被歼后，王仲廉兵团还没有到达羊山集。一筹莫展的蒋介石，明知败局无法挽回，只好祈求"上帝"保佑了。他亲拟电稿，发给整编第六十六师师长宋瑞珂。电文云："羊山集苦战，中正闻之忧心如焚，当此危亡之际，吾弟犹能以伤亡官兵为念……请弟转告部下，目前虽处危急之状亦应固守到底，吾信上帝必佑吾弟完成任务。"宋瑞珂读罢电报，哭笑不得，唉声连连。上帝既没开眼，也没显灵，蒋介石的呼叫声，淹没在人民战争的大海里。

羊山战斗，生俘整编第六十六师中将师长宋瑞珂、少将参谋长郭雨林、副参谋长王开石、第一八五旅旅长涂焕陶、旅参谋长马用文以及第十三旅参谋长龙叔平、第五五三团团长罗玉胜、第五五四团团长李炽生等高级军官以下 9 228 人，毙伤敌官兵 5 000 余人。另在阻击战中毙伤俘敌第五十八师及第三师 3 000 余人，加上羊山外围歼灭第一九九旅及第十三旅第三十八团 5 224 人。整个羊山之战共歼国民党军 22 452 人，击落敌机架，摧毁敌坦克 2 辆，缴获野炮 12 门、山炮 12 门、迫击炮 16 门、各种小炮 102 门、轻重机枪 367 挺、手提机枪 158 支、长短枪 2 516 支、汽车 35 辆、电台 7 部、骡和马 420 匹等大批军用物资。

羊山战斗的胜利，宣告了晋冀鲁豫野战军鲁西南战役的胜利结束，彻底粉碎了国民党军进攻中原的阴谋，打开了千里跃进大别山的通道。毛泽东称"这是一个伟大的事变"。自国民党重开内战以来，刘伯承还一直未有诗作，如今，锁在眉宇的愁绪打开了。他来了诗兴，挥毫写下《记羊山集战斗》一诗：

> 狼山战捷复羊山，
> 炮火雷鸣烟雾间。
> 千万居民齐拍手，
> 欣看子弟夺城关。

7 月 29 日，中共中央为表彰晋冀鲁豫野战军取得的辉煌胜利，通令嘉奖刘邓大军。电报称："自卫战争第二年第一个月作战，除我山东及各战场均歼灭敌人一部外，我刘邓大军自 7 月 2 日至 7 月 28 日在郓城、巨野、定陶地区以连续不停作战，歼灭敌人正规军 9 个半旅及 4 个师部，毙伤俘敌 6 万余人，战绩甚大，特此通令嘉奖。"

在胜利的凯歌声中，刘邓大军提前结束休整，于 8 月 7 日突然前进，开始了千里跃进大别山的壮举。

强渡汝河 [①]

1947 年的夏天。

在酷暑的鲁西南。

晋冀鲁豫野战军从 6 月 30 日在 8 个地段上发起强渡黄河以来，连续作战整整 28 天。现在，正奉命休整 10 天左右，等待新的行动。

在野战军的司令部里，刘伯承司令员和邓小平政委正在考虑如何摆脱敌人 30 个旅的围追堵截，完成中央千里跃进大别山的战略计划。最后，他们果敢地决定：放弃休息，提前行动，以隐蔽、突然的动作，实施中央突破，向大别山做千里跃进。

为了迷惑敌人、制造敌人的错觉，刘司令员和邓政委命令晋冀鲁豫野战军第十一纵队和冀鲁豫军区部队，在鲁西南地区以北的黄河渡口佯动：征集并制造大批船只，储备军需粮食，集中大车和其他运输工具，动员支前民工，制造假象，扬言刘邓大军要渡河北返，以吸引敌人向北对我合围。

命令豫皖苏军区部队破坏平汉铁路，切断敌人的交通，使敌难以利用这条现代化的交通线顺利地运输部队，实施其围堵我军南下的计划。另外，使敌难以利用平汉铁路，先我进入大别山，来阻止我军的进入。

命令中原独立旅于参加破坏平汉铁路后，绕道平汉路西侧，南进大别山，分散迷惑敌人，作为策应。

命令暂归晋冀鲁豫野指挥的陈士榘华野外线兵团，以主力积极寻机打击敌人，掩护晋冀鲁豫野战军主力南进。接着，又把晋冀鲁豫南进部队分作三路向大别山齐头并进。

以杨勇率领的晋冀鲁豫野战军第一纵队附中原独立旅为右路，沿曹县、宁陵、柘城、项城、汝南、正阳之线以西，通过河南东南部南下。

以陈锡联率领的晋冀鲁豫野战军第三纵队为左路，沿成武、虞城、鹿邑、界首、阜阳、三河间一线以东，出山东，跨越河南，直下安徽。

以陈再道率领的晋冀鲁豫野战军第二纵队和杜义德率领的第六纵队（王近山司令员因伤不在纵队）为中路，沿单县、虞城、亳县、界首、临泉、新蔡、息县南进。中原局、野战军指挥部等均居中跟随第二、第六纵队前进。

[①] 此文为卢耀武的回忆。

1947年8月7日，晋冀鲁豫的战略进攻开始了。刘司令员和邓政委号召三路大军：要勇往直前，义无反顾地先敌进入大别山。

各路纵队接到刘邓命令后，都马上纷纷出动，像三支飞箭一样向南插去。南下路上，最关键、最艰苦、最重要的一仗就是抢渡汝河之战。

第六纵队在接受了这个光荣的任务以后，胜利地跨过了陇海路，涉过了黄泛区，进入了豫皖苏大平原。先后渡过了横拦在前进道路上的涡河、沙河、颍河和洪河，冒着盛夏酷暑，先遣队第十八旅的第五十二团于8月23日到达了汝河北岸。指战员们望着并不算太宽的汝河兴奋地说：

"啊！大别山！大别山！再过两条河——汝河和淮河——你就会让我们踏在脚下了。"

坐镇开封亲自指挥作战的蒋介石果然中计。他以为刘邓大军要渡黄北返，赶忙调兵遣将到那里围堵，后来才发觉我军真正的主力仍陈兵鲁西南，又慌忙调集大军对鲁西南我军实施分进合击。又发觉我军在他合围圈即将形成的时候，突然突破他的合击阵势，疾驰南下。蒋介石这时又错误地认为刘邓大军是疲惫之师，既不能渡黄北返，又不敢同他背水作战，只好向南逃窜。于是，他布置了一个师自蚌埠西进太和，结合地方团队在沙河布防，控制船只，严密防我南渡；以敌罗广文集团、张淦集团共12个旅为第一梯队，王敬久集团的8个旅为第二梯队，分路尾随我南追；另以4个旅在平汉路对我实行侧击。他满以为，虽然先前在刘邓手下损兵折将，但这一回要把刘邓大军消灭在黄泛区却是万无一失的了。

等到我军突过沙河之后，蒋介石才如梦方醒：原来刘邓大军要向他的深远后方去捅他的老窝。这时，平汉路已被我破坏，再想调整部署，调集重兵围堵已为时过晚。他只能慌慌张张地急令尾追我军的20来个旅死盯住我军不放，另调集1个师和1个旅在汝河南岸堵击。

正在这个时候，杨勇的右路军已渡过汝河，陈锡联的左路军已进抵淮河；中路军又分作数个渡河点，陈再道的第二纵队也已渡过汝河；中路东侧的李德生旅和另一个团也正在抢渡汝河。敌人单单把第六纵队的主力和中原局、野战军指挥部、大批南下的地方干部及数千名从解放区跟随来的支前民工堵在汝河北岸。

汝河宽约60米，水流虽不算太急，但河槽深陷，河岸陡峭。南岸尤甚，水深丈余，根本无法徒涉。汝河两岸为浅丘陵地带，村落稠密，鸡犬之声相闻，地势比较平坦，视野开阔，谁占领了制高点，就可以居高临下，控制敌人，使之难以通过。汝河南岸的汝南埠便是一个地形较高的地方，正是一个绝好的制高点。按理，我第五十二团应该赶到汝南埠宿营才对，但因为到处找不到渡河工具，只得在北岸停留下来，派人分头到沿河各地寻找船只和各种漂浮器材，准备渡河。

次日上午，第十八旅的肖永银旅长，在汝河北岸观察敌情，敌机一直在他头顶上空盘旋侦察。12时左右，南岸两侧的公路上尘土飞扬，看不到尽头的敌军步兵、炮兵、汽车、马车向东滚滚移动，抵达油坊店汝南埠一带，在我军正南的汝河南岸宽广数十里的地带摆成了堵击阵势，专等我军的到来，进行南北夹击。

红四方面军出身的肖永银，身经百战，机警灵活。他一下子就识破了敌人的意图，立即命令第五十二团：趁敌立足未稳，在最短的时间内，想尽一切办法，送一支部队过河，哪怕是一个排也好，先建立一个桥头堡，掩护工兵架桥。部队利用找到的一只小船和秫秸扎成的筏子，还有些人只是抱了根木头，冒着敌人排炮的轰击和飞机的俯冲扫射，终于把一个小队送过了河。然后，以迅猛的动作扑向大雷岗的敌人。敌人被这迅雷般的攻击吓晕了，开始弃村逃跑。我后续部队接着跟了上去，很快占领了村子。后来，敌人清醒了过来，马上又反扑过来。我部头一方面和敌人在村子里展开了激烈的争夺，另一方面又分出兵力在敌人的炮火下展开了架设浮桥的战斗。

肖永银意识到：没有桥，统率着晋冀鲁豫野战军的指挥机关就会被阻在北岸；已经渡过河的几路大军，就会失去指挥中枢，陷于群龙无首的危境。

经过远距离的四处搜寻，终于找到了大大小小的几条船只。下午3时，在敌人的炮火下，架桥成功了。

黄昏时分，第五十二团的主力全部渡过了汝河。经过激烈的争夺，巩固了大、小雷岗等村的桥头堡，并向附近村庄扩大战果，掩护浮桥的安全。

天色逐渐暗了，肖旅的指挥所移到北岸距浮桥约百米之遥的小村里的一户人家。旅首长们站立在河边观察敌人的动静，只见火光连天，听到炮声隆隆。敌人从油坊店到汝南埠一带连绵30余里的地区，村村放起大火。敌人在和我对峙的村庄里和村庄的边沿烧房子、点草堆、燃照明柴、砍倒村边树木。扫清射界、架起鹿砦、防我攻击。熊熊大火倒映在河里，浮动、摇晃、闪烁、扩散、跳跃，使人感到这大火就迫近身边，越发增加了肖永银千头万缕的思绪：

到底有多少敌人隐藏在这熊熊火光的后面？敌人是否还在不断地增加？为什么纵队首长没有指示下来？难道我们南下大军就这样被阻遏住了？……

正在这个时候，纵队副司令员韦杰和第十六旅旅长尤太忠等一齐来到了他的指挥所。肖永银报告了敌情，并说浮桥已经架设好了，究竟应该怎么办，专候纵队首长指示。由于对敌情尚无准确的了解，野司未来指示，纵队杜政委又不在这里，对这等重大的面对敌人的渡河行动，一时间谁也拿不定主意，部队只得屯集在河边待命。时针一秒钟一秒钟向深夜12时移动，这时正值盛夏，昼长夜短，再有4个来小时，天就大亮了。那时候大军再要想在敌人眼皮下渡河，不仅困难百倍，而且十分危险。"到底怎么办？"这是指挥所里的将领们当时共同思索并要找出答案的一个中心问题。

时针越发跑得快了，眼看长短针就要并拢在12点上了。秒针每跑一圈，大家的焦虑就增加了一分。在漆黑的夜里，小屋外突然有人喊了一声：

"刘邓首长来了！"刘伯承司令员魁伟的身躯穿过漆黑的夜幕，出现在这批将领的面前。两眼炯炯有神、坚决果断的邓小平政委紧挨在他身边。在这狭小、昏暗的、仅隔着一层薄薄草墙的小屋外边，子弹在呼啸，炮弹在轰鸣，刘伯承、邓小平却安详地站立在人们面前，好像什么也没有听见一样。小屋子里沉闷、凝滞的空气一下子就被赶跑了。

"打开地图，向他们介绍一下情况！"邓政委对李达参谋长说。大家立即围拢到展开的地图周围。李达指着地图说：自我军跃进以来，敌即以重兵向我各路部队追击。现有敌第五十八师等3个整编师紧紧跟在我中路的后面咬住不放，距我只有五六十里。汝河南岸运来了敌第八十五军等挡住去路，企图拖住我军主力，在洪河和汝河之间与我决战。最后，李达说："目前的情况，正是前有阻师，后有追兵，可说是千钧一发、万分险恶。"

历来言简意赅的邓政委接着说：

"现在，除了坚决打过去以外，没有别的出路。今天过不去汝河，明天跟在屁股后面的敌人就会赶到了。"说到这里，一个参谋进来报告说：尾追我军的敌人已经和我后卫部队打起来了。紧接着，一颗炮弹在小屋附近爆炸，油灯的火焰忽地跳动了一下。邓政委仍然说下去：

"我们要不惜一切代价，坚决地打过去！"

刘司令员从地图上抬起头来，放高声音，严肃而又坚定地说："常言道'狭路相逢勇者胜'。大家明白这句话吗？"

他用犀利的目光扫视着聚集在这间小屋里的指挥员们，他看出，大家都领会到了一条真理：当冤家对头狭路相逢时，只有勇敢地冲上去决一雌雄才是唯一的出路；谁要是想转身跑，谁就会把脊背亮给人家打。接着，他又继续说下去："今天的情况可以说是'两军相逢勇者胜'。如果让后面的敌人赶到，把我们夹在中间打，不但会影响战略跃进，而且还有全军覆没的危险。"他把声音更提高了些，命令大家说，"从现在起，不管白天、黑夜，不管敌人飞机、大炮有多少，我们都要以进攻的手段对付进攻的敌人，从这里打开一条血路！"

大家听了刘邓首长的讲话，把先前凝结在各自脑海里的疑虑统统打消了。现在，大家都明白了：没有别的出路，只有坚决打开一条血路冲过去。任务既然已经明确了，大家便急着下到战斗部队去。但刘司令员仍从容不迫地询问兵力部署的一些具体情况，并进行了一些必要的提醒和指示，直到他感到放心为止。

关于战斗的事情，人们都有了信心，但有一件事情却困扰着这些将领：他们怎能让敬爱的刘、邓首长从枪弹横飞的血路中间通过？！为了保证刘邓首长的安全，尽管人们明知他们不会接受，但还是有人提了出来：

"我们大家请刘师长（这是全军上下长期沿用下来的对刘司令员敬爱的称呼）和邓政委从友邻李德生旅那里的渡口渡河。"

"为什么？"

"那里比较安全。"

"不要管我们！你们只管打好仗就是了！"

跟随刘邓首长一起进来的纵队杜义德政委当即布置肖旅突击前进，打开一条通道，让大部队冲出重围。尤旅接替肖旅，扼守大、小雷岗等村庄，保护浮桥，抗击敌人，掩护大军安全渡河。

当干部们就要走开时，刘司令员最后又向大家交代了一句："要记住，我们的集结点是彭店！"

刘司令和邓政委的指示传达到部队后，全军上下沸腾起来了：

"刘师长来啦！"

"邓政委来啦！"

"狭路相逢勇者胜！"

"坚决打过汝河去！"

战士中自发地流传着一种有力的动员口号：

"保卫刘邓首长！"

"保卫刘邓大军的统帅部！"

一种巨大的力量，把全军上下拧成了一股劲，向堵击的敌人冲去。

深夜3时，尤太忠把部队带到了大雷岗，接替肖旅执行掩护渡河任务。肖永银带着自己的部队向南打去。艰险的形势，使他们彼此都感到不知下次还能不能活着相见。他们没有握手，也没有互相祝愿便分手了。尤旅的指挥所安在敌我必争之地的大雷岗，为了防止万一被摧毁造成旅首长全部伤亡，中断指挥，所以旅长和旅政委把指挥所分别安在相距百米之遥的两个地方。尤太忠的指挥所安在一个破马厩里，人们又在马厩里搭起木架，铺上门板盖上土，以防能穿透屋顶的炮弹。

尤太忠走出自己的指挥所去观察敌情。人喊马叫，脚步纷沓，子弹横飞，炮声、爆破声震天轰鸣，大地抖动，火声噼噼啪啪，交织成钢铁与血肉的战场交响曲。他借着火光，看到大、小雷岗和东、西王庄等村庄的敌人对浮桥形成了马蹄形的包围。在黑夜的掩护下，敌人不敢向我发动猛烈进攻，但是一到天亮，敌人必然要拼命反扑，一场鏖战是在所难免了。而他的一个团跟随李德生旅行动去了，他手头仅留下6个营的战斗部队，却要抵御大于自己不知多少倍的敌人的攻击。尤太忠是一员英勇善战的虎将，能攻善守，执行任务坚决，在困难面前从不低头。今天，他却忧心忡忡：他所敬爱的刘、邓首长就在一河之隔的炮火纷飞的对岸等待大军能够渡河的消息，他能保证刘、邓首长的安全吗？他能掩护上万人安全渡河吗？……

天有些蒙蒙亮了，尤太忠正在指挥部队改造工事，布置防御阵地，迎接天大亮后敌人必然的冒死进攻。这时，刘司令员、邓政委和李参谋长意外地出现在他的面前。尤太忠自然兴奋极了，但他的焦虑盖过了兴奋：怎能让刘、邓首长停留在这激战的中心、危险的旋涡里？

刘司令员和邓政委镇定而又关心地询问他战斗的布置，询问他战斗发展情况。尤太忠一心只想劝刘、邓首长首先到掩体内再说，但刘、邓首长还是照样站在外面观察敌情和我军的防御部署。一颗炮弹爆炸的气浪掀掉了尤太忠的帽子，他立即不顾一切地强拉刘、邓进了他的指挥所。刘司令员和邓政委对他做了许多细致、周到的指示，并说：

"你们一定要坚守到晚上，等部队全部过完才能撤出！"

这时，尤太忠只有一个心愿，就是让刘、邓首长赶快离开这个危机四伏的地方。所以，不管刘司令员、邓政委说什么，他都回答一个"是"字，避免把问题扯开拖延时间。他暗暗示意第十八旅政委快陪刘、邓首长离开这里。

临走时，刘司令员又问尤太忠："你还需要什么？"

"敌我力量悬殊太大，我手头没有足够的预备队，请把十八旅留在这里的后卫营给我，以防万一。"

"好吧！"刘司令员伸出手来，和尤太忠握手告别，充满信心地说，"祝你们胜利！"

走出几步后，刘司令员又回身叮嘱说："集结点记住了吗？彭店！彭店！"

在尤太忠的担心中，刘司令员、邓政委和李参谋长的身影消失了。在他们的身后，敌人对大、小雷岗的攻击开始了，炮火硝烟笼罩着这两个村庄，村庄顿时变成了人间炼狱。

第六纵队政治部这天宿营特别早，部队一个多月没有得到充分休息了。接连不断地行军，部队确实有些劳累了，今天既然宿营早些，大可美美地睡上一觉，司务长又采购来了猪呀、菜呀，眼看就要打牙祭了。没料到突然接到通知，叫马上轻装，销毁文件，立即行动。做好的饭也没来得及吃，就又匆忙地出发了。一路上见到了从来没有发生过的现象：有些大车扔在路旁，被捆住蹄子的猪在车上吼叫；热气腾腾的白米饭和做好了的菜，整锅倒在村边；在行进的路上，好几个单位齐头并进，互相穿插，到处显示出一片匆忙的景象。等到达汝河北岸，大军隐蔽地云集在河边，开始了战地动员。

入夜，汝河北岸万籁俱寂，不准出现一星星火光。我军上万人睡在夜幕笼罩的野地上，等待过河的命令。

东方刚刚露出微弱的鱼肚白色，第六纵队直属队接到了渡河的命令。汝河在这里由西北流向东南，陡峭的南北两岸，已由工兵开拓成可通过大部队和辎重的斜坡。李参谋长经过一段时间的努力，已把原先只能通过战斗部队时竖放的小船横了过来，加大了宽度，用门板、高粱秆垫平铺上土，让马匹、车辆也能通过。经过精确计算，保证在半天的时限之内，把全部人马过完。他站在南岸桥头，面色冷峻，眼光威严，在敌人炮火掀起的水柱前不停地挥舞着手臂，用嘶哑的声音高喊："快过！快过！不准停留！"当他看见我通过时，叫了我一声，叫我在南岸招呼一下。不管敌机轰炸扫射，不管两侧火力射击，督促部队快走。最后，他又连说两声："绝对不准停留！绝对不准停留！"

我爬上了南岸，透过微弱的晨曦，看到岸上右侧的棉花地里，棉蕾和棉叶被炮火打得散落满地，只剩下光秃秃的棉秆在晨风中抖颤，连树上的宿鸟也在劫难逃，被打落在地。子弹一直在头顶乒乓作响。大路有多宽，行进的部队就有多宽。不，路已经远远容纳不下了，在大路两旁的庄稼地里，也走着许多路纵队的部队。和平时行军只有一路纵队行进的情况相反，而是上百路纵队，或者准确地说，是数不尽的纵队。

我正准备向前追赶自己的单位，却突然发现在我前面五六十米地方的人海里，有三匹高大、肥壮的马匹——两匹枣红色的，一匹白色的。在马匹的紧前面，刘司令员、邓政委和李参谋长就行进在部队的行列里。事后得知，我遇到他们时，是在他们从尤太忠的指挥所里出来以后。他们并没有马上走出这个危险境地，而是仍然和部队在一起，不间断地指挥着这个部队冲杀前进。有几次没有见到他们，原来他们是到了肖旅长的一个正和敌人冲杀的团指挥所，又到了和敌人拼搏的营指挥所。

"刘师长亲自指挥我们作战！"

"邓政委亲自指挥我们作战！"

"刘邓首长就在我们身边！"

这个消息，像长了翅膀一样到处飞翔。它飞到哪里，哪里的战士们就勇气倍增、以一当百：它飞到肖旅，肖旅过关斩将、所向披靡，胜利地杀出一条血路；它飞到尤旅，尤旅坚守桥头堡，打退了敌人无数次进攻，终于掩护大军安全地渡过了汝河。

在太阳出来后，敌机开始清醒过来。它以五六架为编队，猛烈轰击浮桥，并在大路上不断投弹和扫射。

在这个时候渡河的单位，包括地方党政干部队伍和民工，都能各自为战。他们不走大道，专走庄稼地。那时，麦子已经收割，人们便钻进黄豆地里走。敌机便专向黄豆地里轰炸、扫射，但人流并不停止前进。有的改由庄稼地和大道的结合部隐蔽前进，骡、马则选择大道东侧二三百米的地方走。一些非战斗单位，有的化整为零，有的建制支离破碎，东一个、西一个各自寻找安全的路线前进。前边的倒下去，后边的照样前进。没有人掉队，就连毫无战斗经验的民工也没有掉队。这股千军万马的洪流，最后都奔到了彭店会合。

刘司令员和邓政委站在彭店街上，察看部队到达的情况。他们和部队一样，从昨天起，三十多个小时一口饭也没有吃过。当野战军直属队到达彭店时，天已黑了很久，刘邓首长仍然伫立在街上等他们。刘司令员和邓政委关切地询问：

"你们的人到齐了吗？"

"密件都没有损失吧？"

并且嘱咐："到宿营地尽快吃饭，洗洗脚早点儿休息。"

肖永银被召到司令部里。他进去时，刘司令员和邓政委正满面笑容地在谈论今天的汝河之战。一见到肖永银，刘司令员又亲切又高兴地说：

"你们的指战员真勇敢，你们的部队打得好，让我们大军能胜利地突出重围。打仗就是要这样，在关键的地方、关键的时刻，要勇、要猛才能战胜敌人。"

"前堵后追的敌人被我们粉碎了！敌人失败了，我们胜利了！"

当肖永银就要离开时，邓政委向他说：

"我们到大别山还有一个险关——淮河。你让部队稍微休息一下，明天——"

"明天拂晓前攻下息县。"刘司令员接下去说，"夺下淮河渡口，准备渡河器材，让部队迅速先敌进入大别山！"

肖永银在回旅部的路上，一路走，一路想，刘邓首长这样称赞和鼓励部队打得好，但是，如果不是统帅善于抓住那转瞬即逝的战机，历史还不知道会停步"立正"多久呢。

缝棉衣

1947 年，刘邓主力长驱直入，逼近长江，大有挥师渡江之势。蒋介石一面急令海军总司令桂永清坐镇九江，指挥军舰封锁江面；一面督促整编第四十师和第八十二旅不惜一切代价向长江边开进，阻击刘邓过江。

国民党在大别山的兵力，大都被牵制在豫南和皖西，只有整编第四十师一直尾随刘邓大军之后。在蒋介石的驱使下，该部目空一切，孤军前进。

刘邓决定网开一面，疲惫该敌，而后选择有利地形，将其消灭。

在高山铺峡谷地段，刘邓诱其钻入口袋。该师成为瓮中之鳖，全军覆没。

高山铺大捷的消息传到延安，毛泽东悬着的心放下了许多。他对周恩来说："高山铺的意义不仅仅在于消灭敌人一万多人，也不仅仅因为这一仗打得漂亮，它的全部意义在于我军已经能够在大别山进行大兵团作战了，刘邓在那里站住了阵脚。倘若十多万人的冬衣能够解决，就是天王老子也赶不走他们了。"

在这之前，周恩来曾致电刘邓：被服如何解决？如困难过大，准备派第十纵队护送。

刘邓认为后方也很艰苦，缺乏棉花、布匹。从解放区运送棉衣，山高路远，千里迢迢，而且要通过敌军的重重封锁。他俩商定自己动手，就地解决。

毛泽东看到回电被深深地打动了，他连说了三遍："刘邓有气魄，不简单。"

高山铺战役后，大别山已是秋末冬初，部队有了一段稳定时间，冬衣问题提上了重要日程。

刘邓和后勤部门的同志商量，后勤部门的同志说："棉花、布匹可就地解决，但裁缝难找。"

没等大家把话说完，邓小平接过话头："不能把眼睛盯着群众嘛！我们的指战员来自人民，他们都是能工巧匠。把部队中能弹花、染浆、裁缝的集中起来，以他们为骨干，在每班、每排开起裁缝铺、被服厂怎么样？"

大家哈哈大笑，没有再言困难。

邓小平着重强调：在筹集原料时，一定要注意工商政策。就是地主、资本家的店铺，也要按价付款。人逃亡的，可留下借条，将来偿还。

命令传下来，各纵队分头行动。第一纵队在蕲春、广济，第二纵队在黄梅、宿松，第三纵队在皖西，第六纵队在黄冈，自制棉衣的热潮在全军展开。

棉花、布匹弄来了，质地不一，五颜六色。战士们动脑筋、想办法，有的用竹条、树枝弹花，有的用稻草灰、锅底灰染色，八仙过海，各显神通。

接连几天，邓小平清晨起来没有散步，刘伯承也一改晨读的习惯。在一东一西两间农舍窗前，刘伯承和邓小平做着同一件事情。

邓小平手脚麻利，大刀阔斧惯了。他穿上自制的新衣，走到院子中间，对着西屋的刘伯承喊道："看看我的手艺，如何？"

不一会儿，院子里站着一圈直属队的干部。刘伯承出来上下打量了一番，反问道："你自己感觉怎样？"

"不错，地道的手工艺品！"

刘伯承和众人仰天大笑。

后来，有人回忆此事，说道：政委那件棉衣，实在不敢恭维。前襟撅着，后摆吊着，背上还有一个大鼓包。

刘邓又从这个连队到那个连队，从这个"作坊"到那个"作坊"，亲自看望、指导、鼓励战士们制作冬衣。

"这样不行，棉花要絮匀、压平。要不，厚的厚，薄的薄，上下会起疙瘩……"

"锁扣眼要用捌线，缝口袋要用钩针，这样衣服才匀称、严实……"

有的战士不解地问道："司令员怎么什么都会，连缝制衣服也过人三分？"

邓小平政委笑着说："司令员原是缝纫出身，要不是投身革命，说不定是个好设计师呢！"

第六纵队第十八旅行动最快。刘邓来检查的时候，战士们已经穿上了新衣，正在开总结大会。总结大会倒也特别，是旅政委创作的一首长诗——《棉衣歌》。

> 十月大别秋风急，刘邓大军着单衣。
> 大别初建无后方，千万冬衣何处觅？
> 百万敌兵不足畏，严寒来临实堪虑。
> 刘邓一声出奇招，能使无衣成有衣。
> ……

南征的战士都穿上了新衣，大家笑在脸上、暖在心里，自编的《棉衣歌》广为传唱。

"坚决执行'三大纪律，八项注意'" [①]

我原在中原野战军第二纵队政治部负责民运工作。1947 年秋，随军挺进大别山，组织派我开辟地方工作，担任金寨县漆店区委书记和工作队队长。

1947 年 12 月 30 日，邓小平政委和李先念副司令员、李达参谋长率部来鄂豫皖边区的金寨县视察工作，当晚住在漆店区楼房村。由于解放军行动迅速、隐蔽，严守群众纪律，因而部队到了，周围还有很多群众不知道，连我们区委也不知道。部队首长事先做了很多调查研究，了解到地方工作很多情况。

---

① 此文为江川的回忆。

第二天早晨，我们刚吃完早饭，就有一位解放军同志来通知我说部队首长来视察工作，住在下边老乡家里，要我们去汇报工作情况。

我听说部队首长来了，就立即赶到首长住地。这是坐东朝西的三间民房。进屋一看，是邓小平政委和李先念副司令员、李达参谋长，我心中是多么高兴啊！自进入大别山几个月来，消息不灵通，报纸看不到，国际、国内形势不了解。这回，我要向首长汇报一下工作、请示一些问题，以便更好地坚持大别山的斗争。但是，当我看到首长们个个穿的都是很单薄的灰土布棉衣、面容消瘦时，心里一阵难过，一时竟不知说什么好。我想，首长们为着人民的解放事业，操了多少心、吃了多少苦啊！这时，我猛然想起来，第二天是元旦，我为什么不给首长们带点儿吃的东西来呢？首长们精神都很好，说话铿锵有力，使人听了信心倍增。首长叫我到里屋烤火。后来听群众说，首长烤火的枯树枝是自己上山捡来的。

我们围坐在冒着青烟的火塘旁边，邓小平政委亲切地问我们：工作队的队员身体好不好？习惯不习惯大别山的水土？情绪怎么样？生活苦不苦？我看到首长们那样辛苦，便回答说："我们比首长们享福得多哩。群众对我们非常关心，同志们情绪很高，工作也很顺利，请首长放心。"

正说着，鄂豫区党委书记段君毅同志走进屋来，叫我们汇报一下工作情况。我知道邓政委听汇报要求抓住中心，简明扼要。正好区委才总结了前一段的工作，我就把1947年9月带工作队到漆店区开展工作的情况简要地做了汇报。我说："第一个月是剿匪，第二个月是反霸分浮财，第三个月是进行土地改革。现在正在进行扩军，发展区委武装工作队，建立健全区、乡政权机构。"

这时，邓小平政委说："群众工作一定要做得深入、扎实，广泛地建立贫农团。"

我说："我们各个村都建立了贫雇农小组和以贫雇农小组为核心的农会。"

邓小平政委强调指出："你们要加强对贫雇农组织的领导，必须建立贫农团。贫农团是组织和领导贫雇农进行革命斗争的核心。有了这个核心，才能充分发挥贫雇农组织的作用，我们的根子就能够扎得牢靠，我们就能经得起斗争的考验，建设和巩固大别山根据地。"

我用自我批评的口气说："我们过去工作，只是以农会出面的多，还有不少贫雇农没有吸收进贫雇农组织中来，以致有些地方没有形成贫雇农的绝对优势，因而工作开展得不够好。"我当即向邓小平政委表示："一定要进一步加强贫雇农的组织建设，以贫雇农组织为核心开展工作。"

邓小平政委说："就是要这样，这是我们开展一切工作的基础。"

这时，我想起了坐村（即蹲点）的同志反映的一个问题，就是少数贫雇农提出，有些中农多余的耕牛可不可以分。

邓小平政委听得很认真，还没回答，段君毅同志说："要向贫雇农宣传政策，不能分。"

"请首长放心，我们一定要宣传好党的政策，做好这方面的工作。"

李先念副司令员说："这个问题，只要向贫雇农讲清政策，是很好解决的。"

邓小平政委对李副司令员的意见表示同意，然后又细致地询问我们当地有没有什么工商业，要我们想办法把工商业发展起来。邓小平政委说："此地粗脖子病多得很，患这种病是很痛苦的，影响身体健康，要想尽办法帮助治疗。"

邓小平政委这样关心群众疾苦，对我们教育很深。我们来到此地已几个月了，没想到群众粗脖子病的痛苦，说明我们群众观念不强，工作不深入。我表示，回去后认真研究粗脖子病的原因，设法帮助治疗。

邓小平政委反复教导我们，要严格遵守群众纪律，艰苦奋斗，与群众同甘共苦、打成一片。邓政委虽然来了还不到一天工夫，但已经调查、了解到我们很多执行纪律的情况，如群众捕地主塘里的鱼，送了一部分给工作队员吃啦，等等。邓政委说："听说群众捕地主塘里的鱼也送你们一些，这不应该啊！我们要坚决执行'三大纪律，八项注意'，才能在大别山站稳脚跟，坚守大别山根据地。"

"我们坚决按邓政委的指示办，回去认真检查一下执行纪律的情况。"我说，"我们和群众合伙打了一只豹子，我们吃了肉，皮和骨头送给了群众。"

不知谁插了一句话："你们还是合理分配啊！"

邓小平政委慈祥地笑笑，问我："我们到山上捡了一些枯树枝回来烤火，群众有没有意见？"

我说："枯树枝满山都是，群众是不要的。捡枯树枝烤火，群众不会有意见。"

最后，邓小平政委问我："能否在这里坚持下去？"

"我们有信心，一定能坚持下去。"我回答道。

邓小平政委指出："大别山西濒武汉，东扼南京，我们坚持大别山斗争，就等于在蒋介石的心脏上插了一把尖刀。这对全国解放战争的胜利，有极其重要的战略意义。这是党中央和毛泽东同志的伟大战略决策，要向同志们多宣传坚持大别山斗争的意义。"

我说："我们一定遵照党的指示，坚持大别山的斗争，迎接全国解放战争的胜利。"

邓小平政委笑了，说："那很好。"并叫我迅速通知地委和县委的同志来汇报工作。这时，我才恋恋不舍地离开首长们。

我返回驻地后，一边写信派人分头通知地、县委的领导同志，一边叫同志们把我们准备过元旦吃的东西送一部分给首长。谁知，我信还没写完，送东西的同志把东西都挑回来了，汇报说："首长不但不收，还批评了我们。听一位同志说，首长在麻城时，那里的同志送东西去，也挨了批评。"我联想到邓小平政委、李先念副司令员等首长那样朴素的作风和要求我们与群众同甘共苦的教导，就没坚持再送了，并顺便通知来开会的同志也不要送。首长们艰苦奋斗的言传身教，同志们都非常感动。

当天天快黑的时候，地、县委的领导同志大部分都到了，不少同志还带来了慰问品。他们听了我讲邓政委不准送东西的话后，也都不好再送了。

邓小平政委、李先念副司令员来我们驻地视察工作的消息传开后，同志们欢欣鼓舞，为我们坚持大别山根据地的斗争增强了信心。我们专门开了区委会议和工作队员会，讨论了首长们的指示，重新研究、部署了工作，决定抓紧建立健全乡、村政权，扩大贫雇农组织，加强战备，扩大区委武装，进行大练兵。由于我们北方的同志多，不习惯爬山，我们就经常练爬山，每次走 60 多里。普遍地进行了一次执行群众纪律情况的检查。为了建立大别山根据地，召开了一次坚持大别山斗争的宣誓大会。为了帮助我们工作，县委还派了一个主力连驻在漆店区，组成全区指挥部，从而大大推动了金寨西部山区根据地的建设。

正逢枫红果香时

1948 年秋，淮海战役伊始之际，我中原野战军主力挥戈东进，来到古城临涣，中原野战军指挥部就驻在临涣集东北角的文昌宫内。

自从指挥部移驻临涣集，这里就热闹起来。每逢集日，人们常看到有一位四十多岁、身材不高的首长，穿着很干净的半旧军装，沿镇街走出南门，来到浍河岸边的码头。这里是农贸市场，傍晚仍有人在这里说书、唱戏、卖鱼、卖虾。这位首长时而看看鱼虾，问问价钱；时而走到戏场旁边，欣赏一会儿节目；时而与闲步的人聊聊农事，拉拉家常。那时，这位首长周围经常跟着几个警卫战士。老乡们虽然不知道他的名字，却猜想他一定是大首长，但他究竟大到哪一级呢，没人说得清楚。

一天傍黑，这位首长去外面散步。刚走到院门前，恰巧碰到六十多岁的李大爷挑着水桶进来，凉水把首长的军裤打湿了半截。李大爷慌忙搁下水桶就去帮首长擦拭，但被拦住了，那位首长和蔼地笑着，操一口四川口音问："大伯，您今年多大岁数？还能挑动这担水？"

李大爷望着这位神采奕奕、和气可亲的首长，紧张的情绪消除了，他答道："俺属小龙的，今年满68岁，这水是咱们院里用的。"

"噢！这水是给我们挑的。"首长沉吟着，突然伸手从李大爷手上抓过扁担，一躬腰挑上了肩，健步朝炊事班走去。这一下，李大爷可傻眼了。他急忙追上去，左拦右挡，一边解释说："这些粗活我们干惯了，哪能劳累您呢！"

"劳累？"首长慈祥地笑了笑说，"我们都是出生在劳动人民家庭，既会打仗，也习惯干粗活。"

这时，一个警卫员跑过来，把担水之事给首长做了说明。

原来，部队为了缩小指挥机关的目标，防止敌特破坏和飞机轰炸，所以在当地请了几位挑水的。

首长听完汇报，便给李大爷搬来板凳，一同坐下。他问李大爷家几口人，生活过得怎么样，支前担架队组织了几个，怕不怕飞机轰炸，等等。

接着，首长很动情地说："现在部队打仗，许多事都靠乡亲们支援。像您这样大的年纪，还来给我们挑水，心里真是过意不去得很呢！等解放了，我们再来感谢您老人家！"

李大爷和首长肩挨肩地坐着，听了他的这番话，激动得眼角都湿润了。

不一会儿，首长又要开始工作了。李大爷请首长把打湿的裤子脱下来洗洗，烤干后再穿。首长笑着说："我也长有两只手，还是自己洗好。现在工作忙，洗衣服和烤衣服也要服从战争啊！"

李大爷说："我们这里秋天夜里冷，穿湿衣服会着凉的。首长，您还是……"

首长摆着手说："没关系，没关系，身上热度高得很呢，一会儿就干了。"说得大家都笑起来。

李大爷望着这位平易近人、乐观风趣的首长，激动得再也说不出话来。

他挑起水桶，一边走一边在心里寻思：这位大首长是谁呢？他怎会想到，这就是淮海战役总前委书记兼中原野战军政委邓小平。

总前委在临涣集文昌宫住了十多天，随着战场形势的变化，移驻到小李家村。

一天上午，十几个儿童在首长们住处的门前，围住邓政委吵吵嚷嚷，像在要什么东西。邓政委慈父般地望着孩子们，听完他们的要求，无可奈何地苦笑了一下，想说什么，但没有开口。

就在这时，刘伯承和陈毅两位司令员从外面回来。陈老总看见一群孩子围住了邓政委，乐哈哈地道："小平同志，你不仅是位统兵打仗的帅才，还是一位了不起的儿童团长！"

刘司令员问："小平同志，怎么回事？你一到哪里，就很快和当地人搞得那么熟呀！"

小平同志摇了摇头，似乎有什么事情求两位司令员，沉吟着说："喂，二位司令员，请你们做点儿牺牲吧！"他挤到两位司令员中间，把被孩子包围的事，说了个大概，立刻逗得两位司令员"扑哧"一声笑了起来。

原来，数日之前，烟台人民千里迢迢给总前委送来一些苹果。邓政委知道后，对警卫员嘱咐说："我的身体不错，现在最需要营养的是为人民流了血的伤员同志，快把苹果让后勤部转给他们吃吧！"

警卫员无奈，把苹果送到了后勤部。当时，后勤部的同志出了个主意，让警卫员给三位首长各带回去几个尝尝。谁知邓政委一个也没吃，又把苹果送给了房东家的孩子们。这件事不胫而走，很快就在庄里传开了，所以引来一群孩子要求首长"发"苹果。

陈老总听罢，也无可奈何地笑了，对邓小平说："很对你不起哟，我和刘司令员的苹果昨天已带到前线，送给了几个伤病员。"

这些希望首长"发"苹果的孩子们虽然好奇、嘴馋，但还是懂事的。他们听了首长的谈话，便悄悄地散去，最后只剩下一个十三四岁的男孩，站在那里舍不得离去。

邓政委慈爱地抚摸着孩子的头，问他多大了，家中几口人，读没读书，然后掏出一支自来水笔，语重心长地说："很对不起呀，苹果是没有吃的了，把这支笔送给你，好好学习，长大要做革命的接班人啊！"

康泽战败被俘时 [①]

　　那是 1948 年 7 月 17 日，湖北襄樊战役结束后的第二天，国民党第十五绥靖区司令官康泽和副司令官郭勋祺，被我军活捉押送到中原野战军刘邓司令部来了。当时，我们住在河南叶县皂角树村，因天气闷热，睡不着觉，我们机要人员就到司令部院子里去看。只见康泽、郭勋祺两人狼狈地坐在一条板凳上，低头不语，身后站着我军两位年轻的战士。

　　不一会儿，刘邓首长来了。李达参谋长一看院子里站满了人，把手一挥说："出去，出去，你们都出去！"因我和张景轩两人恰好给总部送电报，参谋人员没有让我们出去，我们就站在一旁听了一会儿。参谋人员介绍说："康将军，我中野司令员刘伯承和政委邓小平特地来找你谈谈。"康泽和郭勋祺有点儿惊慌，连忙从板凳上站起来，恭恭敬敬地给刘司令员和邓政委行了个礼，张口结舌，一句话也说不出来。刘邓首长说："不要紧张，不要紧张，请坐，请坐！"

　　邓政委说："我们是老同学，二十多年没有见面了。你可能没有想到会有今天的结局吧！"康泽嘴唇颤抖了一下说："我惭愧！我惭愧！我对不起老同学，我做梦也没有想到会有今天的结局！"邓政委反问道："为什么？"康泽沉默了片刻说："我刚进驻襄樊城，蒋介石、白崇禧就打来电报，说襄樊是战略要地，历来是兵家必争之地，要我死守。我看了下襄樊周围的地形，对我军十分有利：襄樊三面环水，一面靠山，城东和城北紧靠汉水，城墙高 8 米，工事坚固，共军不易靠近。加上城外几个山头，如琵琶山、真武山等均控制在我军手中，共军要想夺取襄樊城是不可能的。"

　　邓政委笑着问道："怎么我们夺取了？"康泽喝了口水说："我真没有料到你们的炮火那么厉害，就像雨点似的落在我们的阵地上。我们的炮全变成了哑巴，发挥不了作用，部队伤亡惨重，警卫团只剩百余人了。当时，情况十分危急，我几次化装突围都没'突'出去。解放军便攻进了城，在城门上放起火来。没办法，我就只好钻在地洞里装死，结果还是当了你们的俘虏！"

　　刘司令员笑着说："情况危急时，你为什么不请求蒋介石、白崇禧前来

[①]　此文为郭子荣的回忆。

增援呢？"康泽说："老河口、谷城等地丢失后，我就感到情况不妙，连电呼吁蒋介石、白崇禧派部队增援。他们来电命令我'坚守城垣，固守待援'，要我再顶一两天。我们就只好待在工事里固守待援，直到我最后被歼灭，蒋介石、白崇禧都没有给我增加一个兵。"说到这里，康泽掉下了眼泪。

当时，刘邓首长还询问了其他一些情况。

最后，康泽、郭勋祺要求刘邓首长给他们一条生路。邓政委给他们讲了目前的大好形势和我们对待俘虏的政策。邓政委说："我们共产党的政策是优待俘虏、不杀害俘虏，这是我们党的纪律。现在把你们送到后方俘虏收容所学习，只要你们能好好学习，改恶从善，洗心革面，再不与人民为敌，改造自己，人民还是要给你们一点儿事做的。"康泽、郭勋祺在邓小平一举一动的感召下，表示愿意弃暗投明，立功赎罪，重新做人。

第五编　新中国成立初期

（1949—1956）

挺进大西南

1949 年是中国共产党历史上最令人难忘的一年，也是邓小平军事生涯中最辉煌的一年。在他和刘伯承亲自部署、指挥下，第二野战军——这支我们党的历史上赫赫有名的刘邓大军，与友军相互配合，胜利地完成了被称为"大陆上最后一战"的西南战役，为全中国的解放画上了一个圆满的句号。

大西南包括云南、贵州、四川、西藏以及当时的西康，总面积达 230 多万平方公里，是国民党逃离大陆前最后控制的地区，也是国民党死守的重点之一。蒋介石不甘心失败，决心在这里对人民解放军做最后的顽抗。他亲临重庆，精心部署了西南防御战略，妄图以此作为反攻的基地。解放大西南，也就成了解放全国的关键一役。

1949 年 5 月 23 日，中共中央和中央军委统一部署，对各野战军下一步战略任务发出指示，要求第二野战军第三、第四、第五兵团和第一野战军第十八兵团待机进军西南，第四野战军继续向华南进军。

6 月 2 日，中央军委电示第二野战军："小平准备入川。"时任中共中央华东局第一书记、第二野战军政治委员的邓小平正在上海，全面负责华东局的工作。他常常是夜以继日地听取华东局接管工作汇报，征询各界人士对于接管上海的种种意见。接到进军西南的任务后，邓小平除了在军事上同刘伯承共同研究挺进西南的战略部署外，还考虑到西南解放后的接管和建设等问题。他认为，在进军西南时，必须坚决执行毛主席的指示，必须使西南之战和政治解决方式结合起来。干部是完成党的任务的决定性力量，没有足够的干部，要解放西南，建设好西南，特别是在少数民族地区开展工作，困难重重。

进军西南，十分突出的问题就是干部不足。

中共中央为了解决新解放区所需地方干部的缺额问题，曾在1948年的"九月会议"上做出了详细计划。1949年6月11日，为了解决进军西南所需干部，中共中央组织部决定由华北局、华中局、西北局和山东分局调配、招收3.8万名干部，但因当时各新解放区所需干部缺额大，一些原抽调给第二野战军的干部又补充到新区去了。第二野战军干部缺额1万余名。

西南需要的干部怎么解决？从解放区抽调干部已没有可能，因为老解放区已没有大量干部可抽调。而且，从当时已接管的苏南、皖南等地区的情况看，南下干部中，有一部分干部由于文化较低，很难适应工作的需要。面对困难，邓小平在南京召开的第二野战军前委会议上提出了一个大胆的设想：成立西南服务团。他说：解决西南干部缺额的计划，我们要结合自己的具体实际，创造性地去执行；刚解放的南京、上海、苏州、无锡、杭州等地区，文化、经济较发达，是出人才的地方，我看就在这些地区招收一批进步的大中学生和技术人员，以他们为主体，再配以老区干部为骨干，跟随第二野战军进军大西南，以适应今后解放西南、建设西南的需要。邓小平的这一提议得到与会代表的赞同。会议做出了组建"中国人民解放军西南服务团"的决定。

为了保证这项任务的圆满完成，邓小平指定由原第三野战军副政委、南京市军管会主任宋任穷负责，并对如何组建服务团等问题做了重要指示。

在宋任穷的直接领导下，在各地人民政府和学联的积极配合下，数以万计的大中学校青年学生、青年知识分子，以及工程师、专家、教授等纷纷报名。经严格挑选，很快吸收了政治素质比较好的1万余名团员。

为了使进军西南的干部结构更趋于合理，在大量招收青年学生的同时，邓小平还请中央从老解放区抽调一批区以上干部及公安、新闻、财经、广播、邮电等专业干部约6 000余人进入西南服务团。

经过紧张的筹建，6月12日，西南服务团第一团在上海成立。25日，第二团在南京成立。7月12日，苏南团在无锡成立。

7月16日，中央军委正式下达了第二野战军向华南、西南进军的指示。

7月18日，第二野战军发出进军西南的命令，要求各部队在军事、政治、后勤方面进行充分准备，特别要加强进军的政治动员和思想动员。

为了使西南服务团这股新生力量尽快适应征战大西南的需要，在西南服务团出征前的8月至9月间，邓小平先后五六次给西南服务团做报告，讲解西南服务团的任务，讲解毛泽东的新著《论人民民主专政》。他在9月所做的专题报告《论忠诚与老实》，更让刚刚投身于革命熔炉中的青年人终生难忘。他说：

> 一个革命者，是不是忠于党、忠于人民，就看他是不是老实、是不是实事求是。忠诚与老实就是毛主席讲的实事求是。一个自觉的革命者无论何时何地，在何种情况下，都要做到忠诚、老实，对党要忠诚，对群众要忠诚，要老老实实地说话，老老实实地办事，老老实实地做人。

他谈到如何实事求是地处理好个人和党的关系、个人和群众的关系。提出：

> 革命青年要真心诚意地接受中国共产党的领导，深入到实际斗争中去做发动群众的工作。

西南服务团根据刘邓挺进西南总的战略部署，陆续跟随部队从南京出发，踏上进军西南的征途。

中共中央和中央军委在安排挺进西南的战略部署时，考虑到在解放华东、华南全境时美国可能出兵干涉的问题，所以确定第二野战军暂仍在华东地区协同第三野战军作战，准备对付外来侵略。待上海、宁波、福州、青岛等城市解放后，美国如果不出兵干涉，届时第二野战军再向西进。可是，就在这时，蒋介石、何应钦等加紧策划建都重庆、割据西南的布置。胡宗南部开始向四川收缩，并有向云南撤退的迹象。因此，中央军委对进军西南的时机、作战方针和组织准备工作，进行了全面研究和部署。

7月中旬，第二野战军前委遵照中央军委确定的作战方针和部署，在南京召开扩大会议，就进军西南的各项准备工作进行了研究和部署。刘伯承、邓小平综观全局，具体地分析了国民党军可能采取的行动，认为在解放军进军西南的强大攻势下：胡宗南部将加速向四川撤退；位于川湘鄂边的宋希濂部可能退到川东和川南进行抵抗，保障胡宗南部的侧翼安全，顶不住时则由东南向贵州、云南方向逃跑。所以，第二野战军主力绝不能从川陕方向正面推进，而要从川东和黔东方向突破，进行迂回包围，并依次攻占贵阳、叙府、泸州、乐山、邛崃、大邑等地，其中以占领乐山、邛崃、大邑各点尤为重要。这样才能完全截断川境国民党军向贵州、西康和云南逃跑的退路，达到聚而歼之的目的。

8月19日，刘邓下达了《川黔作战基本命令》。

9月12日，中央军委就歼灭白崇禧集团和西南地区国民党军的作战方针问题，指示第二野战军的两个兵团以主力一直进至重庆以西叙府、泸州地区，然后向东打，占领重庆。以一个军留在乌江以北，第二野战军之陈赓兵团，在配合第四野战军5个军完成广西作战以后进占云南，完成对贵阳之包围。然后，第四野战军以一部由广西向北，第二野战军以适当力量分由云南、黔江向东、向南包围贵阳之敌而歼灭之。总之，我对白崇禧及西南各敌均取大迂回动作，插至敌后，先完成包围，然后再回打之方针。中央还特别提出，不能让白崇禧集团和胡宗南集团退入云南。这两个集团或其中之一退入云南，则给歼灭国民党军带来困难，而且国民党易于逃跑国外，为患未来。

1949年10月20日，刘伯承、邓小平率第二野战军总部从南京出发，向西进军，开始进行川黔作战。刘邓总部于10月23日到达郑州。10月23日和29日，刘邓又下达了川黔作战的两个补充命令，按照毛泽东和中央军委提出的"大迂回、大包围"的战略方针，制定了解放大西南的作战计划，从一开始就将胡宗南部及川境的国民党军置于一个层层包围的"大口袋"里。

要打大西南，核心是拿下四川，而重庆又是这场战役的重中之重。

山城重庆，是中国西南部的军事、政治、经济、交通的中心。抗日战争时期，蒋介石曾在这里设立了"陪都"。1949年10月，在人民解放军逼近广州之后，国民党政府要员猬集重庆，妄图重新建都，挽回败局。

11月14日，蒋介石与蒋经国飞赴重庆，亲自坐镇，以图创造"奇迹"。他令白崇禧率10万余人，挟地势险要、交通不便之利，重点防守川东、湖北、贵州一带，阻止人民解放军由东入川。刘邓大军将计就计，先是做出佯动，假示部队要由郑州向西动作，实际已令陈锡联率领的第三兵团由湖南常德地区隐蔽集结，而后出师湘西，经秀山、彭水，强渡乌江，打开川东门户，直通重庆。同时，又令杨勇第五兵团由湖南邵阳地区隐蔽集结，而后直出贵州，切断敌人南逃退路。刘邓大军从东西500公里的地段突然多路进击，完全打乱了蒋介石的西南防御战略部署。

11月26日，刘邓等命令第十一军、第十二军、第四野战军第四十七军相继占领重庆。这时，蒋介石仍在重庆，国民党政府的"行政院"也还在重庆。

11 月 27 日，刘邓收到毛泽东的电报，要第二野战军缓进重庆，"以利吸引较多之敌军据守重庆，而后聚歼之"。

毛泽东的战略意图很明显，四川地处大西南，与云、贵、康、藏相连，且这几个省都是山高路远、地形特殊、气候恶劣，历来是土匪出没的地方。一旦国民党这残存的几十万人马被解放军打散，或钻进旮旮旯旯，或退入边界为患，那将会给新建立的人民政权带来隐患，也会给人民的生命财产带来严重的威胁。所以，有老蒋这残杯剩羹在，那些苍蝇就飞不远，等它们聚在一块儿，再聚而歼之。

接到毛泽东的电报后，刘邓又认真研究了当时的战局，认为在现在这种重兵压境形势下，一旦老蒋弃城而逃，那么围在他身边的残兵败将，势必会加强川西与西康的联系，进而退入西康，流窜云南，那样后果将不堪设想。

"我看，蒋介石不会死守重庆。""一旦我五兵团控制泸州、松山一线，便截断了胡宗南兵团进入滇、缅的路线。这样，敌人势必加强川西与康东沿线，以便退入西康，转进云南。"刘伯承一边说着，一边用手丈量着作战地图。

"重庆应尽快夺取，不给蒋介石任何喘息的机会！"邓小平接着果断地说。

南川罗广文兵团一旦被我拿下，占领重庆则如探囊取物。况且，我们在军事占领西南的同时，应着眼经营西南。重庆是西南重镇，工业发达。重庆早解放一天，国民党破坏重庆的威胁就少一天，这与毛主席关于解放西南、经营西南的指示是一致的。所以，我建议按原计划提前解放重庆，并尽快给毛主席说明。

基于上述考虑，刘邓当即给毛泽东回电，提出尽可能提前渡江，并视情况包围夺取重庆。

接到刘邓的电报，毛泽东不由得赞叹他们有胆有识。刘伯承、邓小平在第一线，最有发言权。11 月 28 日晚 8 时，毛泽东回电同意刘邓的意见，请他们"依情况发展酌定之"。

接到毛泽东的电报后，刘邓立即下达了攻占重庆的命令。29 日和 30 日，第三兵团一部迅速控制了重庆外围长江南岸地区。刘邓采取一翼延伸迂回包围的战术，先击破宋希濂的主力陈克非兵团，再分为两翼，扩张战果。主力挫败，其他部队随之瓦解。蒋介石的 50 万大军，顷刻间崩溃了。

11月29日，国民党"行政院"逃往成都。29日下午，蒋介石乘汽车直奔白市驿机场，在专机里躲了一夜。30日凌晨，蒋介石的专机匆忙起飞，逃往成都。蒋经国在记述当时的情形时写道："据说，当依复恩驾驶的'中美号'专机临空之际，由江口过江的解放军，距白市驿机场仅10公里。战时陪都，半小时后失陷。"

11月30日，重庆解放。

12月1日，解放军举行了隆重的入城仪式。

12月8日，刘伯承、邓小平率领第二野战军领导机关进驻重庆。

由于解放军以迅雷不及掩耳之势攻取重庆，使蒋介石破坏重庆的计划来不及实施，重庆的工业设施基本完好地得以保存，这对大军入川后依托重庆供给经营全川战略的实施产生了重要的作用。

在向大西南挺进的过程中，刘邓在部署军事进攻的同时，还对敌人发起了大规模的政治攻势。1949年11月21日，刘邓以中国人民解放军第二野战军司令部的名义向四川、贵州、云南、西康四省国民党军政人员提出忠告：

> 国民党残余力量经我人民解放军在华东、华中、华南、西北各地给予接连不断地歼灭打击后，现已接近最后覆灭之期。贵阳已经为我军占领，国民党的所谓"最后战略体系"，又已经被我拦腰斩断。酉、秀、黔、彭既告解放，则四川东南门户亦已洞开，重庆、成都、康定、昆明等地，短期内亦将获得解放。你们应该明了这种形势，迅速选择自己应走的道路。本军此次奉命进军西南，负有坚决推翻国民党在西南的反动统治及解放西南7 000万人民之使命，但对西南国民党军政人员，依本人民政协共同纲领及毛主席、朱总司令约法八章之旨，给以改过自新、立功赎罪的机会，并愿以下列四事相忠告：
>
> 一、国民党军队应立即停止抵抗，停止破坏，听候改编。凡停止抵抗、听候改编者，无论其属于中央系还是地方系，均一视同仁，指定驻地，暂维现状。尔后，即依照人民解放军的方式实行改编。所有官兵，按级录用。凡愿意放下武器者，依本人自愿原则，或分别录用，或资遣回籍。凡迅速脱离反革命阵营并协同人民解放军作战者，当论功行赏。如果你们愿意这样做，你们随时可以派代表同附近的人民解放军接洽。
>
> 二、国民党政府机关政治、经济、文化、教育工作等人员，应即保

护原有机关、学校财产、用具、档案，听候接收。无论其属高级、中级或下级职员，本军均依本宽大政策，分别录用或适当安置。其在接收中有功者，并给予适当奖励，破坏者受罚。

三、国民党特务人员，应即痛改前非，停止作恶。凡愿改过自新，不再作恶者，均可不咎既往，从宽处理。其过去作恶虽多，但愿改悔者，亦给以立功自赎之机会。其执迷不悟，继续作恶者，终将难逃人民之法网。

四、乡保人员，应即在解放军指示下，维护地方秩序，为人民解放军办差事。有功者奖，有罪者罚。

文告最后向西南国民党军政人员指出：早日进入和平建设，恢复多年战争创伤，这是全国人民的一致热望；再做无谓的抵抗，徒然增加自己的罪孽；如能立即觉悟，投向光明，为时还不算晚，还有向人民悔过的机会；若再延误，将永远不能为人民所谅解，其应得后果，必身受之；继续反动与立即回头，黑暗与光明，死与生，两条道路摆在你们面前，不容徘徊，望早抉择。

在我大军排山倒海般的进击、刘邓四项忠告的感召及统战工作的威力之下，西南地区的国民党军队纷纷起义。

12月8日，当我进军川黔的南线迂回部队第二野战军第五兵团的第十六军由南溪地区向北进击时，宜宾之敌第七十二军郭汝瑰部与我军联系，准备起义，旋即于12月11日与师长赵树德率部万余人正式宣布起义。

12月9日，国民党云南省主席卢汉在昆明，西康省政府主席刘文辉和西南长官公署副主任邓锡侯、潘文华在雅安，分别宣布起义，脱离国民党，接受中央人民政府领导。云南、西康两省和平解放。

12月10日，国民党第十九兵团副司令王伯勋及第八十九军军长张涛两将军分别发出起义通电。

12月21日，被围于成都地区的国民党川陕绥署副主任董宗珩率第十六兵团在广汉起义。

12月24日，国民党第十五兵团司令罗广文、第三十兵团司令陈克非率部在彭县起义。

12月25日，国民党第七兵团司令裴昌会率部在德阳起义。

12月27日，国民党第十八兵团司令李振率部在简阳以西地区起义。

国民党军的相继起义，加速了蜀中战事的进展。刘邓指挥第二野战军的第三、第五兵团与贺龙、李井泉率领的第一野战军第十八兵团协同作战，从东、西、南三面对成都形成袋状包围。12 月 27 日，三路大军协同作战，一举全歼胡宗南守敌 10 万多人。至 29 日，成都战役胜利结束。

12 月 30 日，西南军区贺龙司令员、李井泉副政委率部进驻成都。西南战役取得了决定性胜利。

1950 年至 1951 年，刘邓又率部解放了西藏。

至此，被称为"大陆上最后一战"的西南战役胜利结束。此后，在邓小平为首的西南局的领导下，西南的各项建设工作全面展开。

和平解放西藏

1949 年，当人民解放战争取得了决定性胜利，大西北已经全部解放，大西南战役也即将结束时，党中央和毛泽东主席十分关注大陆上最后一块没解放的土地——西藏。解放西藏，维护祖国的统一，把处于封建农奴制统治之下的百万农奴解放出来，不仅成为全国人民的呼声，还是广大藏族人民和一些上层藏族人士的期望。而西藏的和平解放又是和邓小平的名字紧紧地联系在一起的。

1950 年元旦。这是新中国成立后的第一个元旦，全中国人民都沉浸在辞旧迎新的喜悦之中。而此时，人民共和国的缔造者毛泽东主席却远在莫斯科。望着窗外欢天喜地庆祝元旦的莫斯科人，毛泽东陷入了深深的思索之中。这一夜，住在莫斯科郊外姊妹河斯大林第二别墅的毛泽东几乎一夜没有合眼。新生的人民共和国尚待建设，祖国的统一大业还没有完成，西藏、台湾、海南岛还没有解放，这一切怎么能使他安然入睡呢？

在异国他乡的这个元旦之夜，毛泽东是怀着焦虑的心情度过的。他心事重重，一支接一支地抽烟，不停地在屋里踱来踱去。就在这苦苦思索当中，一个坚定的信念形成了，他自言自语地说："解放西藏势在必行。"在此之前，他曾致电彭德怀，提出以西北局为主经营西藏的问题。1949 年 12 月 30 日，他收到了彭德怀的来电，电报说：从北路进藏困难很大，短期内难以克服。拿着彭老总的这封电报，毛泽东再一次陷入了沉思。他放下电报，又点燃了一支烟。经过十分慎重的思考和权衡，他决定：把这个任务交给西南局。但是，刘伯承、邓小平领导的西南局的剿匪任务才开始，把这个艰巨的任务交给他们，是否可行呢？沉思良久，毛泽东转身走到桌边，摊开纸，略一思考，挥笔写道：

中央、德怀同志，并转小平、伯承、贺龙三同志：

（一）德怀同志12月30日关于西藏情况及入藏路线的电报业已收到阅悉。此电请中央转发刘、邓、贺三同志研究。

（二）西藏人口虽然不多，但国际地位极其重要，我们必须解放之，并改造为人民民主的西藏。由青海及新疆向西藏进军，既有很大困难，则向西藏进军和经营西藏的任务应确定由西南局担负。

（三）……

（四）进军及经营西藏是我党光荣而艰苦的任务。西南才刚解放，西南局诸同志工作极忙，现又给此入藏任务，但因任务重要，且有时间性，故做如上建议。这些建议是否可行，请西南局筹划电复为盼。

毛泽东

1月2日上午4时于远方

当天，刘伯承和邓小平收到了毛泽东的这封写着4个A的急电。这个时候，第二野战军的许多官兵已经脱下了军装，转为了工作队。但是仅仅过了六天，邓小平就回电毛泽东，进军西藏的计划已经安排妥当。

西南局在接到进藏的任务之后，便立即投入了入藏前的准备工作。刘伯承和邓小平决定：进军西藏的任务由第十八军担负。从此，第十八军的数万官兵就与西藏这片古老而神秘的土地紧紧地联系在一起了。他们在风雪高原创造了惊天地、泣鬼神的伟大业绩，谱写了一曲藏汉民族团结建设新西藏的宏伟的历史诗篇。

解放西藏，或许是邓小平戎马生涯中最为特殊的一场战斗。要在这块贫穷落后、广袤荒凉、情况复杂、矛盾交错的少数民族地区完成进军任务，进行革命和建设事业，是前无古人的，没有现成的经验可以借鉴。在这场特殊的战斗中，邓小平不仅展现了他作为一个军事家的杰出才能，还展现出他作为一个政治家的卓越的领导才能。

常言道："兵马未动，粮草先行。"邓小平根据西藏的特殊情况，认为：进军西藏，粮草要先行，更重要的是政治要先行。

1950年1月15日，刘伯承和邓小平在重庆曾家岩召开第十八军师以上干部会议。刘伯承首先讲话。他亲切地看着眼前这些自己的爱将，十分严肃而又幽默地说："你们都很年轻，是进军西藏的各路诸侯。西藏这个地方非常特殊、敏感，历史上一些帝王将相多次用兵，有的翻了船，损兵折将，有的不战自退。我们是人民的军队，要处处体现出王者之师、仁义之师的形象。"刘伯承讲话时，邓小平锐利的目光一直注视着第十八军这些高级将领的表情。刘伯承的话刚停，他就接着说：西藏地方政府军队兵力有六七千人，如果向三大寺征兵，则生反抗；如向农牧民或其他寺庙征兵，最多有 3 万人，实际上只能征 2 万人左右，所以军事上我们占优势。接着，他用手指敲着桌面说：但是要注意一点，其宗教上有相当强的力量，不过不足惧怕，我们会想办法在各方面战胜它。他进而指出：

> 关于西藏的问题，我们要军事、政治协同解决。要注意，西藏为单一民族，约有 200 万人，政策问题极为重要。解决西藏问题，军事和政治比较，政治是主要的。从历史上看，对藏多次用兵都未解决，而解决亦多靠政治，如唐朝和蕃。以后用兵均未成。解决西藏问题应多靠政治，要团结达赖、班禅两大派，要靠政策走路、靠政策吃饭。

2 月 17 日，邓小平对第十八军军长张国华说：

> 你必须立即成立一个政策研究室，要调查西藏的情况。同时，各级都要动员起来学会几句藏话，以便应酬宣传。要沟通和学习藏民族的语言，便于接近他们、了解他们，便于开展工作。不懂藏话，一到西藏你就成了聋子，就要吃亏。

根据刘、邓两位首长的指示，张国华于 2 月 28 日在成都东胜街一座三层楼房里，成立了"西藏问题研究室"，通过各种渠道对西藏进行调查、了解，为解决西藏问题提供了大量的第一手材料。

根据毛泽东提出的"进军西藏，不吃地方"的重要方针，邓小平提出了"政治重于军事，补给重于战斗"的进军方针，并强调进军西藏，衣、食、住、行都是新问题，吃饭是头等大事，确定了进藏所需各类物资除就近购买和筹措外，主要由内地运送的补绐原则。

在邓小平的严格要求下，进藏部队全体官兵纪律严明，秋毫无犯。即使在冰天雪地的进军途中，也始终坚持住帐篷而不进寺庙，不经同意不住民房。许多干部、战士断粮了，宁可饿肚子，也绝不吃群众地里的一把青稞。

在宗教这个西藏最敏感的问题上，邓小平更是多次教导进藏部队要切实保护喇嘛寺庙，尊重西藏僧俗人民的宗教信仰，用自身的模范行动增进汉藏民族的团结。有一次，在行军途中，一位战士对横在路上的老鹰踢了一脚，即因不尊重藏胞风俗而违反政策、纪律，被警告处分。

1951 年 9 月，由第十八军副政委王其梅率领的先头部队准备进入拉萨城之前，邓小平专门交代：到拉萨之后，会见达赖喇嘛时，如果他提出来摸顶，可以不受我们军队纪律的约束，让他摸顶，并代表官兵向他赠送礼品。

进藏部队这种严格要求、认真执行纪律的作风，赢得了西藏广大僧俗人民的信任。无论是西藏的高层官员、僧侣、贵族，还是一般的老百姓，都热情地称赞进藏部队是"新汉人""菩萨兵"。

1950 年 2 月 25 日，刘少奇代表党中央电示西南局："我军进驻西藏的计划是坚定不移的，但可采用一切办法与达赖集团谈判，使达赖留在西藏与我和解。"电报具体提出了争取和平解放西藏的方针，并指示西南局、西北局认真研究西藏的情况，物色适当人选去拉萨做争取工作，并拟定与西藏当局谈判的条件。接到电报后，邓小平和西南局立即全面贯彻落实党中央关于和平解放西藏问题的方针，始终把解放西藏的筹码放到和平的天平上。

在物色赴藏劝和代表人选时，当时的西南军政委员会委员、西康省人民政府副主席、朱德总司令长征时路过藏区结识的好朋友、甘孜白利寺的格达活佛，主动提出愿意前去。对于格达活佛的这种爱国精神，邓小平表示了由衷的敬佩。但鉴于当时西藏地方政府态度顽固、缺乏和平诚意，拉萨形势比较复杂，因而西南局数次急电劝告格达活佛暂不要前去拉萨，并将此意见报告了朱总司令。朱总司令立即电告西南局，对格达活佛深明大义，以西藏人民的利益为重，舍身劝和的精神表示钦佩，但劝他不要去拉萨。无奈格达活佛决心已定，他要在劝和成功后再进京拜见朱总司令等中央领导。西南局只好尊重他本人的意愿。邓小平专门修书，请格达活佛转送达赖喇嘛，表明毛主席、党中央和平解放西藏、统一祖国大陆的英明决策和一片诚意。然而，令人遗憾和痛心的是，格达活佛壮志未酬，和平使命未竟，便在昌都惨遭暗害。对于这位伟大的爱国主义者的去世，邓小平和藏汉人民悲痛不已。追悼会上，他与刘伯承、贺龙等送了挽联和花圈。

1950年5月11日，西南局向党中央报告了和平解放西藏的四条方针政策，作为与西藏地方当局谈判的基础。一周之后，党中央原则上肯定了西南局关于贯彻和平解放西藏方针的政策和策略思想。随后，邓小平又按照党中央的指示精神，亲自主持起草了和平解放西藏的十项政策：

（一）西藏人民团结起来，驱逐英美帝国主义势力出西藏，西藏人民回到中华人民共和国祖国的大家庭中来。（二）实行西藏民族区域自治。（三）西藏现行各种政治制度维持原状概不变更。达赖活佛之地位及职权不予变更。各级官员照常供职。（四）实行宗教自由，保护喇嘛寺庙，尊重西藏人民的宗教信仰和风俗习惯。（五）维持西藏现行军事制度不予变更，西藏现有军队成为中华人民共和国国防武装之一部分。（六）发展西藏民族的语言文字和学校教育。（七）发展西藏的农牧、工商业，改善人民生活。（八）有关西藏的各项改革事宜，完全根据西藏人民的意志，由西藏人民及西藏领导人员采取协商方式解决。（九）对于过去亲英美和亲国民党的官员，只要他们脱离与英美帝国主义和国民党的关系，不进行破坏和反抗，一律继续任职，不咎既往。（十）中国人民解放军进入西藏，巩固国防。人民解放军遵守上列各项政策。人民解放军的经费完全由中央人民政府供给。人民解放军买卖公平。

这十项政策，充分考虑到了西藏社会的现实，照顾到了各阶层的利益，非常符合西藏的实际情况，甚至有的藏族代表人士还觉得这十条太宽了些。邓小平说：我们对西藏的十条，"就是要宽一点儿，这是真的，不是假的，不是骗他们的。所以，这个政策的影响很大，其力量不可低估，因为这个政策符合他们的要求，符合民族团结的要求"。"我们确定，在少数民族里面，正是由于过去与汉族的隔阂很深，情况复杂，所以不能由外面的力量去发动少数民族内部的所谓'阶级斗争'，不应由外部的力量去制造阶级斗争，不能由外力去搞什么改革。"改革是需要的，"但是这个改革必须等到少数民族内部的条件具备以后才能进行"。现在，我们民族工作的中心任务是：搞好团结，消除隔阂。这十项政策，凝聚着邓小平的智慧和创造，充分展示了他作为一位政治家的胆略和气魄。它既充分照顾到了西藏各民族、各阶层人民的利益，又维护了祖国的统一和民族的大团结。

邓小平起草的这份历史性文件，由西南局报到中央后，立即受到党中央、毛泽东的充分肯定和高度赞扬。（后来，中央人民政府同西藏地方政府签订的《和平解放西藏的十七条协议》，就是以这十条为基础，在这个大的框架上发展起来的。）

然而，尽管党中央和西南局为西藏的和平解放倾注了大量的心血，但在帝国主义和外国反动势力的支持下，西藏当局仍然紧紧地关闭着和平的大门。为了打开进藏的道路，1950年10月6日，著名的昌都战役打响了。这场战役历时18天，于10月24日胜利结束。昌都一役，为最终实现和平解放西藏创造了条件，奠定了和平谈判的基础。在我党政策的感召和各方面的努力下，达赖喇嘛终于面对现实，抛弃了幻想，派出了以阿沛·阿旺晋美为首的西藏地方政府和谈代表团。

1951年4月16日，西藏和谈代表阿沛·阿旺晋美一行到达重庆，受到各方面代表和群众的热烈欢迎。邓小平等西南党政军领导于19日接见并宴请了他们。邓小平耐心地向他们讲述了我党争取和平解放西藏的十项政策，一再坦诚而又坚定地表示我党一定会认真执行这些政策，并阐明了争取达赖从亚东回来对和平进军的好处，希望他们消除隔阂和猜疑，使谈判成功。邓小平对阿沛·阿旺晋美在关键时刻深明大义，从西藏广大人民的利益出发而主张和谈的历史性选择，做了高度评价，并勉励他永远保持爱国本色，为西藏人民的建设事业做出更大的贡献。

5月23日，中央人民政府和西藏地方政府签订了《和平解放西藏的十七条协议》。西藏终于实现了和平解放。

5月25日，中共中央军委按照"协议"，下令中国人民解放军进藏部队分路进驻西藏。进藏部队于8月、9月间先后出发，他们攀越了高耸的雪山，跨过了湍急的河流，穿过了茂密的原始森林和辽阔的草原沼泽地带，战胜了气候严寒、空气稀薄、雨雪冰雹等重重自然障碍，于10月至11月间，先后进驻拉萨及其他预定地区，把五星红旗插上了世界屋脊。12月20日，第十八军及西北军区独立支队在拉萨举行了胜利会师大会。

开创西南财经工作的新局面

1950年，西南人民迎来了解放后的第一个新春。一天，刘伯承、贺龙、邓小平三位西南区党政军主要领导一起，在重庆嘉陵江边沿江视察。两岸的工厂多是抗战时期内迁兴建的，而鳞次栉比的棚房和吊脚楼虽然时时都在修补，但是仍然掩不住岁月沧桑。

工厂的烟囱许多尚未冒烟，大批失业工人生活尚无着落，朝天门码头还没有兴旺起来。三位首长都同感"百事待举"、任重道远。每到一处厂区、一个码头、一条街道，邓小平都与刘伯承、贺龙商谈道，这里可以建工厂、大楼，那里可以通公共汽车、电车……邓小平望着停在江边装卸货物的木船、驳船、小汽船，满怀信心地说：重庆是西南物资流通的主要集散地，将来沿江要多修几座大码头，让东去西行的船舶畅通无阻。

那一刻，他睿智的目光里透着坚毅，他豪爽的语气里充满着激情，他的胸怀犹如江河一般博大。

在1949年12月，西南尚未完全解放之际，邓小平就曾经致电中央，汇报了西南工作所面临的状况："西南局同志最近集中力量于重庆的接管，伯承主要精力放在筹划指挥成都战役，际春兼重庆市军管会（主任），我的注意力主要放在财经上。大家都忙得喘不过气来。"他深有感触地说，"初步接触，西南问题至为复杂。"

是啊，大西南是国民党反动派在祖国大陆的最后营垒，封建反动势力根深蒂固，敌特武装四处潜伏。土匪有百万之众，经济建设封闭、落后，人民群众生活穷困，建设大西南是异常艰辛的。正像邓小平所说的，"我们进行了比之行军作战尤为繁难的工作"，在义无反顾地开创着西南建设的历史新篇。

早在湖南常德时，党中央就电示："各中央局主要负责同志必须亲自抓紧财政、金融、经济工作，不得以为只是财经业务机关的工作而稍有放松，各分局市委、省委、区党委亦是如此。中央政治局现在几乎每次会议都要讨论财经工作。"作为西南局第一书记的邓小平，在常德就抽调了有丰富地方工作经验和部队后勤工作经验的干部组成了西南的财经工作领导班子，以他为主任，陈希云、段君毅、刘岱峰为副主任，全面运筹西南的财经工作。当刘伯承、邓小平率领中共中央西南局和第二野战军司令部进驻重庆之初，邓小平便在重庆市的接管工作会议上敏锐地做出指示："我们从入城那天起，就应该把领导精力转向城市，着手整理和迅速恢复被敌人破坏的人民经济生活，稳定金融市场。"

恢复工商产销和人民群众的正常生活，建立正常的金融秩序是关键一环。重庆解放刚 10 天，中国人民银行西南区行、重庆分行等主要金融机构即正式宣告成立。同时，重庆市军管会发布布告，宣布人民币为市场唯一合法货币，国民党货币及银圆券作废，禁止使用。然而，金融形势一开始就显得十分严峻。国民党的银圆券和黄金外币被禁用了，但政府手中的人民币占领不了市场。由于形势发展快，第二野战军进军神速，随军运进城的人民币总共只有 1 000 亿元（旧币），投入市场和各种支出后发现，至少要 9 000 亿元（旧币）才能左右金融局势。原因是多方面的，除缺少货币手段外，突出的原因是：人民政权初建，社会秩序尚处于混乱状态，群众对人民币还缺乏信任；潜伏的敌特伺机散布谣言，蛊惑人心；社会上投机倒把分子兴风作浪，城乡形成银圆交易黑市，破坏了金融秩序。

邓小平强调：银圆券是国民党掠夺人民的工具，随着反动政权的崩溃，自然已是废纸。按说，我们是可以不管的。但是，我们共产党是为人民谋利益的，对人民负责，所以我们决心收兑，以减少人民的损失。这是关系稳定社会、稳定人心的大事，我们一定要做好。不管群众手里有多少银圆券都要如数兑付。

当重庆市军管会发出以 100 元人民币（旧币）比 1 元银圆券的比价，收兑群众手里银圆券的安民告示后，却出现了一场挤兑风潮。全市各收兑点纷纷告急，银行库存减少，汇兑的人们有增无减。

刘伯承、邓小平召集紧急会议商量对策。邓小平在听完了重庆市市长陈锡联、副市长曹荻秋的情况汇报后，非常果断地说："只要能维持三天就行。我已与刘司令员商定，立即调集部队所有的款子补充库存，再从邻近地区调集一些应急，问题可以得到缓解。"与会同志中，有人对只调集应急资金能否摆脱困境产生疑虑。邓小平最后才向大家交底说：早在半个月前，已向中央财经委员会发出加急电，电请中财委急调 1 000 亿至 2 000 亿元人民币（旧币）空运重庆。估计这几天即可运到，一切问题就可迎刃而解了。

很快，重庆银行大楼前的挤兑人群惊奇地发现，银行铁门前奇迹般地堆放着成捆成扎崭新的人民币，门前排起的长龙渐渐地消失了。不几天，中央派专机给重庆送来了几千亿元人民币，解决了西南局的燃眉之急。

货币充裕，挤兑风潮迅即烟消云散。但一波刚平，一波又起。由于解放前长期恶性通货膨胀的折磨，人们普遍有一种"重货轻币"的思想，所以一般群众对人民币尚缺乏完全的信任感，加之潜伏的敌特趁机谣言惑众，一些不守法纪的商人拒收人民币，种种反动的、落后的势力推波助澜，金融秩序再一次受到了破坏。市面上又悄然兴起了以物易物的交易方式，铜钱也充作了硬通货，银圆又重新走到金融市场的前台来，且兑换比价不断上涨。根据人民群众长久以来信赖银圆的心理习惯，重庆市军管会遂紧急采取应变对策，宣布了1块银圆比6 000元人民币（旧币）的市场流通价。但是，不法商贩囤积居奇，操纵、扰乱市场，高价买卖银圆，使银圆由6 000元人民币（旧币）的挂牌价格一度上涨到9 000元（旧币）以上。银圆价格上涨，物价随之上扬。各式金融投机分子见有利可图，大肆倒卖银圆，对人民币的正常流通和稳定金融秩序造成了极大的影响。

为了保持人民币的稳定，确保人民群众的生活安定，刘伯承、邓小平指示西南财经委员会和中共重庆市委采取了三条紧急措施：

一是发动群众开展"拥币拒银"宣传活动。为了树立人民币的信誉，1950年春，在各级党委领导下，在全市范围内广泛发动群众，运用报纸、广播大造舆论，宣传《拥护人民币宣传提纲》，组织"拥币拒银"的万人大游行。以工人、学生为主力，运用文娱、秧歌等形式，在工厂、街道和农村场镇宣传人民币是保护人民群众根本利益的唯一合法货币。由于广泛深入的宣传动员，广大工农群众反映强烈，纷纷要求统一人民币币制，取缔金银黑市投机行为。为人民币的正常发行、流通澄清了认识，扫除了障碍。

二是加强金银管理。1950年1月20日，西南财经委员会公布《西南区金银管理暂行办法》，禁止银圆、外币计价流通和私下买卖。该办法规定人们可以持有银圆，暂不兑换。这样虽对持有少量银圆的市民有些不便，但数量不多，影响不大，而主要限制了持有大量银圆的地主官僚和投机商人的非法活动的余地。国家避免了因大量收兑增大货币发行量，导致物价上涨的风险。同时，国家按规定牌价，分别由人民银行收购外币，以充实国家外汇储备。

三是取缔黑市，打击投机。在整顿金融市场、货币流通与加强金银管理的同时，在西南财经委员会的统一部署下，积极开展依法打击破坏人民币信誉和金银黑市投机的违法犯罪活动。公安机关依靠群众，对发生的扰乱金融市场的案件，进行了严厉的查处。仅1950年上半年就收缴非法交易的黄金1 219 595市两、白银5 676 930市两、银圆1 319 900元、美元1 000 000元。

1950年1月28日，邓小平在重庆市第一届各界人民代表会议上做了《团结起来，战胜困难》的报告。他主要针对西南及重庆市的状况，分析了政府与人民面临的主要困难及产生这些困难的原因所在。他指出：职工和公交人员的生活一时尚难改善，工厂一时难以全部恢复，原料来源及产品推销问题一时难以全部解决，许多应兴办事宜一时难以百废俱兴，这些困难是存在的，其中有些因为我们工作尚未做好，亟待加强工作，改正缺点；另外，有些确系一时难以克服者，则应向各界说明原因，使大家明了情况，而后共同努力，逐步加以克服。

邓小平接着分析了克服困难的条件，主要在于依靠政府的政策，依靠自力更生，依靠工商界面向广大农村求得恢复与发展。邓小平最后满怀信心地号召各界人民团结起来，战胜困难："不用怀疑，在人民代表会议的领导下，我们的困难是能够逐步克服的。不用怀疑，人民的新重庆，是会在重庆人民团结的基础上加速建立起来的。"

然而，正如邓小平在此前所指出的那样，"西南的问题至为复杂"。1950 年 2 月，重庆市物价涨风突起。一个月内，市场主要商品平均价格较 1 月上涨 1.08 倍，粮食与棉纱率先冲高，糙米较 1 月上涨 1.92 倍，面粉上涨 1.99 倍，20 支棉纱则上涨 1.03 倍。紧接着，布匹价格也飞速上扬，以双喜白布每匹市价看，1 月 31 日为 17.75 元（新币，下同），2 月 3 日为 19.5 元，2 月 14 日则涨到 23.25 元，2 月 22 日更高达 36 元，短短 20 天左右上涨 1 倍以上。人民银行的折实单位牌价也较 1 月上升了 1.08 倍。

此次市场物价的大幅波动，十分反常。以前，重庆市物价是与上海物价息息相关的，其物价涨幅从未高出上海的物价涨幅，但此次重庆的物价远远超过了上海的物价水平。以折实单位相比，2 月上海为 6 角，而重庆则达到 8 角。这说明了重庆乃至西南的问题的复杂性。但是，在以邓小平同志为主任的西南财经委员会的指导下，在重庆市党政机关的直接努力下，经过加强市场管理，严格取缔投机，发挥国营商业的主渠道作用，增加供应，平抑物价，尤其在增加供应方面，重庆得到了上海等先解放城市的大力支援，从上海等地购回的大量生活必需品充实了库存。有关部门所采取的清剿匪特和征粮工作，以及恢复交通运输等各项努力，也为稳定物价打下了基础。同时，西南军政委员会在刘伯承、邓小平的主持下，再次采取重大举措，规定各产粮区可以用人民币抵缴公粮，并予以九八折优待。这一政策的实施，极大地促进了人民币在西南地区广大农村的流通使用，对稳定人民币、巩固金融秩序和平抑物价起到了强有力的作用。从 3 月起，市场物价逐月回落，至 5 月，已基本回落到 2 月的水平。

1950 年 6 月，朝鲜战争爆发，投机分子鼓吹"第三次世界大战即将到来"，在物价上再次兴风作浪。一个月之内，重庆物价平均指数上涨 23%。邓小平在西南财经委员会会议上指出，这次物价上涨的特点是：国营贸易公司不经营的某些商品，如西药、五金器材、电料、汽油等，上涨幅度最大，西药中的盘尼西林竟上涨 200%；而国营公司所经营的粮食等人民必需商品，投机分子虽也企图冲击，在渝、蓉、昆等地掀起抢购风潮，但由于国营公司掌握了充足物资，足以应付，故价格仍保持平稳。这次物价波动的原因有四点：一、投机分子手头有大量游资；二、农村地主企图逃避减租退押，挤向城市，把大量资金投入投机市场；三、税收下降，通货回笼少，国家开支仍然很大，使市场通货相对增多；四、国营贸易机构太少，经营范围也小，还没有足够的力量稳定物价。为此，他提出四条方针：一、大力完成财政收入，特别要加强税收；二、紧缩通货，减少支出；三、增设国营贸易机构；四、发动群众，打击投机。执行这几条方针之后，8 月下旬，西南各地物价上涨回跌，西南工业器材公司和西南医药公司、西南建筑器材公司陆续成立，以扩大物价稳定范围。

解放前，长期困扰人民的通货膨胀、物价飞涨的问题，在解放后不久即获得解决，人民群众的生活基本稳定下来，大大提高了人民政府的威信，密切了党和群众的联系。

在整顿金融、平抑物价的同时，征集公粮也提上了日程。进城后不久，邓小平指出："我们接收了一个很大的摊子，其中包括起义投诚和俘虏的国民党军队 90 万人，国民党政府的公务人员和其他教职员约 40 万人，国营企业的员工 10 万人，加上人民解放军 70 万人，共 210 万人。这是最低的数字，可能还要超过这个数目，这些人必须养。""这件事情确实是我们一个很大的包袱，这使得我们在一个相当的时期内，很难抽出大量资金来恢复和发展经济建设事业。"

在征粮的问题上，一些民主党派和无党派爱国人士深知征粮的困难，而且是 1950 年初才开始征收 1949 年的公粮，数字如此之大，怕征收不上来，影响共产党的威信。他们善意地向西南局提出，是否减免一些公粮，以求工作的主动。为了消除民主党派和无党派爱国人士的疑虑，邓小平在 1950 年 2 月初召开的西南民主党派座谈会上，心平气和地解释了这一问题，他指出："说到征粮，不少人说太重了，这是事实。有人问："200 万人为什么要吃 40 多亿斤粮食呢？"算得很对。200 万人吃饭，只要 10 亿斤就够。可是连衣服、办公、杂支等各种费用算进去，一个人一年平均要 3 000 多斤到 4 000 斤粮食才得够。这是全国普通的算法。200 万人就需要将近 80 亿斤，因此我们说只靠征粮是不够的，还得从税收等其他方面来补足。今天，我们正在设法减少吃饭人数，尽量节约，但难道解放西藏不要钱？工业恢复不要钱？国民党在四川征粮每年为 1 300 万石约 20 亿斤，我们在四川征粮 30 多亿斤，在表面数字上是重些，但如把过去国民党政府所有苛捐杂税加算起来，现在的负担额还是要轻得多。不过，以前的负担主要是穷人出，现在要地主多出一些。他们大喊大叫，当然是不奇怪的。再问一下："既然明知重了，不征这么多行不行呢？"不行。如果不征这么多，那就会天下大乱。部队走到哪里吃到哪里，那就更不知要浪费多少粮食，许多应办的事也就不能办了。试问征多征少哪个符合人民利益呢？征多符合人民利益；征少，乱，反而不符合人民利益。再问一问："拿不拿得起呢？"这次征粮虽然重些，我们考虑还是拿得起。川东好多个县的情况说明是拿得起。"只要有了粮食，"我们可以赢得时间，有计划、有步骤地布置恢复国民经济的事情。这一点应向人民很好地解释"。

不肃清土匪，征粮工作难以进行；不肃清土匪，社会秩序难以安定；不肃清土匪，新生的人民政权难以巩固。审时度势的邓小平与刘伯承、贺龙于 1950 年 2 月底亲自召开了中共中央西南局的剿匪征粮工作会议，制定了周密的剿匪措施。在以邓小平为首的西南局和西南军区的领导下，在西南各级地方政府和各阶层群众的大力支持下，人民解放军神勇进剿，从 1950 年 2 月至年底，西南地区的剿匪斗争取得了很大的成绩，全区共歼匪 85 万人。

随着剿匪斗争的胜利，征粮工作也较为顺利地展开。1950 年 7 月，"在四川各区，公粮难关大体通过，照原派任务川东已达 80% 以上，川西已达 80%，川南已达 70%，川北已达 60%。云南解放较迟，只征齐三分之一，贵州则因土匪猖獗，现在完全控制的地区只有全省的五分之二，公粮也只完成了四分之一"。鉴于西南的具体情况，根据中央人民政府关于减轻新解放区人民负担的精神，中央财委决定减征西南地区 1949 年度公粮的 25%，即由原来的 40 亿斤减至 30 亿斤。这个数字只是四川原来的征粮数，因四川的征粮较顺利，截至 1950 年 8 月底，西南区 1949 年度公粮征收按调整以后任务完成了 95%，即 28.5 亿斤，基本完成了中央下达的任务。

恢复与发展工商业，是财经工作的重头戏。邓小平在这方面倾注了极大的精力，其中也不乏独创性的努力。

1950 年 4 月，邓小平在中央人民政府第六次会议上指出：西南工业确有相当基础，这是建设西南的良好条件，但这些工业在国民党时代大都服务于战争，其原料多来自外国，现在要把它改变为和平工业，并非易事。私营企业也有不少困难，普遍要求政府在贷款、解决原料、收购产品等方面予以帮助。我们正在首先为国营企业寻找出路，力求尽早开工。在国营企业逐渐恢复生产后，私营工厂的困难亦可逐步获得解决。因此，我们必须遵循《共同纲领》制定的公私兼顾、劳资两利、城乡互助、内外交流的政策，达到发展生产、繁荣经济之目的。

邓小平在 1950 年 5 月 16 日明确指出："我们的政策是调节劳资、两利兼顾，否则对整个国民经济不利。我们要扶助有益于国计民生的私营工商业，鼓励私人生产的积极性。资方要改善管理，降低成本。"根据邓小平的指示精神，市政府对工商业进行了必要的调整，对于一些不利于国计民生的私营企业，如银钱业，以及其他销售奢侈品的商店，积极帮助其转业，对于国计民生有益的五金业、铁木厂、粮食店、煤店、交通运输业等予以大力扶持。为了解决资金困难，仅 1950 年 1 月至 9 月，银行就向私营工商业投放贷款 2 244.5 亿元（旧币）。在调整劳资关系时，市政府采取在工人中宣传"劳资两利"，说服工人取消过高的要求，坚持低工资政策，调处劳资纠纷，以团结资方合力争取生产的维持和恢复。与此同时，市政府还通过加工、订货、收购、贷款、救济实业等办法，促使私营企业生产的恢复。如在成渝铁路投放的加工订货中，重庆市有 428 家私营机器业厂家由此而恢复了生产，还带动了木材、五金等工商企业生产的恢复。抗美援朝和进军西藏，也使橡胶、被服、毛巾针织、罐头食品等企业获得了大批加工订货业务。另外，国营公司又大量收购私营机器棉纺织业的布匹、棉纱等新产品。在企业改革中，则引导私营工商业在自愿、平等、民主的原则下，实行联合经营。到 1951 年底，全市有 2 296 户工商户，1 984 户工厂作坊，314 户商号实行私私联营。通过联营，精简了机构，提高了技术，降低了消耗，避免了盲目竞争。私营工商业迅速摆脱了困境，复苏过来。

在合理调整工商业的工作中，邓小平亲自抓了一些有影响力的民族工商业者的工作，表现出非凡的胆识与首创精神。

胡子昂先生是重庆工商界最有影响的人物之一。1949 年，他投奔解放区，参加了第一届全国政协会议，解放后被任命为西南军政委员会委员，被选为重庆市副市长。此前，他便下决心，要将自己所有的企业和股票全部交给国家。他一再声明自己是政府官员了，不能再有私人股份。他向重庆市的几位领导提出了这个要求，市长陈锡联等皆感为难，因为无先例可循。胡子昂先生见无回音，又提出将华康银行先交政府接收。陈锡联只得请示邓小平。经仔细考虑后，邓小平答复道，现在全国还没有这个先例，那我们就从胡子昂先生这里开个先例吧。以后，胡子昂先生将自己的全部产业及房屋交给了国家。

财政税收工作是财经工作的一个重要方面。进入西南以来，除整顿金融市场，平抑物价，征收公粮，恢复工商业生产、经营外，财政税收工作也在艰难地进行着。随着城市被接管，各省、区、市均派出军代表对国民党政府的税务机关进行接管。但是，1950年3月以前，由于各级领导机关对税收工作未予应有的重视，加之领导骨干缺乏，所以各级税务局没有及时整理、恢复；已整理、恢复者，亦因土匪作乱、交通不便而联系不够，导致税收工作没有如期完成。

针对上述情况，邓小平在1950年8月提出了西南财政工作的四大方针，第一条就是大力完成财政收入，特别是要加强税收。他要求西南财经委员会的人员首先要进行实际调查，要全面掌握货物税、营业税等税的征收情况，并深入了解各行业生产、销售及资金借贷情况，写出报告，供西南区党政及财经委员会领导决策参考之用。另一条是要求广泛地收集资料，如有关电报、报纸、报告等。邓小平首先是看电报，其次是阅读报纸，他觉得报纸反映社会经济情况和群众呼声较多，然后才看各地区、部门的报告，因为报告中多是报喜不报忧。

按邓小平的指示精神，西南财经委员会和财政部立即采取措施，指示各级税务局对干部要从两方面打通思想：一方面加强政治、政策与业务教育；另一方面通过具体的调查研究，以活生生的算账方法增强信心。此外，为克服大部分乡镇以物易物带来的税收困难，在货币紧缩的情况下，指示各级税务局：一、大宗交易准以可靠铺保限期纳税；二、银行代收金银，无银行地区，县局以上可直收金银，8月以后停止；三、必须交货物者，与贸易公司取得密切联系，由其代收，或委托可靠商店代收，给以一定利润，待货币流通后此办法即取消。

经过近万名西南税务工作者的努力，1950年下半年的税务工作有了很大的进展。截至年底，完成了税收的107%，即27亿斤米，为西南地区各项工作的开展，奠定了一定的基础。

西南地区的财经工作在异常繁难、异常艰辛之中走向平稳有序、积极发展、开拓进取，农业丰收、工业增产、城乡互助、内外交流、公私经济齐发展、人民群众意气风发的新西南已呈现端倪。

1952 年 7 月 21 日至 8 月 5 日，西南区物资交流大会在重庆成功举办，成交金额达到 11 332 万元（新币），极大地促进了城乡交流、市场发展和工商业的振兴，为西南地区国民经济的恢复与发展描绘出了多彩的画面。

1952 年与 1950 年相比，西南区的粮食产量增加了 13.95%；棉花产量比 1949 年增加了 2.7 倍；烤烟产量比 1950 年增加了 1.8 倍，甘蔗增加了 3 倍，蚕茧增加了 1.65 倍；各公私营工业总产值达到 1950 年的 2.7 倍；国营贸易公司收购的农产品和土特产比 1950 年增加了 5.4 倍；农村人口的购买力比 1950 年增加了 65.33%，城镇人口的购买力增加了 63.58%。物价稳定，城乡人民的生活必需品基本保证供应；国营贸易机构遍布全区，少数民族地区的县、区都建立了支公司、商店、代销店与贸易小组等；工农业生产、公私营经济迎来了发展新阶段；税收工作、税源培植和财政收入为国民经济的发展奠定了基础。

在邓小平"下决心把西南建设好"的宏伟心愿指引下，西南已呈现出政通人和、百业齐举的新局面。

修建成渝铁路

1952 年 7 月 1 日，是中国共产党建党 31 周年纪念日。这一天，新中国成立后修建的第一条铁路——成渝铁路举行全线通车典礼。这是中国铁路史上第一条由中国人自己设计施工，用自己生产的钢轨和枕木建成的铁路。这条铁路从决定修建到设计施工，都是在当时的西南局第一书记邓小平的亲自主持和领导下进行的。

1950 年 1 月 2 日，在重庆解放后不久，时任中共中央西南局第一书记、西南军政委员会副主席、西南军区政治委员的邓小平就在向中共中央报告重庆解放后西南的情况和汇报建设新西南的计划时，特别提出"着重于修成渝铁路"。

随后，邓小平在他主持的西南局委员会会议上，传达了中共中央和毛泽东主席十分关心西南人民渴望了 47 年的成渝铁路，做出了"以修建成渝铁路为先行，带动百业发展，帮助四川恢复经济"的重要决策，并主持制定了修建成渝铁路的周密计划。这是西南军政委员会成立后做出的第一个重大决策。

但是，当西南局领导机关宣布修筑成渝铁路的计划时，许多人表示怀疑。他们说，西南刚刚解放半年，地方秩序还很混乱，土地改革没有开始，国家财政经济相当困难，哪有力量修铁路呢？也有人说，在中国铁道建设史上，一钉、一木、一轨，从来都靠欧美供给，现在和英美关系不通，成渝铁路东不靠海，西没有铁路相连，500 多公里的铁路器材，从哪里来呀？以邓小平为首的西南局深知当时的客观困难很多，但更清楚成渝铁路对西南人民经济生活的重大影响，以及它在国防建设上的巨大意义。邓小平说：我们还面临着很大困难，不可能百废俱兴，我们只好集中力量办一两件事；现在，中央批准我们修成渝铁路了，这对四川和西南人民来说，都是一件大事，政治上和经济上具有重大战略意义。成渝铁路一开工，不但可以带动四川的经济建设，而且可以争取人心、稳定人心，给人民带来希望。四川人民渴望四十多年的愿望，就要实现了！并决心用中国人民的手、中国自己的器材，建设一条崭新的人民铁路。

3 月，西南铁路局在重庆嘉陵新村成立。4 月，第一批工程人员分赴工地沿线，按铁道部的部颁标准重新对成渝铁路进行勘测。随后，邓小平、刘伯承、贺龙等西南局和西南军政委员会、西南军区的领导决定，从西南军区首批调集 4 000 多名解放军指战员开赴筑路工地。后来，西南军区又从川东军区、川南军区、川北军区、川西军区和西康军区各部队抽调了 3 万多人，组成 5 个军工筑路队，加上四川各区招收的 1.8 万余名失业工人，组成了浩浩荡荡的筑路大军。

6 月 15 日，战火刚停，硝烟未尽，成渝铁路就开工了。邓小平在开工典礼上致辞。他满怀激情地说：我们进军西南时，就下决心要把西南建设好，并从建设人民的交通事业开始做起。我们今天建设成渝铁路，是在经济与设备困难的条件下开始的。因此，人民对建设的希望是花钱少，事情办得好。我们调出一部分部队参加筑路，也是为着替人民少花一些钱，把铁路建设起来。我们今天定出修路计划，开始兴工，并不等于问题都解决了，真正的困难是在开工之后才能发现，所以今天不能盲目乐观。许多的困难问题必须要以为人民服务的精神，逐步地求得解决，求得克服，并防止官僚主义的倾向发生。

他强调：修筑成渝铁路，只要遵守劳动纪律，学会掌握修路技术，紧密团结，努力工作，许多问题都能够逐步求得解决。

8月，成渝铁路开始铺轨。据当时参加筑路的第二野战军老战士孙振华回忆：

> 铺成渝铁路，从大渡口开始铺轨，一直铺到九龙坡。铺到九龙坡时，邓小平同志带着他的老师（汪云松）到大渡口参观，坐的平板车。那时根本没有票车什么车的，只有8个平板车修这个成渝铁路。他坐的藤椅呀，我们都还看到给摆得好好的，他的警卫就站在平板车高头。火车冒的那烟子，邓小平根本也不在乎，他照样坐在那里。

邓小平的关心，给了筑路大军以极大的鼓舞。在成渝铁路修筑的整个过程中，出现了许多困难，筑路大军中的各级领导干部，按照邓小平在开工典礼上的讲话精神，一个又一个都给克服了，保证了工程的进度和质量。每当工棚地面回潮，指导员便把干稻草给工人多铺一些，让工人睡得好一些。隧道里放炮后，常常是硝烟还没有散尽，工人就冲进去干活了。

为了修好成渝铁路，沿线的广大群众也做出了很大的贡献。原材料紧张，不少人将家藏的寿板、房料无偿捐献出来做铁路枕木。成渝铁路所需的129万根枕木，就是沿线群众在极短时间内备齐并送达工地的。特别是在实行了土地改革的地区，一听说工地需要人，翻身农民带上干粮，自备锄、镐、筐、杠，哪里需要，就在哪里干活。筑路工地请他们吃饭，他们说："又不是给别人做活路，我们是在为自己修铁路嘛！"整个筑路沿线，这样感人的场面不胜枚举。是啊，近半个世纪以来，这条铁路一直牵动着四川老百姓的心，现在为自己修铁路，还有什么不能贡献出来呢？！

在成渝铁路修建中，邓小平明确指示：要学会掌握修路技术，尊重技术人员的指导，对专家大胆使用，让专家有职、有权，并在工资待遇上尽量给予从优照顾。

铁道选线专家蓝田是四川人，他的父亲和兄长都是当年保路运动的积极参加者。他本人从1917年即开始从事铁路工作，几十年来，几入成渝铁路工程局又几次退出。他因痛心于成渝铁路寸轨未见，便封存了所有的技术书籍，在念佛读经中寻觅精神寄托。当决定修筑成渝铁路的消息一宣布，这位年过花甲的老技术人员重新焕发了青春。为了精测线路，他从重庆沿长江步行到朱杨溪，又从内江沿沱江走到金堂。成渝线成都段原来决定出成都沿沱江姚家渡、赵家渡至乱石滩，蓝田工程师以主人翁的精神，用实事求是的科学态度，经过反复精测和比较，提出了将此段线路改为出成都经洪安乡、越柏树坳、沿小溪至沱江边接乱石滩的方案，缩短线路23.8公里，提早完成了工期，为国家节约150亿元的材料和施工费用。

负责成渝铁路全面技术领导的专家刘建熙，只要听说哪个工地上遇到技术难题，就赶到那里去考察解决。当人们赞扬他这个留学生谢绝美国波阿铁路公司的聘请，回到贫穷的祖国来修铁路时，他说：准确地讲，我是庚子赔款学生。庚款就是八国联军镇压了义和团起义之后，又向中国勒索四万万五千万两银子的庚子赔款。每个中国人头上都要摊一两。这么多银子别说打造我这样一个人，就是铺一条纯银的成渝铁路也够了。花这么多学费学到的知识，能不用在国家富强上吗？

有些工程技术人员在解放前曾经筑过一些路坯、修过一些桥涵。现在，为考察这些桥涵还能不能够利用，他们不怕脏、不怕苦，一个涵洞、一个涵洞地钻进去检查，为修建成渝铁路节省了大量的开支。

在修建成渝铁路的整个过程中，邓小平还十分注意文物保护。他提出：要保护成渝铁路沿线的古迹和即将出土的文物。为此，他派秘书前往重庆大学把文物专家张圣奘教授请到了浮图关西南军区所在地，会见并宴请了这位他在留法期间就认识的著名学者。邓小平说：这次请你来，是有一件苦差事，请你出马。成渝铁路已经动工了。四川历史悠久，又有好些皇帝在四川建过都城，古迹和地下文物很丰富。参加筑路的多是部队战士和普通群众，怕不识文物。若文物遭到破坏，就是我们这辈人的罪过。因此，想请你们专家到成渝铁路工地沿线寻宝，鉴别出土文物，以免文物丢失和损坏。我们还请你担任考古团团长。张圣奘欣然同意。出发前，邓小平再次叮嘱他要花大力气发掘成渝铁路沿线的地下文物，弘扬中华民族优秀、灿烂的文化。考虑到张教授年事已高，且蜀道本身就难行，邓小平还专为他准备了一乘滑竿。

1951年2月，张圣奘率考古团经过数月沿成渝线的跋涉、考察，来到了资阳。资阳县县长向他介绍了成渝铁路资阳筑路工人在资阳城西九曲河工地发现龟化石、鱼化石的情况。张圣奘听后立即到九曲河成渝铁路工地，详细查看了已出土的一堆零星动植物的化石，认定这里会有更完整的化石，便决定在这里住下来长时间认真考察。这时，考古团有的同志因长期在成渝铁路沿线奔波考察，深感疲惫，便向考古团长张圣奘请假。张圣奘回答说："我是邓小平政委叫来搞成渝铁路沿线文物出土考证工作的。据我初步考察，资阳估计有重要文物，希望大家在这种情况下暂不要请假。"张圣奘随即向邓小平报告了资阳的初步考察情况和考古团有同志要请假的要求。邓小平接到张圣奘的报告后，立即回电：'同志们很辛苦，现在军管无假期。"邓小平的回电稳定了考古团的人心，增强了大家搞好考古工作的信心。功夫不负有心人，1951年3月9日，张圣奘从成渝铁路资阳九曲河大桥工地泥泞的基坑里，挖到了一个距今几万年的人头骨化石。他立即将这一特大喜讯电告邓小平。邓小平一面回电嘉奖考古团，一面用西南军政委员会的名义上报政务院。中国科学院院长郭沫若立即回电西南军政委员会派专人将人头骨化石送北京鉴定。后经郭沫若和北京大学古脊椎动物研究专家裴文中教授鉴定，这是我国唯一早期真人类型、属旧石器晚期的人类化石，距今已有3.5万多年历史，是继北京周口店"北京猿人"和"山顶洞人"之后的重大发现。这一重大发现，很快轰动了世界。后来，国务院把成渝铁路资阳工地出土的人头骨化石定名为"资阳人"。

成渝铁路全长505公里，东起重庆，西到成都，中间经过8个县，50多个镇。这条铁路从1950年6月15日开工，到1952年6月中旬完工，1952年7月1日全线修成通车。四川人民盼望了几十年的成渝铁路终于由共产党人修成了。

1952年7月1日，成都和重庆两市几十万人同时举行"庆祝成渝铁路全线通车典礼大会"。贺龙司令员和铁道部部长滕代远分别在成都和重庆主持盛大的通车剪彩仪式。上午10时，两列装饰一新，满载筑路工人、各界代表和少先队员的客车分别从成都和重庆两站同时开出。成都和重庆市郊，人山人海，人们扶老携幼，争看铁路。这正是"一声修路蜀江欢""一条铁路人心见"。

从这一天起，成都到重庆的距离缩短了，四川乃至西南人民的经济生活和文化生活，将要发生巨大的变化。照沿线人民的话说：这一条通往幸福的路，开始为人民服务了。这条铁路带给西南人民的幸福是不可能用数字计算的。永川的大米用火车运到重庆，运价只合从前的四分之一。永川的煤用火车运到成都，每吨煤运价由过去的80万元（旧币）降到25万元（旧币）左右。内江的糖运到重庆，运价也减少了三分之二。永川和重庆地区的工业品差价降低了三分之二。成都的工商业者认为，成渝铁路通车后，有1 200多种过去不能外运的西南特产，可以大量运往华东、华北和中原。他们说，用火车从成都运货物到重庆，运价只等于汽车费用的6.1%，等于木船运价的18.6%。而且，火车运输的速度，比汽车、木船都快好多倍。特产能够大量外销，工业品价格逐步下降，特种作物区所需要的粮食能够及时得到供应，这就给沿线人民打开了发展生产的大门。沿线人民对于成渝铁路带来的幸福生活，怀着无限感激。

邓小平出席了在重庆举行的通车庆典，他还邀请了熊克武、刘文辉等许多四川耆宿参加，请他们目睹共产党人为实现四川人民近半个世纪的愿望的办事效率。在庆典上，邓小平欣然挥毫题词："庆祝成渝铁路全线通车。"接着，他还出席了庆祝成渝铁路的联欢会。联欢会上，修建成渝铁路的解放军指战员、筑路工人和山城人民一道，放开歌喉，尽情地歌唱。其中有一首名叫《四唱成渝铁路》的歌，邓小平听得十分入神，歌中唱道：

> 一唱那成渝路，有话说从头，40年来说修路，派款又拉夫，刮尽了人民的血汗钱，只见他们盖洋楼，"成渝路"不是"成渝路"，是反动政府的摇钱树，人民的愿望付流水，成渝路变成了人民的血泪仇。
>
> 二唱那成渝路，人民喜心头，西南解放才半年整，修路就动了工，人民政府的好领导，坚决要把路修通。10万军工和民工，风里雨里不休停，人民自己来修路，一个个争取立功，当呀当英雄。
>
> 三唱那成渝路，困难万万千，建设祖国的意志坚，不怕一切困难。人民的力量钢铁一般，劳动创造新西南。河上架起了千洞桥，铁手劈开了万重山，英雄的事迹到处传，大西南生产建设有了重要开端。
>
> 四唱那成渝路，通车到成都，40年希望实现了，鞭炮响连天。城乡交流有保证，工业更要大发展。火车头冒着烟，带着幸福直向前，男女老少齐欢唱，永远跟随着共产党，幸福万万年……

在参加成渝铁路建成通车仪式后不久，邓小平离开了他工作和生活了将近三年的大西南，赴京担任政务院副总理，开始了他政治生涯中又一个重要时期。

在财政部工作的一年

开国之初，百废待兴，如何建设襁褓中的人民共和国，毛泽东同志等一代伟人进行了创造性的探索。

1953 年是我国"一五"计划的第一年。在新中国成立后三年经济恢复时期所取得的伟大成就的基础上，国家开始进入经济建设的新时期。广大干部和群众对经济建设的热情极高，各项建设事业起步很快。由于当时缺乏经济建设的经验，过于追求经济发展速度，反映在财政方面，就是在编制 1953 年国家预算时，扩大了基本建设投资规模，不适当地把历年结余 30 亿元（旧币，下同）列入预算，铺大了预算底子，出现了预算支出的膨胀。在预算执行中，1 月就出现了赤字，3 月底就把总预备费花光了。到 7 月，赤字累计达 20.9 亿元。财政出现赤字后，不得不动用上年结余，向银行提款，造成银行信贷资金紧张，银行被迫压缩商业部门的贷款。商业部门为还贷款，纷纷压缩库存，减少收购，造成了商品匮乏和商品流通的混乱，使刚刚起步的经济建设遇到了困难。这一年，中共中央决定让政务院副总理邓小平兼任财政部部长。

邓小平到任后，与广大干部一道，深入调查研究，找到了财政预算安排失误的原因，总结了经验教训，指出："由于经验不足和对苏联的经验研究体会不够，没有结合国家信贷计划，没有考虑到财政方面的季度差额周转资金，而把上年的结余全部列入预算，并且做了当年的投资。这样编制预算的结果，不但使我们经常处于信贷资金不足和财政后备力量缺乏的状态，而且在某些方面的投资上，助长了脱离实际的盲目冒进倾向。"随后，他立即采取切实措施，贯彻中共中央《关于增加生产，增加收入，厉行节约，紧缩开支，平衡国家预算的紧急通知》，保证中央提出的财政收支平衡，消除财政赤字目标的落实。在财政部门全体干部共同努力和有关部门的配合之下，1953 年财政收入超收 19.42 亿元，支出节约 13.38 亿元。不仅原计划要动用的上年结余没有动用，而且本年收支相抵还结余 2.74 亿元，扭转了年初的被动局面。

邓小平在财政部工作的时间虽然不长，但他的全局意识、敏锐思维、求实精神和干练的工作作风深深地印在人们心中。

他兼任财政部部长时，总是要求财政工作者要有大局观念，多次明确指出财政工作不能"有财无政""财政工作涉及全国广大人民及党的政策，是最大的政治工作之一""财政工作处理得不恰当是会影响党的政策的,如果不把工作按党的政策来办就一定要犯错误"。在1954年全国财政厅局长会议上,他强调财政工作"必须服从总路线,即必须保证党在过渡时期总路线、总任务的实现""财政部门要看到大事,要有战略观念"。同时,他要求地方财政工作要有全局观念,在处理"全体和局部、中央和地方、集中统一和因地制宜"的关系上,"一定要以中央、全体、集中统一作主导""防止发生局部不照顾全体和中央的现象"。

邓小平长于分析,观察问题敏锐、深刻,思考缜密、周到,善于运用辩证唯物主义的方法分析和处理各种复杂的问题。他针对当时财政工作中存在的问题以及中央与地方、条条与块块等诸方面关系,提出了财政工作的六条方针。这六条方针有紧有松、有严有宽,既照顾了局部、地方的利益,又坚持以中央、全体、集中统一为主导的精神,很好地调动了各方面增收节支的积极性,使1954年成为新中国成立以后的五年中财政日子最好过的一年。

邓小平尊重实际,实事求是。他每次听汇报,总是要求反映情况真实、确切,数字明白、清楚,反对模棱两可、含混不清。他告诫财政部的干部要多下基层了解情况,多做调查研究,要根据我国的实际情况制定财政政策。他说:"不懂得我们国家的情况很复杂,不吸收新鲜事物,光靠我们十几年的工作经验是不行的,就是几十年、一百年的工作经验也是不行的。"

邓小平举重若轻,处事干练。他提倡讲短话、写短文、开短会,主张有话则长,无话则短。他自己讲话从来就是言简意赅,从不长篇大论。他具有抓全局、抓大事的领导才能,善于发挥领导班子的集体作用,敢于放手让同志们开展工作,从不做过多干预。财政部的一些干部要求他多到财政部来,他说:"我看我还是多办一些大事情好,我考虑我坐冷板凳要比我完全坐热板凳好些。我坐冷板凳,几位副部长坐热板凳,冷热板凳结合起来,就比较全面。如果我坐在财政部,就可能妨碍几位副部长的工作。"

邓小平坚持原则,权责明确。他要求同志们要认真对待批评和自我批评,他说:人家批评我们财政部,如果批评对了,我们就接受;如果批评得不对,我们就要及时做解释。在一次部办公会议上,他还与财政部的几位副部长约法三章:我到财政部工作,决策方面主要靠你们反映情况。如果你们反映的情况对了,我决策错了,这个责任我负;如果你们反映的情况错了,我根据你们反映的情况做了错误的决策,这个错误你们负责。

邓小平关心干部，爱护干部。他非常平易近人，对下属十分关心：当了解到下级有困难时，便及时给予帮助；发现有问题时，便及时做出明确的指示予以纠正。当时，财政部的一位副部长，在1953年的夏季财经会议上受到了批评，情绪有些消沉。邓小平到财政部后，看出了这个问题，他语重心长地对这位副部长说："我看你受到了批评以后，好像有些消极，抬不起头来。这可要不得，要挺起腰来，继续做工作，不能垂头丧气，一消极就不好了。"

邓小平兼任财政部部长期间，对财政工作和财经理论有过一些重要论述。如阐明财政工作的地位、财政工作的方针及理财思想等，他从全局观察财政，从财政观察全局，高屋建瓴，从战略高度较好地处理了财政与经济的关系。他分析问题的基本原则、立场、观点和方法，具有普遍意义。

针对1953年出现的问题和财政收支工作的特点，以及财政通过财力分配形成的上下左右的复杂关系，为了巩固国民经济恢复时期已经取得的成果，调动各方面的积极性，1954年，邓小平提出了财政工作的六条方针：一、预算归口管理；二、支出包干使用；三、自留预备费，结余留用不上缴；四、控制人员编制；五、动用总预备费须经中央批准；六、加强财政监察。他指出："六条方针有一个重大的政治目的，就是要把国家财政放在经常的、稳固的、可靠的基础上。"这六条方针实际上是对当时财政体制的改革与规范，也是当时颇具针对性的财政政策：归口管理和支出包干等，强化了财政管理和实现调控作用，确保了财政发展的大方向；自留预备费、控制人员编制、加强财政监察等，防止了支出的膨胀，保障了财政收支的平衡；结余自留，较好地调动了地方增收节支的积极性，奠定了"一五"时期财政快速发展的基础。六条方针实施的结果是，1954年、1955年连续两年做到了财政收支平衡，且有相当的结余，增强了国家财政的后备力量，有力地支持了经济建设。

邓小平在工作中，注重把握事物本质。他上任伊始，首先要求广大财政干部正确地理解和把握财政的地位与性质。他指出："财政部门是集中体现国家政策的一个综合部门。"这是邓小平根据他对财政的理解和新中国成立以来财政工作正、反两个方面的经验教训，对财政性质和地位的高度概括。在新中国成立初期，国家财政的首要目标就是巩固社会主义的生产方式，所以邓小平强调财政工作一定要有财有政，切不可"有财无政"。他告诫大家，要懂得数字里有政治，数字要体现政策，决定数字就是决定政策，"数目字内包括轻重缓急，哪个项目该办，哪个项目不该办，这是一个政治性的问题"。

从这个意义上说，财政工作是事关全局的、是具有战略性的。"只要把战略形势讲清楚，问题就好办了。"邓小平的这些关于财政地位与性质的精辟论述，成为新中国编制预算、做好财政工作的指导思想。

1954年，邓小平在全国财政厅局长会议上指出，财政工作"必须服从总路线，即必须保证党在过渡时期总路线、总任务的实现"。明确提出了社会主义国家财政的基本职能和主体任务。财政作为国家综合经济管理部门，必须保证党的总路线的实现。邓小平强调指出："党在过渡时期的总路线就是要建立一个伟大的社会主义国家。""主体是国家工业化，两翼是两个改造，即对农业、手工业和对私人资本主义工商业的社会主义改造。财政工作就要保证国家工业化和两翼改造所需的资金。如何保证呢？一是增加收入，二是节约支出。收入方面凡应收者都应收足，支出方面凡能节约者都应节约。"由于财政部门在工作中坚持了一手抓增加收入，一手抓节约支出，保证了建设资金的供应。"一五"时期，我国成功地进行了大规模的骨干企业、工业基地和基础产业建设，是我国经济发展最快的时期，为以后的发展打下了坚实的基础。

邓小平要求财政部门要掌握两大观点：一是要有全局观念，二是要从实际出发。"照顾全局，从实际出发，这两个观点缺一不可。"这是邓小平从哲学的高度，对财政与经济、集中与分散、中央与地方关系的精辟概括。

关于照顾全局，邓小平指出：新中国成立以来，我们财政工作出了一些问题，就是因为"常常没有从大的方面出发，没有把战略问题交代清楚"。邓小平还指出：全体和局部、中央和地方、集中统一和因地制宜，以什么为主导呢？"如果把局部、地方、因地制宜作主导，那就是要犯原则错误的。一定要以中央、全体、集中统一作主导。""如果两者之间发生矛盾，地方应服从中央，局部应服从全体，因地制宜应服从集中统一。不如此，就会发生地方主义、本位主义和山头主义。"

在强调照顾全局的前提下，邓小平又强调从实际出发，财政为经济服务，并从发展经济中来开辟财源。要多了解实际情况，多下去调查研究，以利于把问题分析得深刻、全面，防止并克服单纯财政观点。

邓小平还十分强调和关注国家财政的稳固。1954年，邓小平针对国家财政出现的一些不稳定现象指出："要把国家财政放在经常的、稳固的、可靠的基础上。""我们必须做到这一点。这不光是要财政部来做，还要靠大家来做。"

反对高、饶的斗争

高饶事件是党的"七大"到党的"八大"期间发生的一次最严重的党内斗争，也是我们党掌握全国政权、成为执政党以后第一次重大的党内斗争。邓小平1952年到中央工作不久，便经受了同高岗、饶漱石反党联盟的斗争的考验。

20世纪50年代初，在完成了经济恢复和土地改革、镇压反革命等民主改革任务后，为适应大规模经济建设的需要，中共中央决定将各中央局和大区行政委员会的主要负责人及一批工作人员调到中央工作，并调整、增设中共中央和中央国家机关的部分机构，以加强中央的集中统一领导。

1952年7月，邓小平由西南局调入中央，任政务院副总理，随后又兼任财经委员会副主任、财政部部长一职。不久，高岗、饶漱石、邓子恢、习仲勋也陆续离开东北局、华东局、中南局、西北局，赴京担任党和国家机关的领导职务。

高岗赴京的日期是1953年11月。赴京前，他任中共中央东北局第一书记、东北人民政府主席、东北军区司令员兼政治委员，集东北的党、政、军大权于一身。同时，他还是中央人民政府的副主席。赴京后，他除继续担任中央人民政府副主席职务外，还兼任国家计划委员会主席。饶漱石赴京的日期是1953年2月。赴京前，他任中共中央华东局第一书记、华东军政委员会主席。进京后，他担任中共中央组织部部长职务。应该说，当时高岗、饶漱石是很受党中央和毛泽东器重的，特别是高岗的权力、地位甚为显赫，一时有"五马进京，一马当先"之说。由高岗担任主任的国家计划委员会（简称"国家计委"）亦有"经济内阁"之称。但高岗、饶漱石权欲熏心，对这样的安排仍不满意。特别是高岗，对其职位在刘少奇、周恩来之下，一直耿耿于怀，尤其是对刘少奇不服和不满。

1953年3月10日，根据毛泽东主席的意见，在周恩来主持下，中共中央做出了《关于加强中央人民政府系统各部门向中央请示报告制度和加强中央人民政府工作领导的决定（草案）》。对政务院工交、财贸、政法、文教等各"口"的工作，中央也做了大幅度的调整，重新进行了分工：确定高岗负责国家计划工作，董必武、彭真、罗瑞卿负责政法工作，陈云、薄一波、邓子恢、李富春、曾山、贾拓夫、叶季壮负责财经工作，习仲勋负责文教工作，邓小平负责监察、民族、人事等工作。周恩来除主管全面工作外，还负责外交、对外贸易等工作。4月28日，中共中央又做出了《关于加强对中央人民政府财政经济部门工作领导的决定》。该决定对3月10日政府领导人的分工作出部分调整，决定计划工作和8个工业部的工作：由高岗、李富春、贾拓夫负责；劳动工作和工资问题，由饶漱石负责；财政、金融、贸易工作，由陈云、薄一波、曾山、叶季壮负责；铁路、交通、邮电工作，由邓小平负责；农业、林业、水利、供销合作工作，由邓子恢负责。这是中央为加强集中统一领导所采取的重要措施。但是，高岗竟错误地认为，这是毛主席对周恩来的不信任，是削弱周总理对政府工作领导权的步骤。他以为自己的权势在日益扩大，地位也在不断提高，有可能担任更高的职务，于是更加妄自尊大、目空一切，个人野心急剧膨胀起来。

1953年底，在党中央准备撤销中央局、大区行政委员会的同时，毛泽东为了减轻自己担负的繁重的日常工作，加强集体领导，提出将中央的领导班子分为一线、二线。这样，党和国家的领导机构将进行大幅度调整，人事安排也会做相应的变动。高岗、饶漱石闻讯后更加紧了其阴谋分裂党的活动。这时，高岗以国家副主席兼任国家计委主任，又分管8个工业部，权势显赫。中央组织部也处在了举足轻重的地位，饶漱石被毛泽东戏称为"吏部尚书"。这两个人随着地位的跃升和权力的增大，个人主义思想急剧膨胀：高岗更加目中无人，迫不及待地想当领袖，饶漱石也急于想在政治投机中附高岗骥尾，分得一杯羹。他们错误地认为，毛泽东这些人事调整是对刘少奇和周恩来的不信任，自己的机会来了。于是，1953年夏秋之际，在中央召开全国财经会议和第二次全国组织工作会议前后，两人急不可耐地跳了出来，"这边一炮，那边一斗"，演了一出企图分裂党的"二重奏"。

高、饶是从大肆攻击和诽谤刘少奇开始其分裂党的活动的。

高岗对刘少奇的不满由来已久。还在新中国成立前夕，刘少奇在天津讲话后不久，就曾批评高岗所在的东北局在对待民族资产阶级问题上犯了"左"的错误。由此，高岗对刘少奇怀恨在心，进而不择手段地对刘少奇进行了一系列的攻击和诬陷。他公然在当时担任东北铁路系统苏联总顾问的科瓦廖夫面前造谣中伤刘少奇。他说：中国党内有一个以刘少奇为代表的"亲美派"。科瓦廖夫随即写信告诉了斯大林。高岗访苏回国后，又向人散布说：斯大林不喜欢刘少奇，也不重视周恩来，而最赏识他高岗。苏联部长会议第一副主席捷沃西安来我国进行友好访问，与高岗谈判有关"鞍钢"工程建设的事。交谈中，高岗问捷沃西安："你说中国要不要消灭资本主义？"对方回答说："当然要消灭！"高岗说："我就是这个意见，但是我的意见在我们党内却得不到支持。"捷沃西安问："是吗？是怎么一回事？"高岗毫不掩饰地说："请你回去报告苏共中央，就说在我们的中央有人反对我。"

进京不久，他开始搜集刘少奇在工作中的一些缺点、错误，把刘少奇在工作中的一些缺点、错误，并且是已经改正了的缺点、错误，积累起来，加以传播，并夸大其词地说：刘少奇自"七大"以来犯了一系列的路线错误。还散布说：刘少奇在"七大"被抬得太高了，几年来的实践证明，他并不成熟；他只搞过白区工作，没有军事工作和根据地建设的经验，只依靠华北的经验指导全面工作，而看不起东北的经验。尤其是当高岗发觉在发展农业生产合作工作、工会工作，以及向社会主义过渡等问题上，毛泽东与刘少奇有不同的看法，并对刘少奇有所批评时，便以为刘少奇今后将不再被中央信任，其威信和地位将发生动摇。于是，他授意别人写文章，以他的名义公开发表，借以抬高自己，打击刘少奇。他写的《反对资产阶级思想对党的侵蚀，反对党内的右倾思想》一文，把刘少奇阐述过的关于党对民族资产阶级政策的观点、关于农村互助合作的观点等，一概当作所谓"党内的右倾思想"加以批判。

1953年夏季全国财经工作会议期间，个人野心急剧膨胀的高岗和饶漱石窥测形势，以为他们篡夺党和国家最高领导权的机会到了，于是把这次会议作为他们进行阴谋活动的一个时机。他们利用这次会议批判"新税制"错误之机，利用党内存在的分歧，在会上发表种种无原则的言论，制造党内纠纷。在会外，他们散布流言，诬蔑中央有所谓的"圈圈"和"摊摊"，破坏中央的威信。特别是攻击中央领导核心中的刘少奇和周恩来，吹嘘自己，致使会议无法按原定方针进行下去。原定6月开始、7月结束的会，一直拖到了8月初。毛泽东很重视这次会议，十分关心会议的进展状况。他每天起床后的第一件事就是请自始至终出席会议并做详细记录的中共中央副秘书长兼中央办公厅主任杨尚昆详细汇报头一天会议的情况。当他看到会议偏离了方向，就马上交代杨尚昆打电话到北戴河"搬兵"，请正在那里休息的陈云、邓小平火速回来参加会议。8月6日，陈云和邓小平都在会上发言，讲了些公道话。这样，会议的气氛才缓和下来。8月11日，在周恩来做了总结之后，宣布会议结束。

这次全国财经工作会之后，高岗以休假为名，到华东、中南地区继续进行分裂党的活动。他说在我们党的历史上有"二元论"，党的六届七中全会通过的《关于若干历史问题的决议》要修改，该决议中关于"刘少奇是党的正确路线在白区中的代表"的提法不对头，需要重新做结论。他还伙同饶漱石，利用各种场合，散布所谓"军党论"，把中国共产党分为"根据地和军队的党"与"白区的党"两部分。他们不顾军队是由党建立和领导的事实，断言"党是军队创造的"，并自封为"根据地和军队的党"的代表人物。他们提出，党中央和国家领导机关掌握在以刘少奇为首的"白区的党"的手里，应当彻底"改组"中央，企图借此煽动红区干部和军队干部跟他们一道，拱倒刘少奇、周恩来，由他高岗来当中央第一副主席和政务院总理。

在 1953 年 9 月召开的第二次全国组织工作会议上，身为中共中央组织部长的饶漱石极力配合高岗的行动。他未向党中央汇报便开展了对中央组织部副部长安子文的批判，欲达到反对刘少奇、分裂党中央的目的。中央觉察到会议方向被搞偏了，决定大会暂停，转入开领导小组会议，先解决中央组织部的内部问题。在连续几天的领导小组会上，饶漱石仍执迷不悟，继续对安子文和刘少奇进行攻击。在最后一次领导小组会上，刘少奇代表中央明确指出"中央组织部过去的工作是有成绩的，在工作中是执行了中央的正确路线的"。对于这个部过去工作中存在的某些缺点和错误，他以无产阶级革命家的坦荡胸怀，主动承担了领导责任。邓小平也在会上强调：中央组织部工作的成绩，"是与毛主席特别是少奇同志的直接领导分不开的，但子文同志也有成绩，不能设想只是领导得好，他们做不好也会有成绩"。与会的中央领导同志也本着对待犯错误同志"一看二帮"的精神，在发言中都给了饶漱石一个"体面退却"的台阶。但饶最后发言时，仍然坚持自己"原则正确，方法错误"，不肯老实认错。这以后，他还继续在毛泽东主席面前说刘少奇、安子文和中央组织部一些同志的所谓"错误"，并依旧同高岗沆瀣一气，阴谋进行分裂党中央的活动。

高、饶看到明的不行，就转入了暗中。他们企图拉拢中央和各大区的负责人。他们先是拉拢了中南军政委员会负责人林彪。紧接着，高岗来找邓小平，企图挑拨邓小平与中央其他负责人的关系，并以更高的官位相利诱，以求取得邓小平的支持。

对于高、饶这种"企图夺取党和国家的最高权力""毫无原则的、广泛的阴谋活动"，邓小平始终坚持原则，并进行了坚决的斗争。

到中央工作之前，邓小平同高岗、饶漱石的接触和交往并不多。到中央后，他担任政务院副总理，主管财经事务，后兼任财政部部长。国家计委成立后，他又与陈云、彭德怀、饶漱石等人成为国家计委的委员。由于工作关系，他与高岗、饶漱石的接触逐渐多了起来。

当高岗感到时机成熟时，就迫不及待地找邓小平摊牌。他说：在中国谁是列宁的问题解决了，但谁是斯大林的问题还没有解决，你看是谁呀？邓小平看穿了高岗的用意，故意指着墙上挂的几张中央书记的像说：就在这中间嘛！并明确向高岗表示了自己的态度，说："刘少奇同志在党内的地位是历史形成的。""改变这样一种历史形成的地位不适当。"但是，高岗并没有听从邓小平的直言劝告，而且更加肆无忌惮地进行了一系列的"小组织"活动。他经常在自己的住地，利用请客、组织舞会等活动，散布流言，拉拢干部；逢甲说乙，逢丙说丁，制造党内不和。1953年下半年，高岗对设立总书记表示不赞成，而主张多设几个副主席，并反对刘少奇当总书记或者当副主席。当他听说书记处要开会把这个问题定下来时，唯恐自己当不上副主席，见拉拢邓小平不成，就去拉拢陈云。他对陈云说：要搞副主席就多搞几个，你一个，我一个。同样遭到陈云的断然拒绝。这时，邓小平和陈云都觉得这是个重大的原则问题，事态发展下去，有分裂党的危险。于是，他们及时把这件事向毛泽东做了汇报。事隔二十多年后，1980年3月，邓小平在同起草《关于建国以来党的若干历史问题的决议》的同志的谈话中，回顾了他所亲身经历的这场党内斗争的情景，他说：

> 这个事情，我知道得很清楚。毛泽东同志在1953年底提出中央分一线、二线之后，高岗活动得非常积极。他首先得到林彪的支持，才敢于放手这么搞。那时，东北是他自己，中南是林彪，华东是饶漱石。对西南，他用拉拢的办法正式和我谈判，说刘少奇同志不成熟，要争取我和他一起拱倒刘少奇同志。我明确表示态度，说刘少奇同志在党内的地位是历史形成的，从总的方面讲，刘少奇同志是好的，改变这样一种历史形成的地位不适当。高岗也找陈云同志谈判，他说：搞几个副主席，你一个，我一个。这样一来，陈云同志和我才觉得问题严重，立即向毛泽东同志反映，引起他的注意。

邓小平和陈云的这一举动，可以说是反对高岗、饶漱石反党阴谋斗争的转折点。在此之前，毛泽东虽然发现了高岗、饶漱石一些不正常的活动，但并未把它看得很严重。在听了邓小平和陈云的汇报后，他立刻高度警惕，密切注意事态的发展，同时开始削弱高岗、饶漱石的权力。

1953 年 12 月，毛泽东提出在他离京休假期间由刘少奇负责中央工作。高岗出面反对，并且私下活动，要求由他担任党中央总书记或副主席，还要求调换一些政务院副总理。12 月 24 日，中央政治局召开会议，批评高岗、饶漱石反党阴谋活动。毛泽东在会议上讲话，"北京有两个司令部，一个是以我为首的司令部，就是刮阳风，烧阳火；一个是以别人为司令的司令部，就是刮阴风，烧阴火，一股地下水"，指出了高岗反党阴谋活动的性质及其严重性，向高岗的阴谋活动提出了严厉警告。同时，为了维护党的团结和统一，提出了关于增强党的团结的建议。

1954 年 2 月 6 日至 10 日，党的七届四中全会在北京召开。会议揭露、批判了高岗和饶漱石在 1953 年召开的全国财经工作会议和第二次全国组织工作会议及其前后的反党分裂活动。会上，朱德、周恩来、邓小平、陈云等都发了言，严肃批评高岗、饶漱石破坏党的团结和统一，篡党夺权，阴谋分裂党的活动。会议要求全党对野心家、阴谋家提高警惕，希望他们幡然悔悟、改正错误。全会一致通过了《关于增强党的团结的决议》。但是，高岗、饶漱石仍然执迷不悟，不做深刻检讨，不愿痛改前非。高岗还以自杀（未遂）与党对抗。

党的七届四中全会并没有对高岗、饶漱石做组织结论。在此之后，为全面查清他们的反党阴谋活动，对证高、饶的种种反党活动事实，并对他们进行教育和挽救，中央书记处在 2 月中旬分别召开了高岗问题、饶漱石问题两个座谈会。受中央之托，周恩来主持高岗问题座谈会，邓小平、陈毅、谭震林主持饶漱石问题座谈会。随后，在中央政治局的领导下，东北局、华东局、山东分局和上海市委等又召开专门会议，对高饶问题进行了揭发和批判。在无可抵赖的事实面前，高岗仍拒不悔改，自绝于党和人民，于 8 月 17 日再次服安眠药自杀。

1955 年 3 月 21 日至 31 日，在北京召开了中国共产党全国代表会议上，邓小平代表党中央做《关于高岗、饶漱石反党联盟的报告》，全面论述了党同高、饶反党联盟斗争的经过，以及进行这场斗争的重要意义和经验教训。会议通过了《关于高岗、饶漱石反党联盟的决议》，宣布将他们两人开除出党，撤销其党内外一切职务。至此，这场斗争取得了完全的胜利，全党的团结和统一得到了维护和加强。1956 年 9 月 16 日，邓小平在"八大"所做的《关于修改党的章程的报告》中再一次向全党指出：

> 高岗、饶漱石反党联盟的基本特点，就在于进行毫无原则的、广泛的阴谋活动，企图夺取党和国家的最高权力。这一联盟企图把持某些地区和某些工作部门，作为反对中央和进行篡夺活动的"资本"，并且为着同一目的，在各个地区和人民解放军中，进行反对中央的煽动。他们的阴谋活动，完全违反党和人民的利益，而仅仅有利于中国人民的敌人。党中央决定开除高岗和饶漱石的党籍，因为他们的行为对于党和人民的利益有极端严重的危害。并且，他们在党的七届四中全会前后的长时期中，在党再三向他们敲了警钟以后，他们仍然没有悔改的表示。党中央在 1953 年夏季召集的全国财经工作会议和同年 9、10 月间召集的全国组织工作会议上，都着重地要求全党加强团结，反对破坏团结的行为，但是，这些醉心于分裂党和夺取权力的阴谋家完全置若罔闻。

邓小平在 1980 年 3 月的一次谈话中，再一次充分肯定了这次党内斗争的正确做法和成功经验。他说"高岗是搞阴谋诡计的"，"揭露高饶的问题没有错"。

> 高饶问题的处理比较宽，当时没有伤害什么人，还有意识地保护了一批干部。总之，高饶问题不揭露、不处理是不行的。现在看，处理得也是正确的。

反对高岗、饶漱石的斗争，对于刚刚到中央工作不久的邓小平来说，无疑是一场严峻的考验。在这场斗争中，邓小平立场坚定、旗帜鲜明，充分表现出了对党高度忠诚、负责的优秀品质和出色的组织才能，深得毛泽东和党中央的器重和信任。1954 年，邓小平出任党中央秘书长，并接替饶漱石兼任党中央组织部部长。

1956 年的两次访苏

1956 年 2 月，苏共中央决定于 2 月 14 日至 25 日召开苏共第二十次全国代表大会，并邀请中国共产党派团列席。

2 月 5 日夜，毛泽东召集周恩来、陈云、邓小平、彭真、王稼祥、谭震林等人开会，研究中共中央派代表团参加苏共二十大等问题。

2 月 9 日，中共中央通过新华社宣布：应苏共中央委员会的邀请，中共中央决定派遣以中共中央政治局委员、书记处书记朱德为团长的代表团，赴苏联参加即将举行的苏联共产党第二十次全国代表大会。代表团成员有：中共中央政治局委员邓小平，中共中央委员谭震林、王稼祥，以及候补中央委员刘晓。

此时，朱德和刘晓已在莫斯科。

朱德是经苏联先后访问了罗马尼亚、民主德国、匈牙利、捷克斯洛伐克、波兰等东欧五国，进行友好访问的。2 月 4 日，朱德率中华人民共和国代表团抵达莫斯科，开始参观访问。

刘晓，时任中华人民共和国驻苏大使。

就在新华社发布消息的时候，邓小平和谭震林、王稼祥以及随行人员于 2 月 9 日离开北京赴莫斯科，两天后抵达。

抵达莫斯科的第二天，邓小平同谭震林、王稼祥及随行人员开始在莫斯科参观访问。他们首先参观了苏联农业展览馆及和平利用原子能展览会。邓小平在参观后题词："在这里，我们看到了苏联的高度科学技术成就。"

当晚 8 点，邓小平和朱德、谭震林、王稼祥等参观了莫斯科地铁车站，并兴致勃勃地乘地铁绕莫斯科环行一周。

2 月 13 日，邓小平和谭震林等参观了莫斯科大学。

这是邓小平第二次来到莫斯科，距他第一次离开莫斯科的时间正好 30 年。

邓小平一行和先期抵达的朱德等人会合后，中共中央代表团便立即开始工作。本来应苏方邀请，朱德准备在《中苏友好同盟互助条约》签订 6 周年纪念日前夕的 2 月 12 日晚上做一次电视讲话，恰好邓小平等人到来，朱德便将准备好的讲话稿请邓小平斟酌一下。邓小平看后认为，讲话稿总的内容是不错的，但提出了两点修改意见：第一，不能只讲苏方对中国的支持和援助，支持和援助是相互的；第二，讲苏联对中国的援助时要注意分寸，不能夸大。

2月14日，苏共第二十次全国代表大会在克里姆林宫举行。中共中央代表团列席了大会。苏共中央第一书记赫鲁晓夫在会上做工作报告。这是一个公开报告，其中，涉及三个理论性的问题：和平共处的对外政策，避免新世界大战的可能性，以及资本主义国家存在着和平过渡到社会主义的可能性问题。

中共中央代表团在讨论赫鲁晓夫的报告时，邓小平对其中的有些提法明确表示不同意。他说：把"和平过渡"作为国际工人运动的一个战略性问题提出来，违背了马列主义关于无产阶级暴力革命的理论。中共中央对赫鲁晓夫的工作报告也是有不同看法的，但为了不影响中苏两党的友好关系，中共中央发表了一篇社论，表示了支持态度。其中说到了和平竞赛及和平共处问题，但没有涉及和平过渡问题，则表明了中共方面对此的不同意见。这个问题后来成为中苏两党争论的焦点之一。

苏共二十大是25日闭幕的，但在闭幕后不久，苏共中央又秘密地召开了一次有苏共二十大全本代表参加的会议。赫鲁晓夫在事先未同各国共产党商量的情况下，做了一个《关于个人崇拜及其后果》的秘密报告，一笔抹杀了斯大林的伟大历史功绩，从而否定了苏联40年的光荣历史。邓小平回国后在毛泽东召集的讨论苏共二十大赫鲁晓夫反斯大林秘密报告的书记处会议上说：我们在会议期间没有听到反对斯大林的秘密报告。在会议闭幕的第二天下午，苏共中央联络部派人拿着报告到中共代表团住处，说受苏共中央的委托，有重要文件给中共代表团通报。当时，代表团商量，朱总司令年纪大，由我们通报。实际上不是什么通报，而是由翻译念赫鲁晓夫的秘密报告。我们的翻译边看边口译，念完苏方就拿走，只念了一遍。当时感觉报告很乱，无条理，就听到了一大堆关于斯大林破坏法制杀人、靠地球仪指挥战争、对战争毫无准备等，还讲了一个南斯拉夫问题，其他政策性的错误无什么印象。当时，我表示此事关系重大要报告中央，没有表态。随后，我们就根据记得的内容电报中央了。

但是不久，苏方就将赫鲁晓夫秘密报告的记录稿送交各国共产党一份，引起了社会主义阵营中极大的思想混乱。邓小平曾气愤地说："斯大林是国际人物，这样对待他是胡来！不能这样对待革命领袖斯大林！"没几天，美国中央情报局在波兰找到了这个报告的翻印本并公之于世，顿时轰动了全世界。

苏共二十大期间，苏共方面对中共中央代表团的态度是冷淡的，他们没有单独会见过中共代表团。对中共中央代表团团长朱德2月15日在大会上代表中国共产党和中国人民所作的祝词和中国国内发表的社论，也只是在同各国代表团礼节性会见时表示感谢。这和过去是大不一样的。特别是赫鲁晓夫的秘密报告这样重大的事，事前一点儿商量和通报都没有，这也是中苏两党关系中的第一次。由此，中苏两党的分歧亦见端倪。

3月1日，邓小平率代表团部分成员先行回国，随即就参加苏共二十大的情况向毛泽东和中央政治局做了汇报。中共中央政治局多次开会讨论赫鲁晓夫的秘密报告。邓小平在3月19日下午中央政治局扩大会议上说：苏共二十大闭幕大会是2月25日下午召开的，很可能是正式会议闭幕后在晚上举行的秘密会议，开得很仓促。在苏共二十大会议上，只有米高扬几个人一般地谈到个人崇拜，其他人没有涉及。但秘密报告似乎也不是完全没有准备的，如报告开头也讲到列宁是怎样讲的。报告主要是从斯大林个人性格方面讲的，但个人性格不能说明这么大的国家、这么大的党，在这么长的时期内犯了一系列的错误。五天以后，毛泽东又召集政治局扩大会议继续讨论秘密报告问题。会上，毛泽东回顾了中国共产党和苏联共产党关系的历史，说：苏共二十大反斯大林，对我们来讲的确是个突然袭击。但天要下雨，娘要嫁人，我们有什么办法呢？不过，赫鲁晓夫反斯大林，这样也有好处，打破"紧箍咒"，破除迷信，帮助我们考虑问题。我们要做的是从苏联的错误中吸取教训。搞社会主义建设不一定完全按照苏联那一套公式，可以根据本国的具体情况，提出适合本国国情的方针、政策。

邓小平在会上讲道：斯大林搞个人崇拜的确是要不得的。当然，不能把斯大林的所有错误都归结为个人崇拜。个人崇拜是错误的结果，而不是错误的原因。个人崇拜是个坏东西，我们党比较注意这个问题。我记得延安整风时就谈到过这个问题。毛主席讲领导方法时，特别强调群众路线，就是反对个人崇拜。我们党是有群众路线传统的。我党"七大"提倡批评和自我批评也是反对个人崇拜的。抗日战争中，我们搞群众路线、集体领导、自我批评。毛主席1943年写的《关于领导方法的若干问题》，1948年写的《关于健全党委制的决定》，都是贯彻群众路线防止个人崇拜的重要文献。1949年，党的七届二中全会明确提出的不突出个人，不祝寿，不以人名命名地方、街道、工厂等，都是有远见的、正确的。赫鲁晓夫报告中讲那时不能对斯大林提不同的意见，谁提不同的意见就保不住脑袋。这种说法难以服人。共产党人应当坚持真理，不坚持真理，阿谀逢迎，算什么共产党人？而且，在党的最高领导机构——政治局里不能提不同的意见，这怎么行！怕死怎么行！赫鲁晓夫说怕丢脑袋，不能以此来原谅他们的错误。不能说错误都是斯大林的，没大家的份儿；功劳是大家的，没斯大林的份儿。这两个片面性都是不对的。

刘少奇和政治局的其他同志在会上也谈了自己的看法。

最后，会议决定要写一篇文章，说明中国共产党的观点，并决定由陈伯达执笔，新华社、中宣部加以协助，邓小平参与主持文章的讨论和修改。这就是 4 月 5 日《人民日报》发表的《关于无产阶级专政的历史经验》一文，文章指出："斯大林是一个伟大的马克思列宁主义者，但也是一个犯了严重错误而不自觉其为错误的马克思列宁主义者。我们应当用历史的观点看斯大林，对于他正确的地方和错误的地方做出全面的、适当的分析，从而吸取有益的教训。"

1956 年，是国际共产主义运动史上的多事之秋。赫鲁晓夫全盘否定了斯大林的做法，造成了社会主义阵营的思想混乱。1956 年 6 月 28 日，波兰波兹南发生了工人罢工、上街游行示威事件。随后，波兰的其他一些地方也开始发生骚乱。波兰事件发生后，引起了中国共产党的极大震动。10 月 22 日晚，毛泽东在中南海住处召集中央政治局常委开会。中共"八大"后，新组成的中央政治局常委，成员有：毛泽东主席，刘少奇、周恩来、朱德、陈云副主席和党中央总书记邓小平。参加会议的还有中央书记处书记彭真，中央书记处书记兼中央联络部部长王稼祥，中央书记处候补书记、毛泽东的秘书胡乔木。吴冷西、田家英也列席了会议。

会议主要讨论了波兰事件以及由此引起的社会主义阵营中的一些问题。为了维护国际共产主义运动内部的团结，中共中央决定派代表团赴苏联莫斯科就波兰事件与苏共中央协调。

中央政治局常委会最后确定：刘少奇、邓小平率代表团赴莫斯科分别与波兰和苏联代表团会谈，任务是劝和。会谈要着重批评苏共的大国沙文主义，同时劝说波兰党顾全大局，劝他们协商一致，达成协议巩固波苏友谊。

10 月 23 日，刘少奇、邓小平、王稼祥和胡乔木、师哲乘坐苏联派来的专机赴莫斯科。代表团到达莫斯科后，赫鲁晓夫到中共代表团驻地与刘少奇、邓小平等就波兰问题交换了意见。邓小平在会谈中说：在斯大林后期，苏共对各国共产党有强加于人、使用压力的大国沙文主义错误，使社会主义国际关系处于一种不正常状态，这是波兰事件发生的根本原因之一。党与党、国与国之间的关系要有一个原则，必须承认国与国、党与党的独立平等的原则。讨论中，中共代表团严厉批评了苏联调动军队问题，指出使用武力干涉波兰是极其错误的。战争虽然没有真正打起来，但这也是一种非常严重的大国沙文主义的表现，是冒险的行动。苏方代表说，波兰民族主义情绪、反苏情绪强烈，尤其是具有犹太血统的波兰人反苏更厉害。苏联曾经给波兰很大的援助，现在波兰不买账。刘少奇和邓小平在会谈中严肃指出：苏联是最强大的社会主义国家，对其他社会主义国家进行帮助，是你们的义务，也是你们的功劳；你们应该胸怀宽大些，搞好与波兰的关系。苏方代表还说，苏联在波兰驻军完全是为了保障苏联在民主德国驻军运输线的畅通，也是为了整个欧洲社会主义阵营的利益和安全。后来，他们到华沙后也同意通过谈判，和平解决苏波分歧，并已下令驻波兰和民主德国的苏军部队撤回原来的驻地。中方代表还表示，尽最大的努力做好波兰同志的工作，希望波苏友谊不断得到加强。对此，苏方表示赞赏。

中共代表团也与以波兰统一工人党第一书记哥穆尔卡为首的波兰党代表团进行了会谈。中共代表团在会谈中首先表态支持波兰反对苏联干涉波兰党的事务。代表团团长刘少奇介绍了中共中央政治局曾严厉警告苏联不要武装干涉波兰的经过。波方代表在会谈中列举了许多中共代表团从未听说过的苏联欺负波兰的具体事实。他们说：苏联过去是欺负他们，把他们当作殖民地，剥削他们的资源、劳动力；苏联从德国拿到的战争赔偿，一分钱也不给波兰；还追溯到 20 世纪 30 年代苏联党如何清洗波兰党的情况，情绪比较激动。邓小平后来给政治局汇报时称"波兰同志说到这些情况时，激动得有点儿像我国搞土地改革时贫雇农吐苦水"。刘少奇、邓小平还力劝波兰同志以大局为重，改善波苏关系，加强与苏联的合作，度量要大一点儿，不要计较苏联过去对波兰的许多错误做法，要以和为贵，向前看。我们希望波兰与苏联搞好关系，因为波兰是东欧最大的国家，与苏联关系的好坏对整个社会主义阵营关系甚大。我们对波兰寄予希望，也相信波兰同志会按照无产阶级国际主义的原则处理好苏波关系。波方代表对中国党的支持深表感谢，同时表示要努力改善与苏联党的关系，加强波苏两党在无产阶级国际主义基础上的团结。

从 10 月 23 日起，苏、波、中三国党的代表团在莫斯科像走马灯似的轮流双边会谈。中共代表团完全充当了调解人的角色。29 日、30 日，中共代表团又和苏共领导赫鲁晓夫、莫洛托夫、布尔加宁会谈。在 29 日的会谈中，向苏方转达了毛泽东主席的意见：建议苏联对东欧国家采取一种根本的政策，即在政治和经济上放手，让他们独立自主，不加干涉，相互平等。经过两天的会谈，最后大家一致同意两点：第一，苏波两党尽快再举行一次正式会谈，协商解决分歧并达成协议；第二，苏联单独发表一个关于社会主义国家关系的宣言。这个宣言在10月30日发表了。其中，苏联承认过去在处理社会主义国家之间关系方面有错误，不符合社会主义国家之间平等的原则，声明要改正这些错误，表示要根据互不干涉内政、相互平等的原则解决社会主义国家之间的问题。此前，中共代表团曾于29日将此方案电报国内。毛泽东于30日召集政治局会议，同意了这个方案，11月1日又专门召集最高国务会议说明情况，征求各民主党派人士的意见，取得他们的赞成，然后以中国政府的名义发表。11月1日、2日，《人民日报》分别发表了《苏联政府关于发展和进一步加强苏联同其他社会主义国家友谊和合作基础的宣言》和《中华人民共和国政府关于苏联政府1956年10月30日宣言的声明》，支持苏联的宣言。

就在中共代表团在莫斯科与苏联、波兰党代表团会谈，协调苏波两党关系之时，匈牙利事件发生了。

从10月下旬到11月上旬，匈牙利的布达佩斯等地也开始发生工人罢工、示威游行和骚乱，而且局势发展得越来越严重。

10月29日，米高扬和苏斯洛夫赶赴布达佩斯，在同匈牙利当局会谈时表示，苏联党和政府决定准备从匈牙利撤军。当时从匈牙利撤军，等于放弃了对匈牙利工人党的支持，将寻致匈牙利人民政府的垮台。中共代表团从苏联方面获得这一消息后，立即电告中央，请中央指示对此事应采取的方针。

中共中央在10月30日召开政治局会议，在讨论准备发表支持苏联关于社会主义国家关系宣言的声明的同时，讨论匈牙利的局势。取得了一致的意见，决定立即电告在莫斯科的刘少奇和邓小平，要他们代表中共中央郑重向苏共中央提出，我们不赞成苏联从匈牙利撤军，建议苏军仍然留在匈牙利，帮助匈牙利党和人民平息骚乱。

10月31日下午，中共代表团紧急约见苏共中央主席团，向他们转述了中共中央的意见。但苏共中央主席团的所有成员都认为从匈牙利撤出苏军是不得已的事，匈牙利的社会主义已经完了，目前的状况没有别的解决办法，只好撤军，否则就要打仗。中方代表最后严肃地指出：如果你们真要现在撤兵，对匈牙利撒手不管，那么你们将要成为历史的罪人。最后，苏方仍表示要撤军，而且态度很坚决。当天夜里，苏共中央主席团召开会议，讨论是否从匈牙利撤军的问题。

11月1日23时15分，中共代表团离开莫斯科回国。临行前，赫鲁晓夫特意到宾馆送行，并和刘少奇同赴机场。途中，赫鲁晓夫说：继昨天下午中苏两党代表团会谈之后，苏共中央主席团开了一夜会，决定苏军继续留在匈牙利，帮助匈牙利人民保卫社会主义成果。刘少奇听后大为意外，但表示苏联的态度变得很快、变得很正确，中国坚决支持。以赫鲁晓夫为首的苏共中央主席团全体成员都到机场送行，并逐个同中共代表团成员紧紧拥抱，表示感谢中国在波匈问题上对他们的帮助。

邓小平的这两次莫斯科之行，给赫鲁晓夫留下了深刻的印象。

原来，赫鲁晓夫对邓小平并不了解。1954年9月，赫鲁晓夫率领苏共中央代表团来北京参加中国国庆大典时，和邓小平曾见过一面。当时，邓小平并没有引起他的太多注意。在赫鲁晓夫的印象里，邓小平只是很多副总理中的一位，中苏友协名誉理事之一。凡是有关对外的事务，他都表示克制，让毛泽东、周恩来、刘少奇等领导人出头露面。1956年这两次可不一样，赫鲁晓夫后来回忆说："这个人可厉害，我跟他打过交道。1956年是他来了，你可别看他个子低一点儿，他的智慧、思想水平很高。"

中共代表团回到北京，一下飞机即赴中南海颐年堂，向毛泽东和中央政治局汇报。

中共"八大"

1956年是中国社会主义建设历史进程中极其重要的一年。这一年的9月15日，具有历史意义的中国共产党第八次全国代表大会在北京召开。这是中国共产党执政以后召开的第一次全国代表大会，是一次继往开来的重要会议。大会确定要把党和国家的工作重点转移到经济建设上来。

党的"八大"也是邓小平政治生涯的重要转折点，无论是在筹备会议的过程中，还是在大会期间各项议程的进行中，邓小平都十分引人注目。在中共八届一中全会上，他当选为中共中央总书记，成为以毛泽东为核心的第一代中央领导集体的成员。

1955 年 3 月 31 日，毛泽东在党的全国代表会议上代表中共中央宣布：中央决定 1956 年下半年召开党的第八次全国代表大会。他号召全党"为胜利地召开党的第八次全国代表大会而斗争"！从决定召开"八大"起，中共中央便开始了各项准备工作。邓小平作为中共中央秘书长、中央组织部部长，肩负起了筹备工作的重任。从起草大会的报告到安排大会的具体日程，从审阅大会的发言稿到安排大会发言，从讨论"八大"代表选举问题到起草大会通知，关于"八大"的大事小情，他几乎全参与了。

　　1955 年 4 月 21 日，邓小平将草拟的党的"八大"政治报告、修改党章和修改党章报告起草委员会名单报送毛泽东。根据毛泽东提交政治局会议讨论的批示，5 月 12 日，中央政治局召开会议进行讨论并予以通过。邓小平同时参加了上述两个起草委员会的工作。

　　作为大会的主要筹备人之一，邓小平还担负着大会及会议文件的宣传、解释工作。根据毛泽东"由邓小平同志报告第八次党代会问题决议的意义和内容"的提议，邓小平曾数次在中央全会上对党的"八大"问题做解释和说明。

　　这一年的 9 月 18 日，邓小平将他修改、审定的《关于召开党的第八次全国代表大会决议草案的说明》报毛泽东审阅。毛泽东看后批示：我认为可以照这样去讲。只改了几个字。10 月 4 日，邓小平在北京召开的中共七届六中全会扩大会议上代表中央政治局做了《关于召开党的第八次全国代表大会的决议草案的说明》。邓小平在说明稿中，着重对党的第八次全国代表大会推迟召开的原因、"八大"的主要议程、代表选举、召开的时间等做了解释。他说：1945 年至 1949 年，我们正处在急风暴雨的革命战争中，1950 年到 1952 年，我们全神贯注地进行民主改革、恢复国民经济和巩固人民民主专政这些极为繁重而巨大的工作，如紧张地进行了抗美援朝斗争；1953 年下半年，党中央觉察了高、饶反党联盟；显然，在解决了高、饶反党联盟这样重大的事件后，再来考虑召开中共"八大"，无疑是更为适当的。此后的几年中，党规定了过渡时期的总路线，全国人大通过并公布了宪法，在社会主义改造和建设及其他各方面工作中，有了更多宝贵的经验。同时，经过整党、建党、审干、总路线宣传和社会主义改造与建设一系列实际斗争教育，党的组织更加团结和巩固，党的政治觉悟有所提高。所有这些，实际上为党的"八大"做了更为充分的政治准备和组织准备。所以，中央认为，召开党的"八大"的时机完全成熟了。这次会议通过了《关于召开党的第八次全国代表大会的决议》。

1956 年 3 月 23 日，邓小平在中南海的西楼会议室主持了中央秘书长会议，讨论"八大"代表选举等问题。一个月后，他又在这里召开的中央秘书长会议上，具体主持、讨论了出席"八大"代表的名单。5 月 11 日、12 日、18 日，邓小平又连续主持了秘书长会议，讨论中央一级机关出席"八大"代表候选人问题。12 日，他在怀仁堂召开的中央机关有关单位负责人会议上，专门讲解了代表候选人问题。

1956 年 8 月 15 日，他亲自代中央起草下发了通知：一、"八次"大会定于 9 月 15 日开幕；二、现决定 9 月 1 日到 9 月 14 日举行"八大"的预备会议；三、请你们通知各代表务于 8 月 31 日以前到达北京，向中央办公厅报到；四、中央决定各地区和各单位所选出的候补代表，一律列席"八次"大会，请通知他们同时到达北京。

为了更直接、具体地准备"八大"会议，中共中央于同年 8 月 22 日召开了党的七届七中全会第一次会议。在这次会议上，邓小平就党的"八大"的六个文件做了说明。他强调："八大"议题和安排发言，应该突出"八大"讨论国家经济建设的主题。他举例说：像工业方面，除了一些比较带系统性的发言外，还要组织那么二十几篇稿子，这样才表现出会议是在讨论建设这个重点，只那么两三个人发言，谈搞计划、搞建设，大会里面的空气不多，那也不好。对此，毛泽东和与会者深表赞同。毛泽东说：小平同志说得对，这一次重点是建设。报告里面有这么几个大题目，都可以讲。但是，重点是两个：一个是社会主义改造，另一个是经济建设。这两个重点中主要还是在建设，这个报告的主要部分，3 万字中有三分之一是讲建设。很显然，突出经济建设这个中心，是"八大"报告的主题。

在邓小平的协助下，毛泽东主持的"八大"筹备工作紧张、繁忙而又发扬民主，为开好党的"八大"奠定了坚实的组织基础和思想基础。

1956 年 9 月 15 日至 27 日，中国共产党第八次全国代表大会在北京举行。出席这次大会的代表共 1 026 人，代表着全党 1 073 万名党员。在这次党的全国代表大会上，毛泽东致开幕词，刘少奇做政治报告，周恩来做关于发展国民经济的第二个五年计划的建议的报告，邓小平做关于修改党章的报告。

《关于修改党的章程的报告》是在邓小平亲自主持和领导下起草的。对于修改党章工作，邓小平不仅抓"大势"、抓"方针性的意见"，而且连报告的具体细节、报告的字句都注意到了。在 1956 年 8 月 22 日召开的党的七届七中全会第一次会议上，毛泽东在谈到党的"八大"文件修改方针时说：第一次推翻你的，第二次推翻他的，推翻过来推翻过去，这也说明我们是有民主的。他还说：修改时要先提大势，先提方针性的意见。邓小平在发言时进而指出：刚才主席讲了，先提大势，先提方针性的意见，但有些文件，像党章，就不那么好提大势了，必须是哪一个字要改，就改哪一个，凡有意见的都在这个本子上批。毛泽东听后表示完全赞成，补充道：不仅是大势，也包括细节、文字。

邓小平在紧张而繁忙的筹备工作中，抽出时间对自己将要在"八大"上做的《关于修改党的章程的报告》进行了数次重要的修改。改动内容最多的是第一部分关于修改党章所根据的条件。报告从党组织的状况分析入手，阐明了我们党执政以后"面临着新的考验"，指明了经受这种考验所应采取的办法。此外，对坚持党的群众路线、坚持实行民主集中制等部分，邓小平也都做了不少修改。对于报告的文字，邓小平也是力求简洁、顺畅。所以，修改党章的报告虽然文字较长（2.9 万字），但字句简洁、生动有力，体现了他一贯的文风。

9 月 16 日，邓小平代表中共中央向"八大"做了《关于修改党的章程的报告》。他的报告根据历史唯物主义的原理和我们党的实际，深刻总结了新中国成立后执政党建设的新经验，并且借鉴国际共产主义运动的经验，提出了加强党的建设的任务和措施。

报告指出：全国革命胜利后，党的状况有了很大的变化。中国共产党已经是执政的党，已经在全部国家工作中居于领导地位。执政党的地位，使我们党面临着新的考验，这很容易在共产党员身上滋长一种骄傲、自满的情绪。针对这种情况，党必须经常注意进行反对主观主义、官僚主义和宗派主义的斗争。还需要实行党的内部监督，也需要来自人民群众和党外人士对于我们党的组织和党员的监督。报告强调，民主集中制是我们党的列宁主义的组织原则，是党的根本组织原则，也是党的工作中的群众路线在党的生活中的应用。在我们党内，从长时期以来，由党的集体而不是由个人决定重大的问题，已经形成一个传统。违背集体领导原则的现象虽然在党内经常发生，但是这种现象一经发现，就受到党中央的批判和纠正。我们党从来都认为，任何政党和任何个人在自己的活动中，都不会没有缺点和错误。这一点，现在已经写在我们的党章草案的总纲里去了。因为这样，我们党也厌弃对于个人的神化。

个人崇拜是一种有长远历史的社会现象，这种现象，也不会不在我们党的生活和社会生活中有某些反映。我们的任务是，继续坚决地执行中央反对个人突出、反对为个人歌功颂德的方针，真正巩固领导者同群众的联系，使党的民主原则和群众路线在一切方面都得到贯彻执行。

邓小平的这篇报告，提出了关于执政党建设的原则和主张，把毛泽东创立的党的建设理论大大地向前推进了一步，对党的建设具有长远的指导意义。

1956年9月13日，中共中央在北京召开了党的七届七中全会第三次会议。这是"八大"前召开的最后一次中央全会的最后一次会议。在这次会议上，毛泽东专门讲了中共中央准备设副主席和总书记的问题，重点是向与会同志推举介绍陈云和邓小平。

毛泽东认为，为了党和国家的长治久安，党中央设副主席和总书记是非常有必要的。他说：我们这些人（包括我一个、总司令一个、少奇同志半个，不包括恩来同志、陈云同志跟邓小平同志，他们是少壮派），就是做"跑龙套"工作的，我们不能登台演主角，没有那个资格了，只能维持维持、帮助帮助，起这么一个作用。

当毛泽东谈到党中央秘书长一职改为总书记，并推举邓小平担任总书记时，邓小平表示：对总书记这一职务，我只有六个字，"一不行，二不顺"。当然，革命工作决定了也没有办法，我自己是诚惶诚恐的。我还是比较安于担任秘书长这个职务。毛泽东接着风趣地说，他愿意当中国的秘书长，不愿意当外国的总书记。其实，外国的总书记就是中国的秘书长，中国的秘书长就是外国的总书记。他说不顺，我可以宣传宣传，大家如果都赞成，就顺了。接着，毛泽东以赞许的口吻说：

> 我看邓小平这个人比较公道。他跟我一样，不是没有缺点，但是比较公道。他比较有才干、比较能办事。你说他样样事情都办得好呀？不是。他跟我一样，有许多事情办错了，也有的话说错了，但是比较起来，他比较会办事。他比较周到、比较公道，是个厚道人，使人不那么怕。我今天给他宣传几句。他说他不行，我看行。顺不顺要看大家的舆论如何，我观察是比较顺的。不满意他的人也会有的，像有人不满意我一样。你说邓小平没有得罪过人，我不相信，但大体说来，这个人比较照顾大局、比较厚道，处理问题比较公正，他犯了错误对自己很严格。他说他有点

儿诚惶诚恐，他是在党内经过斗争的。

截至当时，中国共产党的高级干部中得到过毛泽东肯定性评价的人为数不少，但得到他这么高评价的人却不多。毛泽东对邓小平的赏识和器重由此可见一斑。

在党的"八大"上，邓小平当选为中共中央委员。在随后于 9 月 28 日召开的中共八届一中全会上，他当选为中共中央政治局委员、中共中央政治局常委、中共中央总书记。这时的中共中央政治局常委由毛泽东、刘少奇、周恩来、朱德、陈云、邓小平六人组成。从此，邓小平进入了中国党政最高领导层，成为以毛泽东为核心的中国共产党第一代中央领导集体的成员。这一年，他刚满 52 岁。

党的八届一中全会以后，邓小平当了整整十年总书记，负责主持中共中央书记处的工作。他后来曾经说："在我的一生中，最忙的就是那个时候。"

党的"八大"是中国社会主义建设史上的一个里程碑，在以毛泽东为核心的第一代中央集体的领导下，这次大会胜利地完成了预定的各项议程，取得了圆满的成功。"八大"的主要成就是：一、正确分析了社会主义改造基本完成后国内主要矛盾的变化，确定把党的工作重点转向社会主义建设；二、通过总结第一个五年计划的经验，制定了全面开展社会主义建设的正确方针和建立新的社会主义经济体制的方案；三、根据巩固人民民主专政和社会主义建设的需要，提出要进一步扩大民主生活，健全我国的法律制度；四、分析了党的队伍状况，确定了加强党的建设的正确路线和方针；五、选出了新的中央委员会和以毛、刘、周、朱、陈、邓为核心的党中央领导机构，为后来党中央成员的新老交替创造了良好的条件。

"八大"制定的路线是正确并富有创造性的，这是以毛泽东为代表的中国共产党人在探索社会主义道路的过程中取得的一个重大成果。"八大"之后，全国各族人民根据党的"八大"新提出的集中力量发展社会生产力的战略任务，在党的领导下开始了大规模的社会主义经济建设。作为党的总书记，邓小平坚决贯彻执行党的"八大"路线，为推动我国经济发展更加废寝忘食地工作着。但是，由于受当时历史条件的限制和经验不足，"八大"以后我们党的指导思想上发生了"左"的错误，"八大"提出的路线和许多正确的方针、意见没有能够在实践中坚持下去。正如邓小平后来所说的：

党的第八次全国代表大会，分析了生产资料私有制的社会主义改造基本完成以后的形势，提出了全面开展社会主义建设的任务。"八大"的路线是正确的。但是，由于当时党对于全面建设社会主义的思想准备不足，"八大"提出的路线和许多正确意见没有能够在实践中坚持下去。"八大"以后，我们取得了社会主义建设的许多成就，同时也遭到了严重挫折。

好搭档，好邻居——与贺龙

贺龙和邓小平是在中华人民共和国成立以后才真正在一起合作的。1949年，我军进军大西南。1950年2月，西南军区宣布成立，由贺龙任司令员，邓小平任政治委员。从此，他们密切配合、相互支持，共同挥师大西南，开始了西南大剿匪和解放西藏的征程。

特别值得一提的是和平解放西藏。为了打击西藏地方当局中的顽固势力，促使其内部分化，打通和平解放西藏的道路，贺龙、邓小平决定以第十八军、云南军区各一部和青海骑兵支队等共约六个团的兵力，发起昌都战役，歼藏军主力于昌都地区。

1950年，贺龙和邓小平在《昌都战役基本命令》中规定，第十八军主力应于9月上旬在甘孜、玉隆、邓柯之线集结完毕，9月中旬由该线发起进攻，争取于10月10日前后占领昌都。

贺龙分析了藏军善于骑马、行动较快的特点，对第十八军军长张国华面授机宜：要从侧翼做深远的迂回。他说：

"抓住敌人就有办法，包围住了就是胜利，而走得快，才能抓住敌人。"

邓小平对贺龙提出的这一作战指导方针十分赞赏，对张国华这位老部下说：

"贺总所见十分高明，我完全赞成。你们只要坚决地、不折不扣地遵照执行，就能胜利。"

解放军各部队遵照贺龙、邓小平的作战命令，根据贺、邓制定的作战原则，于10月6日向昌都地区藏军发起进攻。12日进占芒康，第九代本德格·格桑旺堆率部起义。为表彰这一义举，贺龙接见了格桑旺堆等人，代表西南军区向他们赠送了礼品和物资。

解放军迅速逼近昌都，并且截断了藏军的逃路。20日晨，昌都总管阿沛·阿旺晋美宣布起义，命令第二、第三、第四、第七等四个代本及总署机关和沙王（总管）卫队等共1 700余名官兵停止抵抗。

昌都战役结束，正当广大指战员沉浸在胜利的喜悦之中时，一贯善于从大处着眼和从长远出发的邓小平，又在思谋着下一步的行动：如何很好地利用被俘或投诚的西藏上层人物和官兵，为和平解放西藏服务。

当邓小平将自己的这一想法告诉贺龙时，贺龙爽朗地大笑起来：

"真是英雄所见略同啊！我正想就此问题找政委商量呢，没想到政委捷足先登了。"

于是，二人经过一番周密商议，于21日电示第十八军：

"第一，加紧进行俘虏或投诚官兵工作，用高度的热情和诚恳的态度去对待他们，严禁侮辱和虐待。第二，对于噶伦及代本等高级军官，尤应妥为招待，采用座谈方式予以教育和争取，以便他们回去影响拉萨政府，立即脱离英美影响；速派代表到昌都或北京商谈和平解放西藏问题……"

昌都战役，歼灭了藏军主力，粉碎了西藏地方当局用武力阻止解放军进藏的企图，使其上层顽固势力发生了动摇，爱国进步力量更加坚定，从而为和平解放西藏创造了有利条件。

后来的实践证明，贺龙、邓小平所采取的这一政策，对于其后的西藏和平解放起到了重要作用，可谓高瞻远瞩之举。

1952年8月，中国共产主义青年团中央向中共中央和中央人民政府副主席刘少奇写了《关于参加第十五届奥运会的情况报告》，建议在政务院下设立一个与各部、委平行的全国体育事务委员会，"委员会的主任委员，最好请贺龙那样的一位将军来担任"。

团中央希望贺龙主持国家体委，是因为他们知道，贺龙一贯重视体育事业，在他所领导的地区和部队中大力发展体育运动。全国解放后，他组建了新中国第一支专业的男篮、女篮、排球队，并为国家输送了一批优秀的体育工作干部、教练员和运动员。同时，体育界的人士也都非常仰慕贺龙。也就是说，如果由贺龙主持全国的体育工作，是众望所归。

这时，邓小平已由中共西南局书记、西南军区政委调任政务院副总理。他对贺龙当然十分了解，给贺龙打电话，告诉他政务院决定组建全国体育运动委员会，并说：

"团中央和全国体育总会建议请你当主任。我和总理商量了，也感到由你来当最合适。"

贺龙问道：

"毛主席的意见呢？"

"毛主席也赞成。'邓小平答道。

贺龙很痛快地答应了：

"好。毛主席叫我干，你和总理叫我干，我就干！"

11 月 15 日，政务院总理周恩来在中南海怀仁堂主持中央人民政府委员会第十九次会议，讨论关于成立全国体育运动委员会的问题。周恩来正式提议由贺龙担任全国体育运动委员会主任，蔡廷锴任副主任。会议一致通过了这一提议。

1954 年 9 月，在第一届全国人民代表大会上，贺龙被任命为国务院副总理、国防委员会副主席和国家体育运动委员会主任。

邓小平担任中共中央总书记之后，贺龙对自己的这位老战友十分尊重。他下去视察工作，发现问题，常常给邓小平写报告反映情况；给下边讲话说到中央领导人时，也常常把邓小平作为领袖人物对待，表现了对邓小平的尊重和崇敬。

1959 年 3 月 25 日至 4 月 5 日，中共中央先后召开了政治局扩大会议和八届七中全会，决定进一步降低钢铁等主要生产指标，缩短经济建设战线，通过了 1959 年国民经济计划。为了检查这一决定的贯彻落实情况，在第二届全国人民代表大会闭幕后的 5 月 21 日，贺龙到四川省进行调查研究。他在听取四川省委和成都市委领导人的汇报之后，视察了无缝钢管厂和洗煤炼焦厂。随后，由四川省委第一书记李井泉和省委书记阎红彦等陪同于 27 日到达重庆，听取重庆市委的汇报。第二天到达綦江铁矿，并在那里给周恩来、邓小平和中共中央写了《关于四川钢铁生产情况的报告》。报告指出：要让四川省完成年产钢 107 万吨的指标，必须解决生产技术、原材料供应、交通运输和设备等方面的四个问题。贺龙回到重庆后，31 日，接连发了两封电报，其中一封是给中共中央总书记邓小平的。他说：

"我在成都看了无缝钢管厂。这个厂生产二百公厘（毫米）钢管的厂房已基本建成，只差装房架。由于是下马项目，最近停止施工了，从国外进口的设备都露天放在那里。国家已经花了绝大部分资金，突然停工，雨季一来，必将造成损失。"

贺龙建议再追加一些投资，至少把钢管厂房建成，暂做设备仓库；如可能，则考虑建成一个车间，以避免不应有的损失。

邓小平对贺龙的建议十分重视，经过和中央其他负责同志认真研究，决定在调整投资中，增列建设这个车间的追加投资700万元，并要求在1960年第二季度建成。

1958年7月下旬，中苏双方就合作攀登珠穆朗玛峰进行磋商，确定了实施计划，随即成立了登山指挥部，贺龙亲任总指挥。1959年3月，西藏发生了武装叛乱，登山活动无法进行。贺龙指示"继续进行准备，改为明年攀登"。

西藏叛乱平息后，贺龙指示国家体委及时通知苏方，中苏联合攀登珠峰可于1960年3月进行，邀请苏方代表来华具体协商。但是，苏方一直拖到1959年11月底才派代表来华会谈，而且提出将联合攀登珠峰的时间推迟到1960年以后，但无充分理由。

这一切表明，对方已无意实施原定计划了。

12月20日，贺龙把黄中、史占春和登山队副队长袁扬找到自己的办公室，问大家：

"如果苏联不参加，我们自己攀登，有成功的把握吗？"

"其他方面问题不大。最大的困难，是我们缺少登八公里以上高度的装备。按照原来的协议，这由苏方提供。苏联不参加，我们也就不可能指望他们了。可是，目前我国还不能生产。"史占春回答。

贺龙沉吟了一下，说：

"我们可以到国外去买！你们搞一个预算。我给中央领导写报告，请求批外汇。"

说罢，他从椅子上站起来，一手拿着烟斗，一手叉腰，以战争年代决心打大仗时的口气说：

"好，就这样吧。他们不干，我们自己干！任何人也休想卡我们的脖子，中国人民就是要争这口气。你们一定要登上去，为国争光！"

贺龙将国家体委关于中国单独攀登珠峰的决定向周恩来做了报告。接着，贺龙又找到邓小平总书记，向他陈述了自己的设想：

"我们应率先登上珠峰，创造世界奇迹，为中华民族争口气。"

接着，贺龙又同邓小平一起去见周恩来，说明了中国登山队近几年的成绩和攀登珠峰成功的有利条件。

周恩来在一旁静静地听着，待贺龙讲完，将头侧向邓小平，问道：

"小平同志的意见如何？"

邓小平表示坚决支持贺龙的意见，说：

"我支持贺总的意见。要登珠峰的计划国外已经知道，我们现在要是不登，让外国人登上去，就会失去创造世界纪录的机会。"

周恩来最后拍板，同意了中国队单独登山的计划。

在周恩来、邓小平的大力支持下，贺龙组织登山队胜利登上了珠峰，创造了震惊世界的人类历史上的奇迹，大大提高了中国的国际威望。

这样的人应该保护——与阿沛·阿旺晋美

阿沛·阿旺晋美是西藏和平解放过程中代表西藏地方政府赴北京谈判的首席全权代表，而他在西藏和平解放前夕见到的第一位共产党和人民解放军的高级领导人就是邓小平。此后，他又多次见到邓小平，同邓小平就西藏问题有过多次长谈。

阿沛·阿旺晋美第一次见到邓小平，是 1951 年 4 月在重庆。他后来回忆起第一次见到邓小平时的情景，仍激动不已。他说："我初次见到邓小平同志，是 1951 年 4 月在重庆。那时，他担任中共中央西南局书记、西南军政委员会副主席、西南军区政治委员，我是原西藏地方政府噶伦、西藏地方政府同中央人民政府进行和平谈判的首席全权代表。当时，我同另外两位全权代表土登列门和桑颇·丹增顿珠，以及一些工作人员从西藏昌都来北京途中经过重庆。邓小平同志接见并设宴招待了我们，还同我们进行了长时间的谈话。可以说，他是我在西藏和平解放前夕见到的第一位共产党和人民解放军的高级领导人。尽管我们是在相互完全陌生的情况下见面的，但是这次最初会面，特别是邓小平同志坦诚、亲切的谈话，给我留下了极为深刻的印象。对我当时在相当程度上消除了疑虑，增加了和谈成功的信心，以及后来转向革命、走上革命的道路都起了很重要的作用。因此，我一直把他看作是我投身革命的第一位引路人。我对他敬佩和感激交织的心情，正是从这次见面开始的。"

和平解放西藏，或许是邓小平戎马生涯中最为特殊的一场战斗。要在这块贫穷落后、情况复杂、矛盾交错的少数民族地区完成进军任务，进行革命和建设事业，是前无古人的，没有现成的经验可以借鉴。在这场特殊的战斗中，邓小平不仅体现出了作为一个军事家的杰出才能，还体现出他作为一个政治家的卓越的领导才能。

1950 年 2 月 25 日，刘少奇代表党中央电示西南局："我军进驻西藏的计划是坚定不移的，但可采用一切办法与达赖集团谈判，使达赖留在西藏与我和解。"

接到电报后，邓小平和西南局的其他领导同志坚决贯彻执行党中央关于和平解决西藏问题的方针。邓小平以一个政治家的胆略和宽宏的气魄，纵览古今，放眼未来，紧贴西藏社会的现实，站在一个新的历史制高点上，深谋远虑地亲自起草并向中央提交了作为与西藏地方政府和平谈判的十大政策。

然而，虽然党中央和毛泽东对西藏的和平解放倾注了大量心血，制定了一系列的方针政策，邓小平和西南局为此做出了积极的努力，但是，西藏当局却关闭了和平谈判的大门。他们非但不接受和谈的条件，反而调集了大批藏军封锁了昌都，把进藏部队挡在了金沙江以东。

1950 年 10 月 19 日，进藏部队被迫发起昌都战役，从而打开了和平解放西藏的第一道大门，为最终实现和平解放西藏创造了条件，奠定了和平谈判的基础。

昌都解放后，我们不以胜利者自居，仍然坚持和平解放西藏的一贯方针。中央督促西藏当局，周总理直接通过印度给西藏地方政府做工作，我进驻昌都的部队和工作人员大力开展统战、宣传工作，以实际行动影响藏族群众，继续争取和谈。阿沛·阿旺晋美和西藏地方政府在昌都的其他官员在我党、我军的影响下，也两次上书达赖喇嘛力主和平谈判。事实再一次说明，我们党和平解决西藏问题是真诚的。在政策的感召和从各方面进行大量工作的情况下，达赖喇嘛终于面对现实，抛弃了幻想，派出了以阿沛·阿旺晋美为首的西藏地方政府和谈代表团。

1951 年 4 月 16 日，西藏和谈代表阿沛·阿旺晋美一行到达重庆后，受到各方面代表和群众的热烈欢迎。邓小平同志和贺龙司令员等西南党政军领导于 19 日接见并宴请了他们，同他们进行了长时间的谈话。

据阿沛后来回忆："这次谈话具有重要意义，对消除我们当时思想上的疑虑及后来谈判签订和平协议产生了很大的、积极的影响。小平同志首先向我们表示欢迎，之后，简要讲解了共产党的民族政策和宗教政策，侧重谈了西藏问题。他说，西藏问题是关系国家领土主权完整、统一的重大原则问题，必须解决，这是不能讨论的。如何解决，可以也能够讨论、商量。有两种方式：一是用政治方式，就是和平谈判，找出大家可以接受的合理办法；二是用军事方式，就是打仗，解放军被迫打进去。中央人民政府是主张通过和平谈判来解决问题的，早就宣布了和平解放西藏的方针，是真心希望和平解决问题的。能不能实现和平解放，不取决于中央的态度，而是取决于西藏方面是不是采取积极的态度、响应中央的主张。

"接着，小平同志诚恳地讲，在昌都打了一仗，人民解放军是迫不得已。打还是为了和平解决问题，这是有事实证明的。早在1950年5月，我们西南局就根据中央的指示精神，拟定了一个十条，叫作'十项政策'，也是准备同西藏方面谈判的十项条件。这是在昌都战役以前几个月的事了。去年11月，又出了布告，公开宣传，并命令要进军西藏的部队严格执行这个十条。这就足以证明中央主张和平解决西藏问题是真心诚意的。可是，西藏方面有人硬要用武力较量，人民解放军只好奉陪。较量的结果藏军失败了，西藏人民受了损失。不过，人民解放军虽然打赢了，但我们还是争取实现和平解放。

"他话题一转带着欣慰的表情说，现在西藏方面终于接受了和平谈判的方式，派你们来谈判，这很好。你们的责任很重，希望你们采取积极态度，从实际出发，搞好谈判，为谈判成功做出贡献。要看到和平解放是一条光明的道路，这对广大西藏人民、对上层人士都是有好处的。我们知道西藏的广大人民群众是很贫苦的，他们是不赞成打仗的，也经受不起战争的破坏。就是上层人士也不是都主张要打仗，听说你阿沛就不主张打仗，主张和平谈判，并为此做了许多努力。这很好，是明智的，是会得到人民拥护的，应当把这种立场坚持下去。这样做，对国家、对西藏人民、对个人都是有利的。你们去北京谈判，总的方面是以已经出过布告的那个十条为基础，先给你们讲讲十条的内容，以便你们思想上有所准备。那十条是：一、西藏人民团结起来，驱逐英美帝国主义侵略势力出西藏，西藏人民回到中华人民共和国祖国大家庭中来；二、实行西藏民族区域自治；三、西藏现行各种政治制度维持原状，概不变更，达赖活佛之地位及职权不予变更，各级官员照常供职；四、实行宗教自由，保护喇嘛寺庙，尊重西藏人民的宗教信仰和风俗习惯；五、维持西藏现行军事制度，不予变更，西藏现有军队为中华人民共和国国防武装之一部分；六、发展西藏民族的语言文字和学校教育；七、发展西藏的农牧工商业，改善人民生活；八、有关西藏的各项改革事业，完全根据西藏人民的愿望，由西藏人民及西藏领导人员采取协商方式解决；九、对于过去亲英美和亲国民党的官员，只要他们脱离与英美帝国主义和国民党的关系，不进行破坏和反抗，一律继续任职，不咎既往；十、中国人民解放军进入西藏，巩固国防。人民解放军遵守上列各项政策，人民解放军的军费完全由中央人民政府供给。人民解放军买卖公平。通过这十条，你们可以了解到中央要求西藏方面做的最根本的是两条：一条是西藏回到祖国大家庭来，维护祖国统一；另一条是欢迎人民解放军进入西藏，巩固国防。有了这两条，我看其他问题都好商量解决。

"听了小平同志的谈话，我们回到住处议论时，大家都感到吃了定心丸，一致认为这十条非常好，我们想的问题都有了，我们没有想到的事也写进去了。以这十条为基础进行谈判，是可以成功的。大家一路上惴惴不安的心情平静了许多，怕中央在谈判中提出自己难以接受的要求的担心基本上打消了。"

一个月后，阿沛·阿旺晋美在北京代表西藏地方政府与中央人民政府签订了和平解放西藏办法的协议，西藏宣告和平解放。

1951年6月初，阿沛一行从北京乘飞机经武汉到重庆，拟从重庆经成都、康定、昌都返回拉萨。当他们到达重庆时，邓小平亲自率领西南局和西南军政委员会、西南军区的许多领导同志，在机场举行了隆重而热烈的欢迎大会，表现出对签订和平协议的高度重视、热烈拥护和大力支持。

阿沛一行在重庆逗留期间，邓小平又同他们进行了一次重要谈话。邓小平说，签订和平协议，是一件大好事，符合全国各民族人民和西藏人民的共同愿望和根本利益。你们为西藏的和平解放立了一大功，值得庆贺。但是，今后执行协议，把写在纸上的东西变成现实，还要进行许多工作，会遇到更多困难，还要做更大的努力。你们作为签订协议的代表，在执行协议方面要担负起更多的责任。要办成一件好事、大事，总会有人反对，总会遇到困难。你们要坚定信心，去克服困难，要善于做工作，争取更多的人支持。中央和西南局一定支持你们，西南军区已命令进藏部队坚决维护协议、大力宣传协议、认真执行协议，事无大小，都要严格按照协议规定去办理。因此，在执行协议的问题上，进藏部队和中央工作人员是同你们站在一起的，会坚定不移地支持你们。遇到困难问题，可以随时同进藏部队的领导人商量，一些大事也可以直接给我们写信，我们一定帮助你们。你们既要有信心，也要有耐心，要善于等待，等待那些持反对态度、制造麻烦的人觉悟。要看到那些暂时持反对态度的人是会转变的，因为除了执行协议没有别的路可走。反对一阵子，得不到结果，找不到出路，他们就不得不转变态度。

邓小平这番语重心长的话，使阿沛一行深受鼓舞，为他们回藏后继续做好当地的工作奠定了良好的基础。

1952年，邓小平调到中央工作，担任中央人民政府政务院副总理、1954年出任党中央秘书长、国务院副总理，在党的"八大"上当选为党中央的总书记。尽管他日理万机，工作非常繁忙，但他时刻关心着西藏的各项工作。在西藏革命和建设事业的每一个关键时期、每一个关键问题上，他都始终贯彻党中央的指示精神，提出完全符合西藏实际的、具体的指导方针。对这一点，阿沛·阿旺晋美深有体会。几十年后，他对西藏和平解放后邓小平同他的几次谈话仍记忆犹新："1952年初，拉萨发生了伪'人民会议'事件，极少数反动分子纠集一些不明事理的喇嘛、流氓和一些藏兵，骚乱闹事，公然提出反对和平协议，叫嚷要解放军撤出西藏。他们包围了中共西藏工委机关和中央驻藏代表张经武的住地，也向我的住宅开枪，企图挑起流血事件，为他们破坏协议制造借口。中共西藏工委遵照西南局和中央的指示，按照西南局报经中央批准的坚持政治解决的方针，坚持不打第一枪的原则，经过同达赖喇嘛和噶厦反复协商，由噶厦出布告宣布所谓'人民会议'为非法的反革命组织，予以取缔解散。由达赖喇嘛出布告下令撤销了伪'人民会议'的幕后操纵者司曹鲁康娃和洛桑扎西的职务，平息了这次事件。把维护协议、执行协议的工作推进了重要的一步。

"1954年9月，我到北京出席第一届全国人民代表大会第一次会议时，又见到了邓小平同志。这时，他已调到中央工作，担任国务院副总理。他十分肯定地对我说，1952年拉萨发生的伪'人民会议'事件，是帝国主义者和少数分裂主义分子反对和破坏协议的一个大阴谋。你站在西藏工委一边，做了许多工作，达到了用政治方式妥善处理这次事件的目的，你自己也承担了风险。西藏情况很复杂，帝国主义者和分裂主义分子不会就此罢手，他们还会寻找新的机会，制造事端，进行捣乱和破坏。你既要保持警惕，又要大胆工作。很重要的一条是要团结大多数上层人士，要争取达赖喇嘛支持你的工作。

你也要主动地尊重和支持达赖喇嘛，帮助他工作。

"1956年11月，达赖喇嘛和第十世班禅大师应印度政府邀请，去印度参加纪念释迦牟尼涅槃二千五百年法会，并在印度各地参观访问。我也随行去了印度。我们到达印度后，达赖喇嘛立即受到一些帝国主义分子和流亡国外的极少数西藏分裂主义分子的包围。他们不断地给达赖喇嘛灌输'西藏独立'思想，挑拨、鼓动达赖喇嘛留在印度'领导西藏独立运动'。在这种情况下，达赖喇嘛产生了政治动摇，不想回西藏。随行官员的思想也被他们搅得混乱异常，形势十分不好。后来，周恩来总理利用访问印度的机会，同达赖喇嘛几次谈话，耐心教育他，讲明利害关系，劝说他返回西藏。周总理还同我们几个随行高级官员谈话，进行教育，使高级官员的思想有了转变。最后，经过我们同几个分裂主义分子公开摊牌、激烈斗争，达赖喇嘛于1957年2月回到西藏。

"1957年5月，我出席全国人民代表大会见到小平同志时，他对我说，在印度发生的事情不是偶然的，有历史根源，也有现实原因。这是帝国主义者长期以来操纵西藏的分裂主义分子策划分裂西藏的继续。这次，他们对达赖喇嘛进行策反，达赖喇嘛本人一度发生动摇，更增加了斗争的严重性和复杂性。这种分裂与反分裂的斗争还会继续，将是长期的斗争。因为那些搞分裂的人不会就此罢休。小平同志还说，在印度期间，你同他们面对面地展开了针锋相对的斗争，维护祖国统一的立场很坚定，斗争很坚决，他们恨你是必然的。我听到你在印度时的处境很困难，很为你担心。你安全回来了，我很高兴。在今后的工作中，你在坚持爱国立场、走革命道路的同时，要保持警惕，但也不要怕，中央和解放军总是支持你的，也会保护你。你也要善于保护自己，办法就是争取团结更多的人，尤其要争取达赖喇嘛。团结的人越多，反对分裂的人越多，他们对你就越奈何不得，你就越安全。听着小平同志的这些政治性和政策性很强，字字句句都是实实在在的话，我深深地感受到这是一位领导人、长者和知心朋友对我的深情关怀、爱护和支持。

"1959年3月，西藏上层反动集团发动的全面武装叛乱失败后，达赖喇嘛出走国外。驻藏人民解放军在西藏广大人民的支援下，迅速平息了叛乱。根据中央指示，西藏实行边平叛边进行民主改革的方针，在全区掀起了平叛、民主改革的群众运动。这是西藏人民自我解放的一场伟大的革命斗争。同年4月，我到北京出席全国人民代表大会，见到了小平同志。他又对我说，西藏发生武装叛乱，是坏事。平叛打仗，人民群众遭受损失，这是我们不愿看到的。

但是，坏事可以变成好事。他们叛乱了，阵线分明了，许多事情比较好办了。叛乱使人民受到损失，又教育了人民、激怒了人民，人民强烈地要求实行民主改革，推翻封建农奴制度，清算叛乱罪行，清算农奴主对他们的压迫剥削。中央的政策是对叛乱和没有叛乱的农奴主区别对待：对叛乱了的农奴主主要是批判斗争，没收他们占有的生产资料分给农奴和奴隶；对没有叛乱的农奴主政治上保护过关，经济上实行赎买。对你这样坚持了爱国立场、为人民、为国家做了好事的爱国人士当然要保护，但是你自己要站在人民一边，支持民主改革运动，争取得到群众的谅解，过好民主改革关。这是一大关，也是政治思想和立场的一大转变。我相信你是能够过好这一关的。

"在西藏民主改革运动中，一些地方的工作出现了'左'的偏差，中央派工作组进行了调查。1961 年初，周恩来总理和小平同志听取了汇报。在邓小平同志亲自主持下，起草了对西藏工作方针的指示，提出了稳定农牧民的个体所有制，发展农牧民的个体经济的指导方针。

"1961 年国庆节我见到小平同志时，他对我说，西藏的社会生产力水平很低，根本原因是广大农奴和奴隶长期遭受残酷的剥削。他们劳动生产的东西绝大部分被农奴主拿走了，自己过着饥寒交迫的生活，生产积极性起不来。现在，他们有了自己的土地、牛羊，应该让他们休养生息，尝到民主改革给他们带来的好处，所以不要急于办合作社，更不要搞人民公社。这样有利于调动农牧民群众的生产积极性，发展社会生产力。我已告诉西藏工委的同志，现在也不要急于办工业，先搞好农牧业生产，争取做到粮食产量自给有余。不能设想从内地大量运粮食进去养活工人，办工业。农牧业生产搞上去了，将来从内地每一个省搬一个工厂进去，就把西藏摆满了，很快就可以达到工业化了。

"小平同志的这些话完全符合西藏当时的实际情况。从那时起，我们在西藏认真贯彻执行'稳定发展'的方针，极大地调动了广大农牧民的生产积极性，农牧业生产得到迅速发展，人民的生活水平有了显著提高。西藏人民把从民主改革以后到 1965 年西藏自治区正式成立的那段时间赞誉为'黄金时期'。

"'文革'中，小平同志遭到林彪、江青反革命集团的残酷迫害。我虽然不知道他的去向，也不敢随便打听，但是心中却无时无刻不在思念着他。1973 年，小平同志回到北京，后来主持国务院日常工作时，我曾前往钓鱼台对面的一幢公寓专程去看望他。见面时，我向他表示问候，他还是像过去那样乐观、坦诚。他对我说：我这几年在下面过得很好，你看我的身体不是还很健康吗？我过去学过钳工，后来干革命，手艺生疏了。这几年又干钳工，还学到不少新技术，这也是一件好事。紧接着，他询问我是不是也受到了冲击。我告诉他，没有受到大的冲击。红卫兵送了一张大字报要我亲自接，我接了，并表示我要认真检查自己的错误。他们还没有来得及对我进行批判斗争，毛泽东主席和周恩来总理就派飞机把我接到北京，再没有回西藏。住在北京没事干，有时我自己到住地附近的街道上去看大标语、大字报，没有人认识我，也没有人理我。小平同志听后哈哈大笑，连声说，这就好，这就好。你是进了保护伞。对你这样的人是应该保护。我也是得到主席和总理的保护才活下来了。送我去外地一个小地方，也是一种保护。不然，可能连命也保不住了。当他问到西藏情况如何时，我说有点儿乱，生产下降了。这时，我看到他脸上掠过了一丝愁容，并低声说，是啊！生产下降，到处都一样，我们国家的损失太大了，这样下去如何了得。这次见面，给我极深刻的印象是，小平同志身处逆境，备受磨难之时，心里想的仍然是国家安危和人民的利益。"

虚心求教——与费孝通

祖国的大西南是我国许多少数民族聚居的地区。这里，少数民族人口和种族较多，分布面广，万里边疆杂居或聚居着各种不同的民族，各民族的社会发展水平差异很大，民族关系复杂。

邓小平一到西南，就十分重视少数民族的问题，并把少数民族工作摆在了重要的位置。邓小平深知，民族工作不同于其他工作，要想做好民族工作，就必须进行深入、细致的调查研究。他认为，在少数民族问题上，自己还是一个小学生。为此，他虚心地向研究民族问题的专家们请教。

1950年7月，中共中央派出了赴西南地区的中央民族访问团。这个访问团的任务，一方面是向少数民族解释政府的民族政策，另一方面是对少数民族地区进行调查研究。这个访问团的团长便是对民族问题颇有研究的费孝通先生。

费孝通，1910年生，江苏吴江人。1923年入东吴大学附属第一中学学习。1928年考入东吴大学预科。1930年转入北平燕京大学社会学系。1933年毕业后入清华大学研究院。1936 年赴英国留学，入伦敦经济学院学习研究社会人类学。1938 年获伦敦大学哲学博士学位，撰写并发表了著名论文《江村经济》(即《中国农民的生活》)。同年回国，先后任云南大学、西南联合大学、清华大学教授，清华大学系主任、校务委员会委员、副教务长。1942 年加入中国民主政团同盟（后改称中国民主同盟）。1949 年 9 月出席中国人民政治协商会议第一届全体会议。1952 年后任中央民族学院教授、副院长，中央民族事务委员会副主任，国务院专家局副局长，民盟北京市委副主任委员。1978 年后，任中国社会科学院民族研究所副所长，社会学研究所所长、名誉所长，中国社会学会会长，国务院学位委员会委员，国家民族事务委员会顾问。1980 年在美国的应用人类学年会上，获得马林诺斯基纪念奖。1981 年获英国皇家人类学会的赫胥黎奖章。1983 年任政协第六届全国委员会副主席。1985 年任中华人民共和国香港特别行政区基本法起草委员会副主任委员。1988 年获"大英百科全书"奖，并被伦敦政治经济学院选为荣誉院士。

邓小平亲切地会见了中央民族访问团的成员，向他们强调了民族工作的重要性。他说：在少数民族问题上，我还是一个小学生。对少数民族问题不仅没有入门，连皮毛都还没有摸着。同志们对这个问题的研究比我要多，又是专门做这方面工作的。

一天，邓小平邀请费孝通先生到他办公室叙谈。他开门见山地问费孝通："你认为当前民族问题主要应抓些什么？"

费孝通坦率地说："还是少数民族和汉族的关系问题。解放前，少数民族除了受本民族统治阶级的剥削和压迫以外，还要受汉族统治阶级的压迫。因此，他们对汉族有一种反感心理。解放以后情况完全不同了，在中华人民共和国这个大家庭里，各民族一律平等。但是，因为现在刚解放，少数民族地区与广大的汉族居住地区的经济发展和生活水平差距很大。因此，他们在心理上对汉族的隔阂仍然存在。所以，使少数民族了解共产党的民族政策，很重要。"

邓小平听后连连点头说：问题抓到点子上了。少数民族有点儿怕汉人，确实有历史原因，因为历史上的反动统治阶级实行的是大民族主义的政策，这只能加深民族仇视。现在，我们的干部就要用自己的行动来改变他们心目中的汉人形象。凡是在少数民族地区工作的干部，都要深入下去，和他们交朋友，要使他们认识到，我们是新汉人。他中肯地说：汉族和少数民族有了矛盾，首先我们要承担责任，自己要先认错、道歉，这样才能取得人家的谅解。比如长征时，红军经过西南少数民族地区，传播了一些革命的种子，产生过一些好的革命影响。红军北上时，有的同志饿慌了，为了生存，做了一些违反纪律的事。解放了，我们应该跟他们说：当时，全国革命的负担放在你们的身上，你们对保存红军尽了最大的责任。对那时办得不对的事，应当向他们赔礼。这次我们到那里，一些少数民族人士也很坦率地说，我们那时把粮食吃光了，他们心里不愿意，现在理解了。他们为自己的解放感到高兴。这就叫以心换心。

邓小平的坦诚使费孝通先生甚为感动。望着邓小平真挚的目光，费孝通不禁暗自钦佩共产党。这是一个真心实意为百姓办事的党啊！为这样的党办事，和这样的党合作，应该。想到这里，费孝通不由得十分动情，他接着又进言："要解决民族隔阂，主要应该反对大民族沙文主义。"

邓小平想了想说：狭隘民族主义和大民族主义都要反对，但是应当首先老老实实地取消大民族主义。只要大民族主义一抛弃，就可以换得少数民族抛弃狭隘的民族主义。两个主义一取消，团结就会出现了……

不知不觉中，这次从上午9点多钟开始的谈话已进行了两个多小时，到了吃午饭的时间了。邓小平热情地留费孝通吃饭。他们边吃边谈。

吃过午饭，费孝通先生就要走了，邓小平再一次恳切地说：民族团结很重要。在少数民族问题上，我还是个小学生，你是专门做这项工作的，要多参谋啊！

费孝通先生连忙说："不敢当，有什么需要我做的，尽管指示。"

邓小平握着费孝通先生的手连连说："不要说指示，你是先生嘛，欢迎你再来！"

邓小平正是本着这种尊重专家、尊重知识、虚心好学、不耻下问的精神，使西南地区的民族工作较好地开展起来。他从大处着眼，制定了一系列适合各民族地区情况的方针、政策，提出：对少数民族的许多事宜，不盲动，不要轻率地跑去进行改革，不要轻率地提出主张，宣传民族政策也不要轻率；不能由外面的力量去发动少数民族内部的所谓"阶级斗争"，不应由外部的力量去制造阶级斗争，不能由外力去搞什么改革。不仅如此，邓小平还从一点一滴的小事入手，从一些细微之处来做民族工作。他反复强调民族工作切忌犯急性病，要坚持"长期、艰苦、耐烦"的工作方针。他明确要求：我们的军队和地方干部，要认真执行"三大纪律、八项注意"。尊重少数民族的风俗习惯和宗教信仰，诚恳、热情地接待他们每一个人，不侵犯他们一丝一毫的利益，不轻率地提出他们今天还不能接受的主张，不要把自以为对的事，在还没有得到他们赞成的条件下，去强制他们执行。在邓小平的领导下，以"实事求是，老老实实"的工作态度来做民族工作，西南地区的民族工作搞得有声有色，为各民族的发展进步创造了条件。邓小平也受到了各民族人民的拥护和爱戴。直到现在，西南各民族人民谈到解放初期当地的发展状况，特别是边疆民族地区的状况以及进入边疆地区工作的同志所做的耐心细致的、艰苦的工作，都会赞不绝口地谈起邓小平当时对民族工作的一些重要指示，因为这些地区的发展变化，是和邓小平当时提出的一系列有关民族工作的指示精神分不开的。

批评"五里腿"

重庆解放后,大批干部入城,西南、川东和重庆三级党政机关都集中在重庆,机关用房特别紧张。一些负责干部不顾大局,为本单位和个人争房子、争汽车,使行政后勤部门十分为难。有些干部开始贪图享受,滋生了享乐腐化的不良思想,认为"革命胜利了,战争打完了,进城掌权了,该好好地享受享受了"。除了争着抢占好房子,还要求配车子。他们说:"重庆城山高坡陡,爬坡上坎,走不上五里,腿就走痛了,不配备小车怎么能行呢?!"那时的所谓"小车",就只有从蒋介石军队缴获的美国造吉普车。"僧多粥少",不少机关配不到车,一些人就发牢骚、说怪话,发泄不满。

邓小平听了情况汇报后气愤地说:这些人思想变得多快,进城才几天,腿也变娇贵了。这种以功臣自居,贪图享受的享乐腐化的歪风,一定要刹住。

1950年初春的一天,邓小平在西南局小礼堂召开了西南局和重庆市机关县团级以上的单位领导干部会议。邓小平蓄着平头,身着部队发的白布衬衫,双臂自然地放在桌面上,面前放着搪瓷杯。他容光焕发、神情严肃,用他那颇具特色、精练而犀利的语言讲话。他说:国民党留下的烂摊子,千疮百孔,百废待兴,生产尚未恢复,大批工人失业,群众生活贫困,这些困难,我们要靠艰苦奋斗去战胜。说着说着,话锋一转,严厉地说:可是,我们有的人进了重庆城,不是忙工作,而是忙着铺摊子、争房子、要车子。房子要大的,车子要小的。说什么走上五里腿就痛了,进了重庆腿也变得娇贵了,变成了"五里腿"。进城才几天,变得这么快!过去在山沟里转,南征北战腿都不痛,一进了城腿就痛了,非坐车不行。我看这是享乐腐化思想在作怪。"五里腿"这股歪风一定要刹住，对各种不良倾向，必须做无情的批判和斗争，以保持党的纯洁性。

邓小平宣布，西南局已决定成立一个机关用房清理委员会，由他来担任主任，用房用车由委员会根据现有房屋和工作需要统一调整分配。多占用的房子和汽车限期退出，逾期不退的将给予党纪政纪处分。邓小平的讲话传达下去后，乱占房屋和争要小汽车的歪风很快刹住了。

6月6日，邓小平亲临重庆市委，出席重庆市第二次党代会，在会上做了《关于整风问题》的报告。他根据中央5月做出的在全党进行整风指示的精神，联系重庆地区干部思想作风存在的问题，对入城后党员干部中表现突出的居功自傲、官僚主义、命令主义和享乐腐化等错误思想和作风的严重危害做了精辟分析，再次批评了"五里腿"和腐化堕落的腐朽思想，号召全体党员积极投入整风运动。

邓小平在领导整风和进行党风建设中，很重视抓典型和舆论导向。他一再给《新华日报》的领导同志打招呼，对干部中带有普遍性违法乱纪的典型问题要见报。不管他过去对革命有多大贡献，不管他现在身居何职，都应受到惩处。报社送邓小平审定的重要稿件，他都亲自审改。就在严厉批评"五里腿"后不久，他又将因严重官僚主义造成工厂的工人变相罢工的重庆豫丰纱厂军代表和享乐腐化挪用公款为个人购置毛毯、被面、热水瓶的原中央医院军代表等给予撤销军代表职务、党内严重警告处分，并将处理结果在报纸上一一公布。这些在社会上引起了强烈反响，教育了广大干部群众。

不准压制民主

1951年7月6日，西南局机关报重庆《新华日报》刊登了重庆市第三区（现沙坪坝区）沙坪坝小学徐秀英的来信，引起了邓小平的注意。

这封来信，反映了地方文教主管部门任意占用教师的时间，如拉教师去搞宣传和社会扫盲等工作、参加与教学无关的会议等，使教师没有时间认真备课和休息，影响学校正常教学秩序和教学质量的提高。信中建议"文教部门应关心小学教师的疾苦，给教师以必需的休息和备课时间，以利抓好教育"。信中写明，她怕打击报复，用的是化名，希望报社对她的真实姓名保密。来信刊出后，在解放不久的重庆教育界和读者中反应强烈。报社又接连收到这所小学教师的来信，认为徐秀英反映的问题符合事实，批评正确，表示支持。

这封人民来信之所以引起以邓小平为首的西南局领导机关和社会各界的关注，是因为在此之前，大中学校乱抽、乱调师生的混乱现象已引起社会和教师的不满。邓小平十分重视学校存在的问题，亲自听取情况汇报，亲笔修改报纸的社论稿《是结束学校教育工作中混乱现象的时候了》。还严肃而郑重地指示报社，对于"所有乱抽、乱调的单位，报纸都要公开点名，否则此风刹不住"。

出乎报社的意料，这封读者来信刊登后，就收到了一封以校长李若筠领衔的"沙坪坝小学全体教职员工"联名写来的"申明信"。信中指责徐秀英"捏造事实，损害学校名誉"，还郑重要求报社"予以更正，以正视听"。过了几天，报社又收到了第三区人民政府的信函，称"徐秀英反映的不是事实""经查该校无徐秀英此人"，也申明"要求报社予以更正"。接着，这所小学的教师寄来一封匿名信（声明怕打击报复，只有匿名），揭发那封全体教职员工联名要求更正的信，是李校长起草好后强制教职员工们签的名。匿名信提出"绝大多数教职员工都认为徐秀英信中反映的情况属实。请求派记者到校调查"。

事情变得复杂了，报社决定派记者深入调查核实，弄清事实的真相。经记者深入调查，真相终于大白：化名"徐秀英"的来信完全是事实，问题比信上写的还要严重。那封"联名信"出自校长之手，是校长多次动员、强制教师联名的。李校长本人见到记者调查时也吐露真情，她说写联名信是区人民政府文教科领导事先指示她干的。她只有照办，其实她对文教科打乱教学秩序、强迫命令很有意见。

《新华日报》在澄清事实后，抓住这一典型的"压制民主，官僚主义的恶劣作风"公开予以揭露。8月25日起，先后发表了这所学校教师的来信和李校长的"联名信是区政府指示我做的"申明信。编辑部在发表两封信的同时，以"反对任何压制民主的作风"为题，加了编者按语。按语中指出，只要端正态度，勇于开展批评与自我批评，错误是不难改正的。

想不到，这个区人民政府的主要负责人，讳疾忌医，认为一个小小的教师冒犯了他的威严，报纸扫了他的面子。他不仅不做自我批评和反省，反而指使文教科的干部到这所小学追查化名"徐秀英"的人，怀疑信就是说真话的老校长写的。在学校查不到写信人后，他又派文教科的负责人潘某到新华日报社，要求报社交出写信人的真实姓名。这种无理要求遭到报社严厉拒绝后，他竟大发雷霆，大闹报社编辑部，造成极坏的影响。

邓小平一直注意报上对这件事的报道，并在报社关于这一事件的报告上，亲笔批示重庆市市委书记和市长："霖之、获秋二同志，请你们干涉此事。"

在邓小平的指示和亲自过问下，重庆市委和市政府对坚持错误、压制民主、对抗批评的主要责任者——第三区区长兼文教科科长予以党纪政纪处分。第三区委纪律检查委员会也对策划指使校长炮制申明信、强制教师签名的文教科干部詹某和大闹报社编辑部的潘某分别给予纪律处分。11月29日，《新华日报》在显著位置刊登了这位区长的"检讨书"以及对他和另两位干部所犯错误的处分决定。这样，小学中的混乱状况迅速得到了扭转。

"要让人民打上文化牙祭"

刚解放的山城重庆，上百万人口集居在方圆不足10万平方公里的半岛上。市区坡坡坎坎，街道狭窄，整个市区仅有的一个"中央公园"（现人民公园），还没有一家私人的花园别墅大。

邓小平深感重庆市民群众文化、娱乐、游览、休憩的场所太少。他在西南局召开的城市工作会议上，一再强调说："解放了，人民翻身做了主人，打上了肉牙祭，这还不够，还要让人民群众打上文化牙祭，以满足日益增长的物质和文化的需求。我们当市长、市委书记的，要把丰富人民群众的文化生活当作一件大事来抓。"

重庆解放后，重庆市委机关起初设在"潜园"，因地方太狭小，后来又搬进"王园"。"王园"是国民党四川省主席王陵基建造的私人花园别墅，解放后被没收归公。市人民政府机关也进驻被没收的国民党重庆市长杨森的花园公馆"渝舍"。"渝舍"占地2万多平方米，内有花园、亭阁、网球场和游泳池。邓小平在一次会上，严厉地批评市委领导人说：我们的群众观念哪里去了！这是脱离群众，忽视人民群众的文化生活，缺少群众观念的官僚主义。要求市委、市府尽快从"王园"和"渝舍"迁出，还给人民，辟作公园。市委第一书记兼市长陈锡联听到批评后，一时又无法搬迁，十分着急，专门写了一份书面检讨，呈报西南局，沉痛检讨自己没有群众观念的错误。到1950年9月，陈锡联奉调担任炮兵司令离开重庆时，市委仍找不到地方从"王园"迁出。他临行前一再向市委书记张霖之、市长曹荻秋交代，一定遵照邓政委和刘司令员的指示，从"王园"和"渝舍"尽快设法迁出，然后扩建成供群众游乐、休息的公园。

直到1954年，重庆的经济恢复，财政经济得到发展，市委、市政府机关方才有条件先后从"王园"和"渝舍"迁出。并拨出专款，把"王园"扩建成为重庆城区观赏夜景的旅游名胜"枇杷山公园"，"渝舍"也扩建成为占地26 000多平方米的"重庆少年宫"，了却了邓小平多年的一桩心事。

重庆解放后4个月，即1950年3月，在西南军政委员会的一次会议上，邓小平提议修建重庆劳动人民文化宫。他认为，作为西南的首府，工业集中、工人阶级队伍宏大的重庆，为满足劳动人民文化生活的需要，应有一座有规模、文化设施齐备、环境优美的劳动人民文化娱乐场所。他的提议，得到与会委员的一致赞同。会后，中共中央西南局、西南军政委员会和重庆市人民政府，根据邓小平修文化宫"要作为造福人民群众的一件大事来办"的指示，立即着手组建修建委员会，制定修建方案和实施计划。邓小平"点将"，由重庆市长曹荻秋任修建委员会主任，重庆市总工会主席任副主任。尽管当时财政经济还很困难，仍然拨出130亿元（旧币）修建经费。选定中山二路原川东师范旧址和原国民党重庆市政府的部分建筑，进行扩建，占地7万多平方米。

在解放初期千头万绪的繁忙公务中，邓小平抽出时间亲自过问文化宫的修建工作。从文化宫的选址、规划到设计图纸的审定和施工，甚至各项文化娱乐设施和道路的布局安排，都亲自过问，并多次深入工地察看工程进展情况。他一再提出："一定要多听听人民的意见，发挥工人阶级的智慧，群策群力，保证工程质量。"修建委员会遵照邓小平的指示，先后召开了15次有各界人士、工人代表和技术人员参加的座谈会。

1952年5月1日，重庆人民欢度国际劳动节。邓小平来文化宫工地视察时，应市长曹荻秋的邀请，欣然答应为文化宫题写宫名。他回去后，提笔共写了36个字，又一个一个字反复比较，先选出17个字，最后又从17个字中确定10个自己满意的，派人送到修建委员会。

重庆市劳动人民文化宫1950年3月破土动工，1952年7月底竣工，8月5日举行竣工揭幕典礼。文化宫正门弧形的大门上，邓小平题写的"重庆市劳动人民文化宫"十个金色的大字闪闪发光，山城有史以来第一座为劳动人民修建的文化宫诞生了。

"文革"开始后，1966 年 9 月，一伙造反派爬上高高的宫门，用钢钎强行铲掉了邓小平的题字，文化宫的职工冒着挨打的风险，将铲掉的题字一块块收捡、保存起来，准备日后修复。后又被造反派发现，搜查出来砸毁。他们以为邓小平题字永不存在了，哪知文化宫职工早已把邓小平题字的原稿手迹转移到安全的地方珍藏起来了。1975 年，随着邓小平的复出，职工拿出原稿重新制作，邓小平亲笔的题字又出现在宫门上。不料，1976 年 "天安门事件"发生，一伙歹徒又爬上大门再一次将题字铲掉。不过，原稿手迹还密藏在职工手中。粉碎了 "四人帮" 之后，1979 年，邓小平题写的宫名又按原稿手迹精心制作，重新出现在文化宫高高的弧形大门之上。"重庆市劳动人民文化宫"十个金色的大字更加熠熠生辉。

关心《新华日报》[①]

1949 年 10 月间，毛泽东主席同邓小平同志商讨解放西南的各项战略措施时，邓小平提出要在重庆出版《新华日报》。1949 年 12 月 10 日，《新华日报》在重庆创刊了。在这之前，中共中央宣传部考虑到在解放后的南京已出版了《新华日报》，为了避免重名起见，曾致电西南局，建议把报名改为《新西南报》。中共中央西南局宣传部按照邓小平同志的指示，并由邓小平同志签发了给中共中央宣传部的复电。复电说，解放前，在重庆出版的由周恩来同志领导的《新华日报》在读者中印象很深，很受欢迎，因此不宜改名。电报进一步指出，命名《新华日报》是毛主席同邓小平同志商定的，报头大字是毛主席写的。中共中央宣传部随即复电表示同意。

随军到重庆办《新华日报》的队伍由三个方面的同志组成：一是《晋绥日报》，领导人为廖井丹、常芝青；二是老《新华日报》，带队人为著名记者、作家邵子南；三是华东地区的新闻工作者，带队人为雷勃。报社领导班子的主要成员是《晋绥日报》的。这是以邓小平同志为首的西南局指定的。1949年 11 月下旬，当第二野战军由湘入川时，中共中央西南局宣传部就打电报给陈锡联、谢富治、张霖之、曹荻秋，说："《新华日报》的班子已配好，由

---

① 此文节选自管纪奋的回忆。

常芝青、邵子南、高丽生（当时任新华社西南区分社总编辑）随你们入城出报，社长由廖井丹同志兼任（当时廖任西南局宣传部副部长），常芝青、邵子南任报社委员会正、副主任。西南局未到前，由你们领导，经费问题由你们解决。"我是一个小兵，在当时是不可能知道这个情况的。40 年后，由于受大家的委托，和其他同志一道撰写《新华日报》报史。在翻阅历史档案时，才看到了这份军中电报，邓小平同志所签的"邓"字，跃然纸上，我感到十分亲切。

《晋绥日报》在老区是很有名的。曾因反对土改中"左"的偏向，勇于进行自我批评而受到过毛主席的赞扬。由廖井丹、常芝青率领的这支队伍在重庆办报的过程中，坚决贯彻党的路线、方针、政策，艰苦奋斗，谦虚谨慎，善于团结群众，积极培养新人，发扬老区新闻工作者的光荣传统，博得了党和群众的赞扬。廖井丹同志在纪念《新华日报》40 周年座谈会上回忆这段历史时说：当时，西南局对这张报纸比较放心，邓小平同志曾在一次会议上说过，他对《新华日报》的班子是比较满意的。作为报社的成员，听到这种评价，心里是热乎乎的。

1950 年 5 月，西南区召开第一届新闻工作会议。这是西南解放后新闻工作者的首次大聚会。重庆、云南、贵州、西康、川东、川南、川西、川北等省、市、区党委的宣传部门、报社和广播电台的主要负责人都出席了这次会议。与会的同志中不少是西南服务团的，战友相逢，格外亲切，特别是大家听说邓政委要做报告，显得格外兴奋。

邓小平同志在这次会议上的讲话，对推动西南，特别是四川的社会主义新闻事业的发展起了巨大作用。邓小平同志当时讲了许多办报的原则问题，针对性是很强的，多是从各级报纸，特别是《新华日报》的实际情况出发的。例如，当时《新华日报》上，很少见到西南各省、区的领导同志的文章，原因是多种多样的，但根本问题是认识问题，因此邓小平同志在报告中要求各级领导充分利用报纸指导工作。他说：领导的主要方法是用笔。用笔写成东西指导工作有一个好处，就是比嘴说的要周密、全面，写出来的东西是经过提炼的，能使广大群众都了解。"在贯彻实现领导意图上，就比其他方法更有效、更广泛，作用大得多。""领导同志不愿意写文章，新闻工作同志要主动去做工作""你讲我写""或者找接近领导而又能写的同志来写"。又如 1950 年初期，《新华日报》大量刊登新华总社的电稿，地方新闻相对减少，读者颇有意见。针对怎样才能办好地方报纸的问题，邓小平同志在讲话中也阐述了自己的意见。他说："《新华日报》最近有进步。我们的报纸要登中央发的一般消息，但作为地方报纸，新华社总社的广播稿不一定全用，要适当选择、改编、压缩、提炼，要考虑对象，能不能看那么多，看了懂不懂。"邓小平还说办好报纸要有三个条件，即"结合实际、联系群众、批评和自我批评"。

在谈到批评与自我批评时，邓小平同志说："《新华日报》最近做得好一些。过去报喜不报忧，现在也报忧了，这就可以医治自满和麻痹。"又说，"报纸最有力量的是批评与自我批评。中央过去表扬了几个报，主要是因为它们实现了批评与自我批评，是非弄得很清楚，应该做的和不应该做的弄得很明确。"

出席这次会议的报社代表是常芝青、高丽生、钟林等同志，他们回来传达后，同志们感到十分亲切，因为邓小平同志讲的几点，都是针对《新华日报》、支持《新华日报》的。

1951 年 3 月，中共中央西南局做出了《关于加强党报工作的决定》。该决定的要点是要求从大区一级起的各级党政军领导同志都应当加强与党报的联系，为《新华日报》写稿。这体现了邓小平同志在西南新闻工作会议上的讲话精神。其实，在西南局做出这一决定之前，邓小平同志已身体力行了。

1950 年 7 月 1 日，是中国共产党诞辰 29 周年的纪念日，在解放后的重庆公开庆祝，有十分重要的意义。为此，《新华日报》特出专刊。邓小平同志应编辑部之请题了词。这篇题词实际是一篇短文。小平同志写道："共产党员应掌握批评与自我批评的武器，克服官僚主义、命令主义和统一战线中的关门主义，紧紧地联系群众，才能完成任务并使自己勇敢地前进。"

邓小平同志在西南工作期间，想的是党、是人民、是祖国的命运。在《新华日报》上记载的他许多次的讲话、报告、文章，都体现出这种思想和精神。1950 年 10 月，他应报社之请，写了一篇题为《开国一年在西南》的文章，更是令人难忘。邓小平同志在文章中概述了过去的成绩，最后指出"我们九个月来的若干成绩，只是获得了一个前进的基础""如果我们发生错觉，如果我们对封建势力仍然强大、匪特活动仍然猖獗、基本群众尚未充分组织和发动这些基本情况没有一个清醒的认识，如果我们因为有了一些成绩于是骄傲、疏忽起来，这就将是一个不可饶恕的错误"。

在邓小平同志主管西南局的几年间，报社日常的清样终审工作，按照当时中央的规定，要由书记签发，但邓小平同志日理万机，工作太忙，委托西南局常委兼宣传部长张子意同志代管。但一遇重大宣传问题、重要稿件，他毫不推托，即使再忙，也亲自审改或指示。

1949 年 12 月底，刚刚解放的重庆，物价不断上涨，奸商又乘机兴风作浪，弄得人心惶惶。西南局的一些领导同志开会研究对策。邓小平同志要参加会议采访的《新华日报》记者纪希晨同志回去向报社领导汇报，《新华日报》每天都要公布重庆市折实单位，让广大市民都知道油、盐、煤、米的牌价。邓小平同志说："目前，我们最重要的是稳定物价，恢复生产，关心群众的柴、米、油、盐，组织好城市居民的基本生活。"第二天，《新华日报》就照办了，对于安定人心、打击奸商起了重要的作用。不少读者向报社写信，赞扬共产党不仅会打仗，还会抓经济建设，敌人的谣言和诽谤，我们再也不听了。

1949 年底到 1951 年初的这段时间里，由于西南刚刚解放，百废待兴，百业待举，但是干部不足、人手紧张，不少单位为了完成任务，就从大专院校里抽调学生当干部，使不少课堂成"空堂"，学校无法开课。为了改变这种状况，常芝青同志亲自撰写社论，并向邓小平同志汇报请示。当邓小平同志听到不少单位领导人出于无奈的思想后，便把原拟的社论题目"乱招乱调的混乱现象必须坚决克服"，改为"是结束学校教育工作中混乱现象的时候了"。这一改，既谅解了一些干部的苦衷，又提醒大家，如果再不停止乱招、乱调，势必影响学校的教育工作。《新华日报》编辑部的不少同志都知道这一过程，大家深为邓小平同志实事求是的精神所感动。

1952 年初，"三反"运动开始了，重庆市妇联的一位负责人有压制民主的行为。我采写这则消息后，心中老是忐忑不安，害怕摸了老虎屁股之后受到反批评甚至报复。可是，邓小平同志看了消息和编者按后，反而在西南局高级干部会议上批评报社态度不坚决。常芝青同志在传达时指出，邓小平同志的意思是：不是批评错了，而是批评得不够，因为在编者按中说她态度有了转变，有了认识。运动才开始，怎么能这样估计呢？不把这股家长作风打倒，群众如何发动？这一番话，使我一生难忘。当时，我既放下了包袱，感到"老虎屁股还是可以摸"的，同时又感到自己经验不足、阅历不深，往往被一些表象迷惑。事实果真如邓小平同志指出的那样，重庆市妇联那位领导同志的家长作风得到批判后，运动开展起来了，问题也逐渐被揭发出来了。

邓小平同志主持西南局工作期间，对报社关心备至。报社提出不少要求，邓小平同志总是开"绿灯"。1951 年，报社要修建办公大楼，向西南财委写了个请示报告。邓小平同志当时还兼任西南财委主任。为此，他接见了报社秘书长毛伯浩同志。他同意报社的意见，但同时要求报社坚决实行经营企业化。在战争年代的报人，很少考虑到办报要盈利、为国家在财政上做出贡献的问题。因此，邓小平同志这次的接见对报社厉行节约、扩大发行、讲究成本、搞好经营管理起了很大作用。当时，编辑部和经理部经常为广告的版面问题争论不休。西南局就根据邓小平同志对报社经营企业化的要求，做出了《新华日报》每天可以用四分之一的版面刊登广告的决定。

由于工作关系，《新华日报》不少记者见过邓小平同志，或采访，或请示，或送审稿件……每个记者对邓小平同志的印象都十分深刻，说他一点儿不像大首长，一件白布衬衣、一套布军服，态度又严肃又和蔼，对提问，话不多，但必答，而且很谦虚。有一次，财经记者吴克之同志请他审查一篇稿件，希望第二天见报。这时，他刚从讲台上下来，本来已经很累了，但仍边走边看，看完了才上车，最后关照记者："请你们社长再看看就行了。"有一天，西南局开干部大会，记者写了消息请邓小平同志审查。邓小平同志本来是第一个讲话的，他在改稿时，把自己的名字圈到刘伯承、贺龙之后，并且将自己的讲话内容全部删除，只留了一句"邓小平也讲了话"。当时，他对记者说："新闻要短些。我们几个讲的都是一个中心意思，何必要写我呢？"这种宽广的胸怀、谦逊的精神，使人们难以忘却。1951年"五四"青年节，有一个摄影记者在重庆解放碑前，拍了苏联专家的照片。按照当时的保密规定，这是不允许的，因此警卫人员坚持要这个记者当场把胶卷拿出来曝光，但这样全卷照片都将作废，真是急死了人。这时，检阅游行队伍的仪式马上就要开始了。《新华日报》另一女摄影记者沈志钧就到检阅台上向邓小平同志求救。邓小平同志问清楚是《新华日报》的记者同志后，就请警卫人员允许那位摄影记者拿回报社自行曝光处理。这样，就两全其美了。

视察潜艇部队[①]

1955年11月，我在中国人民解放军海军四〇二潜艇当艇长。我们艇参加了辽东半岛大演习之后，正在旅顺西港总结休整。一天下午，上级通知我，

---

① 此文为刘自思的回忆。

准备接待刘少奇、邓小平两位首长视察。消息传开，全艇上下无比兴奋，很快做好了一切准备。次日拂晓，我们艇就靠上了东港码头，等待首长的到来。这天虽然下着小雪，但是我们的心里却感到非常温暖。我和政委张丁明候立在舰桥上。上午9点左右，两辆黑色的小轿车缓缓地向码头驶来，在我艇附近停了下来。首长到了，我和政委立即下了舰桥。这时，刘少奇、邓小平已下了车，我们激动地迎向前去向首长报告。准备好的报告词还没讲全，我们的双手就被首长的手握住了。我紧紧地握着首长的手，一时不知说什么好。陪同的海军副司令员周希汉做了介绍后，刘少奇、邓小平对我们说："到你们艇上看看，你们在前边领着。"我们扶着他们上了艇。刘少奇、邓小平看出我们有些拘谨，就边走边和我们拉家常，问我们：你们是哪里人？年龄多大了？家里有什么人？我们一一做了回答。同来的还有王光美、卓琳。当我们扶着刘少奇、邓小平下到舱室时，激动的心情才慢慢平静下来。我看到他们穿的都是普普通通的布衣服。邓小平还指着他的孩子对我们风趣地说："他的纪律性差，你们要好好地管着他，不许他乱动。"在视察中，刘少奇、邓小平问我们是什么时间干海军的，喜欢不喜欢干海军。当刘少奇、邓小平得知我们是从陆军调到海军的，艇上的同志都非常热爱海军事业，安心在海军工作时，高兴地说："喜欢干就好。你们从陆军来，经过战争考验，都是建设海军的骨干。陆军好的传统、好的作风要很好地继承发扬。"邓小平询问我们是什么文化程度。我和政委回答："在家时念过小学，现在相当于高中文化程度，是在部队中学的。"刘少奇、邓小平关切地说："你们年纪轻，记忆力好，不但要学好政治理论、学好专业技术，还要多学点儿文化和科学知识，干海军没有文化知识不行。"

刘少奇、邓小平一个舱室一个舱室地视察，看得十分认真、仔细，并不时地了解潜艇的战术、技术性能。当刘少奇、邓小平来到六舱时，询问了主电机的马力和速度。我们汇报后，刘少奇说："速度太慢了，再能快一些就好了。"这时，正在六舱舱底的电工兵要上来和刘少奇、邓小平握手，他们一边示意他不要上来，一边弯下腰把手伸过去。电工兵激动地紧紧握住了他们的手。在四舱，刘少奇、邓小平弯下腰，通过检查口看了蓄电池的情况，赞扬四舱的同志"保养得不错"。在三舱，我们把潜望镜调整好后，请刘少奇、邓小平看。他们很有兴趣地一边看一边说："很清楚，很清楚。"来到一舱时，刘少奇、邓小平详细询问了鱼雷的威力。周希汉副司令员详细地把潜艇和鱼雷快艇的战斗威力等做了汇报。两位领导连声说：威力大，威力大。并说："海上打仗也和陆上打仗一样，要讲配合。光有潜艇还不行，还要把其他舰种建设好，海军的威力就更大了。"

刘少奇、邓小平每到一个舱室，都与战士、干部亲切握手，兴致勃勃地观看他们的操练动作，和大家亲切地攀谈，勉励干部战士要苦练技术，努力掌握和提高为人民服务的本领。刘少奇和邓小平对干部、战士的生活非常关心，亲切询问了干部、战士中来自哪个省的最多，海上生活习惯不习惯，伙食怎么样，衣服够不够穿。还语重心长地对我们说："你们当干部的要处处关心、爱护战士，既要关心战士政治上的进步，又要关心他们的生活。官兵团结，上下一致，才有战斗力。"

我们陪刘少奇和邓小平最后来到二舱。我们让首长休息一会儿，并请刘少奇和邓小平给我们题词。刘少奇同志坐下来，从自己口袋里掏出了一盒前门烟，顺手拿了一支。看到首长要吸烟，我感到很为难，因为二舱的电池室刚充完电，电池又接近老化，仍有氢气分解，明火有引起燃烧的危险。正当我迟疑不决想说还没有说时，坐在一旁的王光美同志看出了我的心思，就对刘少奇说："问问艇长这里能不能吸烟。"在王光美的提醒下，刘少奇立即把烟收了回去。我具体说明了情况，刘少奇连声说："对！对！应该遵守规定。"接着，我和政委请刘少奇、邓小平给我们题词留念，他们欣然答应。两位首长稍稍商量一下后，刘少奇一面蘸墨，一面将纸铺开，转身对邓小平说："我们的题词要和主席的一致起来。"接着，就挥笔题了20个大字："同志们，共同努力，为建设一支强大的海军而奋斗。"刘少奇签名后，将纸推到了邓小平面前，邓小平看了一下，又挥笔签下了自己的名字。这样动人的情景，反映出刘少奇、邓小平对毛主席非常尊重。刘少奇和邓小平的题词，成为激励我们建设海军潜艇部队的强大动力。

"我们来看看同志们" [①]

1955年11月12日，刘少奇、邓小平等中央首长来到中国人民解放军海

---

① 此文为陈右铭的回忆。

军快艇第十六支队视察。

上午 10 点刚过，几辆小车驶进快艇支队机关大院。我看到中央首长下车后，便跑步前去向邓小平等首长敬礼报告。还未说完，首长们的手已经热情地伸到我们面前。邓小平握住我的手说："我们来看看同志们。"我激动地说："感谢首长的关怀！"

陪同的海军周希汉副司令员做了介绍，当我回答我是湖北武昌人时，邓小平风趣地说："湖南、湖北、四川，我们是邻居。"

邓小平问冯达是哪里人，当听说是山西人时，邓小平说："山西佬，是薄一波的老乡。"

我们开始见到中央首长时还有些拘谨，当看到邓小平等中央领导同志穿着普普通通的灰色或蓝色布衣，又这样平易近人时，我们紧张的心情很快平静下来。

我们陪首长来到鱼雷舵机调试室。我简要介绍了舵机的性能。当我说舵机的作用是控制鱼雷航行的航向和深度时，邓小平指着舵机风趣地说："它是掌握方向的，要是它出了毛病，方向就偏了，就犯了方向路线错误。"

我们陪首长来到鱼雷检修所，鱼雷检修所的同志简要介绍了鱼雷的构造和性能，做了启动主机和舵机的操作表演。邓小平问："快艇用的鱼雷是不是跟潜艇用的鱼雷一个样？""炸沉一艘护卫舰要命中几条雷？"我回答说"击沉国民党'太平号'护卫舰就命中一条雷"时，小平同志说："威力大，威力很大。"

刘少奇问我会不会操纵快艇，大队干部是不是都会操纵快艇。听到周副司令员说正副支队长、大队长都会操作快艇时，邓小平非常高兴，鼓励说："这很好，舰艇部队的领导干部都要学会操纵舰艇。不懂就不能领导好训练，指挥打仗也指挥不好。政治干部也要学技术，一点儿技术不懂，政治工作也做不好。"

当我说自己检修一台主机只需 3 000 多元，送上海检修要 5 万元时，邓小平鼓励说："这就是具体贯彻勤俭建国的方针！海军其他部队也应该这样做。"

当介绍主机马力、寿命、快艇航速时，邓小平说："速度很快，机器 500 小时寿命太短了，要想办法提高寿命。机器寿命长了，就可多到海上进行训练。"

我们经过大队水兵宿舍楼前，当支队副政委冯达说夜间有宿舍值班查铺时，邓小平高兴地说："这样好，年轻人睡觉不老实，容易把被子蹬掉。要没有人给他们盖，就冻病了。"

临别时，刘少奇、邓小平说："今天，我们见到的水兵不多，请代我们向大家问好。"然后与大家一一握手告别。

"要像钟表一样准确"

1952年7月，邓小平调到中央，出任政务院副总理兼财政经济委员会副主任。1953年4月，又兼任政务院交通办公室主任，分管铁道部的工作。

"铁路上的问题，所有在座的人，都比我懂得多，只有我是外行。中央分配我管铁道交通工作，为时也不过两个月。"

这是1953年6月26日，邓小平参加全国铁路工作会议讲话的开场白。

邓小平的这次讲话，既充分肯定了新中国成立3年来铁路工作取得的巨大成绩，又指出了存在的缺点和不足，为人民铁路事业的发展指明了方向。

邓小平讲话的风格同他办事一样，果断、简明、准确。他列举了铁路存在的计划管理差、运输秩序乱、事故情况严重、工程质量不好等问题后，话锋一转，尖锐地指出："领导上主要的缺点是没有把学习'中长'作为明确的方针，为什么？我看恐怕是有点儿骄。"

当时，全国响应毛主席号召，掀起学习苏联的高潮，在铁路上具体的就是学习中长铁路管理经验。学习苏联存在两种偏向：一种是拒绝学；另一种是生搬硬套，不与铁路具体情况相结合。邓小平运用唯物辩证法科学地指出：

"学习'中长'经验之可贵在于苏联先进经验与中国具体情况相结合，肯定了就要贯彻到底，把它作为示范推广到其他铁路上去。

"不要只喊口号，要真正研究中长铁路的经验，本质何在？可贵之处在哪里？……一要学会，二要会学。学'中长'要学他们的本质，学主要的东西，学他们善于把先进经验和具体情况相结合，学他们的检查工作与贯彻到底的精神。"

邓小平要求学习与推广中长铁路经验，必须抓住不放，并定出具体的步骤和方法。根据这一指示，铁道部确定三至五年内以学习与推广中长铁路经验为全路工作的指针。铁道部连续组织三期领导干部学习团，到哈尔滨铁路局现场学习中长铁路经验。

到 1956 年，中长铁路 12 项基本经验已在全路开花结果。各单位强化了计划管理、财务管理、劳动工资管理、技术管理与职工培训，运输生产效率逐年提高。由于邓小平特别强调"苏联经验与中国具体情况相结合"，较好地防止了原样照搬的教条主义倾向。

"铁道部的工作特点是什么？"邓小平在这次报告中指出，"铁路工作准确得像钟表一样，因此就要求有高度的组织性、高度的纪律性、高度的统一性、高度的准确性。铁路运输关系着人民生命财产的安全，不要再发生花旗营那样的事故。铁路要像钟表一样准确，列车就要正点运行。"

邓小平指出的花旗营事故，是 1950 年 1 月 23 日发生在津浦线花旗营车站旅客列车与货物列车冲撞的事故。事故直接原因是扳道员错将通过的旅客列车放进停有货车的线路，造成列车正面冲突，死伤 62 人，损失巨大。政务院曾就此给予严厉批评并通报全国。

安全正点，四个"高度"，邓小平准确地抓住了铁路工作的特点与性质，为全路鸣响了"安全第一"的警钟。

邓小平还要求铁路要加强思想政治工作，克服思想上的主观主义、政治上的分散主义、作风上的官僚主义，树立实事求是与贯彻到底的作风，为完成第一个五年计划，"铁道部必须准备力量，迎接新的任务"！

"就是要给他革命的机会"

1956 年，为使王明能够参加党的"八大"，邓小平做了耐心、细致的工作。7 月 31 日，他在北戴河为中央起草了一封给正在苏联养病的王明的信。信中通知他：党的"八大"已经定于 9 月 15 日举行，王明将作为北京市选出的代表；如果身体健康，条件许可，中央希望他能出席大会。王明没有答复。8 月 6 日，邓小平又为中央拟定了给正在苏联访问的李富春的电报稿，请李去看望王明，告诉他召开党的"八大"的会期（9 月 1 日起开预备会议），询问他的身体状况及可否参加"八大"。如果因健康关系不能出席，请问他可否对大会提出书面意见。

这次，王明不得不表态了。姗姗来迟的 9 月 8 日复电，很快就转到了邓小平的手里。复电为："自 8 月 7 日接到中央盼我在健康条件许可下能出席

'八大'电示后，我个人及医疗、护理方面曾做了更多的努力，但至今身体病况仍不许可我有回国参加'八大'学习的可能，乃不得不以深沉的愧歉心情向中央和'八大'主席团专电请假。"邓小平对"七大"以来王明的身体状况比较清楚，"七大"召开时，王明在病中，是坐着担架来到会场的，参加时间前后不过 15 分钟。根据毛泽东"此件可印发各代表"的批语，邓小平将王明的复电印发给出席"八大"的各位代表。尽管王明未能参加"八大"，党中央还是本着团结犯错误同志的态度，到会的代表们也和"七大"的代表们一样，选举他为"八大"中央委员。10 年以后，邓小平在同亚洲一位共产党领导人的谈话中提到这件事时，说："就是要给他革命的机会。"

第六编　十年总书记

（1956—1966）

首次视察大西北

1956 年 9 月 15 日，具有历史意义的中国共产党第八次全国代表大会在北京召开。这是中国共产党执政以后召开的第一次全国代表大会，是一次继往开来的重要会议。大会确定要把党和国家的工作重点转移到经济建设上来。

在党的八届一中全会上，邓小平当选为中共中央总书记，成为以毛泽东为核心的第一代中央领导集体的重要成员。这是邓小平政治生涯的重要转折点。

党的"八大"制定的路线是正确且富有创造性的，这是以毛泽东为代表的中国共产党人在探索中国自己的社会主义道路的过程中取得的一个重大成果。党的"八大"之后，全国各族人民根据党的"八大"所提出的集中力量发展社会生产力的战略任务，在党的领导下开始了大规模的社会主义经济建设。作为党的总书记，邓小平坚决贯彻执行党的"八大"路线，为推动我国经济发展更加废寝忘食地工作着。

但是，如何建设社会主义，在当时还缺乏足够的理论和思想准备，只能在摸索中前进。

1956 年秋冬，国内出现了一些不安定的情况。由于国际上受东欧"波匈事件"的影响，而国内又有在急促而深刻的社会改造和经济建设中未能完全克服的冒进思想，致使经济和政治生活中出现了某些风潮。一些干部把群众闹事和尖锐批评一概视为阶级斗争，企图采取简单、粗暴的办法进行压制。于是，中共中央在调整经济计划和经济关系的同时，着手开展以正确处理人民内部矛盾为主题的整风运动。

1957 年 2 月，毛泽东在最高国务会议上做了《关于正确处理人民内部矛盾的问题》的重要讲话，系统地分析和阐明了正确处理各方面人民内部矛盾的方针和方法。会后，中共中央政治局常委、中共中央总书记邓小平和其他中央领导人，分别奔赴各地，宣传"八大"的精神和传达贯彻毛泽东的讲话精神。

邓小平去的是西北。

1957 年 3 月下旬，邓小平离开北京，开始了他的西北之行。这是他出任总书记后第一次外出视察。

山西是邓小平西北之行的第一站。

中共山西省委第一书记陶鲁笳全程陪同邓小平在山西的这次视察活动。

在太原，邓小平认真听取了山西省省委的工作汇报，仔细研读了反映厂矿、学校和机关干部群众思想动态的材料。在此基础上，邓小平分别给太原市中等以上学校部分师生和厂矿企业、省市机关干部做了两场报告。报告的主旨是解决人民群众与领导者之间的矛盾：一方面是教育担任领导职务的共产党员、政府工作人员、经济和文化部门工作人员，认真听取群众的批评意见，努力克服脱离实际、脱离群众的主观主义、宗派主义、官僚主义作风；另一方面是教育群众要提高觉悟，树立以集体利益和个人利益相结合为原则的社会主义精神。

在给太原的教师和学生所做的报告中，邓小平首先透彻地分析了国际形势。针对"波匈事件"导致部分群众对社会主义产生的悲观、失望情绪，邓小平对比了社会主义和资本主义两大阵营的政治和经济状况，阐述了社会主义的优越性，坚定了大家对社会主义的信念。

他说：我们要学习世界上一切好的东西，包括美国好的东西；但是，关键性的东西，我们从美国是学不到的。

在谈到国内供需矛盾紧张情况时，邓小平指出：问题的根源在于经验不足，一股热心，建设搞快了，产生了错误，但这是前进中的错误。成绩是主要的，缺点是次要的。错误在所难免，重要的是善于从错误中吸取教训。邓小平告诫报纸要把人的思想引导到健康的道路上来。

邓小平向师生们阐述了肃反、民主与集中、青年的前途和党的领导等重要问题。他强调，我们国家应该经常注意民主，加强民主生活，使人民有提意见的地方，有说话的地方。对于群众闹事，"我们要站在人民之中，当作人民内部的问题来处理"。"那些少数根本不讲道理的人，最后总是要被孤立的"。

关于政治思想工作，邓小平说：近一个时期，我们放松了政治思想工作，没有能够适应和解决社会发展中出现的新问题。政治思想工作是非常艰苦的，"任何时候都不能放松，任何时候都不能动摇"。

山西青年是具有光荣的革命传统的。邓小平寄语山西青年要树立远大理想，要有为实现这种理想而艰苦奋斗、不怕困难的信心和勇气，要有集体主义精神和守纪律的高贵品质。

"没有那些具有远大理想、具有高贵品质的年轻的、甘于当'傻瓜'的人，过去不可能搞成革命，现在不可能搞成建设。"

3月30日，邓小平在给太原厂矿企业和省市机关干部所做的报告中，从教育干部的角度，着重谈了四个方面的问题。

关于党的领导。邓小平说，党的领导好坏，关键在于我们能否依靠群众，能否克服主观主义、官僚主义、宗派主义，从思想上经常洗脸、扫地。邓小平回忆当年在太行山的岁月时指出：那时，生活条件和环境都十分艰苦，却没有人闹待遇、闹等级，现在条件好了，反而闹起来了。他说：过去叫死也可以去死，而现在拿山西话来说，就"挑肥拣瘦"。如果叫去雁北工作，那就认为是"对他人格的侮辱"。这种变化的背后，就是远离群众。现在，群众原谅我们脱离群众的现象，这是因为党在群众中有崇高的威信，但仅仅依靠党的威信，总有一天会靠不住的。他列举了离石县学生"闹事"的情况，批评了县委领导"靠党的威信"压服学生的错误做法，语重心长地告诫大家，要"面对群众，发现问题，依靠群众，解决问题。要天天看到人民群众，不要天天看领导。我们全党如果都是这样，我们党就不会灭亡"。

关于群众闹事的问题。邓小平说：要正确区分两类不同性质的矛盾，绝不能用阶级斗争的办法解决人民内部矛盾。对于群众闹事能否避免的问题，邓小平回答：只要坚持群众路线和经常的政治思想工作，群众闹事的现象是可以避免的。

关于工厂管理中的民主集中制问题。邓小平着重论述了职工代表大会的权力和重要作用。

最后，邓小平重申了共产党与其他民主党派"长期共存，互相监督"和科学文化工作"百花齐放，百家争鸣"的重要方针。

邓小平做的这两次报告没有枯燥的说教，如同熟人之间拉家常式的交谈，深入浅出，比喻生动，具有很强的说服力和感染力。在山西广大干部和群众中引起了强烈反响，起到了教育干部、教育群众的重要作用，推动了山西整风运动和正确处理人民内部矛盾的进程。

离开太原后，邓小平沿同蒲铁路南下。途经太谷时，中共太谷县委第一书记靳广杰被请上了专列。原来，省委第一书记陶鲁笳在太原给邓小平汇报山西工作时提到省委在太谷搞了个商业体制改革的试点，邓小平听后很感兴趣。

社会主义三大改造任务完成后，需要进一步调动广大群众的积极性，发展生产，繁荣经济。为使城乡经济活跃起来，首先要沟通流通渠道。在充分发挥国营商业骨干作用的同时，注意协调发挥供销合作商业的补充作用，允许保留并发挥个体小商贩的积极性，注重发展集市贸易。农民在完成国家的统购、派购任务后，允许其把剩余的农副产品拿到自由市场上出售，以调动农民从事商品生产的积极性。出于这个目的，省委确定在太谷进行商业体制改革试点。

邓小平饶有兴致地听取了太谷的有关汇报。

靳广杰说：太谷通过商业体制改革，搞好了集市贸易，活跃了城乡经济，促进了多种经营的发展。农民手里有钱了，县里也有钱了。县里修戏院、铺马路、建自来水站，用的就是这部分钱。听完汇报后，邓小平说："你们的这个经验很好，应该推广到农村搞试点。"

显然，当时邓小平就已经在筹划以国家经营和集体经营为主体，以一定数量的个体经营为补充的新的经济发展思路了。

邓小平抵达洪洞后，在晋南地委第一书记赵雨亭、洪洞县县委第一书记王绣锦等人的陪同下，参观了新中国北方第一座农村小型水电站——明姜水电站，以及广胜寺、县看守所（即曾经关押过苏三的明代监狱）等。

在县委机关大院里，邓小平与正在参加"三千会"的全体同志合影留念。这是一次从中央到乡村六级书记难得的聚会，里面有中共中央总书记，有省、地、县、乡党委书记，还有村党支部书记。

邓小平听取了王绣锦关于在洪洞如何实施《1956—1967年农业发展纲要》的汇报。他很少插话，偶尔就一些问题询问在座的同志。听完汇报后，他说：要充分利用洪洞的水利优势，发展水电站，搞好管理，提高效益。

离开洪洞，邓小平又来到临汾。当他看到利用龙祠泉水种植的反季节蔬菜——黄芽韭长势喜人时，非常高兴地说：要进一步开发龙祠水资源，把绿化搞上去。

邓小平还去了运城。

他热爱山西的大好河山和山西悠久的历史文化。每到一处，他都叮嘱有关人员，这些文物都是老祖宗留下的文化瑰宝，是我们民族的骄傲，要好好保护它们、利用它们。

4月4日，邓小平到达甘肃。

4月5日，邓小平在兰州西北民族学院礼堂，向参加会议的甘肃省领导干部做了关于形势的报告。

报告针对我国经济发展中出现的一些新情况、新问题，阐述了解决问题的原则，强调充分发扬民主，加强和改进党的领导，积极进行切实有效的思想政治工作，搞好经济建设。他指出：从整体来说，阶级斗争这门科学，我们的党、我们的干部是学会了；但是在建设方面，对我们党来说，对我们的干部来说，或者是不懂，或者是懂得太少了。他提醒广大干部：如果不好好学习、不总结经验，我们也会在建设问题上栽大跟头、犯大错误。报告最后强调要充分认识"长期共存，互相监督""百花齐放，百家争鸣"的重要意义。加强党的领导，关键是加强党与群众的联系，调动一切社会力量，把我们的国家建设成为一个真正富强的而不是现在这样穷的社会主义国家。

当天，邓小平视察了正在建设中的兰州炼油厂工地，参观了兰州市有关文化设施，并称赞说：这符合我们勤俭建国的精神。他还听取了省市负责人的工作汇报，并抽空到邓园探望了老朋友邓宝珊省长。

4月6日，邓小平结束了在甘肃的活动，前往西安视察。

对西安这个城市，邓小平有着特殊的感情，因为它是邓小平在国内从事革命活动的第一站。

1927年3月，邓小平奉命从莫斯科中山大学回国参加革命活动。他来到西安冯玉祥国民军联军的中山军事学校担任政治处处长兼政治教官，并任该校中共党组织的书记。邓小平在这里工作虽然只有短短的4个月时间，但为陕西乃至全国培养了相当一批军事、政治干部，不少人在后来的革命斗争中都发挥了重要的作用。

1927年7月，冯玉祥追随蒋介石、汪精卫反共清党。西安地区的革命形势日益恶化，邓小平等一大批共产党人被"礼送出境"。

这是 30 年前的事了。

这次到西安，已是他此次视察中的第二次——他在 3 月 23 日就曾到过西安。邓小平那次抵达西安后，下榻在止园。

止园是著名爱国将领杨虎城将军的故居，1936 年 4 月建成。"西安事变"时，杨虎城将军就住在这里。新中国成立后，陕西省人民政府将止园的一部分加以改建，作为接待国内外贵宾的处所之一。

邓小平这次到陕西，除了宣传"八大"的精神和传达贯彻毛泽东的讲话精神外，还有一个目的，就是检查第一个五年计划的执行情况。"一五"计划期间，苏联为我国援建了 156 项大小型建设项目，习惯上称"156 项工程"。在这 156 个项目中，建在陕西的有 24 个。主要是军工项目，有 17 个，其余为民用项目，涉及航空航天、兵器、电子、电器、电力、光学制造和煤炭开采等。

邓小平不让报道他的这次视察活动，不许人们对他的到来进行张扬。

3 月 23 日这天，止园南楼大会议室里座无虚席。邓小平坐在临窗的一张靠背沙发椅上，两旁坐着省市负责人张德生、冯直等，各厅局负责人和有关部门人员环坐四周。

西安市委书记冯直主持会议。他说：党和国家对西安的城市建设非常重视，也非常有决心。1953 年第一个五年计划开始时，李富春、万里等同志来指导我们的城市规划和建设工作。这一次，邓副总理又来检查、指导。

接着，冯直简要地汇报了西安城市的建设情况。他说：我们从国民党手里接过来时，西安是一个烂摊子，连自来水都没有。现在，西郊的电工城、东郊的纺织城和南郊的文化区都已初具规模。今后要努力建设，使西安成为一座人民的新型城市。

冯直讲完后，请邓小平讲话。

邓小平说：还是先请大家讲，我先听听大家的意见。

开始，在座的人还有点儿拘谨，纷纷小声议论。邓小平鼓励大家："大点儿声讲，放开讲。"于是，有人开始了第一个发言。随后，会场气氛开始活跃起来。人们纷纷发言，提出了不少问题，如建筑材料要不要预制，工程建筑实报实销浪费大，计划外开支无法解决，甚至连 19 元钱也做不了主等。

在大家发言都告一段落后，邓小平说：美国的建筑材料 70% ~ 80% 是预制品，苏联只有 20% 多一点，美国最高。赫鲁晓夫的报告里也讲到了这个问题。

可是我们有的是人，要认真地研究一下，预制合算就预制，不合算，那就没有什么优越性了。

邓小平接着说：我们现在的缺点是，只此一家（国营建筑企业），别无分店；你要包也得包（包工包料），不包也得包，没有竞争，反正是国家的钱，浪费了也毫不心痛……你们连19元钱的权都没有，不像话！武汉的同志讲，他们要用30元钱请苏联专家吃一顿饭，不给开支。没有办法，只好打电报到北京请示。花了300元钱电报费，才解决了30元钱招待费，真是个可笑的故事。他们是30元钱，你们是19元钱，你们顶好也多打几次电报，电报费报销没问题，这个办法好！一番幽默诙谐的话，说得大家都笑了起来。会议的气氛一下子变得十分热烈了。

邓小平说：你们告诉他们（主管财务者），为了19元钱，你们打了几次电话、发了多少电报，连这次电报费算在一起是多少钱！

邓小平的讲话，博得了全场的一片掌声。

那次座谈会后，邓小平又赶赴兰州等地，于4月7日再到西安。

此次视察期间，他不仅视察了属于"156项工程"的昆仑机械厂、红旗机械厂、庆安机械厂等大型航空军工企业，还乘飞机俯瞰了西安市区。

4月8日上午，位于古城中心位置的西安人民大厦会议厅内，坐满了在西安的省市干部。当邓小平走上主席台时，台下立即响起一阵热烈的掌声。邓小平亦鼓掌向台下的干部们致意。

他说：这一次从北京出来，到西安住了几天后去了兰州，昨天回来，很想和同志们见见面。这次走了3个省，实际上走了3个市——太原、西安、兰州。走马观花，了解得不多，所以给同志们只能谈一般的问题。今天，我想谈谈关于勤俭建国的问题……我们今后的主要任务是什么呢？革命的任务还有一部分，但是不多了。今后的主要任务是搞建设。我们党的第八次全国代表大会提出的任务，就是要调动一切积极因素，调动一切力量，为把我国建设成为一个伟大的社会主义工业国而奋斗。这就是我们今后很长时期的任务，这个任务不知道要多少年才能完成。搞建设这件事情比我们过去熟悉的搞革命那件事情来说要困难一些，至少不比搞革命容易。

这次来西安看到城市建设比1952年来时变化大，感到很高兴。不能否认，我们国家发展得确实很快，气象一新。过去几年，我们各方面的成绩是很大的，不看到这一点是不对的。但是，切不可过分夸大我们的成就。

邓小平在引用了毛泽东3月17日天津讲话中的一段话后继续说道：我们过去干革命是花了二十几年的时间才学会的，并且其中犯过大错误。现在，我们搞经济建设，是不是可以不要花二十几年的时间而花更短一点儿的时间学会，并且不犯大错误、不栽大跟头，可能不可能呢？应该说是可能的，因为我们国家搞建设的条件是好的，比起十月革命后的苏联，困难要少一些：首先，国际形势给了我们一个有利的环境；其次，有苏联和其他兄弟国家的经验。当然，我们也要学习世界上一切先进的经验，世界各国，包括美国在内，有先进的东西我们也要学。同时，我们自己也有了一些建设的经验。我们国际、国内的条件是好的，现在的问题是我们能不能善于利用这个形势，能不能花很少的钱办更多的事，能不能不断地总结经验、发扬成绩、克服缺点、避免犯大错误，关键在于党的领导。

针对陕西省和西安市以及全国其他一些省市执行第一个五年计划所取得的成就和暴露出来的一些问题，邓小平特别强调：我们的干部对建设中出现的问题要"认真地研究""不要照抄、照搬"，要"一切从实际出发"。他对一些建设项目一味"贪大求全""气魄大，牌子大"，浪费严重，钱花得不适当，"公子少爷的味道足"的现象提出了尖锐批评。他说："我们的国家还是一个贫穷的国家、落后的国家。"要把我们这么一个贫穷、落后的国家建成一个社会主义的先进的工业国家，需要"长期的刻苦努力"，需要"勤俭建国"的精神。邓小平深有感触地说："中国的民族资本家很多都是艰苦奋斗出来的，他们办企业比我们高明。"他说上海"有些企业确实是艰苦奋斗出来的，搞得既经济又实用"。他建议陕西省委、西安市委组织国营企业的同志去上海看一看，参观后，可以改变一下观念。

邓小平十分注意建设中的人才问题。他说：我们党的干部懂得改造自然和搞建设的人才是很少的、很不够的。我们的科学技术水平是很低的，我们要善于接受苏联的经验教训，要学习世界上一切先进的经验，世界各国，包括美国在内。他指出："我们自己也有了一些建设的经验。我们搞建设已有七年多一点儿时间，这几年的经验也很重要，不要小看。这是我们自己走出来的路，真正总结起来，对我们来说，益处更大。"

1956年4月，毛泽东在中央政治局扩大会议上做了《论十大关系》的报告，这标志着我们党"以苏为戒"，开始探索中国自己建设社会主义的道路。当时，任中共陕西省委第一书记的张德生，通过对陕西国有工业企业的建设情况进行调查研究，总结陕西这几年建设的经验教训，把毛泽东在《论十大关系》中提到的重工业和轻工业形象地比喻为"骨头"和"肉"，认为陕西这几年建设的布局是"骨头"多而"肉"少，提出不能光有"骨头"没有"肉"。对张德生的这一提法，毛泽东、周恩来都很赞赏。

邓小平通过这次在陕西视察期间的所见所闻，不但对张德生的这个见解做了进一步肯定，而且对如何处理好"骨头"和"肉"的关系提出了自己新的看法。他说："过去，我们在城市规划中对'肉'重视不够，应该办商店、理发馆等服务性行业。没有注意办，这是事实。现在，这个问题必须解决，不解决不妥当，这是一个制度问题，但是应当着重指出，过去在这方面花的钱并不少，就是用得不适当。"在中央来说，"是对于'肉'的问题注意得不够"，恐怕在地方来说，"对于钱用得不适当的问题应该引起注意"。"城市规划中的问题不少。西安的电影院、戏院并不少，但是在工业区一个也没有。要看戏的人找不到戏院，有戏院的地方没有多少人去看戏，这个布局显然是不适当的。"

西安有个城隍庙，地处古城繁华的西大街中段，自明代以来已有五六百年的历史。以庙设店，富有特色，直到解放初期一直是西安的一个商业中心。这里百货日用商品琳琅满目、应有尽有，商贾摊贩、市民游客终日摩肩接踵，川流不息。邓小平参观后说：西安的城隍庙有很多简易的商店，工业区为什么不多搞几个"城隍庙"呢？要多办一些购物商店、理发馆、学校，修建文化娱乐场所，满足群众的需要。他说："我们国家大，搞一点儿富丽堂皇的东西，以表示我们的新气象，我不完全反对，但是不应该搞得太多。"今后搞一些简陋的东西，"肉"的问题是可以解决的。我们在建设方面的指导思想应该是：面对国家现实，面对群众的需要，解决好"骨头"和"肉"的关系问题。

邓小平在讲话中，特别强调要加强党的领导，党要接受监督，党员要受监督。

他指出：在中国来说，谁有资格犯大错误？就是中国共产党。犯了错误影响也最大。我们党应该特别警惕。党要领导得好，就要不断地克服主观主义、官僚主义、宗派主义，就要受监督，就要扩大党和国家的民主生活。如果我们不受监督，不注意扩大党和国家的民主生活，就一定会脱离群众，犯大错误。

为此，他强调：共产党要接受监督，要接受来自党内、来自群众、来自民主党派和无党派人士这三个方面的监督。这样，我们就会谨慎一些，消息就会灵通一些，脑子就不会僵死起来，看问题就会少一些片面性。

邓小平专门讲到，在群众方面，要扩大各方面的民主。实行群众监督可以把群众的积极性调动起来，会提出很多好的意见。他批评一些领导在这个问题上"想不通"。他列举了在山西视察时了解到的一些情况："在山西，农民对我们的意见是：'你们等得太多了。'我们到晋南，当地领导机关规定八月初五棉花打尖，不够尺寸不准打顶尖。干部拿上尺子到地里量着打顶尖，照办了的每亩收棉40斤，没照办的每亩收棉50斤。这叫什么先进经验？这也是滥用党的威信。农民对我们无可奈何，反正是党的号召，做就是了。"邓小平说："这种情况，偶尔发生群众还可以原谅，长此下去那还行？""所以，扩大各方面的民主生活，扩大群众的监督，很重要。"

在谈到"长期共存，互相监督""百花齐放，百家争鸣"十六字方针时，邓小平说：我们党内不少人思想不通，不了解它的好处。这个方针对我们国家有深远的影响，对我们党有极大的好处，对发展马克思列宁主义有很大的好处。如果我们不注意，不搞'百花齐放，百家争鸣"，思想就要僵死起来，马克思主义就要衰退。只有搞"百花齐放，百家争鸣"，各种意见才会表达出来，进行争辩，才能真正发展马克思主义、发展辩证唯物主义。这一点，斯大林犯过错误，就是搞得太死了、搞得太单纯了。

邓小平最后说：只要党和党员不脱离群众，只要党和党员接受监督，只要党和党员虚心学习，只要党和党员不断地进行工作，进行思想政治工作，我们党就一定能同过去领导革命取得胜利一样，顺利地领导国家建设。在比较短的时间里，学会建设，学会管理经济，把我们国家由落后的农业国建设成为先进的工业国。

在结束这次对陕西的视察时，邓小平热情地勉励陕西的党员和干部一定要像过去领导革命那样领导建设，在比较短的时间内学会建设、学会管理经济，建设好陕西。

石油工业的战略东移

中华人民共和国成立后第一个五年计划（1952—1957）的执行情况是很

乐观的。1957年，粮食产量达到3 901亿斤，棉花产量3 280万担，钢铁产量达到535万吨，原煤1.31亿吨……大大超额完成了"一五"计划原定的指标。但是，石油工业却没有完成任务。"一五"计划对石油工业的要求是生产201万吨原油，而实际只完成了145万吨。

当时，中国石油工业的状况是，原油的生产主要靠新中国成立前发现的玉门、独山子和延长三个油田，以及新中国成立后发现的克拉玛依油田，这些油田1957年全年的总产量仅86吨。国民经济建设和国防用油大部分要依靠进口，因而有些人以为，中国是一个贫油国家。

石油工业能不能发展、有没有希望，引起了党中央、国务院的高度重视。1956年党的"八大"以后，邓小平作为党的总书记，分管石油工业。尽管日理万机，但他仍然深入到玉门、四川等几个我国仅有的油气田调查研究，思考石油勘探的战略布局问题。

1957年初，邓小平在成都召集石油、地质两部的负责人开了一个石油促进会。他在会上说："四川只要出了一吨石油，也算有了石油工业了！"1958年2月初，邓小平视察了地处崇山峻岭的四川石油勘探局川南矿区。在草棚搭起的会议室里，他语重心长地鼓励大家，多打井，多产油气，为国家建设多做贡献。当气矿负责同志把两小瓶原油样品送给他时，他拿着样品高兴地说："总算看到四川有石油了。"

1958年2月11日，第一届全国人民代表大会第五次会议通过了余秋里为石油工业部部长的任命。2月13日，邓小平就亲自对他说："秋里同志，赶快上任吧。我安排他们向你汇报，让你有个底，好早些开展工作！"

26日，余秋里接到国务院办公厅的通知：明天上午8时到中南海居仁堂参加由邓小平主持的石油工业部汇报会。参加这次汇报会的除了邓小平、余秋里以外，还有原石油工业部部长李聚奎和勘探司司长唐克，以及翟光明、王纲道两位工程师。李聚奎首先介绍了石油工业的总形势和一些基本情况。接着，由唐克做详细的汇报。

"一五"期间，我国石油产量中，人造油占有较大比重。大连、抚顺、茂名等地的人造油产量达到60万吨，与天然油旗鼓相当。石油界对搞天然油还是搞人造油存在不同的见解。有的同志认为，我国有相当数量的油页岩资源，搞人造油风险小、把握大，应重点发展。而多数同志认为，人造油成本高，难以大规模发展。我国地域辽阔，沉积岩分布广泛，只要加强勘探，一定能够找到丰富的天然油，应该以搞天然油为主。

当唐克讲到人造油的生产情况时，邓小平说："听说石油部门有一个搞人造油还是搞天然油的争论，石油工业怎样发展？我看人造油是要搞的，并且要下决心搞。但是，中国这样大的国家，要有更多的石油，当然要靠天然油。"

邓小平提出搞天然油，从发展战略上为石油工业指明了方向，使我国石油工业开始走上了以发展天然油、天然气为重点的新的历史阶段。以后几十年的实践证明，邓小平的这一论断是非常富有远见的，对我国原油产量迅速增长起了决定性作用。据后来进行的新一轮石油、天然气资源评价，按当时的技术和世界通用的储量标准计算，我国最终石油可采资源约为 140 亿吨，天然气可采资源量约为 10.5 万亿立方米，分别在世界上居第 9 位和第 10 位。现在，我国 32 个省、自治区、直辖市中，已有 24 个发现了油气资源。"中国贫油"的说法已成为世人不再提及的历史。

20 世纪 50 年代，由于我国的石油勘探队伍力量薄弱、装备落后、技术人才缺乏，石油勘探一直上不去。那时，全国石油职工仅有 14 万人、205 个钻井队，使用的大多是中小型钻机，年钻井总进尺只有 52 万米，地质勘探、油田开发的专业人员也很少。这样薄弱的力量，勘探工作根本无法全面铺开，只能集中在几个地方开展工作，全国普查更谈不上。

听到这些情况，邓小平说："现在，你们的地质队和地球物理队可不可以加一番？轻便钻机要自己造，可以和机械部商量一下，你们也要促进一下。要做 1 200 米钻机，也要搞 3 000 米的钻机。套管、钻杆应当努力设法在国内解决。总之，一个是勘探队的问题，一个是钻机问题，应该促进一下。""第二个五年计划期间，你们打钻子（指钻井进尺）加一番行不行？"

根据邓小平的这一指示，国家计委和机械部立即行动，帮助石油部解决人员、装备问题。1958 年底，钻井队由 205 个增加到 394 个，增加了近一倍；石油工人的人数由 14 万人增加到 23 万人，为后来进军松辽平原打下了坚实的基础。

1958 年以前，我国石油勘探主要在西部地区，东部地区勘探工作做得很少，大量地区甚至是一片空白。而西部地区即使有油，受运输条件限制也很难运出来。因此，尽快在东部地区找到石油，就近就地解决主要消费区的用油需要显得十分紧迫。当唐克讲到石油勘探工作的规划部署时，邓小平说：石油勘探工作应当从战略方面来考虑问题，战略、战役、战术总是要三者结合的。

总体来说，第一个问题是选择勘探突击方向。找油就和打仗一样，过分分散就不利。要分轻重缓急，排出一个先后次序。全国就这么大，二三十个地方总是有的，应该选择重要的地方先突击勘探，不要十个指头一般齐。不然的话，就会浪费一些时间。

关于如何开展石油勘探布局问题，邓小平指出，要在经济比较发达、交通条件好的地区加快石油勘探工作。他说：对松辽、华北、华东、四川、鄂尔多斯五个地区，要花一些精力，好好研究一番。在第二个五年计划期间，如果能在东北地区找出油来，那就很好。就经济价值来说，华北和松辽是一样的，主要看哪个地方先搞出油来。苏北要增加勘探工作量，这个地方如果搞出油来，那对沿海一带很有好处。苏北如果找到油，年产 100 万吨，就值得大搞。由此类推，东北如何促进，四川如何促进，都应该考虑。在真正有希望的地方，如东北、苏北、四川这三块搞出油来，就很好。邓小平还指示，什么时候搞成，要提出一个方案来。

按照邓小平的指示，石油部连续召开了五次党组会议和两次部务会议，坚决调整部署。1958 年，石油部先后组建了松辽石油勘探局、华东石油勘探局、华北石油勘探处，以加强这些地区的勘探工作。石油勘探重点从此由西部地区开始向东部地区转移，很快打开了新局面。1959 年 9 月 26 日，位于松辽盆地中央的松基三井喷出了工业性油流，由此发现了大庆油田，揭开了中国石油工业崭新的一页。

经过三年多的艰苦会战，初步建立起了我国第一个大型油田。此后，渤海湾地区相继发现和建成了胜利、辽河、华北、中原、大港、河南、冀东等油田，使这一地区成为我国一个重要的产油区。当年，邓小平十分关注的苏北地区也发现和建成了江苏油田，并在 1995 年实现了邓小平"年产 100 万吨"的目标。目前，我国整个东部地区原油产量保持在 1.2 亿吨，基本形成了主要产油区靠近石油消费区的布局。

视察东北

1958 年 3 月 9 日至 26 日，中央政治局在成都召开了扩大会议。这次会议讨论通过了《关于一九五八年计划和预算第二本账的意见》《关于发展地方工业问题的意见》和《关于把小型的农业合作社适当地合并为大社的意见》等37个文件。在这次会议期间，毛泽东提出了"鼓足干劲、力争上游、多快好省"地建设社会主义总路线的基本观点。5月，党中央召开"八大"二次会议，肯定了已经开始的"大跃进"运动，指出我国正在进入以技术革命和文化革命为中心的社会主义建设的新时期。会后，钢铁工业于6月间拟定"大跃进"的目标，酝酿1958年钢的产量要比1957年翻一番，设想1959年超过3 000万吨，1962年达到八九千万吨以上。

成都会议后，在农村广泛开展了小社并大社的工作。当时，河南省若干县行动较快。4月，便出现了拥有9 000多户的大社——遂平县的嵖岈山卫星社。到了7月中旬，有的地区便形成了并大社的热潮。与此同时，在农业生产中提出了不少片面强调主观能动性的口号，如"大破条件论""人有多大胆，地有多大产"等，报刊上不断宣传"高产卫星"，出现了粮棉"丰产"的虚假现象。一些人错误地认为，现有合作社的规模和所有制的公有程度已不相适应，与早日向共产主义发展的需要不相符合了。7月16日出版的《红旗》第4期，引用了毛泽东关于大办公社的讲话，在河南省迅速掀起了人民公社化热潮。8月4日、5日，毛泽东视察河北的徐水、安国，6日到达河南新乡县七里营人民公社。在公社门口，毛泽东看到了公社牌子，点点头说："人民公社名字好。"9日，毛泽东在山东说："还是办人民公社好，和政府合一了。它的好处是，可以把工、农、商、学、兵结合在一起，便于领导。"毛泽东视察三省的消息，特别是8月13日的报纸上发表了关于"还是办人民公社好"的谈话消息后，全国各地掀起了办人民公社的热潮。

为了适应钢铁生产翻一番和农村生产关系急剧变化的新情况，中共中央政治局于8月17日至30日在北戴河召开扩大会议。会议通过了《中共中央政治局扩大会议号召全党全民为生产一千零七十万吨钢而奋斗》及《中共中央关于在农村建立人民公社问题的决议》，同时还讨论通过了《关于一九五九年计划和第二个五年计划问题的决定》等40项决议。

北戴河会议结束十多天后，邓小平便去了东北。

他此行的目的是宣传中央的方针政策，号召各地为完成党中央提出的战略任务而努力奋斗。特别是作为全国重工业基地的东北，不仅要完成党中央交给的任务，还要完成支援全国的任务。

陪同邓小平视察的有国务院副总理李富春、中央书记处书记李雪峰、中央书记处候补书记杨尚昆、全国妇联主席蔡畅等。

在黑龙江，邓小平视察了富拉尔基重型机器厂等重要工厂。

9月17日，邓小平听取了黑龙江省委负责同志的工作汇报，并在干部大会上发表讲话。

邓小平在阐述了当前的国际、国内的形势后说，东北，包括黑龙江，潜力很大。过去几年，全国支援把东北建设起来，现在应该轮到东北支援全国了。东北要用一切力量支援全国过关。北戴河会议时，富春同志提出东北的方针，大家赞成，就是把你们原来提的方针修改一下，叫作"充分挖掘潜力，大力支援全国，逐步合理发展"。

邓小平说：东北的同志必须把自己的任务了解清楚。你们的潜力很大，好好地用点儿劲，可以比现在设想的支援得更多、更好。你们的成绩很大，包括许多工厂在内。好多厂很有干劲，虽然程度不同，但劲都鼓起来了。大家很热心，计划看起来也不算小，但是鉴于潜力很大，是否挖够了，不能说。我是外行，但内行人一看就说是还有潜力未挖，稍微调整一下，鼓一下劲，想点儿办法，还可以加大计划。东北要完成支援全国的任务，就要解决三个关系问题。一是局部与全国的关系。东北是一个局部，要服从全国的需要，增加的东西为全国服务。二是大厂与小厂的关系。小的要服从大的，因为为全国服务的主要是大厂，所以大、小厂协作为全国服务。三是工业与农业的关系。无非是拖拉机、排灌机械慢搞一点儿。

邓小平最后说：总之，要正确解决这三个关系问题，才能适应于大力支援全国的任务。

9月18日至23日，邓小平到吉林省视察。

他听取了省委的工作汇报，先后视察了长春市、吉林市和四平市。深入到长春第一汽车制造厂（简称"一汽"）、长春地质学院、长春电影制片厂、南关区街道、丰满发电厂、吉林肥料厂、吉林染料厂、吉林电石厂、吉林造纸厂、四平市六马路小学和四平市盲人铁工厂等单位，与干部群众亲切交谈，详细了解工农业生产和群众生活等情况，并发表了重要讲话。

9月19日，他来到了长春第一汽车制造厂。

长春第一汽车制造厂，是中国民族汽车工业的一面旗帜。1958年，"一汽"人"乘东风，展红旗"，不仅造出了国产第一辆东风牌小轿车，结束了我国不能生产轿车的历史，而且开发、研制出了我国第一辆红旗牌高级轿车，并被中央批准参加国庆9周年庆典。就在"一汽"人"抢时间、争速度，造出轿车向国庆献礼"之时，中共中央总书记邓小平来到了这里。

邓小平对中国的民族汽车工业情有独钟。早年在法国勤工俭学时，他就曾在法国雷诺汽车厂工作过，与汽车有着不解之缘。他希望中国有自己民族的轿车工业，更希望有一天中国的民族轿车工业会走向世界。

秋天的东北，阳光灿烂。19日这天一早，一排崭新的轿车徐徐驶向汽车城。车队穿过1号门，绕过中央大道，停在生产大楼前。上午9点10分，中共中央总书记邓小平、国务院副总理李富春、中央书记处候补书记杨尚昆、全国妇联主席蔡畅等，在厂长饶斌、党委副书记史坚的陪同下来到会客厅。邓小平没等落座，一眼就看到墙壁上悬挂的产品图。他左看右看，高兴得不得了。当得知是"一汽"自己新近开发的产品时，他赞不绝口，用浓重的四川口音连声说："好，好，好！"

饶斌汇报了"一汽"自1956年出车后近两年来的生产、新产品开发、质量水平状况以及干部队伍建设等情况。邓小平听得非常认真。他对"一汽"当时正在进行的干部参加劳动，工人参加管理，干部、技术人员、工人三结合大搞技术革新和技术改造非常感兴趣，一边听，一边记，一边询问，并把"一汽"的经验概括为"两参一改三结合"，提议要在全国推广。后来由毛泽东圈阅，定为"鞍钢宪法"的一部分。

邓小平对"一汽"的未来发展及产量情况给予了明确的指示。他说：现在我们国家正处在经济发展时期，国家要进行大规模生产建设，载重车今后用量会很大，你们要挖掘潜力多搞一些。听说你们将来的产量要向10万、20万、30万辆水平发展，这很好。发展汽车工业，就得要大批量，只有生产批量上去了，价格才会降下来。

谈到燃油问题，邓小平说：现在石油很紧张，能否用其他的什么东西来代替？烧酒精怎么样？你们可以大胆地研究。我们国家现在红薯产量很高，它可以做酒精，但就是不能用茅台。风趣的话语，引得在场的人都笑了起来。

在详尽地询问了红旗牌高级轿车的生产开发情况后，邓小平来到了轿车装配车间。看到热气腾腾的工作场面，他不停地问饶斌，红旗车比"伏尔加""吉姆"怎么样？并指示，好就多生产些。邓小平还对每道生产工序都看得非常认真，就连东风牌轿车前标"龙"安上没有、水箱面罩两边缝隙过宽、模具怎样开发节省资金等细微问题都提出了明确的意见。

看到车间门口的两台简易机床，邓小平走了过去。这是"一汽"的工人、干部、技术人员在革新活动中搞出来的。邓小平细心地观看了工人的操作表演，连声称赞："这办法好。"他指着机床说：机械加工是个很复杂的过程，许多东西都是由简单到复杂，由复杂到简单的。德国现在许多机床就很简单，但能解决大问题。

看过红旗生产车间后，邓小平又来到了铸工车间。露天搞砂芯的同志一看见邓小平就热情地鼓起掌来。邓小平在热烈的掌声中频频向工人们挥手。当听到介绍采用新工艺烘干芯子可缩短一半工作时间时，邓小平连连称赞："这办法好得很嘛，既节省能源，又可减少工人在烘干炉里的上下装卸次数，这就叫多快好省。"在锻工车间，邓小平观看了车间的"三化展览台"，对工人们的创造发明频频点头。在看过了发动机车间、热处理车间工人们的革新成果后，他对技术人员的大胆创新给予了很高评价。底盘车间的新老两种转向器引起了邓小平的浓厚兴趣。在生产现场，邓小平指着改进后的转向器对李富春说：改进后2个零件代替了原来的13个，成绩可观啊。李富春也会意地笑了起来。

在总装配车间，邓小平看着从总装配线上开出的一辆辆崭新的解放牌汽车，脸上充满了满意的笑容。面对着锃光瓦亮的车身，他看了又看，摸了又摸。

视察结束时，邓小平鼓励全厂干部、职工再接再厉，为支援全国建设做出新的贡献。

在视察吉林肥料厂时，邓小平对厂负责人说：要想办法少用电、多增产。

在染料厂，他指出：要向多品种、尖端方面发展，在质量上要更快地达到世界先进水平。

在造纸厂，当邓小平得知要建一个电极材料绝缘纸分厂时，他十分高兴。他说：这很好，有了这种纸，我们就可以不依赖进口了。你们造纸工业就应当向造纸工业的尖端方面发展，完成了这个任务才是你们造纸工业的光荣！

在丰满发电厂，邓小平还现场解决了丰满水库水位限数等实际问题。

邓小平在视察这些重要企业时，着重强调：在工业领导工作上要局部服从全局，大力支持重点，保证完成国家的计划。这是他此次出行的主要目的。

9月20日，邓小平等在省委领导同志的陪同下，来到永吉县了解农业生产情况。他在该县岔路河公社的一块水稻田旁边停下来，问随行的生产队干部："试验田亩产多少斤？"对方回答说："4万斤。"邓小平听后吃惊地表示：

"能有这么高吗？能打十分之一，就已经很了不起了。"接着，他对陪同的省、市领导同志说："广大群众建设社会主义的积极性很高，精神很可贵，但是，指标要实际一些。这块试验田的产量能否兑现，咱们秋后可要算账哟！"在到处都放"卫星"的时候，邓小平的这番话给人们留下了冷静的思考。

9月22日，邓小平听取了中共吉林省委负责人吴德、赵林的工作汇报。省委常委、长春市委书记处书记和有关部门负责同志参加了这次汇报会。

在听取关于农业工作的汇报后，邓小平说：发展农业生产，必须充分运用现有条件，不能单靠拖拉机。拖拉机将来是要有的，农业必须实行机械化，这是农业技术改革的方向。但是单靠拖拉机，一两年内是做不到的。必须从现有的基础出发，想出各种各样的办法，力争高产。要注意改革耕作制度，改变广种薄收、耕作粗放的习惯。要合理利用土地，集中力量提高单位面积产量。必须发展多种经营，农林牧副渔全面发展，这样才能使广大农村更快地富裕起来。当时，全国正处于"大跃进"的浪潮中，在"人有多大胆，地有多大产"的口号下，违背经济规律蛮干的事情很多，浮夸风盛行。邓小平还是坚持实事求是的精神。

这一天，邓小平在听取了吉林大学有关共青团炼钢厂建设工作情况汇报后，即兴题词："把劳动和教育结合起来，是培养具有共产主义品德和真实本领的年轻一代的根本道路。"

9月23日，邓小平视察了四平市六马路小学和这个学校的红领巾工厂。邓小平对该校学生的学习和劳动安排表示满意。他说：学生要一面读书，一面劳动。无论如何，不能削弱学生的基础课。他还特别指出：儿童年龄小，参加劳动不要太累。组织劳动生产要注意儿童的兴趣，要搞多种多样的劳动，培养多面手。他勉励"红领巾"们要好好学习，天天向上，长大接好革命班。

9月24日，邓小平一行来到了辽宁的鞍山。

他视察了鞍山钢铁公司。

鞍山钢铁公司是新中国最早恢复和建设起来的第一个大型钢铁联合企业，在我国国民经济发展中长期处于举足轻重的地位。

这是邓小平第二次视察"鞍钢"。

3年前，1955年11月18日，作为中共中央秘书长的邓小平随刘少奇视察过"鞍钢"。

当时正是国家"一五"计划顺利实施时期，各行各业都在突飞猛进，新的发明创造不断出现。"鞍钢"广大干部、工人、知识分子，发挥社会主义积极性和创造性，继大型轧钢厂、无缝钢管厂、七号炼铁炉三大改建扩建工程完成并投入生产之后，正向着更高的目标迈进。

一到"鞍钢"，邓小平便对前来迎接的鞍山钢铁公司经理袁振等人说："我这次随少奇同志来，是来见习的，又向你们学习经济建设。"

11月的东北，天气已经比较寒冷了。刘少奇、邓小平到达"鞍钢"时已是下午，而且这一天，更是北风凛冽。市委领导担心两位中央领导同志感冒，原想安排他们在宾馆多休息一会儿，暖暖身子，不料他们提出立刻到厂区去，特别提出要亲眼看一看当时全国最大、最先进的"鞍钢"炼钢厂。

在鞍山钢铁公司经理袁振的陪同下，他们驱车来到第一炼钢厂。

在简陋的炼钢厂厂长办公室，厂长曾扬清向他们汇报了该厂的情况。刘少奇、邓小平仔细地听着，思索着，偶尔还提出一些问题：这个厂日伪时期年产量多少？现在多少？将来能达到多少？设备是否先进？技术人员够不够用？等等。

曾扬清逐一做了回答，并补充说："工人们现在干劲很足，学技术、学文化、学政治。将来钢铁工业要大发展，按照国家要求，我们还要向外输送人才呢！"

刘少奇、邓小平听后，点头赞许。

继刘少奇讲话后，邓小平说："国家经济建设发展很快，工业、农业、交通、文教都在迅速发展，希望你们多搞一点儿、搞好一点儿、多做贡献。"然后，他满怀深情地说，"你们多搞一点儿，不单是多出一点儿钢的问题，这对全国也是个鼓舞。要知道全国人民可看着'鞍钢'呢！"

接着，刘少奇、邓小平一起来到平炉台上，仔细地观看炉子冶炼和工人的操作情况，勉励工人们多炼钢、炼好钢，为社会主义祖国争光。

天快黑的时候，他们又赶到新建的无缝钢管厂。

当厂领导介绍这里生产的无缝钢管已被广泛地运用到军事工业和民品生产上时，刘少奇听后兴奋地说："了不起！了不起！"邓小平手拿几份样品，对身边陪同的同志说："希望你们不要骄傲，不要原地踏步，还要发展。"

一晃三年过去了。

邓小平再到"鞍钢"后，听取了中共鞍山市委书记赵敏和鞍山钢铁公司经理袁振的汇报。

这是一个"大跃进"的年代，许多人都头脑发热。当赵敏谈到要在小炉子上放"卫星"时，邓小平明确地说："要在大炉子上想办法，小炉子放'卫星'不算数。"

所谓"小炉子"，是指当时在"全民大炼钢铁"的热潮中兴建的土炼铁炉、土炼钢炉。当时，鞍山市曾发动各行业职工及家属 13 万多人，兴建小土炉 2 955 座，生产土钢 10 万多吨。这些小土炉产品质量差、消耗高，破坏了生产综合平衡，造成了很大的浪费，限制了钢产量的进一步提高。邓小平心里很清楚，这些土钢是没有太多用处的。

"大炉子是挖潜力的问题。潜力有两种：一种是由于改进了制度、章程，改进了作风，发挥了群众积极性，努力干了；还有一种是由于改进了技术，出现了新的力量，这就是技术革命的问题了。后面一种潜力更大。"邓小平说。

"鞍钢这样大的企业，应当大搞技术革命。要注意发动技术人员，只有技术人员和工人结合起来，才能发挥更大的作用。"在到处都讲空话、说大话的时候，邓小平更崇尚的是科学技术本身。

9 月 25 日，"鞍钢"在鞍山市二一九公园召开万名干部、群众大会。邓小平因要去盖平县（今盖县）检查农村人民公社的情况，未能出席，但他与随行的国务院副总理李富春仔细研究确定了"鞍钢"这次会议的形式、地点和内容。会上，李富春代表党中央、国务院做了激动人心的讲话，号召"鞍钢"职工"解放思想，大闹技术革命，取得更大的成绩"。

这一天，邓小平视察了盖平县太阳升人民公社。

太阳升人民公社在当时是全国的一面旗帜。

邓小平在听取公社负责人的汇报时，询问了不少问题，并对公社的工作提出了一些批评。当公社党委副书记李树生汇报说全社今年计划养猪 10 万头，实际只养了 27 950 头时，邓小平说：这么大的社，这么光荣的地方，才养这么点儿猪，太少了。

当说到今年大旱时，邓小平问：你们打井了没有？为什么今年这样旱，你们不集中力量打井？他提出：要以旱灾为契机搞水利。

"明年，你们规划了没有？一人平均多少斤粮食、多少斤棉花、多少头猪？"邓小平问。

李树生回答说："粮食平均 2 500 斤。"

"2 500 斤？必须亩产 2 000 多斤才能达到，大约比今年翻三番。"接着，邓小平算了一笔账，提出，"明年，每人 2 500 斤粮食、300 元收入，作为你们的目标行不行？"

公社的同志说："行。"

邓小平又叮嘱说："一定得打井。押宝要押在旱灾上，准备它旱。不能到那时，又说天老爷不帮忙。"

邓小平还说，居民点是公社的基层组织。规划时要计算一下到田间的路程，要便于耕地。要种树，要绿化，要园林化。

在沈阳，邓小平听取了中共辽宁省委负责同志黄火青的汇报。并于9月27日在辽宁省和沈阳军区党员负责干部大会上发表讲话。

他说，东北对全国所负担的任务很重。辽宁在东北又是第一，任务重。他再一次讲了反骄破满的问题。他说："'鞍钢'就是这样的，觉得还不错啊，增长速度也可以啊，而且也比苏联还好啊，怎么你们还说努力不够，发明创造不多！我真有点儿委屈。"于是，他从东北对全国所负担的责任讲起，教育大家反骄破满。他说："中央对你们的压力一年要比一年大，你们要有精神准备。为什么？因为第一个五年计划期间，是用全国力量把你们这个地方建设起来的。你们应该在第二个五年计划和第二个五年计划以后的长远建设里，起到比其他地区要大得多的作用。这是义务，责无旁贷！在你们面前摆着的就是对全国的支持够不够，自己的努力够不够，而不是该不该的问题。"

"生活是越搞越单调，还是越搞越丰富？"

为确保钢铁生产任务的完成，在1958年10月召开的全国计划会议上，再次确定1959年钢的生产指标要达到3 000万吨。中央提出了其他部门"停车让路""让钢铁元帅升帐"的要求。在"以钢为纲"的口号下，一个造成国民经济比例严重失调的全民大办钢铁的群众运动，在全国迅速发展起来。一时间，各级党委第一书记亲自挂帅，动员了约9 000万人上山，砍树挖煤，找矿炼铁，建起上百万个小土高炉、小土焦炉，用土法炼钢。为此，国家投入了巨大的人力、物力和财力。不少地方矿产资源遭到破坏，森林被砍光，群众做饭的锅被砸光，但没有生产出多少合格的产品。当时，生产出的名叫"烧结铁"的高硫铁根本不能炼钢。如用于浇铸，也因铸件发脆、太硬而无法加工。由于矿石品位低、生铁质量差和追求高产快炼等多种原因，大钢厂的产品质量也明显降低了。大炼钢铁，不仅造成了工业内部比例失调、忽视质量、拼设备等严重问题，而且给农业带来了极大的影响。农业第一线的强劳力被抽光了，使得这一年的农业丰产却没能丰收。

在大办钢铁的同时，人民公社运动一哄而起。1958 年 10 月底，全国 74 万多个农业生产合作社改组成为 26 000 多个人民公社，参加公社的有 1.2 亿多农户，占总农户的 99% 以上。同时，在一些城市也开始了人民公社化的试点。农村人民公社化运动以"一大二公"为指导思想，在实行并社和供给制的过程中，提出人民公社由集体所有制向全民所有制过渡，快的三四年，慢的五六年。在人民公社化运动中，出现了公社共了生产队的产，穷队共了富队的产，国家无偿占用公社物资、抽调公社的劳力以及"吃饭不要钱"等做法，刮起了"一平二调"的"共产风"、瞎指挥风、浮夸风以及强迫命令风等。在人民公社实行政社合一的过程中，由于权力过分集中在县、社两级，基层的生产单位没有自主权，没有生产中的责任制，分配更加平均化，经济核算制度也完全被抛弃了。

10 月下旬，毛泽东和中央一些领导同志到农村视察。

邓小平先后到广西、云南、贵州、四川等地视察。

第一站是广西。

10 月 22 日，一架银灰色的伊尔 –14 型专机徐徐降落在广西柳州军用机场。身着深灰色中山装的邓小平和中共中央书记处候补书记、中共中央办公厅主任杨尚昆等走下飞机，与前来机场迎接的中共柳州市委、柳州地委、柳州军分区的负责同志一一握手。中共广西自治区党委负责同志因接到通知晚了，于当天下午才赶到柳州。

邓小平一行下榻在柳州饭店。

当天晚上，邓小平不顾旅途疲劳，兴致勃勃地到东风钢厂（原通用机械厂）、永丰利刀具厂视察。

东风钢厂、永丰利刀具厂是柳州比较有名的工厂。他们生产的摩托油锯和割纸刀载誉全国，并远销亚非拉各国。所以，邓小平一到柳州就提出要到这两个厂参观。在工厂里，他亲切地与老师傅、青年工人交谈，鼓励淬火老师傅要把技术传授给年轻一代，并鼓励两个厂要进一步提高产品质量和增加品种数量。凌晨 2 点，邓小平等才离开工厂回到饭店休息。

当时，全国正在大办钢铁。为响应党中央提出的当年实现钢铁产量翻一番的号召，广西城乡也掀起了一个以大办钢铁为中心的"大跃进"浪潮。各地纷纷建起了土高炉，大放钢铁产量"卫星"。

23日，邓小平原本拟往鹿寨视察，后据自治区和柳州地区领导同志介绍，罗城县四把乡一带也建起了一个规模较大的炼铁基地，该县正在赶超鹿寨县。因此，他便改往罗城县四把乡视察。

位于柳州西北的四把乡，邓小平是有深刻印象的。28年前，红七军主力奉命北上时，邓小平曾率部经过此地，与从宜山方面赶来阻截的桂系军队覃连芳的教导师相遇。双方发生激战，红七军300多名战士牺牲在这里。在从柳州经宜山去四把乡的路上，邓小平回忆起往事，深切怀念当年的死难烈士。

到了四把乡钢铁基地，邓小平迎着滚滚浓烟，深入察看小高炉群。他一个炉子一个炉子地看，看得非常认真。看着沿途那些炼出来的铁，这位曾经在法国施奈德钢铁厂当过炼钢工的中共中央总书记，越看心里越不是滋味，他忧心忡忡地问随行的冶金专家："你们看，这些铁的质量怎么样？"一位专家指着地上堆放的两种产品说："这种质量还比较好，那种算是烧结铁。"邓小平拿起夹杂有矿石和木炭的烧结铁掂量了一下，恳切地对陪同的地方领导同志说："各族广大群众建设社会主义的积极性很高，精神很可贵。今后，要设法炼出像专家说的那种质量较高的铁来。至于这种烧结铁，还不能算是铁！"

邓小平的一席话，既充分赞扬了各族群众大干社会主义的可贵精神，又对盲目上马土法炼钢炼铁的一些做法提出了批评，这无疑是给当时头脑日益发热的人们吃了一服清醒剂。

10月24日，邓小平来到云南，先后视察了昆明钢铁厂、昆明机床厂等。

在昆明钢铁厂，邓小平提出让昆钢多生产一些钢材，轧成钢轨用以修铁路，发展云南的交通建设。

在昆明机床厂，邓小平对陪同的省委、省政府的领导同志和该厂的负责人说，云南要努力发展机械工业，更多地制造出一些机器。在机床厂装配车间，邓小平仔细观看了该厂生产的5米直径齿轮滚床、7米直径立式车床和20米长、5米宽龙门刨床。当了解到这3台大型机床的性能后，他连连称赞："好！好！"并鼓励该厂技术人员和工人说，"你们厂技术设备、技术力量较强，目前国家很需要机床，为加速国家经济发展，你们要发动群众生产更多的机床，为国家做贡献。"

10月25日，邓小平在听取省委的汇报后，就云南的工作发表了一些重要的意见。他说：云南从长期看，是搞有色金属，搞一批铝县、铜县、铅县、钢铁县，要搞成有色金属省。你们这里有这么多宝，要努力奋斗，搞一套经验出来。这些东西值钱，搞出来，云南就富了，人民收入就多了。农业，云南条件好，一定要搞多种经营，搞多样性。

邓小平还就人民公社的有关问题发表了意见。他说：人民公社现在还在积累经验，走在前面一点儿的是河南、河北，河南也不是普遍地走在前头，河北主要是徐水。农村有些问题还要进一步去解决，但问题不大，方向明确了。徐水要消灭家庭，分成小孩队、老年队，分开去住。还是要慢一点儿，自然一点儿。徐水造房子，将人分别集中，实际是行政的办法，要自然一些好。愿意的，可以在一起；不愿意的，可以不在一起。都可以。公社究竟包多少，要很慎重地考虑。徐水是全包。此外，每个人只储备1元或2元，这样好不好？要从长计议。现在不能肯定徐水是成功的，但也可能是好东西。总之，要多试验。鞋、袜都穿一样的，做什么就吃什么，行不行？恐怕有问题，不然为什么叫"各取所需"呢!

河北徐水是毛泽东树立的典型，在当时人民公社越大越好、越公越好的情况下，邓小平能说出这番话来，是难能可贵的。

邓小平在四川视察了绵阳、江油、广元。10月29日，在中共中央书记处候补书记、中共中央办公厅三任杨尚昆，中共中央政治局委员、四川省委第一书记李井泉的陪同下，邓小平来到剑阁。

陪同视察的还有中共绵阳地委的领导同志李林枝、彭华等。

秋日的剑山，风景独好。

剑门关险峻，自古就是兵家必争的要塞。三国时代，蜀国名将姜维曾在此镇守。邓小平来到剑门关下，观赏着剑门风光，指点着姜维庙和姜维驻兵的营盘咀，饶有兴致地听着讲解员介绍三国时蜀汉大将军姜维守剑门的故事。

当讲解员说到1935年红四方面军北上抗日，受到国民党剑门守敌的阻挡，红军战士英勇杀敌，歼敌7个团（应为4个团）时，邓小平显得尤为兴奋。

随后，邓小平来到汉阳公社四合大队。当时，社员们正在抢种小麦。邓小平和一位老农聊开了。

"你叫什么名字？"

"徐芝海。"

"多大年龄？"

"61 岁。"

"能做些什么？"

"背粪、看牛都行。"

"你辛苦了！"说着，邓小平掏出一支香烟递给了这位老人。

"不辛苦，你们才辛苦了！"徐芝海这位山区的老实农民，没有见过大的世面，也搞不清楚和他谈话的是什么人，从哪儿来，但这个人这么平易近人却令他十分感动。他没有推辞，接过邓小平递来的香烟抽了起来，继续着他们的交谈：

"这是什么地方？"

"银窝子。"

"真是银窝子啊！"邓小平感叹说，"你们的生产搞得如何了？"

"现在已播种了七成，如不雨隔，都快种完了。"

"要克服秋雨造成的困难！"邓小平说，"你们一年收入多少？"

"除公粮、口粮外，每人每年还要分部分现金。"

看到有不少的古柏树，邓小平又向老人问起了一些情况。老人虽然没有文化，但他打小就从上辈人那里知道不少关于这些古柏树的故事。于是，徐芝海老人便领着邓小平一行观看了"松柏常青树""阿斗树""腰盆树"。他一边走一边还给邓小平介绍了"皇柏"和"张飞柏"的历史传说。邓小平听得津津有味。回到成都后，邓小平还打电话问那些古柏树究竟是什么时候栽的、保护情况如何。并叮嘱要保护好这些古柏树。

邓小平临走时和老人握手道别。这时，老人才想起来问了一句："你们从哪里来，要到哪里去？"

邓小平用浓重的家乡话说："我们从上头来，到下头去。你们好好生产吧！"幽默的话语引来围观的社员一阵阵笑声。

当邓小平等来到剑阁城时，中共剑阁县委第一书记刘成基、书记梁凯早已在公园坝迎候。

县委机关大院内，十几名机关干部正在炼钢炉前炼钢。邓小平看到他们一个个满头大汗，便挥手向他们致意。

"你们辛苦了。"

"不辛苦。"

"你们炼的是不是钢？"

"是钢。"

邓小平蹲下去，拿了一块钢，仔细地看了看，随后站起身来，去拉了拉小风箱说："这个很轻，要是安上滚珠会更轻！"

这里的炉帽是按起重机原理制作的，绳子拴住炉帽，上面吊根绳子，再用一根棍子一撑便开，放下又盖上，不烫手，又快速。邓小平看后笑着说："这是半机械化。"

在县委会议室，邓小平听取了县委第一书记刘成基关于剑阁县基本情况的汇报，察看了剑阁县地图。当他看到墙壁上挂着的"除四害""讲卫生"和"扫除文盲"的锦旗时，便向陪同的同志说："你们看，剑阁县真不错，各方面都是先进县。"

中午吃饭时，邓小平问坐在身边的刘成基："你们养了多少猪？粮食增产多少啊？"

刘成基回答说："十万五千头。"

"你们利用什么饲料养猪？"

……

午后，邓小平离开剑阁。

在四川视察期间，邓小平途经德阳时，听取了当地领导同志程占彪的汇报，对德阳的工业建设做了重要的指示。

邓小平说：德阳的工业是国家的大工业。拿制造冶金设备、电站设备的工厂来说，是目前全国最大的，这是机械工业之母。拿四川省的城市来说，第一重庆，第二成都，将来第三是西昌，第四就是德阳了。四川已计划有了钢铁、机械、石油等工业基地，还要在甘孜、阿坝区域内搞畜牧基地，以后吃奶品、穿皮毛是大问题。以四川新的机械工业基地来说，德阳是大的，要加紧建设，要打破陈规，边建设边生产，投资按原计划要节约，再缩减，有些屋架基座用砖木和水泥来代替。生产准备中，工人培训要抓紧。大工厂不要搞全能，有些配件、附件和包装等都由地方办厂。

关于城市规划，邓小平说：城市规模根据这些工业项目和将来的发展，郊区要划大些，许多东西才可以自给。如城市人口以 30 万规划就小了，要按50 万、100 万做规划。德阳 50 万城市人口完全有可能，德阳是不是划几个县进来，以便解决副食品、劳动力和其他资源？规划城市本身要把郊区各镇建成生产城镇，大厂帮助下面搞电气化、机械化。将来各个镇子、居民点，文化、教育、商业、卫生事业等样样都有，连口红也不缺，以后农村的妇女也要用口红的。

城市的马路要宽，干线 36 米窄了，马路要 100 米宽，林荫道还要栽树、栽花，像长春那样宽才好。

工厂的宿舍距工厂要近些，保持在十几分钟内到厂。城市电车、公共汽车只适合远距离，近的不坐公共汽车，我主张大量地、普遍地用自行车。中国搞个自行车国好嘛。骑自行车方便，又是运动，体育与走路相结合。

公社居民点、城市街坊要搞好，街坊的道路也要宽，自来水、下水道要搞好。房屋住宅修三层为好，太高了住着不方便。要按共产主义的生活来设计、布置街坊和住宅，要想到将来的人 4 小时或 6 小时工作，2 至 4 小时学习，8 小时睡眠，再多了睡不着。还有 8 小时干什么？那就是走棋、跳舞、看戏、看电影、打球、看打球（杨尚昆插话说：还要坐茶馆）。因此，娱乐设施、公园、体育场等都要修好。

修公共食堂是对的，但家中也还要自己做饭的，自己炒点儿菜，烧开水，烧牛奶。所以，还需公共的（几家一处）烧开水及炒点儿东西的小灶房。比如说，我走到你家不能说喝茶、吃饭一切都到公共食堂去吧！卫生间还必须有，不然卫生不好。澡堂用淋浴好，池堂、盆堂不好，你们说呢？但淋浴间每人一格，不要像外面，几个人在一起洗不礼貌。小学生有的主张从小就住读，我说三年级以下的小学生走读好些，不然他生活不好办。绿化要好好规划，要大量栽树，栽容易长的树，如桉树、果树，栽竹子。至于楠木、松柏以后栽，它们长得太慢了。

关于人民公社，邓小平说：城市人民公社你们早点儿搞。德阳建市，不要县了。政社合一，叫德阳市，又是德阳人民公社。下面设若干公社，以地名为名，如孝泉人民公社。不称联社或分社，也不用政治名词。现在，德阳 13 个公社大多数是一两万人的，太小了不好发挥力量，还是四五万人以上好。下面公社为核算单位，上面即起联社作用，统一领导、规划，统一管理。

邓小平还视察了四川的梓潼。

11 月 1 日，邓小平乘飞机抵达贵州清镇机场，中共贵州省委常委、省政法委党组书记、副省长吴实，省委常委、省军区司令员田维扬到机场迎接。

陪同视察的有李井泉、杨尚昆等。

在乘车向贵阳方向行驶途中，邓小平对吴实和田维扬说："贵州光山多，要搞绿化。"还说，"公路太窄了，农村茅草房子太多，要改造。"

抵达贵阳后，邓小平略事休息，就开始了视察工作。

这时正值"大跃进"、人民公社化运动最高潮之时，共产风，浮夸风，生产上搞大兵团作战，生活上普遍建集体食堂，不顾条件地建托儿所、敬老院等，"左"倾错误普遍泛滥。邓小平在四天时间里，先后到了贵阳市郊区花溪人民公社和遵义市及其附近地区。

他足不停歇地到田坝、到集体食堂、到托儿所、到敬老院做实地调查。邓小平与群众谈话很直接，他的四川乡音与贵阳、遵义地区的方言很相近，他的话农民都听得懂。他和群众谈生产、谈生活，算农副业生产的账，谈集体食堂、敬老院、托儿所的情况，听取群众的看法和意见。当时，处处红旗招展，热气腾腾的气氛影响着每一个人，很少有人在这种形势面前深思熟虑。至少表面上是这样。

11月2日，邓小平在花溪人民公社视察时，仔细询问了群众的生活情况，如房子怎么修，托儿所怎么办，娃娃怎么带，人家不愿入托怎么办。他强调：修房子要交群众讨论，这是百年大事。在田间，他又询问了农民的伙食情况。他在同花溪区的领导同志的谈话中，又针对当时全国出现的浮夸风进行了批评。

3日，邓小平、李井泉、杨尚昆在中共贵州省委书记周林、副省长吴实等人的陪同下到达遵义视察。

当天，邓小平即听取了遵义地委李苏波汇报全区农村工作情况，视察了红旗人民公社和遵义县大风暴人民公社的食堂、托儿所及秋耕情况，广泛地接触了社员和群众。

在红旗人民公社，邓小平问：你们成立公社办了什么事？一家人收入40元，吃了28元，他们吃得起吗？幸福院，自己有儿女的恐怕不进。日托5元，全托8元。这相当高，和天津、北京一样，还办不到。

在大风暴人民公社，邓小平说：你们算账，只算交换价值，不算使用价值，这个算法不对。缝纫机是各人买好，还是社里出租好？值得研究。将来每家有一台，把裁剪衣服当成娱乐，自己独出心裁做衣服。现在，每家一台用得少，算浪费，将来就变了。徐水县把机子都集中起来，统一买布，衣服样子是自定。应该允许自买自用。各人有各人的喜好，要允许人们有这个自由。同样分30元，有人愿意进馆子，将来肉多了，也许不吃了；有人愿意储蓄起来买手表，各人自由支配。这就是说，要不要有点儿自由主义？毛主席向来主张要有点儿自由主义，大集体小自由。

当天晚上，邓小平同绥阳县委书记魏炳方，遵义县委领导同志连治洁、程耀华等人就农村中存在的有关问题谈了话。

11月4日，邓小平来到贵州铁合金厂视察。他在了解了遵义的矿产资源后说：锰铁可以搞"小洋群"。钢产量到1亿吨的时候，锰铁就大有搞头了。用电冶炼，普及就困难了。要创造办法，能普遍推广。

在贵州的视察中，邓小平针对贵州经济比较落后的状况，多次强调要改变观念、发展生产，增加国民经济收入，提高人民生活水平。当时，由于人民公社实行半供给制，忽视多种经营。4日下午，邓小平在遵义湘江宾馆召开的省委常委会议上说，要千方百计地搞多种经营，搞点儿有色金属，搞点儿经济作物，必须搞有交换价值的东西。要搞铝县、铜县、铀矿县、烤烟县、麻县、木材县，总要搞一些特色。铝是尖端科学的重要材料，炼铝要创造出一条道路……要搞铝锭。

邓小平还说：交通要搞，每一个公社要通公路。关于能源问题，他强调：要搞水电站，先搞小的，每个水电站兼顾灌溉。只要水抓到了，综合利用是容易的。水利概念要改变，农田用小水利来解决，山地以蓄水为主，拼命存水。

4日，是邓小平这次在贵州视察的最后一天，第二天一早，他们一行就要离开遵义，离开贵州。这天晚上的会开到深夜。除周林等几位省委的领导同志外，还有遵义地委书记和遵义周边几个县的县委书记。

邓小平一边听取几位县委书记的工作汇报，一边提问题。所提问题大多与白天调查有关，有关于人民公社体制的，有关于农副业生产的。

谈到敬老院时，他问："你们了解过有儿女的老人愿进敬老院吗？有些老人在家里东摸西摸，摆弄小孩子觉得很愉快，鳏寡孤独是不幸的结果。"当时有一种舆论，认为老人进敬老院是最幸福的。

谈到各公社已建立的托儿所、幼儿园怎么办时，邓小平说：小孩是全托好，还是半托好？有的群众每天要看一看、"亲一亲"，他要多"亲一亲"自己的孩子，你不能说这就不是共产主义。要完全自愿。当他提出这一问题时，陪同的负责人马上想起他白天和一位老农的谈话。这位农民把孙子送进大队托儿所，托儿所有全托、有半托，他的孙子是半托。邓小平问他为什么不全托，这位农民笑嘻嘻地说："要多亲一亲。"当时，在一边旁听的人都笑了，邓小平笑着点头说："你说得好！要多亲一亲。"

人民公社化后，社员的生活单调、贫乏、千篇一律，而且十分困难。邓小平从实际出发，对集体食堂和群众吃饭问题谈得最多："现在办集体食堂是做啥吃啥，可不可以有点儿个人机动？标准一个，可以机动，可以试一下。各人口味不同，自己加点儿咸菜、泡菜、腊肉可不可以？有了集体食堂，是不是还要各家的锅灶？建新房是不是还要每家建灶房？各家的泡菜罐子还要吗？每个人都愿到集体食堂吃饭吗？现在穷，这样办，将来呢？共产主义是越搞越简单，还是越搞越复杂？是生活越搞越单调，还是越搞越丰富？共产主义是要把大家搞成一个口味，还是允许各人有各人的口味？穿衣服也一样，发钱自己买，愿意买什么就买什么。穿鞋也是一样，有愿意穿皮鞋的，有愿意穿布鞋的，还有愿意穿草鞋的，是不是统一发一样的好？总之，有这样一些问题。过去家家挂腊肉，挂腊肉可能是个好制度，应该享受的就要叫（让）享受。工人进馆子喝二两，一月一次（当天上午，邓小平在遵义公园遇到一位工人。两人边走边谈，这位工人向邓小平谈了自己的生活情况，说他的工资不多，要养家糊口，但每月工资到手，必定要进一次小饭馆喝上二两），这反映了一个实际问题。

"房子是一家一幢好，还是老少归队盖好，要交群众讨论，不能下命令，不能县委几个人一想就办。

"对家庭问题要慎重，不能由共产党下命令。徐水县（河北）搞老少归队，试了也可以，你不能说非那样才算共产主义，这与共产主义是两回事，有个家庭并不妨碍共产主义。搞生活集体化，解放妇女是对的，娃娃主要是社会教育。这两条是对的。托儿所，不一定排除晚上回家，这些问题要考虑，同规划布局有关。""现在是苦战，这种状况不能持久，总不能老是十几小时劳动。共产主义不是为劳动十几小时，现在苦战是为换来少劳动几小时。"谈到消灭城乡差别，邓小平说："农村建居民点，城市有的，北京、贵阳有的，居民点也要有。高跟鞋、胭脂、口红都可以有，电视也要有。"

邓小平在贵州视察期间，还专程参观了阔别二十多年的遵义会议会址。看到眼前纪念馆陈列的一切，邓小平的心绪一下子又回到了从前。他不停地向随行人员讲述当年的情景，遵义会议在哪个房间里开的，他坐在什么位置。"会议室找对了，我就坐在那个角里。后面是蒋家大院，大家都住在那里。现在没有房子了，原来那个院子结构复杂，几进院子。在走廊上议论走四川的问题，那个时候觉得走廊很宽，现在窄了！"随行的记者和纪念馆的工作人员，把邓小平回忆的这些重要史实很快记了下来。因为在此之前，纪念馆的同志还不知道邓小平参加了遵义会议。后来在"文革"中，邓小平作为遵义会议的参加者，曾被林彪、"四人帮"否定。他们诬蔑邓小平"篡改历史，硬将自己塞进遵义会议""是捞取政治资本"。邓小平的照片，还曾一度被从遵义会议会址陈列室的墙上取下来。面对林彪、"四人帮"的诬蔑，邓小平曾平静地说："我一生的历史已经够光荣的了，参加遵义会议也增添不了我一份光荣，没有参加遵义会议也抹杀不了我一份光荣。"体现了一个无产阶级革命家的坦荡胸怀。

11月5日，邓小平、李井泉、杨尚昆等回到重庆。6日上午，接到郑州方面的电话，要他们立即赶去参加毛泽东在那里主持的工作会议。下午，邓小平等人由重庆飞抵郑州出席会议。

郑州会议是党中央于11月2日至10日召集的有部分中央领导人和部分地方领导同志参加的一次重要会议。会议在毛泽东的倡导下，广泛地讨论了人民公社化运动中出现的问题。邓小平参加了会议的后半段。会议开始纠正人民公社化运动中已经觉察到的一些错误。毛泽东在会上批评了急于想使人民公社由集体所有制过渡到全民所有制、由社会主义过渡到共产主义，以及废除商品生产等错误主张。这次会议是我们党纠正错误的重要开端。

不能把毛泽东思想庸俗化

庐山会议以后，林彪在大肆制造对毛泽东的个人崇拜的同时，还大搞形式主义，把毛泽东思想庸俗化。他率先在军队提出了"背警句""立竿见影"等把毛泽东思想庸俗化、教条化的主张。他荒谬地提出：马克思、列宁的著作很多，不一定都要读他们的原著，学习"毛著"是学习马列主义的捷径，可以一本万利。还说学"毛著"就是要背警句，挑选最好的，背上那么几十句，就差不多了。他还把毛泽东给抗日军政大学的题词称为"三八作风"。总政治部主任谭政不同意林彪的这些说法和做法，没有传达贯彻。林彪对此非常不满，提出召开军委扩大会议，讨论政治思想工作问题。1960年9月12日，军委常委举行扩大会议，林彪在会上谈政治工作领域的四个关系，提出"四个第一"即"人的因素第一，政治工作第一，思想工作第一，活的思想第一"。

在 9 月 14 日至 10 月 24 日举行的军委扩大会上，根据林彪的提议，把加强政治思想工作作为中心议题。林彪在会上继续制造对毛泽东的个人崇拜，歪曲思想工作。他说：现在的马列主义就是我们毛主席的思想，它今天在世界上站在最高峰，站在时代的思想顶峰。我们这种政治思想通通叫作阶级思想，就是阶级斗争的思想。

受林彪的影响，当时的思想理论界也出现了把毛泽东思想庸俗化的思潮。有人甚至牵强附会地将体育运动中所取得的成绩也归功于学习毛主席著作的结果。对于这种做法，邓小平提出了严厉的批评。据王任重后来回忆：1959年容国团夺得世界冠军后，邓小平说过这样的话：打乒乓球打赢了说是毛泽东思想胜利了，打输了呢？能说是毛泽东思想失败了吗？不能这样简单化、庸俗化。后来，他在山东、天津等地也多次谈到正确宣传毛泽东思想的问题。1960 年 3 月 25 日，他在天津会议上的讲话又进一步明确阐发了这一观点。他尖锐地指出："现在的主要问题是把毛泽东思想用得庸俗了，什么东西都说成是毛泽东思想。例如，一个商店的营业额多一点儿就说是毛泽东思想发展了，打乒乓球也说是运用了毛泽东思想。"他明确指出：我们在宣传毛泽东思想的时候，一定要把学习马克思列宁主义和学习毛泽东同志的著作并提。当然，也可以单独提毛泽东思想，佀是一定不要忘记了马克思列宁主义，不要丢掉这个最根本的东西。他说：'一定要把毛泽东思想这个旗帜掌握得好。光讲毛泽东思想，不提马克思列宁主义，看起来好像是把毛泽东思想抬高了，实际上是把毛泽东思想的作用降低了。""对待毛泽东思想是一个很严肃的原则性的问题，不要庸俗化。庸俗化对我们不利，对国际共产主义运动也不利"。

1961 年 4 月下旬，林彪在一次视察部队的谈话中，又一次别出心裁地提出："《解放军报》应经常选登毛主席有关语录。"5 月 1 日，按照林彪的指示，《解放军报》开始在报眼刊登毛主席语录，要求内容与当天报纸版面相吻合，以便大家"活学活用"。为了完成这一任务，报社不得不抽出专人每天查找毛主席的有关语录。

针对林彪要求在《解放军报》报眼刊登毛主席语录的做法，当时担任解放军总政治部主任的罗荣桓表示反对。他说：办报纸主要是贯彻毛主席《对〈晋绥日报〉编辑人员的谈话》的精神，贯彻群众路线，坚持真理，要有生动、鲜明、尖锐、毫不吞吞吐吐的战斗风格。至于毛主席语录，找几条可以，找不到也可以。毛主席著作不可能对现在的什么事情都谈到。要学习精神实质，不能像和尚念经，敲破了木鱼，还不知道西天佛祖在哪里呢！

然而，林彪并没有采纳罗荣桓的不同意见，仍然一意孤行。于是，罗荣桓向总书记邓小平报告了他和林彪在这个问题上的分歧。

邓小平感到罗荣桓所反映的问题十分重要，便拿到中共中央书记处会议上讨论。大家赞成罗荣桓的意见。十多年后的1975年，邓小平从江西返回北京，住在招待所里，便约见了罗荣桓的夫人林月琴和她的三个孩子。邓小平满怀感情地对罗东进等说：要记住你们的爸爸，他是真正维护毛泽东思想的，他反对"活学活用"完全正确，我和他的观点是一样的。1975年9月，邓小平在农村工作座谈会上回忆道："林彪把毛泽东思想庸俗化的那套做法，罗荣桓同志首先表示不同意，说学习毛主席著作要学精神实质。当时，书记处讨论，赞成罗荣桓同志的这个意见。"1977年5月，在需要端正党的思想路线的关键时刻，邓小平又提起这件事。他说："两个'凡是'不行。""毛泽东思想是个思想体系。我和罗荣桓同志曾经同林彪做过斗争，批评他把毛泽东思想庸俗化，而不是把毛泽东思想当作体系来看待。我们要高举旗帜，就是要学习和运用这个思想体系。"邓小平的这几段话对1961年他和罗荣桓同林彪的这场斗争的意义做出了恰如其分的历史评价。

1964年5月，在林彪的授意下，中国人民解放军总政治部第一次出版了《毛主席语录》。林彪大张旗鼓地发动了1964年至1965年的学习毛主席著作的运动，这实际上排斥了学习其他一切书籍。这本"小红书"一时间竟成了人们战胜困难和克服困难的法宝。这本书一出版，邓小平等同志就明确指出：这是把毛泽东思想同马列主义割裂开来，是把毛泽东思想庸俗化、简单化，实际上是贬低了毛泽东思想的意义。在同年8月的一次会议上，邓小平又进一步指出："毛选"怎样学？要研究一下。搞疲劳战术、社会强迫，不行。在青年中学习毛主席的著作，一些基本的东西，是要提倡学的，但一年四季这么搞也不行。四篇文章可以学，但是如果年年学那几篇，作用也不大。不过，由于当时"左"的思潮盛行，邓小平的这些正确思想在党内并未得到足够的重视。

下基层调查研究

1961年1月14日，中国共产党在北京召开了八届九中全会。为了准备这次会议，1960 年 12 月 24 日至 1961 年 1 月 13 日召开了中央工作会议。毛泽东 1 月 13 日在会上的讲话中着重提出了调查研究问题。他认为调查研究极为重要，我们做工作要有三条：一是情况明，二是决心大，三是方法对。毛泽东希望 1961 年成为一个调查年、实事求是年。毛泽东说：我们党是有实事求是的传统的，就是把马克思列宁主义的普遍真理同中国的实际相结合。但是解放以来，特别是最近几年，我们调查做得少了，不大摸底了，大概是官做大了。我这个人就是官做大了，从前在江西那样的调查研究，现在就做得少了。请同志们回去大兴调查研究之风，一切从实际出发。

会后，党中央和各地党委的主要负责人，按照毛泽东关于大兴调查研究之风的要求，广泛地开展了对各项工作的调查研究工作，特别是集中力量对农村人民公社工作中的情况和问题进行了深入的调查。

1 月 23 日晚，邓小平离开北京前往南方。

随同邓小平的有中共中央政治局候补委员康生、中共中央书记处候补书记杨尚昆。

途经上海、杭州，做了短暂停留，于 2 月 1 日晚 8 时到达福州，住在西湖招待所。

当晚，同福建省委领导叶飞同志谈话。

福建省自 1958 年"大跃进"和人民公社化以来，由于"左"的指导思想造成的失误和连年自然灾害造成的损失，给全省国民经济造成了灾难性的后果。特别是由于农业连年减产，粮食和农副产品大量减少，以农产品为原料的轻工业产品随之减少，日用工业消费品也生产不足。而基本建设规模过大，各项事业发展过快，又使货币投放量大大增加。在这些因素相互影响下，从 1960 年起，福建明显地出现了市场商品供应紧张，尤其是粮食短缺、物价上涨，人民生活面临着严重的困难局面。

邓小平到了福建，虽说只有一天时间，但他还是决定要到下面"随便走一走"。

2 月 2 日，邓小平、杨尚昆等在中共福建省委第一书记叶飞的陪同下，来到福州石雕工艺厂参观。

福州石雕工艺厂位于南后街水流湾的居民区内，厂房十分简陋，陈列室也很狭小，但由于是传统工艺品生产，工厂的生产状况很好。厂长吴德坚向邓小平介绍了工厂的生产和经营情况。邓小平听得很认真，并详细询问了产品销往东南亚等地的情况，以及每一件产品的作者情况等。由于生产车间与居民住房挨在一起，临离开工厂时，邓小平环顾简陋的厂房，又特意详细询问了工人的生活情况。诸如工人是不是住在工厂宿舍，商品供应紧张是否影响工人的生活，等等。

随后，邓小平又来到了位于福州市郊的黎明人民公社参观。

黎明人民公社主要种植蔬菜供应福州市区。邓小平到福州工业路旁的菜地参观，并向陪同的干部和在地头劳动的社员了解蔬菜种植情况和郊区群众的生活情况。

2月6日，邓小平到达广州。

2月中旬，邓小平等人来到了四川成都。

在成都，邓小平参观了昭觉寺，游览了人民公园、青羊宫、二仙庵，还视察了金牛人民公社。

3月1日，邓小平在回京途中经过郑州时，在火车上听取了河南省委领导同志吴芝圃关于河南省工作的汇报。河南是"重灾区"，省委为了恢复和发展生产，领导群众度过灾荒，正在开展整风整社。针对河南的情况，邓小平说，战胜困难的关键在于调动积极性，一个是干部的积极性，另一个是群众的积极性。整社中退赔一定要兑现，这样才能调动群众的积极性。三类社要整，一、二类社也要整。一、二类社是大多数，要调动大多数人的积极性。对于干部的处理，宁肯不及，不要过，不要随便戴帽子。批判后，重要的问题是鼓气，不要灰溜溜的。要多种蔬菜、多养猪，搞好群众生活。

在谈到工业生产管理时，邓小平说，要派干部加强领导，把原来的好制度恢复起来。不立不破，多立少破，一步步地搞，既要坚持不断革命论，又要坚持革命阶段论。要制定合理的工资制度，认真搞好奖励，井下工人的奖励可以高于井上的。工厂的标准是产品质量好，这是工厂好坏的集中表现。

会见结束后，邓小平乘火车西行。在三门峡火车站下车，视察了三门峡市。

3月2日上午，邓小平视察了三门峡水利枢纽工程，看望了施工的工人和工程技术人员。当时，大坝已经浇筑到设计标高353米，但还没有竣工。邓小平登上坝顶，看着碧波荡漾的人工湖，十分高兴。当他听到水库负责同志介绍说，我们已有自己的专家，没有因为苏联专家的撤走而影响工作后，兴奋得连连点头。接着，他询问了蓄水后的情况，提醒在场的人员充分认识改造黄河的艰巨性、复杂性。

3月3日，邓小平回到北京。

从1月到3月，党中央领导同志和一些地方领导同志深入农村调查后发现，自1960年11月关于农村人民公社的"十二条"指示信下达后，农村的形势已有很大好转，但是还有许多问题迫切需要解决。这些问题是：公社的规模问题、体制问题、供给制问题、食堂问题等。

党中央认为，亟须在总结过去三年多经验的基础上，制定一个人民公社工作条例，把人民公社工作中发现的问题做一个系统的解决。2月下旬，毛泽东亲率一个班子在广州着手起草农村人民公社条例。随后，毛泽东于3月上旬在广州主持召开了"三南"会议（即华东、中南、西南）。刘少奇、周恩来、陈云、邓小平于3月11日在北京主持召开"三北"会议（即华北、东北、西北）。毛泽东在"三南"会议上再一次强调了调查研究。会议期间，他还给参加"三北"会议的同志写了一封信，建议中央的同志到县、社、队进行调查，使自己对工作指导做到心中有数，克服不甚了了、一知半解的毛病。信中还指出，大队内部生产队与生产队之间的平均主义问题，生产队（过去的小队）内部人与人之间的平均主义问题，是两个极端严重的问题。

3月14日，党中央决定将"三南"会议、"三北"会议合并于广州继续开会，即中共中央工作会议。会议讨论并通过了《农村人民公社工作条例（草案）》（即"农业六十条"）。会议还起草并通过了中共中央《关于认真进行调查工作问题给中央局，各省、市、自治区党委的一封信》。会后，刘少奇亲自带工作组到湖南长沙、宁乡县进行调查，周恩来到河北邯郸地区进行调查，邓小平、彭真直接领导五个工作组，在北京顺义、怀柔等县进行调查。

3月23日，邓小平回京途中在湖南株洲停留一天。

这天上午9时许，当邓小平等乘坐的专列到达331厂的铁路专用线时，湖南省委书记李瑞山率331厂厂长郭固邦等登上专列迎接。

331厂是国家第一批组建的六大航空主机厂之一。1954年，成功地研制生产了我国第一台航空发动机，毛泽东曾亲自致信嘉勉。1958年，国家将制造"霹雳1号"空对空导弹的任务交给331厂。1960年3月15日，中国第一枚空对空导弹试制成功。但当时由于国民经济困难，加之苏联专家撤走，研制工作处于艰难之中。

邓小平在听取了简要情况介绍后，走下火车，径直来到了该厂的导弹生产线视察。这条空对空导弹生产线，1958年开始兴建，广大科技人员发扬自力更生、艰苦奋斗的精神，自行试制出工装 4 000 余种，非标准设备 33 套，突破 22 项关键技术，在协作厂家的配合下，已成功地研制出第一枚空对空导弹。邓小平看了现场后，深有感触地说：这种高速度，只有在社会主义制度下才会出现。

随后，邓小平又来到了另一个车间，察看代号 5081 的舰对舰导弹仿制品。郭固邦厂长介绍了这一产品的原理和性能，邓小平问道："它的造价需要多少？"

"约 50 万元一枚。"

"那就划得来啊！"邓小平微笑着说，"一枚导弹可以击毁一艘军舰，合算，合算！"

停了片刻，邓小平又问道："造这种导弹，你们有哪些困难？"

郭固邦回答说："关键是缺液体燃料。"

邓小平一听，立即说："这种燃料，我国现在能够解决了。"他让厂里找某某人了解一下。作为中共中央总书记的邓小平，对我国的科技、生产情况是如此熟悉，着实令在场的所有人都很感动。

在视察 811 号发动机生产线时，邓小平指着发动机尾喷口的鳞状片问道："这起什么作用？"

设计人员根据气体流量、压力原理做了解说，邓小平并没有听明白。郭固邦见状马上打了个比方说，我们站在这个厂房中间，很难感觉到空气在流动，如果往那小门的口上一站，就感到空气在流动，而且有压力。这些鳞片是起调节作用的。

邓小平频频点头说："哦，经你这么一说，我就懂啦！"

回到专列上，邓小平对随行人员说："这个厂搞得好哟！""郭固邦这位厂长对产品很熟悉，讲解也不错。"

邓小平还视察了 601 厂。

601 厂主要生产钻石牌硬质合金和钨、钼、钽、铌等稀有金属产品及其半成品，为冶金、机械、地质、矿山、石化、电子、轻纺以及国防军工提供各种切削工具、拉伸模具、钻探工具和耐热、耐磨、耐腐蚀零件等。

邓小平走进工厂休息室，厂党委书记准备汇报。邓小平说："还是看吧！我们边看边谈嘛！"

在二车间，邓小平捏着那乌黑的冶金粉末说："我们很需要这些产品填补空白，更需要熟悉业务的管理人员、红色专家。各级领导干部要认真学习技术，掌握生产流程，增强质量意识。"

这个厂是20世纪50年代苏联援建的。20世纪60年代初，赫鲁晓夫撕毁合同，撤走专家，企图迫使我们屈服，听从他们指挥，给我国的建设造成了很大的困难。邓小平问："这些技术都是苏联援助的吗？"

总工程师孙立说："是的。"

"苏联专家要是回去了，你们怎么办？"邓小平又问。

孙立回答说："我们自力更生！正在努力学习技术，熟悉机器性能。"

厂党委书记随即汇报了调进技术人员、培训业务骨干的情况。邓小平听后非常满意，他说："像你们这种外国设计的冶炼合金厂，目前全国仅此一家，技术要求高，厂领导又都是从战争年代过来的，没有搞工业的经验。搞工业是科学，蛮干不行。过去几年的教训，把老本吃光了，虽然跃进了，但不持久，坐飞机上去，坐电梯下来。在今后的日子里，领导干部要不断总结这方面的经验，努力学习科学技术，变外行为内行。要知道，认识事物，由必然王国到自由王国的飞跃，是一个很久的过程。探索工业发展的规律、经济建设规律需要不断实践、不断认识。'

邓小平的这次视察，给331厂、601厂广大职工和株洲人民以极大的鼓舞，激励他们克服困难，迎难而上。331厂在1961年一度被迫中止试制的"霹雳1号"空对空导弹，1962年又恢复了试制；1963年，靶场综合试制成功，对靶机攻击命中目标；1964年3月，国务院批准定型并投入小批量生产。尔后，又研制了新型空对空导弹，331厂已成为我国第一个空对空导弹研制基地。

3月25日，邓小平回京。十多天后，他于4月7日下午，又来到了京郊顺义。

和他同行的还有中共中央办公厅工作人员卓琳和曹幼民、北京市委宣传部副部长张大中、农村工作部副部长常浦、统战部部长廖沫沙等。

中共北京市委第一书记彭真、市委书记处书记陈克寒协助邓小平进行了一些后期调查活动。

邓小平一行是坐火车到顺义的。火车停靠在牛山火车站附近的道岔上。没有陪同，没有应酬。邓小平把随行的卓琳派往上辇，住在社员孙旺家，派张大中到北小营、曹幼民到二辇了解情况。他自己则轻装简从，到处找人座谈讨论、参观考察、访贫问苦。一般情况下就在火车上吃住，尽量不给基层增加负担。

当天，邓小平即听取了中共顺义县委第一书记李瑜铭的汇报。

对于邓小平的到来，顺义人民热情地做了不少准备工作。

为了布置会议室，大家打扫屋子、擦玻璃窗，忙活了一阵子。室内的长条桌和几把硬木椅虽然简陋，但摆放得整整齐齐，屋里还用"来苏尔"水消了毒。为了让年近花甲的邓小平坐得舒服些，还特意从北京运来了一个大沙发，放在醒目的位置上。但是，4月7日邓小平听取李瑜铭汇报和8日召开县委领导座谈会时，却径直走进没有布置的小会议室。4月12日召开公社、管理区干部座谈会时，因为人多改在大会议室举行，但邓小平硬是让人撤掉了那个大沙发，和大家一样，在硬木椅上一坐就是半天。

在生活照顾方面，最为难的当数炊事员了。他们想用东府大米、二十里长山小米、潮白河的金翅鲤鱼招待邓小平，又怕说搞特殊化挨批评。正在为难之际，卓琳过来说："小平同志最爱吃机米（一种糙米）饭，你们要弄鸡鸭鱼肉，他会生气的。"于是，炊事人员就按卓琳的意见做好机米饭，一盘炖带鱼，一盘炒肉片，两盘蔬菜，一个汤。果然，邓小平和与会人员都胃口大开，边吃边谈，非常高兴。

顺义地处平原，农业生产发达，号称北京的粮仓。农业合作化以后，粮食连年增产。1957年亩产达到284斤，1958年增加到315斤（因浮夸多报，实收只有260斤），但1959年却下降到249斤，1960年继续下降到247斤。为什么？座谈会上，干部们众说纷纭。有的说1960年大搞水利用工多，有的说1960年灾情重……邓小平听了却不以为然。他在4月8日的县委干部座谈会上就诘问："1960年是农闲时调出2万多人却减产，1958年是农忙时调出3万多人为什么还能大丰收？1960年的灾情究竟如何？减产的原因究竟在哪里？"

在这次座谈会上，邓小平说：顺义这里的水利、机械等条件都很好，去掉瞎指挥，因地制宜，总要多产粮食。关于调整社队规模，邓小平说，看来还是要根据群众的要求，把社队规模早些定下来。调整体制时引起的一些问题，如包产单位过大的要划小。承包单位一划小，包产迅速落实下来，包产指标还会有变化的，可能还会提高。在奖赔问题上，总的要贯彻一条原则，生产搞得好的多分一些，搞得不好的少分一些，不能剥夺别人的劳动果实。谈到公共食堂问题，他说：公共食堂是一个大问题，现在群众议论很多，要注意一下。总的方针还是积极办好，自愿参加。"农业六十条"关于这个问题写得很灵活，从办到不办，形式也允许多样。

处于困难中的顺义人民，虽然从实践中感受到"左"的指导思想和具体政策的失误，也按上级部署进行了纠正"一平二调"和"整五风"的教育，正确传达贯彻了"农业六十条"，但由于党在指导思想上没有摆脱"左"的樊篱，加上反右派和反右倾运动的影响，不少人一提到"三面红旗"，特别是人民公社的"一大二公"和"大跃进"的高指标等敏感问题，就心有余悸，有话不肯说、不敢说、不直说，甚至继续说些言不由衷的假话、大话、空话。对实际工作中的一些具体政策问题，往往改了又犯，边改边犯，因此，群众积极性仍然不高，困难还很严重。

4月12日，邓小平召开公社、管理区干部座谈会。他指出：你们的材料上都把劳动力减少当作1960年减产的第一个原因，我根据你们的材料算了一下账，认为主要原因不是劳动力问题，而是群众生产积极性问题——是干劲问题，也就是政策问题。实际上，在座的干部谁都知道群众积极性不高，但没人敢说，怕涉及党的政策本身。邓小平这样直截了当地指出当时政策上有问题，说出了人们要说而不敢说的话，在座的干部听后心里为之一振、眼前为之一亮。

减产的根源在积极性，积极性调动不起来的根源在党的政策，特别是经营规模超过生产力发展水平。顺义县在1958年曾按照"一大二公"的要求，把全县分成8个大公社，后来还想合并成一个"顺义公社"，大大超过了当时生产力的发展水平。由于片面强调"公"，热衷于所谓"共产主义因素"，以致把社员的自留地、家禽家畜、家庭副业统统收归社有，收益分配上实行供给制和工分制相结合的分配制度，大搞平均主义。在生产和生活中实行组织军事化、行动战斗化、生活集体化，大办公共食堂、托儿所、敬老院等公共事业，破坏了等价交换和按劳分配原则，这些错误的举措不能不挫伤群众的积极性。广大干部虽然心知肚明，但都不敢说，而是在一些具体问题上争来争去。

谈到人民公社的体制问题，邓小平说：公社规模问题可以慢点儿解决，可以考虑得充分些。基本核算单位的规模问题要早点儿解决，迟了不利。基本核算单位过小了也有缺点。要把一切利害矛盾都摆出来，让群众充分讨论。如果经过讨论还不愿并到一块，也不要勉强，将来再合并也行。总之，要根据群众的意见办事，大、中、小结合。在经过大家充分讨论后，邓小平拍板说：

"基本核算单位基本上是一村一个，就这样了。"

其后，根据邓小平的这个指示精神，顺义把全县划为 24 个公社，划小基本核算单位。以后长期也没大的变化，说明当时这样的经营规模是合理的。

确定了经营规模，还有个生产管理问题。邓小平充分肯定了当时有争议的几个问题："三包"，即包工、包产、包成本；"一奖惩"，即超额有奖、减产受惩；"四固定"，即土地、劳力、耕畜、农具固定到生产队使用的责任制。他说："一平二调"搞得大家都没有劲头了，要尽快制定"三包一奖惩"和"四固定"责任制。现在包产过大的单位应适当划小，包产单位小一些，便于互相比较生产条件。你瞒不过我，我也瞒不过你，包产指标就容易落实了，要让他们在同等的条件下搞生产竞赛。定生产指标要力求合理，还要留有 10% 的余地，照顾到有产可超，这样他就会有奔头了，就拼命去干了。

谈到要克服分配中的平均主义时，邓小平说：要认真执行"按劳分配，多劳多得"的分配原则，承包单位之间、社员之间无论如何不能拉平，要克服分配上的平均主义，这样才能调动起社员的积极性。评工记分必须搞得严密一些，死分死记、死分活记都不能很好地体现同工同酬，还是初级社时的老办法。比如，二等劳力干一等劳力的活，还记二等工分，这就存在着平均主义，就会打击二等劳力的积极性，这种不合理的现象必须克服。一定要实行定额包工，多劳多得是天经地义的事，是社会主义的分配原则。对执行按劳分配中可能出现的问题，他指出：现在，农民的脑子里想的是多产多吃，但是生产下降了，吃不到 300 斤口粮，就不能吃 300 斤。小灾少吃点儿，中灾再少吃点儿，大灾更要少吃。自然灾害是这样，人为灾害更应该是这样。即便某个承包单位减产很多，确需调剂口粮，也只能补够最低标准（保命数）。总之，不要拉平，人与人之间劳动有强弱、干活有好坏，出勤多少也不一样。为了奖勤罚懒，不仅在劳动报酬的工分上要有差别，口粮差别也要相当明显。这样就能克服平均主义，农民就放心了，就能刺激生产者搞好生产和克服各种自然灾害的积极性了。同时，邓小平又特别指出：集体对"五保户"要照顾，对困难户要给予补助。为了贯彻这个原则，在口粮分配标准上，可以打破"三七开"的固定模式，实行"二八开""一九开"，甚至实行除"五保户"、困难户以外，全部按工分分配的办法。小队开荒"十边地"的粮食归小队积累，拿出一部分按工分分配，这种做法得到社员一致拥护。邓小平接着说："上莘的余粮分配办法很好，很有道理，国家、集体、个人几方面都照顾到了。

就应该是这样，定好超产部分，几成卖给国家，多为国家做点贡献，而且群众心中也有底，生产积极性就会高，生产就能搞上去。县委要搞几个这样的好典型，总结经验推广下去。"后来，经过县委蹲点培养，特别是市委第二书记刘仁多次亲临指导，上辇的分配办法进一步完善，调动了群众的积极性。同时，他们又在改革传统耕作制度等方面积累了经验，成为北京市农业战线上的一面红旗，这个村的党支部书记孙举也被评为市劳动模范。

关于粮食"三定"，邓小平指出：应该赶快定下来，首先是把征购任务定下来，同时也定留粮。总的基础还是"三包"。在定征购任务时，要考虑到一县之内和一个基本核算单位之内可能出现灾情，所以县和基本核算单位两级都要留有余地，这样发生了灾荒就有所调剂。应该肯定，在口粮分配方面，承包单位之间不能拉平。

当天，邓小平还召开了公社、大队书记座谈会。

农村公共食堂是在"大跃进"中实行供给制"吃饭不要钱"的产物，造成惊人的浪费和严重的后果。群众对此议论很多，但许多人怯于"谁反对公共食堂，就是反对'三面红旗'，就是右倾"的压力，没人敢公开说"不办"。

在公社书记座谈会上，当听到公共食堂存在着占用人员多等问题时，邓小平说：把原料加工成熟食，增加成本50%多，这样贵，群众当然不赞成。一个50户左右的食堂，占用十几个劳动力太多了，食堂人员超过吃饭劳力的10%就不合算。粮食加工应该做到半机械化，这样既节省成本，又可以节省劳力。食堂要种蔬菜、养好猪，搞好家底。听到有些群众愿意办农忙季节食堂，冬闲时自己回家吃饭时，邓小平说：这样也可以，农闲时回家自己吃饭，还可以解决冬天烧炕取暖的问题，能节省一些煤。

4月15日，邓小平在北小营召开上辇大队、北小营大队、仇家店大队党支部书记、生产队长座谈会。他反复问干部：公共食堂是吃好，还是不吃好？多数人都不敢说不吃好，相互却违心地拼凑公共食堂也不错的理由。邓小平非常严肃地说：公共食堂是个大问题，现在群众议论很多，要注意一下。当有人说上辇村的食堂办得好时，卓琳当即说出真相："上辇的食堂是假的，由食堂分粮食，社员回家做饭才是真的！"邓小平听后高兴地表扬上辇村："你们村的干部对'共产风''平调风'顶得好，锅、碗、瓢、盆没有被刮跑，锁没有砸，门没有拆，是很好的事。而且，你们村把生产搞上去了，粮食亩产1959年达到540多斤，比1958年提高40多斤。副业收入3万多元。

社员生活水平提高了，对国家的贡献也大了。吃食堂光荣，不吃食堂也光荣。吃不吃食堂要由群众决定。"

4月16日和18日，邓小平视察了城关和牛栏山公社拖拉机站。

在城关，他首先参观了拖拉机机库，询问了各种型号拖拉机的质量和使用情况，重点看了创全站高产的一号机车和安全行驶3 400小时不大修的六号机车。又看了修配车间和摆在大场院里的各种配套农具，询问了拖拉机修理和中耕收割情况。当看到农机具停放在露天场院里时，他说："机械要搞得干干净净，重要的是保管好，搞文明生产。你们要利用现在的空闲，自己动手修建几个棚子，也花不了多少钱。把农机具都放在棚子里，对机械保管有好处。"

邓小平听了拖拉机站负责人向他介绍拖拉机作业情况后，高兴地说："你们的机耕比较兴旺，耕地、耙地、镇轧全部机械化了。机耕比用牲畜耕得深，应该是增产。拖拉机耕地的技术也要研究，黏土、黑土、沙土都怎么耕法？有的地方不适合机耕，就不要机耕。拖拉机除耕地外，还可以进行抽水、运输等综合利用，你们要大胆研究探索。你们县地势平坦，适合发展机械化，你们要找出一条机械化的发展道路来。"

参观的时候，邓小平还对机站的企业化管理和机手的奖惩问题谈了意见。他说：拖拉机站要搞经济核算，降低成本，提高效率，降低机耕费。要采用工业企业的办法，搞个工资奖励制度。在集体成员里，也要多劳多得。他强调：农业机械化管理在我们国家还是一门学问。此后，顺义县按照邓小平的指示，大力发展农业机械化。经过二十余年的努力，终于在20世纪80年代实现了农业生产全过程机械化，粮食亩产达到1 670多斤，成为全国农业机械化先进县和产粮百强县之一，显示了农业机械化的优越性。

4月17日，邓小平再一次听取了中共顺义县委的汇报，就农村中的有关问题发表了自己的意见：

> 对公社的问题，县委可以开个座谈会，多研究、考虑一下。要把大家讨论的好经验、好办法总结一下，有一批好经验让群众去选择，启发大家思考。推动落实"农业六十条"越快越好。好办法就可以推广。

> 关于手工业，看看县城，经济生活非常单调。要研究一下过去的组织有什么利弊，有什么需要恢复。有的手工业都变成社办工业，到底好

不好?

要建立一些民主制度，树立民主作风。

这一天，又是农历的三月初三，正好是牛栏山庙会。邓小平认为这是了解集市贸易的最好机会，不能错过。他也和普通农民一样，赶庙会去了。

见到市面比较萧条，饭店的油饼都是二两一个，邓小平就建议改成一两一个，农民用一个鸡蛋就能换一个油饼。走到供销社的肉案前，邓小平和职工张永海亲切握手、交谈。事后，邓小平对公社领导同志说："你们要把豆腐、豆腐丝、老豆腐、油饼、油条等手工业以及社员家庭副业都发展起来，增加市场上买卖的品种和数量。把农村集市繁荣起来，满足生产和生活的需要，增加农民的收入。"

邓小平还逛了县城。在县城北街的城关供销社门市部，邓小平让售货员拿来小农具和日用杂品，一件一件地看。边看边说："你这木柜台里的东西人家看不见，没法挑选；你这铁锅边沿毛刺没有打光，用时容易划手。"

4月18日，邓小平到张庄扬水站视察。见路边有一块二十来平方米的土地，翻得又深又平，还有五六个大粪堆，就问："这是块什么地?"当他知道是十边地（即抛荒地）以后，又问陪同的干部："十边地好不好?"这位陪同的公社书记因想起前些时公社干部开十边地受过批评，又想起十边地和集体争肥争劳力的议论，没敢吭声。邓小平却直爽地说："我说它不错，它多打粮食，那个社员吃饱了，就不用国家再供应粮食了嘛!"那位公社书记听后连连点头。

看完张庄扬水站，邓小平就去看白庙村里的公共食堂。到那儿一看，食堂已经停火，只养了一头40来斤的小猪，显得很荒凉，就问怎么回事。管事的说是"内部修理"。邓小平也没再说什么，就到社员家去访问。他没有去预先准备的两家，而是走进路北的一个大门。见一个老太太正在喂羊，猪圈却空着，就问："您养羊，为什么不喂猪?"老太太不认识邓小平，没好气地说："还养猪? 人还没得吃呢!"说者无意，听者有心，老太太的这句话说得邓小平心情格外沉重。原来这是村里副支书的家，只有光棍一人和老母亲生活，日子很困难。从这家出来，又转了一家，情况也没有好多少。路上，邓小平对干部们说："吃食堂是社会主义，不吃食堂也是社会主义。以前不管是中央哪个文件上说的，也不管是哪个领导说的，都以我现在说的为准。

要根据群众的意愿，决定食堂的去留。"这些话像一股春风，迅速吹遍全县。不久，全县的公共食堂就解散了。

4月19日，邓小平亲访芦正卷村。

两天前，他在同牛栏山公社干部座谈时了解到，芦正卷村高低不平，沙地多，粮食产量低，村民的收入很少。1960年，全村人均分配42元，其中30%还是从别村平调来的。他说：各村有各村的困难，每个村都有自己的特点。帮助他们要因地制宜，因事而异。主要是帮助他们自力更生、艰苦奋斗，找致富门路，帮助他们把底子搞厚一些，改变贫穷、落后的面貌。只有这样，才能显示出社会主义的优越性来。今天，他要亲眼看一看。

刚到村口，就见一个老农敞胸露怀、满头热气地推着小车走过来。走近一看，车上是两桶黄泥汤。邓小平上前关切地说："你们吃水真难哪！"老农叹口气说："难？！过几天一栽白薯，这眼大口井就挑干了。要吃水得到5里以外的牝牛河去挑，那才叫难呢！"邓小平边走边访问了几家农户，也是家家困难。回来以后，在4月20日和县委干部座谈时，他提出："对三类队的整顿工作，一定要抓住不放，一抓到底，直到改变了落后面貌为止。像芦正卷这样的穷村，你们县拿出一部分钱，公社再从工业纯收益中拿出一部分，帮助他们打两眼机井。不仅社员吃水问题解决了，还可以开几十亩果园。"

不久，县里调来打井队，在芦正卷村村南和村西各打了一眼机井，又修了水渠，架起了高压线，买来了水泵。从此，芦正卷村吃上了自来水，村里有了水浇地，还开了10亩菜地、百亩果园，芦正卷村人民翻身了。

在4月21日召开的县社和手工业座谈会上，邓小平不仅对市场萧条的原因进行了分析，还要求把芦编、柳编、荆编、烧石灰、砖瓦、黑白铁加工、皮匠、瓦匠、做豆腐、做豆腐丝、养猪、养鸡、养鸭、养兔和其他家庭副业都发展起来，把集市繁荣起来。事后，顺义县落实了邓小平的指示，木柜台改成玻璃柜台，油饼增加一两一个的品种，发展副业和手工业，活跃了市场，富裕了农民。

邓小平特别强调：社员家庭副业不能丢，应该是六畜兴旺，尤其是养猪很重要。你们县是一个传统的养猪县，社员喜欢养猪，而且有丰富的经验，若是把这个传统丢了很可惜。一头猪不仅能赚20多元钱，肥料还能养两三亩地。不施化肥，也能增产，社会效益就高了。你们县土地、水利条件比较好，就是肥料问题制约了粮食生产的发展。多养猪、养好猪，社员的收入增加了，粮食生产也搞上去了。你们要抓住春天这个大好时机，尽快把养猪事业发展起来，既满足了城乡人民的生活需要，又能增加农民的收入，这是件好事。

当天，邓小平还听取了顺义北小营、上辇调查的情况汇报。曹幼民汇报了上辇的情况，张大中汇报了北小营的情况。

在顺义视察结束的会上，邓小平和彭真找县里的领导谈话。邓小平针对当时北京市生猪饲养量下降和市场猪肉短缺的情况，再次指出：你们要大力发展养猪，北京市要尽快做到每年向市场提供100万头肥猪。根据邓小平的指示，市、县都一直把养猪生产列入重点。当年，全市实行"公养私养并举，以私养为主"的方针，加强了保养措施。后来，又制定了养猪奖励和收购肥猪的购留比例，调动了农民养猪的积极性，使养猪生产较快地得到恢复和发展。

4月22日，邓小平一行完成调查任务，返回北京。

三天后，毛泽东写信给邓小平，要求5月15日在北京召开中央工作会议，继续广州会议尚未完成的工作：收集农民和干部的意见，修改"农业六十条"和继续"整五风"。信中还提出开展调查研究，应抓农村的若干关键问题。例如：食堂问题，粮食问题，供给制问题，自留山问题，山林分级管理问题，耕牛、农具大队管好还是小队管好问题，一、二类县、社、队全面整风和坚决退赔问题，反对恩赐观点、坚决走群众路线问题，向群众请教、大兴调查研究之风问题，恢复手工业问题，恢复供销合作社问题等。毛泽东要求下十至十五天苦功夫，向群众寻求真理，以使5月会议能够比较彻底地完成上述任务。

5月10日，邓小平和彭真在对北京市郊顺义、怀柔调查研究的基础上，写信给毛泽东，就"农业六十条"中有关供给制、粮食征购和余粮分配、三包一奖、评工记分、食堂、所有制等问题提出意见。信中写道，在农村贯彻执行"十二条""农业六十条"的结果，农民群众的生产积极性已有很大的提高。但是，要进一步全面地调动农民的积极性，对供给制等问题的措施还需要加以改进，有些政策要加以端正。

关于供给制问题，现在实行的"三七开供给制"办法，带有平均主义性质，害处很多。干部和群众普遍主张取消。

关于食堂问题，北京市在各县区都进行了试点，向群众宣布三条：一、吃食堂、不吃食堂都完全根据自愿；二、吃食堂、不吃食堂都好、都光荣；三、吃食堂、不吃食堂的都给予便利。看来，吃不吃食堂的问题，比较复杂，不能像供给制一样，一刀两断地下决心。尤其要走群众路线，让社员慢慢考虑、好好讨论，完全根据群众自愿，自己感到怎样合算就怎样办。

关于供销社和手工业、家庭副业问题，对手工业和家庭副业，必须大力恢复和发展，必须迅速恢复和健全供销社的工作，为手工业和家庭副业供应原料、工具，推销产品，组织生产。

三天后，毛泽东在信上批示："此信发给各中央局，各省、市、区党委，供参考。"

《国营工业企业工作条例（草案）》的制定

1961 年 9 月 16 日，中央颁发了我国第一个《国营工业企业工作条例（草案）》（即"工业七十条"）。它是在邓小平的亲自主持下，由李富春、薄一波具体组织，在深入调查研究、吸取工业企业各类人员意见的基础上制定的。这是当时整顿工业企业、改进和加强企业管理的一个重要文件，也是我国第一部关于企业管理方面的章程。

1961 年 1 月，在经历了三年的"大跃进"以后，党的八届九中全会批准了对国民经济实行"调整、巩固、充实、提高"的方针，开始对国民经济进行全面的调整。为了切实执行这个方针，系统地解决工业发展中存在的严重问题，邓小平领导和组织中央书记处、国家计委、国家经委派出 11 个工作组，分别到北京、上海、天津、太原、吉林等地的工矿企业进行调查，开始着手主持制定《国营工业企业工作条例（草案）》。

当时，在中央书记处分管经济计划和工业交通工作的李富春，直接领导了由国家经委、第一机械工业部（简称"一机部"）、中央高级党校、中国科学院经济研究所等单位和北京市委的同志组成的调查组，到北京第一机床厂，就工业方面的问题开始进行系统的调查研究。另外，李富春还组织和领导了对北京市 9 个工厂和单位的调查工作。按照李富春的布置，第一机床厂调查组用了五六个月的时间，对这个厂的建设规模、人员状况、管理机构、生产技术、财务计划、产品的品种和质量、工具的制造和管理、物资的供应和销售、财务和成本、工资和奖励、企业管理体制、党委领导下的厂长负责制和职工代表大会制、技术政策、职工生活、思想政治工作等，都进行了比较深入的了解和研究，为草拟工业条例准备了丰富的第一手材料。与此同时，邓小平亲自到东北辽宁等地听取了汇报，做了调查。5 月 3 日至 6 日，国家经委邀集各中央局经委主任和北京、天津、辽宁、黑龙江、江苏等 11 个省市主管工业的党委书记，由薄一波主持，在北京举行座谈会。一些中央局也召开了摸清工业情况的座谈会。5 月底 6 月初，上述调查材料和座谈会材料陆续反映到中央。这些材料表明，当时工业生产大幅度下降，基本建设工程大批被迫停工，设备损坏严重，事故很多，人心不定，企业管理混乱，生产指挥系统有不少处于瘫痪或半瘫痪状态。5 月 20 日，中央书记处会议在听取薄一波汇报工业座谈会的情况之后，讨论到搞工业文件时，薄一波表示：现在光发个原则性的指示，一是难写，二是发了也不解决问题。邓小平当即表示："写各项政策，如责任制、技术政策、工资政策等。"不过，这次会议并没有形成一个结论性的意见。

6 月 12 日，毛泽东在以修改"农业六十条"为主要议题的中央工作会议上提出："城市也要搞几十条。"这实际上就成为制定工业企业工作条例的缘起。紧接着，7 月 26 日，邓小平在中央书记处会议上汇报了东北的工业情况，提出了调整工业、整顿企业的意见，并且具体部署了由薄一波负责工业条例起草小组的工作，力求制定出一套适合我国工业发展情况的方针、政策和办法。

鉴于当时钢、煤产量急剧下降，涉及整个工业发展的全局，李富春提出：要由负责同志分头调查，解决重点企业的问题。邓小平表示同意李富春的意见，他说：工业比农业复杂得多，究竟如何搞，现在心里没底。只有结合调查研究，条例才能搞得出来。可从各部抽人，必要时找少数大厂的人一块儿来参加。头十天左右，先把情况好好摸一下。他明确提出企业要整顿，并告诉参加条例起草工作的同志：下到工厂后，工厂整风不要停；条例搞出来以后，根据条例再整一次。这次书记处会议后，薄一波带领北京第一机床厂调查组和国家计委等单位的一些同志到沈阳，在中共中央东北局的协助下，写出了条例的草稿。随后又到哈尔滨、长春召开多次座谈会进行讨论，广泛地吸收了工业领导机关和企业领导人员、技术人员、老工人的意见，反复修改后，题目定为"国营工业企业管理工作条例（草案）"，作为初稿提交中央书记处。

"大跃进"开始后，邓小平对工业企业方面出现的问题，察觉得比较早，而且发表过切中时弊的见解。早在 1959 年 1 月 26 日，他在各省、市、自治区党委书记会议上的讲话中就提出：

工矿企业，在生产方面，同样还要提出加强经营管理、经济核算、责任制。规章制度，只能废除那些必须废除的，有的废除之后要新建，不能统统否定规章制度。特别是大生产里一系列问题，就更要有充分的、科学的根据，随便乱动不得。大生产应该着眼于搞技术革命，不是搞人海战术。

实行职工代表大会制度，是新中国成立初期企业民主改革中的一个创造。邓小平 1957 年 9 月 23 日在党的八届三中全会上所做的整风报告中指出："党委领导下的职工代表大会，是扩大企业民主、吸引职工群众参加企业管理、克服官僚主义的良好形式，是正确处理人民内部矛盾的有效方法之一。在这次整风中应该充分运用，并在总结试点经验之后，全面推广。"邓小平关于整顿工业企业和实行职工代表大会制度的思想，已作为他在开始全面社会主义建设时期的两项理论贡献，载入了我们党的十一届六中全会通过的《关于建国以来党的若干历史问题的决议》之中。就当时的情况来说，他的这些重要思想，成为起草工业条例的指导思想。

1961 年 8 月 11 日至 14 日，邓小平主持中央书记处会议，对工业条例草稿进行多次认真讨论，并且逐章逐节做了修改，最后归纳为七十条。8 月 15 日，邓小平、彭真、李富春和薄一波联名给毛泽东和中央政治局常委写了一封信。信中说，条例对当前企业管理工作中存在的问题，着重地对以下几个方面做了具体规定。一、确定国家对企业实行"五定"（即定产品方案和生产规模，定人员和机构，定主要的原料、材料、燃料、动力、工具的消耗定额和供应来源，定固定资产和流动资金，定协作关系），企业对国家负责实行"五保"（即保证产品的品种、质量、数量；保证不超过工资总额；保证完成成本计划，并且力求降低成本；保证完成上缴利润；保证主要设备的使用期限）。二、加强责任制度。三、端正对技术人员、老工人的政策。四、严格经济核算的纪律，企业由于经营管理很坏而发生财产丢失、亏本赔钱等情况，领导人员要受到纪律处分，严重的要受到刑事处分。五、工人工资形式采取计时制或者计件制，应视能否更多地提高劳动生产率而定，不强调以哪种形式为主。六、强调工会作用。七、企业的领导制度，贯彻执行党委领导下的厂长负责制。确定企业党委的首要职责是保证完成国家计划和上级行政主管机关布置的任务。八、调整和固定企业之间的协作关系，严格实行经济合同制。九、重要的工业企业由中央和省、直辖市、自治区两级管理。十、确定每个企业的生产行政工作只能由一个行政主管机关管理，不能多头领导。信中特别说明了条例草案稿还不成熟，待提到中央工作会议讨论后，再用草案形式发给重要企业，一面试行，一面讨论提意见，以便进一步修改。

8月23日，中央工作会议在庐山开幕。"工业七十条（草案）"提交会议讨论。9月5日，邓小平在大会讲话中强调：整顿企业要从"五定"入手，按照"工业七十条"，一个一个地抓，一个一个地整理好。并且明确指出：工业调整和整顿是为了前进，不能失去前进的方向和信心。要积极地干，要千方百计地干。我们的精神，我们的想法，主要放到这上面，不要失掉这个方向。他说：这个条例采用"农业六十条"的办法，先发下去试行，在试行中再修改。

最后，中央工作会议讨论通过了这个条例。9月17日，毛泽东批示："指示及总则已阅，很好。"值得一提的是，毛泽东和周恩来在审阅时，不约而同地在条例的题目上圈掉了"管理"二字。所以，这个条例最后就定名为《国营工业企业工作条例（草案）》。

《国营工业企业工作条例（草案）》全面地、系统地总结了新中国成立以来，特别是1958年"大跃进"以来，我们党在领导工业企业方面的经验教训，并根据当时的实际情况提出了我国国营工业企业管理工作的一些指导原则。条例草案规定：

国营工业企业是社会主义全民所有制的经济组织，又是独立的生产经营单位。它的根本任务，是全面完成和超额完成国家计划、增加社会产品、扩大社会主义积累。国家对企业实行"五定"，企业对国家实行"五保"。企业之间的协作关系，凡是需要和能够固定的，都必须固定下来。固定的协作任务要纳入计划。协作双方签订的经济合同，具有法律效力，必须严格执行，不准单方面废除。已经中断的协作关系，要尽可能地迅速恢复，或另行安排。

企业的各个方面、各个环节都要实行严格的责任制度。企业实行党委领导下的厂长负责制，并建立以厂长为首的全厂统一的生产行政指挥系统，集中领导企业的生产经营活动，保证全厂生产有秩序地进行。

企业的技术工作，由总工程师负全部责任。企业必须加强设备管理，按计划进行检修，使设备、工具经常处在良好状态，禁止用超负荷运转等损坏设备的办法追求高产。新工人必须学习安全技术规程，考试合格后，才能进入操作岗位。企业要把保证和提高产品质量当成首要任务，质量不合格的产品有权拒收、退回或按质降价。要充分发挥全体工人、技术人员、职员的积极性，正确地进行技术革新，鼓励群众发明创造。技术人员和职员是工人阶级的一部分，要鼓励他们向又红又专的目标努力。

每个企业都必须实行全面的经济核算，勤俭节约，讲究经济效果。

企业职工的劳动报酬，要贯彻按劳分配的原则，反对搞平均主义。劳动报酬的多少，应当按照每个人技术的熟练程度和劳动的数量、质量来决定，不应当按照其他标准。

企业的职工代表大会制度，是吸收广大职工群众参加企业管理和监督行政的重要制度。企业各级的职工代表大会和职工大会，要讨论和解决企业管理工作中的重要问题和职工群众最关心的问题。它有权对企业的任何领导人员提出批评，有权向上级建议处分、撤换某些严重失职、作风恶劣的领导人员。

每个企业在行政上只能由一个主管机关管理，不能多头领导。企业在保证完成国家总计划的前提下，只要当地能供应生产所需物资，可以承担地方分配的任务。

《国营工业企业工作条例（草案）》，是当时用于克乱求治、整顿工业企业的一个重要文件。它的颁发试行，对于贯彻执行"调整、巩固、充实、提高"的方针，恢复和建立必要的规章制度和正常的生产秩序，提高企业的经营管理水平、技术水平、生产水平，促进生产力的发展，起了重要的作用；对企业管理的法制建设，也进行了有益的探索。1980年4月1日，邓小平在同中央负责同志谈到这个条例时说：

> 1961年，书记处主持搞"工业七十条"，还搞了一个工业问题的决定。当时，毛泽东对"工业七十条"很满意、很赞赏。他说：我们终究搞出一些章法来了。

然而，"工业七十条"这样一部有效的治乱文件，在"文革"中被林彪、"四人帮"诬蔑为"瓦解社会主义、复辟资本主义的黑纲领"。指导这一条例起草工作的邓小平也受到许多无理的攻击。

1967年6月5日，当时被张春桥、姚文元等控制的上海《解放日报》，发表了题为"发展社会主义，还是复辟资本主义？——评'工业七十条'"的长文。此后，该报又连续发表四篇批判文章，文章的观点归纳起来有以下五个方面：一是说"工业七十条"强调企业是社会主义经济组织，根本任务是生产，这是抹杀阶级斗争，强调生产第一、政治第二；二是说"工业七十条"强调厂长负责制，主张总工程师对企业的技术工作负全部责任，这是取消党的领导，推行"专家治厂"，实行资产阶级专政；三是说"工业七十条"强调实行按劳分配，反对平均主义，是鼓吹物质刺激、钞票挂帅；四是说"工业七十条"强调经济核算，增加企业盈利，是推行利润挂帅；五是说"工业七十条"要求建立严格的规章制度和学习国外的先进经验，是大搞资产阶级管、卡、压，提倡崇洋媚外，推行"爬行哲学"。这也从反面说明了"工业七十条"确实是一部有效的治乱文件。

邓小平后来曾多次对负责条例起草工作的薄一波说：毛主席直到临终时，还把"工业七十条"的文件摆在枕边，始终没有提出过批评；林彪、"四人帮"对"工业七十条"的大肆攻击，显然是背着毛泽东干的。

1975年，邓小平临危受命，开始对几近瘫痪的国民经济进行全面的整顿。这年的8月18日，他在国务院讨论国家计委起草的《关于加快工业发展的若干问题》时的谈话中再一次肯定了"工业七十条"。他说：毛泽东同志历来主张要有章程，有章程才能体现党的方针、政策；过去的"工业七十条"，基本上是好的，是修改的问题，不是要废除。

七千人大会

1962年的新年刚过10天，中央、各中央局和各省、市、自治区党委及地、县、重要厂矿企业党委和部队的负责干部，共7 018人云集北京人民大会堂，参加中共中央在北京召开的扩大的中央工作会议。虽说此时北京的天气寒意还浓，但会议从一开始气氛就显得十分热烈。这次会议是为了从总体上进一步总结"大跃进"以来的经验教训，统一全党的认识。中共中央原本决定召开一次中央工作会议，但是为了保证会议的精神得以正确地贯彻执行，毛泽东接受了扩大中央工作会议规模的建议。这就是著名的七千人大会。

会议一共进行了28天，在中国共产党的历史上是少有的。

由于"大跃进"、人民公社化运动带来的失误，国家生产建设和人民生活都出现了严重的困难。党中央领导同志头脑逐渐冷静了下来，开始在一系列会议上总结经验教训。继 1961 年初召开中共八届九中全会之后，在五六月间召开的北京中央工作会议，也是一次总结经验教训的重要会议。会上，毛泽东指：如果违背了客观规律，就一定要受惩罚。我们就是受惩罚，最近三年受了大惩罚。土地瘦了，人瘦了，牲畜瘦了，"三瘦"不是惩罚是什么？这个社会主义谁也没有干过，未有先学会社会主义的具体政策而后搞社会主义的。我们搞了 11 年，现在要总结经验。党中央为纠正具体工作中"左"的错误，克服严重的经济困难，进行了大量的工作。在"调整、巩固、充实、提高"方针的指导下，大力恢复农业，先后制定了《农村人民公社工作条例（草案）》，坚决实行退赔政策，减轻农民负担，加强各行各业对农业的支援。与此同时，中央决定在最近两三年内应更多地把经济管理权上交中央和中央局，减少职工人数和城镇人口，大力压缩社会集团购买力。9 月，中央在庐山召开工作会议，确定对国民经济实行进一步调整，降低工业、基本建设的过高指标。这些调整措施的出台，使农业形势开始出现了好转的苗头，工业的滑坡也已停止，对扭转严重的经济困难局面产生了积极作用。然而，由于党内思想认识不统一，调整工作遇到了困难。

在这种情况下，中共中央决定召开一次扩大的工作会议，解决党内存在的认识分歧。党的总书记邓小平负责准备这次会议。

当时担任新华社社长兼《人民日报》总编辑的吴冷西回忆说：邓小平同志在七千人大会上的位置很特殊，起的作用也很特殊。在整个会议过程中，他跟刘少奇同志合作得非常好。是他跟刘少奇同志一起，起草大会的主旨报告，讲过去四年犯的错误，提出集中力量搞调整，争取在两年内恢复国民经济。

1961 年 11 月 16 日，中共中央发出了由邓小平主持起草的《关于召开扩大的中央工作会议的通知》，指出：1958 年以来，在中央和地方的工作中"发生了一些缺点和错误，并且产生了一些不正确的观点和作风，妨碍着困难的克服。中央希望，经过这次会议，能够总结经验，统一认识，鼓足干劲，加强纪律性，全党团结一致，一心一德，积极地、不失时机地加强各方面的工作，使当前的困难较快地得到克服，使我国的社会主义建设得到顺利发展"。

为了开好这次会议，邓小平主持中央书记处会议，检查了 1958 年以来中共中央所发的文件，后来形成了一个形势报告。在这个报告里，邓小平提出首先一定要正视当前国民经济所存在的严重困难。对于困难所产生的原因，他认为责任第一是中央，第二是省，这其实也是中央常委的共识。因此，现在应该在认真总结近几年，特别是"大跃进"以来经验教训的基础上，全力进行调整工作，力争尽快扭转国民经济的被动局面。这个报告，实际上为七千人大会的召开定了基调。

随后，邓小平和刘少奇一起为七千人大会的书面报告做准备。1961 年 11 月 6 日，邓小平在钓鱼台 8 号楼召开了报告起草人员的会议。他提出起草报告的框架为四部分：

一、形势和任务：农村情况开始好转，工业生产下降基本稳定，应坚决贯彻八字方针，争取三年调整工作见效；二、关键是加强中央的集中统一领导，加强民主集中制，克服分散主义；三、改进党风，贯彻实事求是的工作作风和群众路线的工作作风，加强党内民主；四、基本经验教训（这一部分后来并入第一部分）。12 月 21 日，邓小平主持讨论了报告第一稿。一直到会议召开前，他和刘少奇几次共同主持讨论报告稿。

1962 年 1 月 11 日，七千人大会开幕。毛泽东主持了大会。刘少奇代表中央做书面报告。此后到 29 日上午，会议主要是围绕刘少奇的报告进行分级讨论和提出修改意见。根据毛泽东的意见，书面报告还没经中央政治局讨论，就直接和大家见面了。因为参加会议的各方面人员，多数接近实际和基层，能够从各个角度提出意见，能更好地集思广益。与此同时，刘少奇、邓小平还共同主持了由政治局委员、各大区书记组成的书面报告起草委员会，进行更加深入的讨论和修改。1 月 27 日，毛泽东主持召开全体大会。在大家阅读、讨论书面报告的基础上，刘少奇从国内外形势、集中统一和党的作风等几个方面，做了一些更具体、更深入的解释、说明和补充。刘少奇说：过去我们经常把缺点、错误和成绩，比作一个指头和九个指头的关系，现在恐怕不能这样套，恐怕是三个指头和七个指头的关系。有的地方农民说是"三分天灾，七分人祸"。这是会议的第一个高潮。原计划在此基础上，中央主要领导人讲话，便结束会议，但在会议进行中，许多人反映，话还没有说完，还憋着一肚子气。于是，毛泽东与政治局常委同志商量，决心让大家把要讲的话都讲出来，把"气"出完，这便进入了第二个高潮。

1 月 30 日下午，毛泽东在大会上做了长篇讲话，主题是民主集中制问题。在讲话中，毛泽东主动承担了"大跃进"以来所犯错误的责任，"凡是中央犯的错误，直接的归我负责，间接的我也有份儿，因为我是中央主席"。他对有些省委、地委、县委"一切事情，第一书记一说就算灵敏"的错误行为进行了严厉的批评，明确指出"没有民主，就不可能正确地总结经验。没有民主，意见不是从群众中来，就不可能制定出好的路线、方针、政策和办法"。毛泽东还特别强调运用批评和自我批评的方法，是解决人民内部矛盾、充分发扬民主的唯一正确的方法。

2月6日，邓小平在会上也做了重要讲话。他说：要搞好国内建设，搞好各方面的工作，首先决定于我们党的领导。我们党有五个优点：有好的指导思想；有好的党中央；有大批好的骨干，并包括大批新的积极分子；有好的传统、好的作风，即理论联系实际、联系群众、批评与自我批评；有对党高度信赖的人民。这些条件，使党一定能够领导人民取得社会主义建设的胜利，也一定能在国际共产主义运动中担负起责任。但是，最近几年来，党的领导、党的工作中出现了缺点，特别是党的优良传统受到了削弱。其原因，一是对毛泽东思想学习不够，提出的任务和口号不实事求是；二是党内斗争发生了一些偏差，伤害了一大批党内外干部，以及没有贯彻民主集中制，运动中过火等。他还进一步阐述了民主集中制问题。他说：民主集中制是党和国家最根本的制度，坚持这个制度，是关系到我们党和国家命运的事情。毛主席强调提出这个问题，意义很重大。这几年来，由于我们没有搞好民主集中制，以致上下不通气，这是一个带普遍性的严重的现象。他在谈到实行党内民主的问题时，提出了一个重要的观点，就是要对权力实行监督。我们党是执政党，对权力实行监督，最重要的是对我们党的各级领导人（包括党委会的所有成员），应该监督。这种监督是来自几个方面的，来自上面，来自下面（下级），来自群众，也来自党小组生活。那么，哪一种监督最有效呢？邓小平提出了自己的见解："我觉得，对领导人最重要的监督是来自党委会本身，或者书记处本身，或者常委会本身。"他建议，领导人的党组织生活应放到党委会、书记处、常委会去。刘少奇插话说：一个月开一次党内生活会。邓小平说：三个月一次也很好。刘少奇表示同意，说："一季有一次，一年四次也好，开党内生活会。这么一个建议，行不行？每一个委员会，搞批评和自我批评，过党的生活。"毛泽东补充说："检查工作，总结经验，交换意见。"为什么党委自身的相互监督是最重要的呢？邓小平说："上级不是能天天看到的，下级也不是能天天看到的，同级的领导成员之间自然是最熟悉的。"他还特别强调要学习马列主义理论和毛泽东著作，要造成一种学习理论的空气、学习实际的空气。不学习或不注意学习，忙于事务，思想就容易庸俗化，就要犯错误。

毛泽东、邓小平关于民主集中制问题的讲话，在会上引起了强烈的反响。从1月31日到2月7日，各小组先后召开会议，对省委、中央局、国家机关、中央机关及领导同志提出了中肯的意见。这些领导同志在会上发言，对这几年工作中的失误进行了认真的检讨和自我批评。有的省委书记亲自来到县委书记身旁，为自己出过的坏主意和作风粗暴而赔礼道歉，双方都感动得流泪。这是全国解放后开得最成功的领导干部交心会，大家在批评和自我批评的基础上，真正达到了统一思想、总结经验的目的。

林彪在会上的讲话与会议的气氛很不协调。他说：现在这些困难，"恰恰是由于没有照着毛主席的思想去做"。"当时和事后都证明，毛泽东思想总是正确的。可是我们有些同志，不能够很好地体会毛主席的思想，把问题总是向'左'边拉，向右边偏。""我们的工作搞得好一些的时候，是毛主席的思想能够顺利贯彻的时候，毛主席的思想不受干扰的时候。如果毛主席的意见受不到尊重，或者受到很大干扰的时候，事情就要出毛病。"林彪不合时宜的讲话反而受到了毛泽东的欣赏。

在当时的条件下，七千人大会取得了巨大的成功。全党各级干部统一思想，同心协力，带领群众，艰苦奋斗，终于克服重重困难，用不到3年的时间，提前完成调整任务，使全国形势全面好转。

但是，七千人大会以后，党的领导人在对形势的估计和一些重大调整政策上的不同意见逐渐显露出来。邓小平说：毛泽东"在七千人大会上的讲话也是好的。可是到了1962年7月、8月间北戴河会议，又转回去了，重提阶级斗争，提得更高了。当然，毛泽东同志在党的八届十中全会的讲话中说，不要因为提阶级斗争又干扰经济调整工作的进行，这是起了好的作用的。但是，十中全会以后，他自己又去抓阶级斗争，搞'四清'了。然后就是两个文艺批示，江青那一套陆续出来了。到1964年、1965年初讨论'四清'，不仅提出走资本主义道路的当权派，还提出北京有两个独立王国"。"经济情况有了好转，但是指导思想上没有解决问题，这就是为什么1966年又开始了'文革'。"

亲赴西南"大三线"

1965年11月1日，邓小平离开北京前往祖国的大西南川、贵、云视察。

随同邓小平视察的有国务院副总理兼国家计划委员会主任李富春、国务院副总理薄一波、国家计划委员会第一副主任余秋里、铁道部部长吕正操等。

邓小平等此行的任务是视察西南地区的三线建设情况。

所谓"一、二、三线",是按我国地理区域划分的,沿海地区为一线,中部地区为二线,后方地区为"三线"。"三线"分两大片:一是包括川、贵、云三省的全部或大部分地区及湘西、鄂西地区的西南"三线";二是包括陕、甘、宁、青四省区的全部或大部分地区及豫西、晋西地区的西北"三线"。"三线"又有大小之分:西南、西北为"大三线",中部及沿海地区省区的腹地为"小三线"。

建立"三线"的动议起始于一年前。

1964 年 4 月 25 日,军委总参谋部作战部提交了一份报告,对经济建设如何防备敌人突然袭击的问题进行了分析,认为有些情况相当严重。一是工业过于集中。全国 14 个百万人口以上的大城市,就集中了约 60% 的主要民用机械工业和 52% 的国防工业。二是大城市人口多。全国有 14 个百万人口以上和 25 个 50 万至百万人口的大城市,大都在沿海地区,防空问题尚无有效措施。三是主要铁路枢纽、桥梁和港口码头多在大城市附近,还缺乏应付敌人突然袭击的措施。四是所有水库的紧急泄水能力都很小,一旦遭到破坏,将酿成巨大灾害。报告建议由国务院组织一个专家小组,根据国家经济可能的情况,研究采取一些可行的措施。

这份报告引起了毛泽东和党中央的高度重视。

薄一波在《若干重大决策与事件的回顾》(下)中写道:"当时,我们面临的国际环境是:美国在侵朝战争失败后,又发动了侵略越南的战争,把战火烧到我国南大门外,威胁着我国的安全。在此之前,1962 年,美国多方支持国民党武装特务部队窜犯我东南沿海和广东沿海地区,妄图建立大规模进犯大陆的'游击走廊';印度政府不断蚕食我国领土,在中印边境东、西段同时向我发动大规模的武装进攻;侵略我国长达八年的日本,还未同我国恢复正常邦交;我国北部中苏边境地区的气氛也很紧张。面对这些现实,我们不能等闲视之,必须进一步加强国防,做到常备不懈。

"我们党在处理国际关系的问题上,坚持和平共处五项原则,对敌对势力亦采取'人不犯我,我不犯人;人若犯我,我必犯人'的策略。毛主席的军事战略思想有独到之处,他重视有备无患,但不强调'御敌于国门之外',

而主张'诱敌深入，关起门来打狗'。建设三线后方工业基地，正是他的这种战略思想的体现。"

1964年5月11日，毛泽东在听取计划领导小组关于"三五"计划汇报时说，国民经济有两个拳头、一个屁股，农业是一个拳头，国防工业是一个拳头，基础工业是屁股，工业要为农业服务。建设要按客观规律办事，只能是有多少钱办多少事，不能搞多了，要少而精，集中力量打歼灭战，留有余地。6月6日，在中央工作会议上，毛泽东集中讲了两个问题，其中之一就是进行备战。他说：只要帝国主义存在，就有战争的危险。我们不是帝国主义的参谋长，不晓得它什么时候要打仗。决定战争最后胜利的不是原子弹，而是常规武器。他提出：要搞"三线"工业基地的建设，一、二线也要搞点儿军事工业。各省都要有军事工业，要自己造步枪、冲锋枪、轻重机枪、迫击炮、子弹、炸药。有了这些东西，就放心了。攀枝花钢铁工业基地的建设要快，但不要潦草。攀枝花搞不起来，睡不着觉。毛主席还风趣地说：你们不搞攀枝花，我就骑着毛驴子去那里开会；没有钱，拿我的稿费去搞。

毛泽东的这番话，引起了与会同志的共鸣。大家一致拥护他的主张，认为应该在加强农业生产、解决人民吃穿用的同时，迅速展开"三线"建设，加强战备。

根据中央的决定，各有关部门迅速展开西南、西北"三线"建设的具体部署。部署从三个方面进行：一是在"三线"建设新的工厂，扩建部分工厂，由国家计委负责组织；二是把一线的"独生子"（即全国仅此一家的重要工厂）和配合后方建设所必需的工厂搬迁到"三线"，由国家建委负责组织；三是组织好全国的工业生产，为"三线"建设提供设备和材料，由国家经委负责。随后，又分别成立了西南、西北"三线"建设指挥部，负责组织中央有关部门在"三线"地区新建、扩建、迁建项目的计划协调和物资供应工作。西南"三线"建设指挥部由李井泉、程子华、阎秀峰负责。后来，彭德怀也担任西南"三线"建设副总指挥。西北"三线"由刘澜涛、王林、安志文、宋平负责。

10月18日，中共广东省委向党中央和中南局提出《关于国防工业和"三线"备战工作的请示报告》。毛泽东对这个报告很感兴趣，于22日批请刘少奇、周恩来、邓小平、彭真和罗瑞卿同志传阅，并写下了批语："广东省是动起来了，请总理约瑞卿谈一下。或者周、罗和邓（小平）、彭（真）一起谈一下，是否可以将此报告转发第一线和第二线各省，叫他们也讨论一下自己的'第三线'

问题，并向中央提出一个合乎他们具体情况的报告。无非是增加一批建设费，全国大约15亿（元），分两三年支付，可以解决一个长远的战略性的大问题。现在不为，后悔无及。"周恩来当即将毛主席的批语和广东省委的报告批转各有关省、自治区，并于25日同罗瑞卿及中央有关部委的负责同志研究了一、二线省区的"三线"建设部署问题，写成书面材料报中央书记处审批。一、二线各省、自治区接到毛泽东的批示及广东省委的报告后，立即仿效，根据本省的需要和可能，在自己的后方部署了一批新建和迁建项目。

从1964年到1965年，据不完全统计，在西南、西北"三线"部署的新建和扩建的大中型项目达300余项。由一线迁入"三线"的第一批工厂有49个。军事工业方面，在西南地区规划了以重庆为中心的常规兵器工业基地，以成都为中心的航空工业基地，以长江上游重庆至万县为中心的造船工业基地，在西北地区规划了航天工业、航空工业、常规兵器、电子和光学仪器等工业基地。

受党中央委托，这次邓小平带领中央部委的有关领导同志视察"三线"建设的部署，到现场就地解决有关问题。

11月2日，邓小平在成都金牛坝招待所住处召开会议，3日即开始了视察工作。他先后视察了784厂、重机厂、关村坝隧道等。

11月8日，邓小平从成都来到自贡市视察。

陪同邓小平视察的有李富春、薄一波以及中共西南局第一书记李井泉等。

邓小平一行先后视察了自贡市鸿化厂二氯甲烷车间、大安盐厂和威远石油会战基地，并同市党政领导、市级机关部分干部见了面。

11月10日，邓小平一行来到了四川泸州天然气化工厂视察。

厂领导李鸣鹏向邓小平等汇报了工厂的有关情况。

邓小平详细地询问了工厂的建设情况和进度，工厂的投资，英国、荷兰的工厂与我国已有工厂相比较在工艺设备上的特点，哪些设备中国能制造，需要多少钱，这样一个工厂投产后几年可以收回投资。还询问了第一机械工业部对这些设备测绘的情况等。

11月12日，邓小平到达重庆。13日，视察了296厂、256厂，观看了坦克表演。

11月15日，邓小平来到重庆第三钢铁厂视察。

邓小平对重钢是不陌生的。

重钢，解放初期叫"第 29 兵工厂"。1938 年，国民党政府成立兵工署钢铁厂迁建委员会，拆解汉阳铁厂、大冶铁厂、六河沟铁厂、上海炼钢厂的主要设备迁至重庆大渡口建钢铁厂，厂名为"钢铁厂迁建委员会"。这个厂是抗日战争时期中国规模最大的钢铁联合企业。1949 年 3 月 1 日，钢铁厂迁建委员会改称"兵工署第 29 工厂"。刘伯承、邓小平率大军进军西南解放重庆后，于同年 12 月 3 日，由中国人民解放军重庆市军事管制委员会军事代表进驻第 29 兵工厂。12 月 6 日，接管该工厂，工厂厂名仍为"第 29 兵工厂"。这是当时西南地区最大的钢铁企业。邓小平担任中共中央西南局第一书记期间，领导修筑成渝铁路，该厂为支援成渝铁路的建设，于 1950 年 5 月至 10 月，轧制出新中国第一批汉阳式 85 磅重轨。1952 年 1 月 30 日，第 29 兵工厂的同志给刘伯承、邓小平写信，汇报了他们的工作情况。2 月 12 日，刘伯承、邓小平回信写道："29 厂炼铁部车间委员会及全体会员：收到你们 1 月 30 日的来信，你们把在抗美援朝保家卫国号召下创造出来的新纪录作为给我们的春节礼物，我们非常高兴。从这个礼物中，我们看到了工人弟兄对自己的国家是无比的拥护和热爱，看到了工人弟兄的智慧和创造力量是无穷无尽的。所以，我们深信你们一定能够巩固成绩，并希望在现有基础上提高一步。即祝生产胜利。"这年的 4 月，该厂又设计出中华式 38 千克重轨。年底完成重轨 1.3 万吨，完成厂铁道垫板 7 647 吨，为成渝铁路 1952 年 7 月 1 日正式通车做出了贡献。

这是邓小平第二次视察该厂。陪同邓小平视察的有薄一波、李井泉、任白戈，中央部委和省市领导人余秋里、沈鸿、徐驰、鲁大东等。

邓小平在三厂视察了弧形连续铸钢、行星轧机等新技术试验。他说："这是两件好事、两件大事。"

在新建的重庆第五钢铁厂，邓小平视察了建厂施工进展情况，并对职工上下班乘车难的问题做了指示。

当天，邓小平等还视察了长安机器厂。

长安机器厂又叫国营 456 厂。当时，嘉陵江大桥正在修建，桥面已铺好，未正式通车。邓小平一行的车队从桥上驶过，经过新开不久的沙石公路，来到了国营 456 厂。

邓小平身着蓝色中山装，脚穿黑色布鞋，神采奕奕、笑容满面地走到职工群众当中。

国营 456 厂，当时的产品总装车间虽不怎么高大、宽敞，倒也明亮、整洁。

邓小平一边参观，一边听取了生产副厂长来金烈关于工厂情况的汇报。

当时，这个厂的战备任务非常繁重。工厂自身的生产任务增加了 40%，几种新产品要上马，有 300 多人正在加紧开凿战备山洞。还有一项非同寻常的任务在加速进行，那就是支援三线建设。要将长安机器厂的人员、设备"一分为四"，分迁、新建江津长风厂、南溪长庆厂，包建璧山青山厂。工厂组成了四套班子，带领职工日夜奋战，保证三个新厂建好、人员设备配齐，建成后投产完成战备生产计划。

邓小平边听边看，满意地点点头。他说：干得不错，我们一定要响应毛主席"要准备打仗""三线建设要抓紧"的号召，以重庆为中心搞好"三线"建设。

邓小平询问了工厂过去和现在的一些情况，询问新产品试制和生产中存在的问题，还问到来金烈新中国成立前在哪里工作。当来金烈说自己原来在第一二九师太行分区制造手榴弹、地雷时，邓小平微笑地望着他，又一次和他紧紧握手。

在一件产品面前，邓小平听着关于产品性能、生产情况的介绍，一边和随行人员交谈，一边还不时用手摸摸产品。

在一个平台上，一位工人师傅正在进行操作表演。邓小平看得很有兴致，他健步登上平台，再对产品仔细观看，并紧握着工人师傅的手，点头称赞。

邓小平对长安机器厂的工作表示满意，并做了指示。他希望长安机器厂的职工一定要争分夺秒、再接再厉，把战备生产、支援"三线"建设的任务完成得更好。

11 月 19 日上午，邓小平等听取了四川省委领导同志廖志高的工作汇报，就党的建设、生产和"四清"等问题发表了重要的意见。

11 月 21 日下午，邓小平等在贵州省贵阳市金桥饭店听取了第七机械工业部黔北基地建设的汇报。

参加汇报会的有：李富春、薄一波、李井泉、程子华、吕正操、陈璞如、程宏毅，以及贵州省委书记贾启允、省长李立。

第七机械工业部（简称"七机部"）沈钧扼要汇报了基地建设的规模、布局、建成时间以及明年任务的安排与存在的问题。

邓小平说：这个基地的规模比起北京、上海那一套要节约得多。他问道：

"现在这样摆，厂与厂之间的协作便利吗？"

沈钧说："厂与厂之间距离3~5公里，生产协作还较方便。"

"那还算好，依靠汽车就行。"邓小平说，"哪年建成？"

"三年任务，两年建成。"沈钧回答说。

邓小平一向是十分严谨的，又问道："两年完成，从哪一年算起？"

"从明年算起，到1967年基本建成。"

沈钧在汇报中说到了基建用的砖明年上半年还缺2 000多万块的问题。

薄一波问道："砖石和地方订合同没有？砖困难啊！从外省调砖实在不好，石头能用吗？"

陈璞如说："根据西南局的指示，必须两条腿走路，砖要用，石头也要用，他们已经动员向石头进军了。"

李井泉说："动员群众打石头，请启允同志帮助他们组织群众打石头。"

邓小平说："打石头有好处，可以增加耕地，可以盖房子，可以搞民用建筑，可以增加农民收入。"一连说了四个"可以"，"这里有的是山，要'愚公移山'，要动员群众打石头，地方上要搞个规划。"

邓小平还帮助出主意，他建议说：厂房的下部分可以用石头，完全用石头不行。

汇报到关于扩充电源和架设四条电力线路的问题时，邓小平说：没有电网是不行的。贵州有煤，火电快。贵州要很好地规划，要综合利用，如各行各业在这里搞多少工厂，要些什么，要多少，怎么个解决法。

说到二、三类物资的供应问题，邓小平指示：物资供应、粮食规划、生活用品供应都要跟上去，要全面规划。

程子华说：物资部准备在西南地区搞几个物资供应点，最近又听说要推迟，要到后年才实现。我们不同意推迟，已经打电话去了。

薄一波说：每一个地区工业企业部门太多了，都到物资部去是不行的。遵义地区要有一个物资局，以供应七机部为主。

邓小平说："物资部要为下面服务，要为建设服务。物资供应只能分地区，不能分部门，尤其是大规模建设的地区，西南、西北两个'大三线'，一定要这样。"

在汇报到基建队伍的组织机构问题时，邓小平询问施工队伍是从哪里调来的。针对七机部搞基本建设有经验、贵州的力量又不行的问题，邓小平提出要从外地找一些有经验的人来。

李井泉建议给陈丕显打电话，硬是要上海来包。这个建议得到了大家的赞同。

邓小平说：这个办法好。给赵尔陆（国家经委副主任）打个电话，叫他和上海解决"三材"——人才、技术、材料，要上海负责，不然的话不知道哪年建成。

邓小平最后总结说，你们这里是几个不落实：一是施工队伍不落实，二是交通运输不落实，三是砖不落实，四是电不落实。这还是才开始，真正建起来还有不少问题。很危险！要上海包，完不成任务，陈丕显打五十板，王秉璋（七机部部长）打五十板。

薄一波对七机部的同志说：你们的工作还是不错的，把情况反映上来了。

邓小平说：这是一个"诉苦会"。

就是这次视察，现场解决了不少问题，对基地后来的建设起了重要的作用。

22 日上午，邓小平等听取了中共贵州省委书记处的汇报。

会议开始时，邓小平问贵州省委第一书记贾启允："你们书记有几个人，是哪几个？"

贾启允把省委书记处成员的名字一一向邓小平做了介绍。邓小平又问及每个人的分工情况，然后说：你们是五湖四海来的，大家靠拢来，没有别人，我们就是集中起来，坚持下去。

接着，贾启允汇报了最近召开的省委工作会议贯彻中央工作会议精神的情况，并谈到了培养、提拔新生力量的问题。

这是邓小平十分关注的一个重要问题。几天前，他在四川听取廖志高汇报工作时，就曾对四川省委提拔年轻干部问题做过指示。

当贾启允反映有少数县委的同志不愿提"老"，尚未感到培养、提拔新生力量的迫切性时，邓小平说："我们这些人都是二十几岁掌大权，我们军队中的领导同志在红军时代都是二十几岁当师长、军长。"

邓小平问贾启允："你们地、县委书记的平均年龄比四川大吗？"

贾启允说："县委书记平均年龄 41 岁。"

"四川是 40 岁。"邓小平说。

"地委 47 岁。"贾启允回答。

李井泉插话说："四川是 45 岁。"

"贵州地、县委书记平均年龄比四川大 1 岁。四川县委书记、副书记经过调整后，可下降到 38 岁，你们多少？"邓小平问。

　　"我们计划降到 35 岁以下。"贾启允答。

　　邓小平高兴地说："我总是双手赞成就是了。"

　　邓小平向省委指出：地、县领导要年轻化，要提拔新生力量，充实干部队伍。他问道："县委书记年轻化，有没有遇到困难？你们具体化了没有？"

　　回答说："已有了一个规划，落实到人。"

　　邓小平说："那就好。没有人'吃洋火'吗？要准备有人'吃洋火'、告状，说没有功劳也有苦劳。处理要细致，方针要贯彻，这是一个长远的问题。'吃洋火'要吃多少才死人？"

　　有人插话："西南山多，可以跳崖，用不着'吃洋火'。"

　　邓小平接着说："有的是真想死，有的是威胁。"

　　当谈到贵州当时干部的组成情况时，贵州同志汇报说：领导干部中华北来的多，还有一部分是从南京、江西招收的学生。1958 年，中央下放 2 000 名干部到贵州，1964 年又调来 2 000 名。现在，县里部、科、局长级干部中，70% 是外省的。

　　邓小平说："这些人多数是知识青年，那时二十几岁，现在三十多岁。有文化的干部须下基层锻炼，要接触实际。他们可以到工厂，搞'三定一顶'，参加劳动锻炼，取得实际经验。要有意识地调些优秀的、实际工作经验比较缺乏的干部，放下去搞三五年再上来。这种人越年轻越好，二十几岁，不超过 30 岁，搞 5 年，35 岁，有的可以调到地、省。他们下去，甚至要到车间直接参加劳动，讲清楚去锻炼。这样做是为以后着想，为接班着想。"

　　他曾对省委负责人吴实说："十个手指不可能一样齐，各级领导班子中，有的能力强一点儿，有的能力弱一点儿，重要的是团结。这是推动社会主义发展的决定性因素。"

　　在贾启允汇报贵州工作情况时，邓小平还针对贵州省省情，就如何充分发挥山区优势做了许多重要指示。他对省委领导同志说："真正富的是山，这里的副业比四川好搞，山稍微整一下，收入不知有多少。贵州将来比成都坝子富。你们单是种树，就不知有多大收入。林子太少，要大造林，山区要发展林业、牧业。贵州人民要多吃肉，要比全国水平高。山上可种木本粮食，如橡子树；木本油料，如核桃。林木都要配备好品种。"

邓小平进一步了解到贵州的自然灾害主要是旱灾，而地下水却很丰富时，又指出："四川水不流失，贵州的水流走了，只是洞里有点儿水。贵州的林木储量有多大？贵州到处可以变林区。"他强调要通过植树造林涵养水源。

根据贵州山区自然资源的特点及经济发展规律，邓小平说："省委重点抓农业，粮食要达到自给。山上多种树，发展林牧业。山下要发挥矿产资源优势，做到能源、交通开路，形成贵州独具特色的能源工业与材料工业优势，搞好矿产深加工，增加产品高附加价值。"

邓小平提出的这一适合贵州经济发展的整体战略，对贵州经济建设有着重要的指导意义。

23日上午，邓小平等在贵阳去六枝的火车上听取了第三机械工业部（简称"三机部"）贵阳地区办事处领导关于三机部在贵州地区建设的布点情况、建设规模以及存在的问题。

当汇报到电有困难时，邓小平说：贵州搞火电快，大方火电站自己搞，搞自备电站，归工厂管；三四个厂搞个公司，统一管起来。

邓小平还说："你们50个厂，给你们50个公社，由你们管，由你们领导，好不好？"

办事处领导回答说："好。"

这时，邓小平、薄一波、李井泉都说：厂社结合，一家就可帮50个公社，贵州一下子就发了个横财。

当汇报到今年已有三个工厂建成并搬迁投产时，邓小平说："这都是小家伙，一家好办，只要部里一下决心就可以了。"

汇报结束后，邓小平对同行的同志说：他们三年计划两年完成，整个工作要重新部署，如电、运输和施工力量都要重新考虑，由程子华负责。

24日，在六盘水，邓小平等听取了煤炭部、西南煤矿建设指挥部领导钟子云、范文彩、丁丹等同志关于六盘水矿区的生产建设情况的汇报后，非常高兴。他说：看到西南有煤、有铁，就放心了，不然建好多工厂就没有用处。办好西南的两个大型的联合企业就好了，就有希望了。在六枝矿区，六枝煤矿的领导同志汇报说："北煤不南调，六盘水煤炭基地建成后，年产4 000万吨原煤，东调2 000万吨，供应攀枝花钢铁基地1 000万吨，贵州留1 000万吨。"这个方案当即得到邓小平的充分肯定。邓小平高兴地说：南方大煤炭基地在贵州。

邓小平对省委书记处的同志说："汞在世界上很吃香。要把贵州汞的藏量摸准，搞点儿现代化开采。"

为了发挥贵州的矿产和能源等资源优势，应该开展矿产加工。因此，当有人提出"从贵州运走磷矿石，不用包装，省纸袋"时，邓小平说："磷矿石量大了不行，成百万吨运输就是个问题。单向运输出去，没有东西运进来，运费贵，成本高。解决办法就是对矿石进行加工。铝进行深加工，产值高。磷也要搞深加工，要算一算6万吨黄磷需要多少投资、多少电。要变成黄磷出去，使产值大大增加。将来，贵州是大工业区，要把乌江水电站搞上去，把湘黔铁路修好。"

邓小平以一个战略家的眼光，敏锐地看到了六盘水在西南"三线"建设中的重要地位和潜在的发展优势。到六盘水之前，邓小平在四川的渡口，代表党中央确定攀枝花钢铁工业基地的建设方案时，就考虑到了渡口与六盘水的相互依存关系。他说："煤钢联盟，看来中心还在煤。"到六盘水后，他看到这里丰富的资源和"三线"建设的环境，对这片荒凉的土地寄予了厚望。此后，他在昆明听取国家计委第一副主任余秋里汇报西南钢铁工业发展问题时，说："这里的条件太好了。"邓小平还指出：西南少铁，就不是硬"三线"。所以，当余秋里谈到要在盘县搞一个炼铁厂时，邓小平当即予以肯定，并指出：可以考虑在水城、盘县多搞点儿火电，可以就地消耗煤。

当时，由于六盘水交通闭塞、贫瘠落后，要解决新增10万建设大军的生活供给问题，尤其是蔬菜、瓜果等无疑是非常困难的事。邓小平在视察期间从工人那里知道大家想吃到新鲜大白菜时，当即指示秘书与北京有关部门联系，很快调进了50万斤大白菜支援六盘水矿区。

在贵州考察期间，邓小平看到一些城镇居民拿着票证，排着长队购买东西，心里感到不安。他对省委领导同志说："现在买东西都要票证，苦了老百姓！我们争取在第五个五年计划期间，也就是在1979年前后取消票证。"

"三线"建设改变了贵州历史上交通不便的状况。继黔桂铁路建成后，川黔、贵昆、湘黔铁路也相继建成。大批军工企业及民用企业、科研机构进入贵州，使贵州形成了拥有航空、航天、电子三大军工基地和一批地方大中型骨干企业的现代工业体系。

11月25日，邓小平一行到成都。30日，由成都乘飞机去西昌。12月1日到达渡口。

渡口，1987 年更名为攀枝花市。攀枝花位于四川、云南交界处的金沙江畔，有丰富的铁矿资源。"渡口"这个地名是毛泽东定的。党中央和毛泽东决定在西南进行"大三线"建设后，确定以金沙江畔一个含钒钛的磁铁矿区（储量约 56 亿吨）为重点，计划建成一座具有现代规模的新型钢城。在讨论地名时，有的同志说那里只有 9 户人家，一个渡口，从来没有名字。毛泽东说："那就叫渡口。"还很幽默地加以补充说，"中国渡口多得很，哪天敌人想找到这座钢城在哪儿，都找不到。"毛泽东提出在渡口建设基地后，国家计委立即组织 80 多人的工作组，由程子华、王光伟两位副主任率领，到成都同西南局和四川省委商定建厂事宜。西南局和四川省委的部分同志建议另选厂址，理由是这里交通不便、人烟稀少、农业生产基础差。他们认为，钢厂应建在交通方便、有大城市做依托的地区，并提出了 18 个地点供选择。工作组用了一个多月的时间普查了这些厂址，绝大多数地点既无铁矿石又无煤炭资源，有的还要占用大量耕地，被否定了。最后，只有乐山的九里、西昌的牛郎坝和渡口的弄弄坪可供选择。在评议中，程子华和中央有关部委的领导同志及专家都倾向于弄弄坪，因为这一地区不仅有丰富的铁矿石资源、较多的煤炭资源和取之不竭的金沙江水资源，而且靠近林区，距离成昆铁路和贵州六盘水（六枝、盘县、水城）大型煤炭基地较近，地点也较隐蔽，又不占农田，是建钢厂的理想地区。而西昌的牛郎坝有地震问题（历史上曾发生过 10 级地震），还有与农业争水的问题。乐山的九里虽然地势平坦、扩展余地大，又靠近工业城市，但距铁矿和煤矿太远，也有占耕地的问题，不是建大型钢厂的理想地区。由于西南局和四川省委的部分同志仍有异议，论证工作迟迟不能定案。后来，周恩来总理说：既然西南局和四川省委有不同意见，程子华定不下来，就到毛主席那里定吧。周恩来带着李富春、薄一波向毛泽东做了汇报。毛泽东听后，大为不满，说：乐山地址虽宽，但无铁无煤，如何搞钢铁？渡口有铁有煤，为什么不在那里建厂？钉子就钉在渡口！

　　1964 年 10 月，李富春、薄一波到西南研究确定"三线"建设的总体规划，先到昆明召集西南局和云、贵、川三省及中央有关部委的负责同志开会，传达了毛泽东对钢厂定址的意见，统一了思想认识。同时，初步议定攀枝花钢铁基地第一期工程的规模为年产铁矿石 1 350 万吨、生铁 160 万~170 万吨、钢 150 万吨、钢材 110 万吨。从 1965 年开始，陆续调动十几万建设大军进入该地建立渡口特区。特区总指挥由冶金部副部长徐驰担任，下设冶金、矿山、电力、交通、建筑等八个指挥部。不久，特区改为市。

这次邓小平到渡口后，认为在这里建设后方钢铁基地的条件得天独厚，当即代表党中央确定了攀枝花钢铁基地的建设方案。

邓小平认真听取了市委、市政府的工作汇报，并叫徐驰介绍了情况。他把详细情况问清楚后说："这么多人，没有一个好的安排、好的计划，怎么工作？"随后，他特意叫随同他来渡口的余秋里及"小计委"的一班人留在渡口，召集会议研究解决办法。

第二天，余秋里、谷牧等"小计委"的同志召集市委、市政府及各建设指挥部领导同志开会。余秋里在会上说："这里资源丰富，是一块宝地。党中央毛主席都很关心，特意叫小平同志带我们来看一下，了解一下情况。小平同志离开渡口时，专门交代，要我同这里的同志们一起共同研究一下你们所面临的困难，找出解决的办法。目前，你们的工作存在很大的盲目性、随意性，没有定出好的计划。"

12月2日，邓小平在昆明听取了中共云南省委书记处的工作汇报，对云南的工作做了重要的指示。

对云南省的边疆农场建设，邓小平说：现在只有10万人，太少了。你们这里自然条件很好，要下决心在10年内发展到100万人，其中有50万左右是男女壮丁。把民兵组织起来，就可以联结成一条国际线。一旦有事，这是个很大的力量。邓小平提醒：特别要注意的是，要把当地少数民族的积极分子吸收进来，但也要自愿的才吸收。他提出：农场要在当地起带头作用——帮忙的作用。既是生产队，又是战斗队和宣传队，办了农场，就把当地群众的生产、文化、卫生都带起来了。农场不一定是全民所有制，可以生产队核算。生产队是集体所有制，用评工记分的办法，一帮一，一帮二，经常评比，这样国家节省开支，生产队又可以安排家属中的附带劳动力。

3日上午10时许，邓小平来到了昆明钢铁厂视察。

这是他第二次来到这里。当他走进昆明钢铁厂（简称"昆钢"）时，见到该厂领导还是7年前的李铎同志，他高兴地说：搞工业就是需要专业干部。为了保证领导能干一行钻一行，应该保持干部的相对稳定，使他们有较多的学习实践、总结提高的时间，早日实现从外行向内行的转变。

李铎经理向邓小平等汇报了昆钢的近期和远景规划。

邓小平问：30万吨、50万吨钢如何搞，100万吨怎样搞？要搞方案，主要搞板材，需要多少投资？多少年完成？

邓小平说：第一步规模不考虑 30 万（吨），按 50 万（吨）搞，第二步搞 100 万（吨）。

当有人顾虑云南地处边疆，搞大了万一有战争要挨轰炸时，邓小平说：如果搞 30 万吨的规划，以后还要改造，这不好。今后打起仗来，30 万吨也是炸，50 万吨也是炸，就搞 50 万吨。

汇报到矿石资源时，邓小平说：你们自己搞好多矿石，攀枝花来好多矿石，以攀枝花矿石为主，你们的矿石做配料。

对于设备更新，邓小平说：新增设备要考虑好一点儿，71 立方米的高炉要淘汰。要有现代化水平，加大对旧设备改造的力度，提高劳动生产率。50 万吨钢不能再用 1 万人，几千人就可以了。如果再用 1 万人，在全国钢铁企业中还是最落后的，所以你们不要当这个"副班长"。小高炉搬到其他地方用。

李井泉插话说：小高炉已经完成了历史使命。

邓小平说：小转炉也要淘汰，50 万（吨）不吹氧是不行的。

邓小平问：搞 50 万吨的，你们什么时间拿出方案？需要什么设备？需要多少钱？什么时间建成？

李铎估计说：集中力量打歼灭战，50 万吨 3 年可建成。

邓小平说：应该快点。

在昆钢，邓小平还说：云南的发展重点，从长期着眼，是有色金属，因为云南这方面条件特别好，"宝"很多，要搞成一个有色金属省。

5 日上午，邓小平视察昆明机床厂。

这个厂七年前他也视察过。

邓小平看了该厂新开发成功的光学坐标镗床后，非常高兴，对厂领导和操作工人说："你们制造的精密机床，在全国很有名气，但生产量太少，目前国家还要靠进口。今天我来，主要想解决生产精密机床问题。不然天天叫进口，进口几千台还叫不够，日子不好过呀！今后，要解决精密机床的需求必须立足于国内生产。"

邓小平问："坐标镗床今年生产多少台？"

厂负责人说："我们厂今年生产 41 台，第一机械工业部 4 个直属厂今年计划一共生产 157 台。"

邓小平说："太少了。假如我们的精密机床年产能达到 2 000 台就过关了。"

"你们这个厂要统统搞精密机床，普通机床不做，净做精密机床，能年产多少台？"邓小平又问。

回答："现在的设计水平是年产300台，要是普通机床转出去，专业化，把现在生产普通机床的车间加以改造，人员跟普通机床转出一部分，留下一部分，可以年产500台。"

邓小平问："建一个精密机床厂要多少钱？"

答："年产300台坐标镗床厂，专业化的，只加工和装配，估计要2 000多万（元）。"

邓小平说："一个坐标镗床厂投资2 000多万（元），不算多嘛！"又问，"你们这个厂的设备进口的多不多？"

答："大部分用的是国产的，很少数的设备是国外进口的。"

邓小平说："一个精密机床厂的设备大部分是国内的，少数是国外的，装备一个精密机床厂也没有什么了不起嘛！云南工业要上去。搞一个300台的坐标镗床厂，一个300台的磨床厂，一个300台的齿轮机厂，就是要搞精密的。""专业化有好处。你们要净搞精密机床。什么都搞，杂七杂八的，劳动生产率低，技术也不容易提高。"

厂领导同志说："是有这个问题。我们现在是全能厂，从铸锻件到加工装配全套都有。"

邓小平坚决地说："要解决这个问题。"

在云南视察期间，邓小平还格外关注云南烟草工业的发展。在视察昆明卷烟厂时，他称赞说："云烟，很好嘛！毛主席在1959年成都会议上，吸了云烟，还满意地点点头。我还经常用云烟招待外宾。周总理出访东南亚，还拿云烟作礼品嘛！"

当看到机械卷烟每分钟能生产1 000支烟时，他非常高兴地对厂领导说："烟就像流水似的，机械化就是好呀！"他勉励该厂"要不断改革，提高质量，创名牌，满足市场需要"。

在了解云南"三线"建设的情况后，邓小平说：受交通的限制，建设项目一时不能摆得太多。云南要搞铁路建设，铁路建设的标准要高些。并具体指示：成昆铁路按年1 300万吨运力设计，内江昆明铁路按年800万吨运力设计。

在视察中，邓小平反复指出：云南要继续解决农业问题。这个问题解决了，才能抽出更多的劳动力投入其他方面。云南条件好，在农业上必须搞多种经营，比如发展棉花、甘蔗、烤烟、亚热带作物和畜牧业等。粮食问题过关了，就要设法更多地安排经济作物、油料作物的生产。

总书记的最后一次视察

1966 年 3 月 10 日，中共中央总书记邓小平在国务院副总理李富春、薄一波的陪同下，带领国家建设委员会主任谷牧、国家计划委员会副主任余秋里、冶金部部长吕东等中央二十多个有关部委的负责同志来到陕西西安。

这是他"文革"前的最后一次外出视察。

邓小平到达西安的当天，就听取了中共中央西北局的工作汇报。当汇报到西北要搞水土保持时，邓小平说：水土保持，黄土高原种树，要搞一百年才行。

中共陕西省委第一书记霍士廉也汇报了陕西省的情况。当汇报到陕西工业情况时，邓小平说：工业，主要是配套问题，小工业要多搞一些，这是个方向性的问题。多办小厂，把城市的剩余劳动力组织起来，人人都参加劳动，小偷小摸就少了，向市人委（西安市人民委员会）闹事的人就少了，大厂的生产也可成倍地提高。全国都要走这条道路。

在陕西，邓小平不顾劳累，连日奔波，先后视察了在陕西的航空工业、兵器工业，如第三机械工业部的第六研究院第八、第十二、第三十研究所和庆安机械厂等。视察西安飞机公司时，邓小平还观看了我国自行研制的国产战斗机的飞行表演。

在陕西，邓小平还主持召开了有国家"三线"领导同志李富春、薄一波，有国务院一些部委领导同志，有西北"三线"建设领导同志及西北局、陕西省委领导同志参加的重要会议，主要研究了西北特别是陕西的航空、航天等国防工业和"三线"建设的发展问题。

3 月 16 日下午 3 点，邓小平乘专列抵达兰州。

陪同的有国务院副总理李富春、薄一波，中共中央西北局第一书记刘澜涛，全国妇联主席蔡畅，中共中央西北局书记处书记王林，以及国家计委、国家建委、冶金部、水电部、国防工办等部门的主任、部长、副部长等 15 人，司局长 30 人。

从 3 月 16 日到 4 月 1 日，邓小平一行先后参观了兰州炼油厂和 20 号基地等 11 个部门，视察了刘家峡水电站工地，接见了甘肃省工交财贸"五好""六好"会议全体代表和白银厂等单位部分职工，并分别合了影。其间，还召开了西北甘、宁、青、新四省区党委书记会议。

初春的西北春寒料峭，风沙迷漫。邓小平迎着风沙，踏着尘土，深入到现场视察。

3 月 18 日上午，他来到了兰州化学工业公司，视察了正在新建的砂子裂解炉、聚丙烯、高压聚乙烯工程、丙烯腈试验车间及橡胶厂的聚合、橡胶等车间。

兰州化学工业公司负责人林华陪同视察。

在视察砂子裂解炉装置时，邓小平问：这个装置是否用来解决 5 万吨橡胶？

林华回答说：主要用来解决纤维和塑料，橡胶解决一部分，但主要用科研成果丁烯氧化脱氢来解决。

"能不能用天然气？能不能用石油气？"

"天然气不能用，石油气和油石油气重的如轻油，可以用。"

邓小平对砂子裂解炉装置占地小、厂房少、设备露天化很感兴趣。他说：这不是高楼大厦，很好嘛。

来到聚丙烯抽丝房时，林华介绍说：抽丝方法与北京合成纤维差不多。

邓小平问："生产规模多大？"

"3 300 吨。"

邓小平说："这并不比北京 500 吨的大（指占地面积），这就节约多了。"

在去橡胶厂的途中，邓小平问："合成氨生产多少吨？"林华回答说："今年 18.5 万吨。"邓小平紧接着问道："不是说能搞到 40 万吨吗？"

在橡胶厂橡胶成品车间，看到松香软胶生产时，薄一波问道："不是说没有过关吗？"林华回答说："现在已经过关了，只是我们成带不好，但这种松香软胶不要求成带，不影响质量。"

这时，薄一波向邓小平介绍说：这是去年国家 31 项重点科研项目里面的。

视察后，对一些问题邓小平当即拍板：纺织部定在西固的聚丙烯腈纤维厂改在兰州化学工业公司建设，这是搞综合利用，是必须这样搞的，还能节省投资、少占农田。因此，决定该厂改建在兰州化学工业公司内并由化工部管理，不用再议，这是最后决定。

3月20日，邓小平在兰州听取了中共甘肃省委第一书记汪锋关于甘肃情况的汇报，并就"三线"建设和农业种树等问题发表了意见。

3月21日上午，邓小平、李富春、薄一波、谷牧、李人俊、林乎加等，和西北局书记处书记王林、甘肃省委第一书记汪锋、甘肃省副省长冯直，以及中央十几个部的部长、司局长来到白银厂视察。

在露天矿，邓小平一下车就称赞说："你们这里是艰苦奋斗。"

当汇报到白银厂到1970年要生产5万吨铜、5万吨铅锌时，邓小平十分关切地问："5万吨铜什么时候能建成？"冶金部部长吕东回答说："1969年到1970年。"

在去选矿厂的路上，白银厂领导同志茅林汇报了白银厂的综合利用规划。邓小平说：就是要好好抓综合利用。

茅林说：冶炼厂的设计能力是3万吨，我们准备发动群众大搞技术革新、技术革命，把冶炼厂的生产能力提高到4万吨，在不搞大扩建的情况下达到5万吨。

邓小平听后点头说："对嘛，要搞技术革新、技术革命。"

当茅林汇报到现在厂里还有一半的生产班组没有党小组，24%的班组还没有党员时，邓小平十分严肃地说："这不行。"

在选矿厂时，冶金部部长吕东说：这个厂是按苏联设计建设的，花了8 000万元。现在建这样一个厂子，5 000万元就够了。

邓小平带着浓重的四川口音说："花学费嘛。"

中午12点，邓小平、李富春、薄一波等在冶炼厂的广场上接见了白银厂、十一冶（冶金部第十一冶金建设公司）和白银地区的"五好"标兵、"五好"职工、各级领导干部和职工，并在一起照了相。

在去火车站的路上，汪锋对邓小平说：白银厂的职工群众情绪比过去好多了。过去，许多人不安心在这里工作，现在都安心了。生产秩序也比过去好多了。

邓小平听后表示满意。

西北"三线"建设中，酒泉钢铁厂是重中之重。3月23日，邓小平来到了嘉峪关地区的酒泉钢铁厂（简称"酒钢"）。

冶金部部长吕东汇报了酒钢的建设情况。

邓小平说：酒钢地处"三线"，毛主席非常关心，要尽快把酒钢建设好，不能再动摇了！搞钢铁要打歼灭战，要走大庆道路，要搞工农结合。除了少数技术骨干外，要搞农民轮换工。

对于酒钢的建设方案，邓小平提出了明确的要求：1968 年建成镜铁山矿，要有一个高炉出铁，1969 年出钢 75 万吨，1970 年出钢坯，把初轧建起来，1971 年全部建完。

邓小平的指示为酒钢的全面发展乃至嘉峪关后来建市奠定了基础。

3 月 25 日至 26 日，邓小平视察了酒泉导弹试验基地，并慰问了职工、解放军官兵以及家属，听取了基地各单位领导的汇报，观看了地对空导弹的发射试验并发表了讲话。他说：你们把戈壁滩建设得很不错，过去是风吹石头跑，遍地不长草，现在有了铁路、公路、树木和房子，像个小城市，这是你们辛勤劳动的结果。你们还培养了一支能吃苦、思想过硬的专业技术干部队伍，这是我们建设国家、发展国防科技事业的宝贵人才，要关心、爱护他们。你们还要多栽树，树能美化环境，能拴心留人。树栽多了，将来还会变化得更好。

3 月 27 日，邓小平一行视察了金川有色金属公司和第八冶金建设公司。上午 10 点 35 分，邓小平乘坐的专列徐徐驶进金川白家嘴车站。

在一阵热烈的掌声中，邓小平、李富春、薄一波等陆续走下火车。

没有进休息室，没有先听汇报，邓小平等径直来到露天矿工作现场。邓小平向工人们挥手致意："你们辛苦了。"职工们回答说："首长辛苦！"邓小平手捧矿石边掂量边询问，从品位到储量，从剥离量到日出矿量，问得很细，周围的同志一一做了回答。

在看完 1700 堑沟和露天采场后，邓小平等来到金川有色金属公司成就展览室参观。虽然展览室比较简陋，但邓小平看得十分认真。他肯定金川矿山资源是个不可多得的"金娃娃"，是我国的"聚宝盆"。邓小平和中央其他领导还指出：金川应当办农场、种粮食，植树造林搞绿化。

在沙盘模型前面，金川公司党委书记田汝孚全面汇报了金川铜镍矿床的特点和公司的生产流程、生产状况，以及生产发展的前景。

邓小平边听、边问，时常点点头。

在选冶厂参观时，公司领导向邓小平介绍了厂长王培生。邓小平握着王培生的手问："多大年龄了？"王培生回答说："37 岁。"邓小平高兴地说："好，还年轻哪。"邓小平对镍的生产流程、总回收率、资源综合利用等情况问得十分具体。他称赞了金川公司刚刚着手的综合回收铂、钯、钴、硫等副产品的技术开发项目。

视察结束时，邓小平等在新厂区接见了金川有色金属公司和第八冶金建设公司的干部及先进生产者代表共一千多人，并合影留念。

下午5时许，邓小平一行离开金川。临走前，他勉励广大干部和工人说：在国际上卡我们脖子、国内经济处于最困难的关键时刻，你们在祁连山下的戈壁滩上生产出国家急需的产品——镍，真是为祖国争了光呀！你们要吃苦耐劳，向大庆人学习，争取多出镍，出好镍，为支援国防、加强战备贡献力量。

3月29日，邓小平一行来到了青海的西宁，下榻在胜利公园招待所。

当晚，邓小平被当天《青海日报》刊登的一篇长篇通讯所吸引。这篇通讯的题目是"穷则思变，治山治水"。文章报道了化隆回族自治县德恒隆公社的群众改变山区落后面貌的事迹，突出展现了沙连堡大队党支部书记马木华等少数民族干部的风采。看完了报纸，邓小平被深深地感动了。他看到了振兴青海的希望。

第二天，火车从西宁出发继续向西飞驰。

在列车中部的一节车厢内，中共青海省委、省政府的领导同志杨植霖、王昭、高克亭等正在向邓小平汇报工作。汇报的内容范围很广：从1958年开始的"大跃进"和三年自然灾害给青海经济带来的损失，到省委、省政府为恢复经济所做的努力；从农牧业经济的发展到"三线"建设的进展情况；从柴达木资源勘探与开发到青藏铁路建设；从"三五"计划建设目标到民族工作等。邓小平静静地听着，有时赞赏地点点头，或者插上一两句话。在座的国务院副总理薄一波和中共西北局领导刘澜涛也不时插话，询问一些细节，或者做些说明。虽然他们此行的目的主要是视察我国核工业的发展情况，但邓小平同样关心着青海省各项事业的发展。汇报结束后，邓小平指出：青海工作最根本的是两个问题，一个是把农业搞上去，另一个是解决好民族问题。

在此次的青海之行期间，邓小平对20世纪50年代末青海弄虚作假成风的问题提出了尖锐的批评。

青海省是"大跃进"的重灾区。青海当时不顾省情，不切实际地蛮干，不仅造成了工、农、牧业生产的大幅度滑坡，也使群众生活遇到了严重困难。调整后的省委、省政府按照中央和西北局的指示，压缩基建，发展农业，狠抓粮食生产，只用三年多的时间，就使粮食产量由1961年的7.9亿斤增长到

13.42 亿斤，达到历史最好水平。对此，邓小平非常赞赏，充分肯定了青海省委坚持实事求是、扭转困难局正的做法。

农牧业是当时青海的主要产业。如何发展农牧业，是省委、省政府领导汇报的重点。省委第一书记杨植霖汇报了"三五"期间青海农牧业的发展指标：到 1970 年，全省按农业人口计算，人均一亩亩产 500 斤的水地、一亩亩产 300 斤的垴山地、一亩亩产 200 斤的水平梯田。全省人均占有粮食 800 斤，羊毛 20 斤，肉食品生产再上新台阶。要加速发展柴达木盆地的绿洲农业，为柴达木盆地的资源开发奠定扎实的基础。邓小平仔细地听着，并反复询问、核实农牧业生产的各种数字，比较各种数字之间的关系。他一再表示：发展农牧业，"你们的潜力很大"，牧区每人每年仅羊毛一项就可收入四五十元；农业区"川水地潜力大"，农业生产完全可以发展得更快一些。

邓小平对柴达木资源的开发表现出浓厚的兴趣。20 世纪 50 年代中期开始的柴达木资源开发，虽然经历了"大跃进"和三年困难时期的挫折，却依然表现出了强劲的发展势头，成为青海经济发展的重要支柱。当杨植霖汇报到交通运输是制约资源开发的重要因素，并要求早日修建青藏铁路时，邓小平同意省委"三五"后期开工修建铁路的设想。他说：要考虑我国目前的经济状况，本着节省钢材、节省投资的原则，搞轻轨、窄轨，站与站的距离远一点儿，站台也搞简易的，用内燃机车，先起过渡作用，用十年再说。要求省委和铁道部先算个账，搞好规划。

当谈到资源开发与农牧业关系时，邓小平总结了新中国建立以来特别是 20 世纪 50 年代末的经验教训，指出：柴达木盆地作为将来的大工业区，要大力发展农业，"农业上不去，大开发就有困难"，强调了农牧业在资源开发和整个国民经济中的基础作用。

青海是一个少数民族聚居的省份，藏族、回族、蒙古族、土族、撒拉族、哈萨克族等是世居的少数民族。由于反动统治阶级的挑唆、分化及其他一些历史原因，各民族间相互仇视、相互对立，隔阂很深。各少数民族社会经济发展程度较低，经济、文化比较落后，严重制约着青海整个国民经济的发展。邓小平非常关心少数民族群众的生产、生活，关心少数民族地区的经济发展。在西去的火车上，他在听取青海省委工作汇报时，对当地的民族问题十分关注。他一再指示要在西宁多办街道工业，使回族群众能够参加工业生产；要注意发展牧区经济，改善藏族、蒙古族群众的生活。当杨植霖提出省委、省政府决心要在"三五"末期改变青海面貌时，邓小平说："改变面貌的关键是解决民族问题。要培养少数民族干部，没有大批少数民族出身的干部——本民族的领袖人物，解决民族问题是不可能的。大队要有大队的领袖人物，公社要有公社的领袖人物，就像你们报上登的化隆德恒隆公社沙连堡大队回族党支部书记那样的人物。要选派那些优秀分子，特别是青年，让他们去参军、参加工厂劳动，到军队、工厂这两个熔炉中去锻炼。让他们学汉文，也学藏文，让他们读毛主席著作，逐渐地培养他们的集体主义、共产主义思想，变成工人阶级，然后再回本社、队工作，使每个大队都有这样的骨干。所谓'改变面貌'，首先要改变这个面貌，这是基本功。你们说把青海建设成为真正巩固的战略后方，这是个标志。"

火车稳稳地停靠在海晏，邓小平等换乘汽车向著名的金银滩草原驶去。

这里，驻扎着一支隐姓埋名的队伍。就在他们手中，诞生了中国第一颗原子弹。这里，就是中国第一个核武器研制基地。这时，他们的目标已经瞄向了氢弹。

邓小平来到海拔3 200多米的金银滩，望着茫茫草原和远处起伏的群山，非常兴奋。他对随行人员说：原以为核基地一定要在山沟里，没想到是在辽阔的草原上。他浮想联翩，想起了当年红军的长征。他说：这里与当年我们走过的毛儿盖差不多。

在第二机械工业部和221厂负责同志的陪同下，邓小平兴致勃勃地视察了核基地模型厅。这里展示的大量图片和模型，重现了第一颗原子弹从设计、模型制作、模拟实验、实际生产到实验成功的全过程，体现了全厂广大科研人员与职工数年艰苦奋斗的历程和取得的重大成就。

中国的原子能事业，是在苏联的帮助下于20世纪50年代中期开始起步的。20世纪50年代末，中苏关系出现裂痕。1960年7月，苏联单方面撕毁协议，撤走专家。党中央决心依靠自己的力量发展原子能事业。王淦昌、彭桓武、郭永怀、朱光亚、邓稼先、程开甲等一批忠诚于祖国科学事业的科学家和科技工作者，没有辜负党和人民的期望，勇敢地挑起了这副重担。他们在设备简陋、资料不足，甚至连食物也不充足的情况下，开始了艰苦卓绝的科研工作。这是一项涉及多种学科、综合性很强的工作，需要有多种专业高水平的科技人员通力合作，从理论物理、爆轰物理、中子物理、金属物理和弹体弹道等方面进行研究试验。不久，他们成功地突破了原子弹的理论设计，并在实验基地进行了缩小比例的聚合爆轰中子试验，获得了一系列实验成果和综合验证，向中国第一颗原子弹的诞生迈出了重要的一步。1964 年，221 厂又相继解决了其他一些技术上的关键问题。在各方面的密切配合下，终于研制出中国第一颗原子弹，并于 1964 年 10 月 16 日 15 时在某实验场地面爆炸成功。

邓小平边走边看，看完后对基地的领导同志刘西尧、李觉、吴际霖等人说："我要看你们要干的。"说着，离开模型厅，向实验部走去。

邓小平在模型厅参观时，刘西尧、李觉向他介绍了基地党委贯彻毛主席、周总理的批示，加快氢弹设计、研制工作的情况。邓小平听后非常满意地说：就是要充分发挥各方面的积极性，听取多方面的意见，包括工人的意见嘛！

邓小平前来视察的时候，我国氢弹的研制工作正处于有了突破性进展的紧要关头。氢弹需要由原子弹引爆，其基本原理、理论设计和实验等问题比原子弹更为复杂，氢弹爆炸的条件更难创造。国外对氢弹的技术严加保密，因而要突破它就更困难，必须完全依靠我们自己去探索。当时，国际上这种探索都经历了相当长的时间，美国用了 7 年零 4 个月，苏联用了 4 年，英国用了 4 年零 7 个月，而法国已经用了 4 年多的时间，仍未在氢弹领域有所突破。中国第一颗原子弹理论设计完成以后，于 1963 年 9 月开始向氢弹理论进军。1965 年 3 月至 8 月，经过对各种设想的反复比较研究和科学论证，确定了探索氢弹原理的主攻方向。1965 年底，基本完成氢弹的理论设计。根据这个设计，核基地实验部于 1966 年 1 月制定了爆轰模拟实验方案，并进行了一系列小型实验。

在实验部，邓小平亲切会见了为中国原子弹、氢弹事业做出突出贡献的科学家王淦昌。

王淦昌，1960 年 12 月 24 日从苏联杜布纳联合原子核研究所回国后，立即奔赴核基地，投入核武器的研究工作。1963 年，他在 221 厂实验基地成功地进行了一系列实验和验证，为核武器的生产打下了可靠的基础。邓小平一再勉励王淦昌等科学家要为国家核工业的发展出力，鼓励他们大胆探索，充分发挥他们的才干。并要求基地领导为知识分子创造良好的工作、生活环境。

视察中，邓小平十分关心基地的建设和正常运转。邓小平走进厂区，看到前来欢迎的人群时，担心这会影响正常的科研和生产秩序。在得知都是不值班的职工和家属时，他才安下心来。陪同邓小平视察的薄一波告诉基地负责人：小平同志这次来只是走走看看，不要惊动太大。

看到厂区树少，邓小平一再提出要多种些树，多组织职工家属生产，提高生活用品自给率，改善生活。

邓小平还视察了生产部及一分场102车间。

每到一地，他都谈到要充分发挥知识分子的作用。在102车间，邓小平夸奖工程师、车间主任沈国锋年轻、有活力，并要求221厂领导注意发挥3 000多名科技工作者的作用。

视察结束后，应厂领导要求，邓小平欣然命笔，为核基地题词："高举毛泽东思想伟大红旗，遵照毛主席指引的方向，奋勇前进。别人已经做到的事，我们要做到；别人没有做到的事，我们也一定要做到。"

就在邓小平这次视察结束的8个月后，核基地按预定方案进行了氢弹原理实验；14个月后，也就是1967年的5月，制造出第一颗氢弹；紧接着的6月17日，成功地进行了我国第一颗导弹空投氢弹实验。

3月31日，回到兰州的邓小平听取了中共新疆维吾尔自治区第一书记王恩茂有关新疆情况的汇报。邓小平说：西北地区的关键问题是农业，不是工业。新疆发展大有可为，经济搞好了，就是军事上的准备。军事上的准备，除了办几个地方军工厂外，还要搞民兵。新疆生产建设兵团要搞民兵师。

4月1日上午，邓小平在余秋里、谷牧，以及西北局书记王林、青海省委第一书记杨植霖、宁夏回族自治区第一书记杨静仁、第一机械工业部副部长白坚、甘肃省委第一书记汪锋的陪同下视察了兰州石油化工机器厂。

邓小平等在厂门口下车后，受到了全厂4 000多名职工和2 000多名师生的夹道欢迎。

邓小平在厂长张居庆等人的陪同下，参观了工厂的两个主要生产单位：钻机分厂和容器分厂。

走到钻机分厂前，邓小平说道："你们建厂十年了，建厂时间很长了。"

张居庆回答说："是，建厂十年了。"

"我前两年来过，那时候什么东西也没有搞成。"邓小平说。

"去年12月5日，工厂已正式交付国家验收。"张居庆答。

当看见夹道欢迎的人群中有很多小学生时，邓小平问："这些小孩是学生吗？"

厂党委副书记杨世杰说："是我们厂子弟小学的学生。"

"小学是自己办的吗？"

"是自己办的。"

到了分厂后，邓小平没有去办公室，就在车间听取厂里的汇报。

厂技术人员以图表方式介绍了工厂的生产指标、1965 年试制成功的几种有代表性的重要产品和今年（1966 年）正在试制的几种重要新产品。

在汇报到主要技术经济指标时，厂总工程师董其璞说：去年（1965 年）全厂的全员劳动生产率是人均 8 400 多元，今年每个人要达到 1.7 万元。

邓小平听了之后，非常兴奋地说："啊，一万七！"

当汇报到今年试制的 4 000 米钻机的机械化程度较高，操作人员只要七八个，比苏联设计的 130 钻机少用近一半人时，邓小平连连点头说："好！好！"

在车间，邓小平看到一些青年人在干活，便问道："这些是不是学生？"

陪同人员说："是半工半读的学生。"

"他们怎么劳动？"

"三、四年级一礼拜劳动，一礼拜学习，一、二年级四小时学习，四小时劳动。"

在去容器分厂的路上，邓小平问："一台钻机卖多少钱？"

张居庆说："一百多万元。钻机上面的配套件有几十万元，我们自己生产的零部件几十万元。"

又问："现在试制的 4 000 米钻机卖多少钱？"

"正在试制，要生产完了才知道。"

"你们一年生产多少台钻机？"

"设计能力 75 台。能提升 75 吨的 25 台，能提升 130 吨的 50 台。现在品种有变化，过去没有生产过 4 000 米钻机。将来还要突破洋框框。将来生产多少台，还要看国家需要。"

"你们计划一年生产多少台？"

"我们准备将来一年生产 100 台。"

邓小平对身旁的一机部副部长白坚说："100 台太少。这样的厂是不是全国只有这么一个？"

"是，只这一个。上海有个石油配件厂，只能生产些配件。"白坚回答说。

邓小平连连说："100 台太少了！太少了！"

来到容器分厂后，余秋里高兴地喊道："大厂房，大家伙！"然后，他仔细观看了正在焊接的高压加氢换热器，向邓小平介绍说，"总书记，这个好，只有这么厚！"当余秋里介绍大型四辊弯扳机全国就这么一台时，邓小平问道：

"这台设备是谁制造的？"还问工人，"好不好用？"

在厂里，邓小平听取了职工"三查"、反浪费的情况介绍后比较满意。他还参观了4000吨水压机。

视察结束后，邓小平与全厂"五好"职工、先进生产工作者及一部分干部合影留念。临走时，厂长张居庆说："总书记对我们有什么指示？"

邓小平说："没什么，很好。你们厂潜力很大。"

4月3日，邓小平和李富春、蔡畅等来到了他们阔别已久、曾经生活和战斗过的地方、中国革命的圣地——延安。

当天，他们参观了延安革命纪念馆陈列室，参观了枣园、杨家岭、王家坪等多处革命旧址。邓小平十分关心纪念馆的建设，对解决和扩大馆室场地、设施、内容、照明等都做了许多指示。他还对展室内容中一些历史事件、照片、说明、文物做了详细的回忆和订正。

4日上午，邓小平听取了中共延安地委的汇报。

当汇报到全区去年集体储备粮2700万斤时，邓小平算了一笔账："一年2700万斤，5年就是一亿几千万斤，这就很好。"

地委领导同志汇报说：去年，全区农民除粮食外，每人可分到现金25元左右。邓小平接过话头说："不错了，加上粮食的收入，这样平均起来就60元左右，比关中还好啊！"

汇报到工业情况时，邓小平说："摆工业，主要是看农业情况如何，农业情况好了，工业才能上去。工业要根据农业情况的好坏来决定摆多摆少。摆多了，看起来好看，负担大。内蒙古工业摆多了，现在粮食不够了。工业要有些，但主要是为农业服务的，如农副产品加工工业。人家来延安参观，不是来看这些，主要是看艰苦奋斗。蚕丝厂是可以的，这也是为农副业服务的。"

李富春插话说："主要是为农业服务的，小型的。"

邓小平接着说："大工业也要摆，粮食上来后，每人到1000斤，特别是树长起来后，有了树可以隐蔽。你这儿是'三线'，延安以南将来还是要摆些的。不愁没东西摆。农业上去了摆大的可以。仪表不一定放在这儿，可摆在三原一带。目前，延安摆小型的，为农副业服务的。请地委、西北局考虑。不要为了参观摆厂子。参观，人家不看这些。"说到这里，邓小平喝了一口水，又说，"从电影上看，你们这儿窑洞很漂亮（指枣园窑洞），实际上没有那样漂亮。保持本色很好，就这样，人家来看艰苦朴素。"

最后，邓小平说："你们这儿很好嘛！农业情况很好嘛！你们扎扎实实地搞那么几件事，很好。"

听完了汇报，邓小平等还看了看农田。

下午，邓小平等接见了延安地县党、政、群、工、商、学各级干部和工人、士兵、学生等1万多人，并和地、县两级党政干部400多人合影。

当天，邓小平等乘飞机离开延安回到北京。

"人不见面心见面"——与朱德

战争年代,邓小平作为战略区的指挥员,在朱德总司令的指挥下南征北战。他们多是通过电文沟通、联系,建立了友谊。邓小平对朱德特别敬重,在其60岁大寿时,他送上了特殊的贺礼。朱德访问苏联,两次讲话稿均请邓小平审阅。邓小平在重大问题上直率地提出自己的意见,朱德都从谏如流,予以采纳。面对中央人事安排的重大变动,朱德致函邓小平,表示自己服从安排,让其"祈无顾虑"。

进入1940年后,抗日战争的形势更加恶化。1月17日,蒋介石发出命令,要太南、太岳地区的八路军一律撤至白晋路以东、邯长路以北。在这一地区活动的八路军第一二九师当然不能坐等反共顽固派的进攻,师长刘伯承、政委邓小平根据中共中央、八路军总部朱德总司令和彭德怀副总司令的有关指示精神,于1月18日发出反顽斗争指示。19日,朱德、彭德怀向蒋介石提出抗议,并于同日致电刘伯承、邓小平,令陈赓部主力立即移驻太岳区,同决死队会合,统一指挥该地区的八路军和决死队。陈赓部到太岳后,狠狠地打击了顽军第二十七军,同时争取其他国民党军,制止了国民党军向临屯公路以北进攻的企图。紧接着,刘邓根据朱德总司令的部署又令第三四四旅在太南地区向阎锡山的反共先锋孙楚部发起反击,恢复了太南被反共顽固派占领的地区。

对于抗日阵营内出现的这股反共逆流,第一二九师指战员中有许多人思想不通。为了贯彻八路军总部和朱德总司令的指示精神,使广大指战员,特别是各级干部站在全局的高度认识当前妥协、投降和反共的逆流,提高抗日反顽斗争的自觉性和必胜信心，刘伯承和邓小平于 1 月 20 日在辽县桐峪镇召开了干部大会。邓小平在会上做了《关于目前形势的报告》，分析了目前出现反共逆流和投降妥协逆流的原因后，向干部们提出：

"中国今天的抗战，正处在十字路口，正在激烈斗争中，时局尚未最后绝望。我们的任务，是争取时局好转。我们全体指战员和根据地的干部、群众，都应该有高度的警惕性，准备应付随时可能来到的突然事变。突然事变可能有两种形式：一是全国下大雨，二是部分地区先下雨。无论是哪种突变，我们仍然采取'人不犯我，我不犯人；人若犯我，我必犯人'的立场。"

然而，国民党第九十七军军长朱怀冰对朱德的忠告只当耳旁风，仍然我行我素。朱德、彭德怀决心给其以狠狠打击。

反击朱怀冰部的磁武涉林战役准备于 3 月 5 日发起。在研究战役部署时，为了以后统战工作的便利，朱德说：

"这回嘛，我和老彭、伯承都不出面，由小平同志来干，到时候好说话。"

将战役交由政治委员单独指挥，充分说明了朱德对邓小平的信任。

邓小平从朱德总司令处受领战役指挥任务后，于 2 月下旬，即开始调动部队，研究具体作战计划。

3 月 5 日 2 时，邓小平命令各部队全面出击。

整个战役，从 5 日发起，8 日结束，仅用了 4 天时间，歼灭反共顽固派军队 1 万余人，活捉了朱怀冰部第九十四师参谋长蒋希文、鹿钟麟部参谋长王斌、国民党武安自卫军军长胡象乾等大批官兵，并俘虏了 150 多名混杂在部队中的官太太。

在此之前的 3 月 4 日，程子华、宋任穷指挥的卫东战役打响，一举歼灭石友三、高树勋、孙殿英等部 6 000 余人。

3 月 9 日，朱德、彭德怀电告第一二九师，国民党第一战区司令长官卫立煌出面，请求我军停止进攻，愿同我军谈判。刘伯承和邓小平遵照朱、彭指示，下令各部队就地休整。中旬，在太南地区的八路军主力北撤至平顺、漳河之线。后经朱德与卫立煌谈判，议定以临屯公路和长治、平顺、磁县之线为界，南面为国民党军队驻防区，北面为八路军部队防区。

抗日反顽斗争，是抗战进入相持阶段后，共产党、八路军被迫进行的一场艰苦的复杂的斗争。上述斗争结束后，刘伯承、邓小平在 5 月 24 日总结这一斗争时指出：我们在这一时期中一方面要对付日军的严重"扫荡"，另一方面又要对顽固反共派进行必要的防御性的反磨擦斗争。在严酷斗争中要巩固扩大统一战线，巩固扩大抗日根据地和继续发展自己的力量。这一时期斗争最艰苦，处境最困难。

1940年4月1日，朱德、彭德怀致电八路军各师及各军区，指出敌人近日强化交通，修筑道路，并增筑据点。这不仅妨碍我军的军事行动，而且有害于抗日根据地的经济流通。电文要求各部队：对于敌人新修的公路，要加以彻底的破坏。

收到朱、彭的电示后，邓小平即同刘伯承一起认真研究了晋冀豫区的对敌斗争形势，决定坚决执行朱总司令和彭副总司令的指示，在本区内，协同友邻部队，并领导广大民众发动大规模地彻底破毁铁路、公路及其穿入各分区的大道，保卫根据地。4月5日，他们签署了《一二九师关于破坏敌铁路公路部署的命令》。

4月6日，在长治以东平顺和潞城县交界处的北社村，邓小平正和刘伯承一起研究破袭日军交通时，又收到朱、彭来电，要他们将过去阻敌修路和破路的成绩与经验汇总上报总部。

为了贯彻朱、彭首长的指示精神，4月7日，刘邓命令冀南军民首先展开对平汉路的破袭。到27日，冀南军民破坏了内丘至邢台的5公里铁路，石家庄至南宫、邢台至威县、内丘至巨鹿、大名至邯郸等处的100余公里公路，有力地打击了日军分割、封锁冀南根据地的企图。

冀南的破袭战，使日军紧张起来。他们立即抽调兵力，在白晋路沿线加兵增哨，并派来飞机侦察。根据新的情况，刘伯承、邓小平决定暂停对白晋路的破袭，同时以一部主力部队向敌右侧背袭击，将日军注意力引向东南面的陵川。

这一招很是灵验，敌人果然中计，很快从白晋路上抽调兵力南攻。在北段，只剩下第三十六师团的部分部队守备。

4月25日，朱德、彭德怀向各部队发出电示，强调打破敌"囚笼政策"的重要性和迫切性，要求各部队"就当前实际情况，确谋有效之对策"。刘邓接此电令后，正在计划之际，又于27日收到在晋中地区的太行第二军分区司令员曾绍山的电报，报告日军正在集中，准备向长治"扫荡"。这一情况说明，日军尚未发现第一二九师有大规模破路的企图。邓小平不禁大喜，连连说：

"这一次，我们要把个'囚笼'捅个稀巴烂。"

5月1日，第一二九师师部在沟堂镇发出《一二九师政治部白晋铁路北段作战政治训令》，要求各部队"必须迅速进行大举破路，以粉碎敌人此种阴险的囚笼政策，巩固我晋东南抗日根据地"。3日，刘伯承、邓小平发布《一二九师白晋路北段战役计划》，提出此役任务是："协同民众连续破毁铁路，搬完铁轨，烧完枕木，炸毁桥梁土洞，打断敌人修通白晋铁路的企图；坚决消灭大队以下由据点出击之敌；夺取与烧毁敌人军用品，救出、争取修路工人。"

　　5月20日，第一二九师主力及太行、太岳军区主力在2万余群众配合下，在南北100余公里的白晋铁路线上展开了声势浩大的破袭战。战斗打响后，师部当夜转移到西周村，后又迁到前庄。刘伯承、邓小平轮流守在师指挥所内，通过电台掌握并指挥战役。为了将战斗实况拍下，刘邓派部队保护摄影记者徐肖冰到南关镇实地拍摄破袭战战况。

　　白晋路破袭战只用了一天两夜时间，就将敌人经营了一年的白晋铁路彻底破坏50余公里，毁大小桥梁50余座，炸毁火车一列，毙伤敌350余人，夺取和烧毁了敌兵站储存的大批军用物资，并解救了大批修路工人，粉碎了敌分割太行、太岳根据地的阴谋，打击了日军的"囚笼政策"。

　　破袭任务基本完成后，刘邓立即下令主力部队撤出战斗，由地方部队继续破袭，一直延续到百团大战开始。

　　刘邓根据朱、彭指示精神发起的白晋路战役，极大地鼓舞了根据地军民开展交通斗争的胜利信心，为更大规模的交通破袭作战取得了宝贵的经验，受到了朱德、彭德怀的表彰。

　　白晋战役后，刘伯承、邓小平率师部北上到榆社潭村。5月下旬在这里召开了营以上干部会议，刘伯承做了白晋战役战术总结报告，邓小平传达了黎城会议精神，蔡树藩做了政治工作总结报告。5月26日，彭德怀副总司令到榆社，和刘伯承、邓小平、蔡树藩一起检阅了第一二九师青年纵队、平汉纵队等部，听取了白晋战役的汇报。彭德怀从白晋战役的成功经验，看到了组织更大规模交通破袭战的可能性。

　　朱德是我党杰出的领袖人物，我军久经考验的军事统帅。他老成持重、沉着冷静、运筹自如、英勇果断，不失军事统帅的风度。同时，他敦厚朴实、谦恭和蔼、平易近人、胸怀坦荡、气量宏大、虚怀若谷，既有让人之心，又有容人之量，不失劳动人民的本色。邓小平始终把朱德看成是自己的上级和革命长者，对他十分尊重、爱戴和信赖。

在战争年代，特别是在抗日战争和解放战争中，邓小平作为朱总司令的下级，总是不折不扣、创造性地执行总司令发布的各项军事和作战命令，打了许多出色的漂亮仗，深得朱德总司令的赞赏。那时，他们之间的交往，主要体现在相互来往的军事文电之中。邓小平通过频繁的军事文电，了解和领会朱总司令和毛泽东的战略意图及战争的全局情况。朱德同样通过军事文电，了解刘邓部队的战况和战绩。这种特殊的"人不见面心见面"的思想交流，铸成了他们之间的战友之情和同志之情。

1946 年 12 月 1 日，是朱德 60 岁寿辰，为了给朱德祝寿，还在晋冀鲁豫解放区驰骋杀敌的邓小平与刘伯承一起，代表前线全体将士向延安发出为朱德祝寿的贺电：

> 谨以无限敬意，恭祝你永远健康，永远领导着人民解放事业走向胜利……我们并在本月展览和表演自陇海战役以来五次战役中缴获蒋军进犯之各种口径 629 门炮及 18 辆轻重坦克车，以示庆祝。

629 门大炮，18 辆坦克车，多么厚重的寿礼，多么特殊的祝贺啊！这是邓小平与刘伯承一起向党和人民献的忠心，也是与朱德总司令之间友情似海的标志。

全国解放后，邓小平成为党的第一代领导集体核心的成员之一，长年累月和早已是第一代领导集体核心成员的朱德在一起工作，他们见面的机会增多了。邓小平和朱德经常在一起开会，讨论问题。有时一起外出调查研究，一起出席晚会，观看演出；有时一起视察部队，观看军事表演；有时又一起出访国外。

1956 年 2 月，中国共产党派了一个重要的代表团参加苏共二十大。当时，任中共中央书记处书记、中华人民共和国副主席的朱德是代表团团长，中共中央政治局委员、中共中央秘书长邓小平是代表团的重要成员，中央委员王稼祥、谭震林、刘晓（驻苏大使）随同出访。朱德是在访问罗马尼亚、匈牙利、民主德国、波兰、捷克斯洛伐克五国之后，先期于 1956 年 2 月 4 日到达苏联进行访问的。2 月 11 日，邓小平、王稼祥、谭震林和他们的随行人员从国内来到莫斯科与朱德会合。

出访期间，苏方邀请朱德在《中苏友好同盟互助条约》签订六周年前夕的 2 月 12 日晚上，做一次电视讲话，讲话稿经过请示朱德已经定稿。邓小平

11 日赶到莫斯科，朱德与邓小平稍加寒暄后，就请他审阅讲话稿，因为他对邓小平的政治水平非常欣赏。

邓小平来不及休息，即开始审阅，他看得很快、很认真、很仔细。看完后，邓小平如实地谈了自己的看法，他认为讲话稿是不错的，但有两点要修改：一是不要光讲苏联对我们的支持和援助，支持和援助是相互的，因此还要讲《中苏友好同盟互助条约》签订后六年来中苏两国的密切合作和互相支持；另一点是讲苏联对我们的援助时要注意分寸。例如，讲话稿原来写道：苏联对中国人民恢复和发展自己国家经济的努力给了"巨大的、全面的、系统的和无私的援助"，应将"巨大的"三个字删去。

朱德的讲话他本人原已定稿，在邓小平提出修改意见后，他立即予以采纳，进行了修改。

2 月 25 日上午，苏共二十大闭幕，朱德应邀出席当天下午一个工厂举行的庆祝苏共二十大胜利闭幕的群众大会，并应邀讲话。一位随行人员事先为他起草了讲话稿，朱德又送请邓小平审阅。

邓小平再一次认真地、字斟句酌地审阅了这篇讲话稿。审阅完毕，他又一次提出了自己的意见：讲话中对苏共二十大评价过高，要修改。

朱德再一次尊重邓小平的意见，对讲话稿做了重要的修改。

出访苏联期间，邓小平配合朱德做了很多周密、细致的工作，使我党在与苏共的分歧不断升级和公开化的情况下，正确地表明了中国共产党的立场和观点。朱德也因从中看到了邓小平的政治水平和才干而十分喜悦，对邓小平的鼎力支持而深感欣慰。

朱德同毛泽东一样，对邓小平的德才十分欣赏和器重，对邓小平的工作也十分支持。他也像邓小平尊重他一样尊重邓小平。1958 年 11 月召开的中共八届六中全会上，毛泽东提出他不再当下届国家主席，会议接受了毛泽东的这个建议。12 月 29 日，朱德给当时担任中共中央总书记的邓小平和书记处写了一封言辞恳切的信：

小平同志转书记处同志们：

你给我组织部、统战部对二届人大常委提名候选人名单一份，我同意。我提议以刘少奇同志作为国家主席候选人更为适当。他的威望、能力、忠于人民革命事业，为党内党外、国内国外的革命人民所敬仰，是一致赞同的。因此，名单中委员长一席可再考虑，以便整体的安排。至于我的工作，历来听党安排，派什么做什么，祈无顾虑。

　　此致

敬礼

朱德

12 月 29 日

　　朱德这封信，既充分表现了他那无私的高风亮节和坦荡的胸怀，也表现了他对邓小平的尊重和信任。朱德对邓小平的尊重，还表现在他多次到外地工厂、农村搞调查研究时，经常把了解到的重要情况和问题，写信向邓小平及书记处反映。他有时写信向毛泽东、周恩来反映情况时，也在他们之后写上邓小平的名字。

　　更为可贵的是，1975 年，在周恩来总理病情加重的情况下，邓小平受毛泽东的委托，主持党中央和国务院的日常工作，对工业、农业、科技、国防、教育、文化等各方面进行全面整顿。在短短九个月里，形势就有了明显好转，各个领域的工作取得了显著的成效。朱德对邓小平取得的成就十分欣慰，对全国各行各业出现的转机感到满意，他称赞道：

　　"在毛主席的领导下，由邓小平同志主持中央的日常工作，很好。"

　　中共中央文献研究室编写出版《朱德传》，邓小平亲为该书题写了书名，以表达对敬爱的朱德委员长的敬意和哀思。

"要继续调查研究搞清楚"——与罗瑞卿

　　在党内政治生活已很不正常的 1965 年，林彪突然罗织罪名，诬陷罗瑞卿。在一片批罗声中，邓小平在会议结束后和夫人一起看望了罗瑞卿。后来在"文革"中，这成为邓小平的一大罪状。"文革"结束后，罗瑞卿对邓小平的战略部署坚决支持，协助邓小平一起完成了"真理标准的讨论"这一思想解放的重大举措。

　　1965 年 12 月，由于林彪的诬陷，中央在上海召开会议，对时任国务院副总理、中央书记处书记、中央军委秘书长、总参谋长的罗瑞卿进行了错误的批判。邓小平根本就不相信林彪的一套鬼话，认为罗瑞卿绝不会像林彪所说的那样，会向党伸手。所以，在16日会议结束时，邓小平发表讲话，连罗瑞卿的名字都未提，只说了一句"要继续调查研究搞清楚"即宣布散会。

散会后，邓小平的夫人卓琳同周恩来、邓小平一同来到罗瑞卿的住处。当周恩来、邓小平在楼下同罗瑞卿谈话时，卓琳上楼看望了罗瑞卿的夫人郝治平，她对郝治平说：

"这件事不一定要这样处理，但是已经这样处理了，也没有办法。明天同我们一起回京。回去后，家里有孩子，要比这儿好一些。"

接着，卓琳又十分关心地让郝治平照顾好罗瑞卿的生活。女人的心总是相通的，说着说着，她们都掉下了泪。后来，在"文革"中，这便成为邓小平和罗瑞卿"勾结"的"罪状"。

12月17日，罗瑞卿夫妇和周恩来、邓小平、李富春同机抵达北京。罗瑞卿原缎库胡同住处正在修房子，暂住于西郊新六所。

这时的罗瑞卿，心情是复杂的、痛苦的，经过一段痛苦的思考，在这年的年底，他决定给他所信赖的周恩来、邓小平写信，并请他们转报毛泽东和中央常委，信中写道：

你们第一次向我宣布的主席、中央对我的看法的第一个五条以及你们第二次归纳群众意见对我批评的第二个五条（关系、作风、工作、政治、组织），我完全拥护并深为感动。我的错误，责任完全由我担负，主席、常委、中央没有任何责任。我一定忠诚、老实对我的错误事实、性质、根源向党做彻底的、毫无保留的交代。一个人如果还要革命，还要跟党、跟毛主席革命到底，犯了错误，除了认识、检讨和坚决改正而外，还有什么别的办法？

还有另外三条（伸手、反对突出政治、封锁反对林副主席）或者四条（加挑拨）我确实没有。我有错误不承认，是没有党性，我没有错误乱承认，也是没有党性。我不能反对有同志对我怀疑，甚至很多同志怀疑，但是没有的事我不能承认，请示中央严格审查。如果证明确有其事，那算我对党隐瞒，应该算是错上加错，或者罪上加罪。

关于伸手，就我所知道的，这次揭发的是两件材料。一件是说我向林副主席说老病的要让贤。我说过没有？如果说过，是在什么时候，什么情况下，指什么说的，我完全记不得了。不过，可以保证，我绝没有暗示，要林副主席让贤之意。我没有这样坏，这样狂妄，这样愚蠢呀！一件是说刘亚楼说了四条，这个我完全不知道。是这次事情后我才听说。

对于这一段罗瑞卿的生活，郝治平曾做过如下回忆：

> 快过春节了，我们回到城里的家——南池子缎库后巷甲1号。中央一些负责的同志都来找罗瑞卿谈，还是不准见主席，不准见林彪。只让写检讨……有什么就检讨什么。关系问题啊，和老帅的关系问题啊，还有严重的资产阶级个人主义的问题。瑞卿自己一面写检讨，一面看《毛选》，尽量把自己的缺点、错误从重检讨。写好，送上去，康生首先就说不成，说是只检讨了一些鸡毛蒜皮，这个检讨过不了关，还要写。瑞卿万般无奈，实在检讨不出来。然后，小平同志就说：检讨不出来，就好好读点儿书，把一些事情好好想想，从思想上提高提高，花上几个月、半年的时间。
>
> 这样的安排，我看瑞卿还是能够接受的样子。他也想安静安静，想想究竟是怎么一回事。他很认真地看《毛选》，反复地读《论共产党员的修养》，还想读一点儿哲学著作。

由此不难看出，邓小平对罗瑞卿的关心和爱护。可罗瑞卿仍然安静不了，3月的会议突然来了。

3月3日，邓小平和彭真根据中央安排，约见罗瑞卿，告诉他：关于政治挂帅问题，军队政治工作会议对你反映很强烈，常委考虑要开个会。彭真报告主席，主席说：他考虑也要开个会。会议将于明天开始。

接着，邓小平反复强调，要罗瑞卿做好充分的思想准备。他说："我对挨斗争是有经验的。你要做充分的思想准备就是了。"

显然，前面是他和彭真代表组织讲的，最后一句，则是他作为老战友给予的嘱咐。邓小平此处所说的"挨斗争"，是指在中央苏区时，他因支持毛泽东的正确主张，被当作江西"罗明路线"的代表而挨整。毛泽东曾经说过，整邓小平是为了整他。后来的事实证明邓小平是正确的。邓小平讲这句话，明显包含着对罗瑞卿的同情，同时也是对罗瑞卿的鼓励。因为在当时的情况下，他只能讲到此为止。

1977年，邓小平、罗瑞卿相继复出。罗瑞卿被任命为军委秘书长，作为邓小平的助手，一复出便首先抓整顿，并将邓小平所说的"军队要整顿，要准备打仗"作为军队各项工作的纲。

当时，受历史条件的局限和"文革"中"左"的错误的影响，中共"十一大"仍然在强调以阶级斗争为纲。要用邓小平提出的以整顿为纲来取而代之，要有清醒的认识，更需要无所畏惧的革命精神。因为在当时的情况下，是要冒政治风险的。

1977年秋，罗瑞卿负责筹备军委全会，他曾多次对起草文件的工作人员说：

"以阶级斗争为纲，这其实是一根打人的棍子。林彪、'四人帮'阶级斗争为纲不离口，就是为了打人。"

他在向叶剑英、邓小平请示报告后对《解放军报》社长华楠等人说：

"军队还是以'军队要整顿、要准备打仗'为纲，把深入揭批林彪、'四人帮'作为当前的首要任务。如果说阶级斗争，这也可以说是阶级斗争的具体表现。有人如果要挑刺也挑不出来。"

罗瑞卿把原则性和灵活性很好地结合起来，有效地贯彻了邓小平"军队要整顿、要准备打仗"的指示精神。

这年4月12日，海军主要负责人萧劲光在华国锋的支持下，准备搞一次海上大演习。

4月15日，海军参谋长杨国宇再次向萧劲光提出，要向军委、总参报告，否则调不动部队。萧劲光同意后，杨国宇向军委、总参做了报告。

4月17日，正在三〇一医院试用假肢的罗瑞卿接见了杨国宇。在听了杨国宇的报告后，一向敏锐的罗瑞卿立即感到其中必有蹊跷，马上向杨国宇提出两个问题：一、为什么要在这个时候搞这样大的兵力行动？这对国际、国内有什么样的影响？二、既然12号已定，为什么现在才报告？

罗瑞卿认真思忖了一会儿，又说：

"这件事由我向邓副主席报告，至于此事行不行，再用电话联系。"

杨国宇走后，罗瑞卿立即向邓小平做了报告，并明确表示自己不同意这一行动。一向干脆、果断的邓小平表示同意罗瑞卿的意见。在邓小平支持下，此事终于被制止。

1979年7月，在海军党委常委扩大会议上，邓小平再一次批评了"两个凡是"以后，又谈及此事，说：

"海军出了一件坏事，就是旅顺搞海军大演习，这是坏主意，政治上是错误的，出发点也是不正确的。这一点，罗瑞卿同志处理得好。罗瑞卿讲了这个问题，我同意他的意见，制止。"

此事处理完后，真理标准问题的争论在党内仍相持不下。1977年6月，全军政治工作会议在北京召开。6月2日，邓小平在会上发表了重要讲话，指出：

"我们也有一些同志天天讲毛泽东思想，却往往忘记、抛弃，甚至反对毛泽东同志的实事求是、一切从实际出发、理论与实践相结合的这样一个马克思主义的根本观点、根本方法。不但如此，有的人还认为谁要是坚持实事求是，从实际出发，理论和实践相结合，谁就犯了弥天大罪。他们的观点，实质上是主张只要照抄马克思、列宁、毛泽东同志的原话，照抄、照转、照搬就行了。要不然，就说这是违反了马列主义、毛泽东思想，违反了中央精神。他们提出的这个问题不是小问题，而是涉及怎么看待马列主义、毛泽东思想的问题。"

一石激起千层浪，邓小平这一番闪耀着真理光芒的讲话引起了巨大反响。全党上下都十分拥护。中央党校原来编发《实践是检验一切真理的唯一标准》的有关人员感到身上的压力减轻了。但是，坚持"两个凡是"的人对邓小平对他们的这一中肯批评仍然不肯接受。6月15日，有关部门召集各宣传单位负责人开会，统一思想。会上，仍然批评《光明日报》的文章《实践是检验真理的唯一标准》一文"党性不强"；仍然认为，凡是毛主席讲过的，一律不能翻，"天安门事件""二月提纲""五一六通知"都不能翻案。如果翻了就是反毛主席。

此时，中央党校理论研究室主任吴江去找《解放军报》副主编姚远方，谈起他读了邓小平讲话的喜悦心情。姚远方也十分赞同邓小平的讲话精神，就问吴江能否给《解放军报》写一篇讨论真理标准的文章。吴江欣然同意。姚远方知道罗瑞卿十分关注当前有关真理标准的大讨论，支持邓小平的观点，就向他报告了此事。罗瑞卿得到姚远方的报告后十分高兴，因为他感到《解放军报》作为中央军委的机关报，在大是大非面前不能含糊，应该有一篇有分量的文章表明自己的态度，就让姚赶快去找吴。吴很快就撰写成了《马克思主义的一个最基本的原则》，此文据说原是为反驳对《实践是检验真理的唯一标准》一文的种种责难而作。显然，经过6月15日会议，此文在《人民日报》《光明日报》乃至中央党校的《理论动态》都不可能发表了。这时，《解放军报》向吴江约稿，吴便决定将此文送给《解放军报》。

由此不难看出，在"两个凡是"的问题上，斗争仍然复杂、激烈。而在这场关乎解放思想的大争论中，罗瑞卿坚定地站在了邓小平一边。

　　解放军报社打好清样后，立即送给罗瑞卿。罗瑞卿读后兴奋地说：

　　"这篇文章很好。一定要使文章更充实、理论水平更高。什么时候改好什么时候发表，不要抢时间。"

　　本来，罗瑞卿想去北戴河住几天。"文革"前，为了做好对毛泽东等中央领导人的警卫工作，他常去北戴河，他也正是在北戴河学会了游泳。复出后，他很想旧地重游。但是，为了改好这篇文章，他决定把去北戴河的时间往后推。随后，便集中精力修改文章。

　　罗瑞卿不仅是军事家，也是政治家。为了把文章改好，他亲自查阅毛泽东的《实践论》《反对本本主义》《人的正确思想是从哪里来的？》，又重读了邓小平的有关论述，然后让华楠、姚远方等去同吴江商量，建议在文章中引用毛泽东和邓小平的有关论述，做到立论更稳、无懈可击。

　　坚持"两个凡是"的人不是口口声声拥护毛主席吗？那么，就看看毛主席在他自己的著作中是怎样讲的。两位报社领导人不禁暗暗佩服罗瑞卿的斗争艺术。对文章进行了全面修改后，罗瑞卿再次审阅，并亲自动笔字斟句酌地进行修改。修改期间，他同解放军报社通了五次电话，还同当时的中共中央组织部部长兼中央党校副校长胡耀邦就此文进行过反复磋商。后来，1981年9月25日，胡耀邦在同文艺界人士谈话时曾说："第一篇文章改了好多次。第二篇文章是党校同志写的，我没有参加，由军委秘书长罗瑞卿定稿。罗就此稿至少和我通了六次电话。"

　　文章基本定稿之后，罗瑞卿第三次进行了审改，可谓精益求精。这时，华楠即将随代表团出访罗马尼亚。华出国前，罗瑞卿又给他打电话说：

　　"发表这篇文章可能有人反对，准备驳。不要紧，出了问题首先由我负责，要打板子打我的。"

　　6月24日，在邓小平的支持下，由罗瑞卿主持修改、定稿的《马克思主义的一个最基本的原则》以特约评论员名义在《解放军报》发表。第二天，《人民日报》《光明日报》分别转载，新华社发出通稿。

　　这篇文章的发表，有力地支持了邓小平6月2日的讲话，有力地支持了邓小平关于一切从实际出发的要求。争议的天平迅速向坚持实事求是的正确的一方倾斜。尽管坚持"两个凡是"的人有的还不承认错误，但民心所向、军心所向，大势已经很清楚了。这场关于真理标准问题的讨论，为党的十一届三中全会的召开，为党重新确立马克思主义的思想路线，做了思想上、理论上的重要准备。

凡事要乐观些——与吴晗

吴晗是我国著名的明史专家，北京市分管文教工作的副市长。"文革"前，在工作之余，他常和邓小平一起打桥牌，彼此熟悉，友谊深厚。邓小平不称他的名字而叫他教授。1965 年，当吴晗听到有人正准备批判他写的《海瑞罢官》时，思想压力很大。彭真向邓小平反映此事后，邓小平说：马连良主演的那个海瑞戏我看过，没啥子嘛。有些人总想踩着别人的肩膀往上爬，对别人一知半解，抓着一点儿辫子，就批半天，好自己出名。我最看不起这种人。你告诉教授，没什么了不起！邓小平还对彭真说：政治和学术一定要分开，混淆在一起是最危险的。这将会堵塞言路。随后，在一次打牌中，吴晗有好几次出错了牌，后来索性把手中的牌全扔在桌子上，说：小平同志，今天实在对不起了，我没有一点儿打牌的心思，我……邓小平宽慰他说：教授，别这么长吁短叹的，凡事要乐观些。怕什么，天还能掉下来吗？我今年 61 岁了，从我参加革命到现在，经历了那么多的风浪，都熬过来了。我的经验无非两条，第一不怕，第二乐观。向远看，向前看，一切问题都好办了。有我们给你往前顶，你总可以放心了吧？吴晗的心情平静下来，他们又继续玩起牌来。

吴晗为什么要写《海瑞罢官》呢？

事情的始末是这样的。

1959 年 4 月 5 日，毛泽东在上海召开的中国共产党八届七中全会上，提出要敢于讲真话，敢于批评他的缺点，为此专门讲了海瑞的故事。他说：海瑞比包文拯不知道高明多少，广东出了个海瑞，很有荣誉。我们的同志哪有海瑞那样的勇敢？毛泽东还说，他已把《明史·海瑞传》送给彭德怀看了，并劝周总理也看一看。会后，胡乔木把这个精神告诉了吴晗，鼓励他写有关海瑞的文章。于是，吴晗很快写成《海瑞骂皇帝》一文，登在 1959 年 6 月 26 日的《人民日报》上。9 月 17 日，他又在《人民日报》上发表了《论海瑞》一文（此文经胡乔木审阅修改）。这时，庐山会议刚刚开过，他还专门在末尾加了一段批判

"右倾机会主义分子"的文字。在这之后，北京京剧团团长马连良，请吴晗把海瑞的事迹编成一出戏。吴晗本来不会写戏，但盛情难却，于1960年3月写成新编历史京剧《海瑞》。这出戏根据戏剧界的意见七易其稿，剧名也根据吴晗一位朋友的意见改为《海瑞罢官》，于1961年年初由北京京剧团上演。

这说明，吴晗当时写关于海瑞的文章及《海瑞罢官》一剧，与庐山会议罢彭德怀的"官"并无联系。毛泽东当时也没有指出有什么问题。

吴晗担心的事终于发生了。1965年，由江青、张春桥策划，姚文元署名的《评新编历史剧〈海瑞罢官〉》于11月10日在上海《文汇报》出笼，无中生有地把明代海瑞不畏强暴、为民除害、"平冤狱"、迫使乡官退田的剧情，硬与1961年所谓的"单干风""翻案风"联系起来，诬陷吴晗是"帝国主义者和地富反坏右"的政治代理人，同无产阶级专政对抗。1966年初，批判吴晗、邓拓、廖沫沙三人合写的《三家村札记》，胡说他们是"三家村反党集团"，攻击党的总路线、"大跃进"、人民公社，还硬把《海瑞罢官》与1959年7月中共庐山会议和彭德怀联系在一起，妄想通过批吴晗达到批北京市委、中宣部和中央其他领导人的目的。1968年3月，公安部部长谢富治更以"叛徒"的罪名，将吴晗逮捕、审查。吴晗在狱中受到惨无人道的摧残，于1968年10月11日被迫害致死。妻子袁震、女儿吴小彦也遭受株连，受尽折磨，饮恨而死。林彪、"四人帮"所兴的文字狱还波及史学界、文艺界、哲学界，使许多人受到株连和迫害。

需要指出的是，对《海瑞罢官》的批判，是江青在极不正常的情况下精心策划的。1964年，她曾在北京找人写批判文章，但遭到拒绝。于是，1965年2月，她又跑到上海找张春桥，在柯庆施的支持下，由姚文元着手撰写批判文章，并对绝大多数中央领导同志保密。1967年2月3日，毛泽东在会见阿尔巴尼亚卡博、巴卢库时，谈及批判《海瑞罢官》时说，开头我也不知道，是江青他们搞的。搞出了稿子交给我看。同年5月，他在会见阿尔巴尼亚军事代表团时又说：那个时候，我们这个国家在某些部门、某些地方被"修正主义"把持了。真是水泼不进，针插不进。当时，我建议江青组织一下文章批判《海瑞罢官》，就在这个红色城市（指北京）无能为力，无奈只好到上海组织。最后文章写好了，我看了三遍，认为基本可以，让江青回去发表，我建议再让中央领导同志看一下。但江青建议："文章就这样发表好，我看不用叫周恩来同志、康生同志看了。"因为如果"给他们看就得给刘少奇、邓小平、彭真、陆定一这些人看，而刘、邓这些人是反对发表这篇文章的"。这说明，批判《海瑞罢官》的这篇文章，是在毛泽东的支持下，由江青一手组织的。

粉碎"四人帮"后，不少老同志向中央写信，要求给吴晗尽快做出正确结论。但在"两个凡是"的错误指导思想下，专案组直到1978年2月才做出"吴晗反党反社会主义的问题性质严重""作人民内部问题处理"的所谓结论。吴晗的亲属拒绝这种"莫须有"的罪名，并立即上书党中央，要求中央重新审查。邓小平亲自做了批示。1979年1月，中共北京市委组织部全部推翻了原专案组关于吴晗的结论。吴晗遭受的覆盆之冤得到平反昭雪，恢复了名誉。9月14日，邓小平出席了为吴晗及夫人举行的追悼大会。

1984年，清华大学师生员工在吴晗诞辰75周年、逝世15周年之际，在学校近春园遗址内荷花池畔建立了一座木结构的吴晗纪念亭，作为永久的纪念。吴晗之妹吴清月给邓小平写信，反映了这一情况，希望邓小平题写亭匾。8月3日，邓小平即题写了"晗亭"两个字，由中央办公厅转交清华大学。10月27日，该校为吴晗纪念亭举行落成典礼时，红色帷幕徐徐拉开，"晗亭"两个金色大字呈现在典礼参与者的眼前，使大家非常激动。邓小平的题字饱含着他对故人多么深厚的感情啊！

遵义会议纪念馆的风波

邓小平是否参加了遵义会议？过去，由于党史资料发掘不够，再加上政治运动的原因，一度成为党史界颇为关注的问题。

遵义会议纪念馆 1955 年开放时，会址内的辅助陈列室里，介绍会议参加者的名单中，没有邓小平。当时，还误将董必武、林伯渠列入参加者名单。后来，遵义会议纪念馆致函董必武办公室，才弄清董必武没有参加遵义会议，随即又弄清林伯渠也没有参加。

1958 年 11 月 3 日，担任中共中央总书记的邓小平在中共中央办公厅主任杨尚昆的陪同下，参观了遵义会议纪念馆。穿过陈列室，踏上窄小的楼梯，走进开会的房间里。邓小平看到房间依旧是当年摆设的样子，使他立刻想起了当年开会时的情景，他肯定地说："会议就在这里开的，"他指着靠里边的一角，"我就坐在那里。"

1959 年，遵义会议纪念馆为了进一步查清究竟哪些人参加了遵义会议，曾再次致函中央办公厅请示帮助查找有关档案资料。中央档案馆于 1959 年 5 月 28 日回复："关于参加遵义会议都是哪些人的问题，我们在中央档案中未找到正式、可靠的文件，只是在一件未署名的材料中写道：'参加这个会议的同志除政治局正式及候补委员以外，一、三军团的军团长与政治委员林聂、彭杨及五军团的政治委员李卓然、李（富春）总政主任及刘（伯承）参谋长都参加。'这材料只能供参考之用。"

根据邓小平的现场追忆，1965 年，遵义会议纪念馆经请示贵州省委有关领导，在遵义会议会议室的说明牌上列上了邓小平的名字，并在会议室的墙壁上挂出了参加会议的毛泽东、刘少奇、周恩来、朱德、陈云、林彪、邓小平七人的照片（按"八大"政治局常委名单序列）。

1966年，"文化大革命"的风暴席卷中国大地，遵义的造反派联络大串联来到遵义的外地学生，打着"造刘邓路线的反"的旗帜，到遵义会议纪念馆抄出1959年中央档案馆给遵义纪念馆的复信，诬蔑邓小平"篡改历史，硬将自己塞进遵义会议，捞取政治资本……"在当时"清算"邓小平"反党反社会主义"的所有"罪行"中，这一条无疑是他重大的"罪状"之一。于是，邓小平的名字在遵义会议会议室的说明牌上被打上黑×，照片被从会议室墙壁上摘掉。

至于陈云的《遵义政治局扩大会议传达提纲》为什么没提到参加者中有邓小平，我们应当加以分析。应该看到，陈云的这个提纲只是为传达会议的主要内容而写的，不可能面面俱到。关于参加会议的人员，提纲里除没有提到作为中央秘书长参加会议的邓小平外，也没有提到当时也参加这次会议的军事顾问李德及翻译伍修权。

对于造反派批判邓小平"篡改历史，挤进遵义会议"这一点，邓小平始终没有承认。到20世纪70年代，邓小平赋闲在家时，一个老干部的孩子去看望他。闲谈中提到这件事，邓小平还不无感慨地说：遵义会议，我参加了就是参加了，没有参加就是没有参加，我一生的历史……不因没有参加遵义会议硬说参加了，来增添一份光荣……

1976年10月，中国终于结束了延续十年的动乱，被颠倒的历史又重新颠倒过来。1980年，中国革命博物馆、遵义会议纪念馆以及其他有关党史资料、书籍中，在介绍遵义会议的参加者时，又重新出现了邓小平的名字。

对邓小平参加遵义会议的身份，过去一直有几种不同的说法：一、《红星》报主编；二、中央秘书长；三、先以《红星》报主编身份列席会议，会议中被选为党中央秘书长，正式参加会议。直到1984年9月，中共中央党史资料征集委员会公布了《关于遵义政治局扩大会议若干情况的调查》以后，才将邓小平参加遵义会议时的任职弄清楚——中央秘书长。关于邓小平以中央秘书长身份参加遵义会议，有如下这些佐证：

一、在邓小平过去填写的履历表中，关于这个期间的职务，一直填的是中央秘书长。

二、邓颖超说过，遵义会议时，邓小平是中央秘书长，这一点"我完全可以证明"。

三、1984年，有关部门在为英国《简明不列颠百科全书》撰写我国主要领导人的传略条目时，曾就此问题请示过邓小平本人，邓小平说他1934年底开始任党中央秘书长。

四、1984年10月26日，杨尚昆答美国著名作家哈里森·索尔兹伯里就邓小平参加遵义会议时任职的提问时说："（20世纪）50年代末60年代初，我到遵义，遵义的同志问都是哪些人参加了遵义会议，我一一做了回答。他们又问：邓小平同志是否参加了？我说好像不记得他参加了。回到北京，我问周总理，总理说小平同志参加了。当时担任会议记录，他是党中央秘书长。"

五、1984年，哈里森·索尔兹伯里访问刘英。刘英说：遵义会议后不久，邓小平被派往作战部队，中央秘书长的工作由我接替。

综上所述，邓小平参加遵义会议时的任职，已经相当清楚了。这里需要研究的是，中央队秘书长和党中央秘书长是否是一回事？刘英在《瞭望》1986年第41期发表的回忆录《难忘的三百六十五天》中写道："遵义会议后，大约4月间，我接到李富春同志写来的一张条子……条子写道：调刘英同志到中央队代替邓小平同志工作……就这样，我当了中央队的秘书长。"刘英近年在接受一次采访时也谈道："李富春告诉我，邓小平同志因工作需要调往前线，叫我接替他，担任中央队秘书长。"

刘英1984年接受哈里森·索尔兹伯里采访时所谈与以后的著作和接受另外的采访者所谈，一为中央秘书长，二为中央队秘书长，应该说两者是一致的。因为邓颖超于土地革命战争时期在苏区中央局担任中央秘书长后，除了邓小平接替她的工作的记载外，没有史料记载中央秘书长另有人担任。红军长征途中，中央政治局成员周恩来、朱德、博古编在军委纵队；毛泽东、张闻天、王稼祥编在中央队；陈云、刘少奇、凯丰等于分别担任军团的中央代表，随军团行军。遵义会议后，党中央负总责的是张闻天，而在战略转移中起决策作用的"三人小组"成员毛泽东、王稼祥又在中央队。那么，长征中的中央队，在实质上起着核心领导作用。中央队秘书长所担负的工作，应该就是中央秘书长担负的工作，当时在戎马倥偬中，职务的名称有时不那么严格，两者的职责是一致的。

关于遵义会议的伟大意义与历史作用，新中国成立后邓小平曾多次谈到。

1980年8月21日，在会见意大利记者奥琳埃娜·法拉奇时，邓小平说：在1935年我们历史上著名的长征中召开的遵义会议上，确立了毛泽东同志在党和军队的领导。相应地，我那时也第二次当党中央秘书长。在 1989 年 5 月 31 日同李鹏、姚依林的谈话中，邓小平指出：从毛、刘、周、朱开始，中国共产党才真正形成了一个成形的领导。以前的领导都是很不稳定的，也很不成熟。从陈独秀起，一直到遵义会议，没有一届是成熟的……我们党的历史上，真正形成一个成形的领导，是从毛、刘、周、朱这一代开始的。在 1989 年 6 月 16 日，同杨尚昆、万里、江泽民、李鹏、乔石、姚依林、宋平、李瑞环谈话时，邓小平又指出：我们中国共产党历史上，从现在起需建立起一个第三代的领导集体。在遵义会议以前，我们党没有形成过一个成熟的党中央。从陈独秀、瞿秋白、向忠发、李立三到王明，都没有形成过一个有能力的中央。我们党的领导集体，是从遵义会议开始建立的，也就是毛、刘、周、朱，后来加了任弼时同志，弼时同志去世后，又加了个陈云同志，到了党的"八大"，成立了由毛、刘、周、朱、陈、邓六个人组成的常委会，后来又加了个林彪，这个集体一直到"文革"。

遵义会议是中国共产党、中国革命的重要转机，应该说也是邓小平政治生命当中的转机。他由遵义会议前的被排挤、被打击转变为受到信任，转换到重要的工作岗位上来，协助中央领导开展工作。从此得以充分施展他的才干，开始了他后来更为光辉的战斗历程。

整顿铁路，抓整章建制

从 1958 年到 1960 年的"大跃进"期间，由于受"左"的指导思想支配，铁路和其他战线一样，违反客观经济规律，急于求成，造成了重大的损失。

高指标、大计划、浮夸风和"共产风"泛滥成灾。铁路面对各部门竞相翻番而剧增的运量，也脱离实际地提出多修路、多造车、多拉货等过高指标。1958 年 3 月 20 日，铁道部部长滕代远在成都会议上提出"计划在'二五'时期修建新线 2 万公里"，这本是实现不了的高指标，却仍被视为"保守"，5 月间增加到 3 万公里，8 月间又增加到 7 万公里。1957 年，全路货运量不到 3 亿吨，却设想 1959 年运货 8 亿吨。

根据中央关于下放权力、改变领导体制的决定，1958 年 6 月，经中共中央批准，调整了铁路管理体制：一个省设立一个铁路局，全国由 17 个铁路局增加到 29 个；铁路局与工程局合并，实行"工管合一"；铁路局和直属工厂受铁道部和地方双重领导。这些做法大大削弱了运输指挥上的集中统一，影响了运输畅通、安全正点。

三年"大跃进"，铁路付出了沉重的代价："三制""八规"等合理规章制度受到破坏；基本建设战线过长，湘黔、成昆等重点工程相继停工；群众运动代替了科学管理，企业管理混乱，浪费损失严重；一味拼设备，吃老本，打乱仗，设备失修，质量下降；只搞浮夸假报，实事求是的优良传统被破坏了。1960 年，兰州、呼和浩特、哈尔滨三个铁路局瘫痪了两个半。

为了总结经验教训，恢复国民经济的正常发展，处在中央领导工作第一线、身兼总书记与国务院副总理的邓小平在调查研究的基础上，提出了纠正错误、调整政策的一系列正确意见与决策。

邓小平又一次把重点转向铁路，着手整顿铁路工作。

1961 年 1 月，邓小平总书记和中央书记处各位领导同志，听取了铁道部副部长吕正操、武竞天等同志的汇报（当时，滕代远部长因病离职休养）。

1 月 26 日，中共中央批转铁道部党组《关于在铁路系统建立政治工作部门和改进管理体制的报告》。中央批示强调："铁路是国民经济的大动脉，是高度集中的企业，带有半军事性质，必须把一切权力集中在铁道部。"中共中央指出的铁路特点，以后被简称为"高、大、半"。

中央还决定成立中共铁道部委员会，在铁路系统重建政治部门；在铁路系统的运输生产指挥、物资资金分配、设备调拨、干部安排和职工调动等方面，完全由铁道部负责处理；除党的思想政治工作和组织工作以外，不再实行铁道部和地方双重领导。

1 月 27 日，铁道部在北京召开全路领导干部会议。邓小平总书记接见部分代表并讲了话。他尖锐地指出：铁路上浮夸风是严重的，根源是主观主义，不实事求是，头脑发热，好大喜功，急于求成，瞎指挥，强迫命令，逼着下边说假话，一级糊弄一级，这个教训是非常深刻的。

邓小平抓住关键，强调指出：现在铁路运输秩序不好，主要原因是把原有的规章制度破坏了，却没有建立新的规章制度，或者立错了。迷信要破除，但不能违反科学。他一锤定音：这次会议的中心是整章建制，整顿运行秩序。

这是一次拨乱反正的会，会议连续开了 12 天。会议决定：限期恢复和建立三项基本制度（生产责任制、检查验收制、经济核算制）和八项规程（技术管理规程、设计规程、施工规程、大中修规程、客运规程、货物运输规程、危险品运输规程、产品设计规程）；建立群众性安全检查制度，严格劳动纪律，消除事故因素；总结推广安全正点的好经验。

铁道部大力整顿运行秩序，在全路开展安全正点"四爱"（爱车、爱路、爱货、爱设备）立功运动。经过一年多的努力，安全情况有了显著好转。1962年，客货列车始发、运行正点率都保持在90%以上，行车重大、大事故比上年减少55%。

全路认真贯彻中共中央"调整、巩固、充实、提高"的方针，以调整为中心。铁道部撤销了长沙、贵阳等一批铁路局和工程局，撤销了38所名不副实的高等院校，关停并转了87个部属工业企业，砍掉了80个基建项目。铁路职工总数由1960年的215万人，到1962年底精简为128万人，劳动生产率开始回升。

铁道部根据邓小平同志主持制定的《国营工业企业工作条例（草案）》，结合铁路的具体情况，制定了《铁路工作条例》六十条。这两项条例在全路试行后，有效地提高了铁路管理水平。

调整整顿后的铁道事业，纠正了"大跃进"中一套"左"的做法，重新出现了稳定发展的局面。

随着经济形势的好转，一度下马的北京地下铁道工程提上议事日程。1965年，中共中央书记处和国务院决定修建北京地下铁道。2月4日，毛泽东为修建北京地铁做了重要指示："精心设计，精心施工。"邓小平总书记亲自主持中央书记处会议，审查设计、施工方案，确定了地铁修建的三项原则——"交通服从战备，地上服从地下，时间服从质量"，并指示"车站要朴素大方、坚固、适用，不要豪华"。邓小平强调北京市和铁道部要密切协作，步调一致，加强领导，及时解决施工中的问题。

1965年7月1日，北京地铁工程隆重开工。朱德、邓小平、彭真、李先念、罗瑞卿等党和国家领导人参加了在玉泉路举行的开工典礼，并为工程奠基。

心系油田

1961年7月23日，邓小平视察了大庆油田。

大庆油田的发现和邓小平的决策是分不开的。

1958年2月27日，原石油工业部部长李聚奎，地质勘探司司长唐克，地质师翟光明、王纲道来到中南海居仁堂向邓小平汇报全国石油勘探开发情况。

　　邓小平一边听汇报，一边做着记录。当唐克汇报到人造油情况时，邓小平插话说："听说你们石油工业部有人搞人造油和天然油的讨论。石油工业怎样发展？我看人造油是要搞的，并且下决心搞，但中国这样大的国家，当然要靠天然油。"

　　第一个五年计划期间，石油工业部是唯一没有完成产量计划的工业部门，天然油只有86万吨，而且全在大西北，不仅满足不了国家需要，运输也不方便。于是，在大连、抚顺、茂名等地发展了人造油的生产，而且产量达到60万吨，几乎与天然油的产量平分秋色。由于勘探工作做得少，技术落后，有人认为在中国发展天然油前景不大，因此提出与其打干井造成浪费，不如把这些资金用于发展焦油和太阳能上。邓小平是不同意这种观点的。他认为，我国的石油工业从发展战略上看，还是要搞天然油。

　　但是，一个现实的问题是勘探上不去，主要是队伍力量薄弱、装备落后、技术人才缺乏。当时，全国石油职工仅有14万人，205个钻井队，使用的大多是中小型钻机，年钻井总进尺只有52万米，地质勘探、油田开发的专业人员也很少。这样薄弱的力量，在西北也无法铺开，只能集中在几个地方开展工作，全国普查更谈不上。

　　邓小平说：现在，你们的地质队和地球物理队可不可以加一番，轻便钻机只有95个队太少了一点儿，中型钻机只有140多部也太少了。石油钻机要自己造，可以和机械部商量一下，你们也要促进一下。要做1 200米的钻机，也要搞3 000米的钻机。套管、钻杆应当努力设法在国内解决。总之，一个是勘探队的问题，一个是钻机，总是应该促进一下。"第二个五年计划期间，你们打钻子（指钻井进尺）加一番行不行？"

　　当汇报到第二个五年计划期间勘探工作的规划部署时，邓小平说：石油勘探工作应当从战略方面考虑问题。战略、战役、战术总是要三者结合的。把真正有希望的地方，如东北、苏北和四川这三块搞出来，就很好。对这些地方应该积极创造条件，在地质上创造一个打井的基础，可以三年搞成，也可以五年搞成，应该提出一个方案来。

　　第二天上午，邓小平对石油工业战略发展方向做了重要指示：在第二个五年计划期间，东北地区能找出油来就很好，把钱花在什么地方，是一个很重要的问题。总的来说，第一个问题是选择突击方向，不要十个指头一般齐。全国如此之大，二三十个地方总是有的，应该选择重要地点先突击。选择突击方向是石油勘探的第一个问题，不然的话，可能会浪费一些时间。石油勘探的战略方针不能在这里搞一下，那里搞一下，总要有个轻重缓急。研究一下，哪个地方能先找出油来，哪个地方没有油，要排出一个次序。松辽、华北、华东、四川、鄂尔多斯五个地区要多花一些精力，研究考察一番。柴达木地区在第二个五年计划期间还用不上，塔里木可以不忙，找油就像打仗一样，过分分散就不利。

根据邓小平的指示，国家计委和机械工业部立即行动，帮助石油部解决人员、装备问题。到当年的年底，钻井队数由 205 个增加到 394 个，增长了近一倍；石油职工人数由 14 万人增加到 23 万人。这就为后来进军松辽打下了坚实的基础。

邓小平的这次谈话后，松辽盆地的勘探步伐大大加快了。1958 年 4 月成立了松辽勘探大队，5 月改建为松辽勘探处，6 月成立松辽石油勘探局，调集了 5 个地质详查队在松辽盆地开展地质调查工作，9 个重磁力队投入重磁力全面普查和局部详查，一个物探研究队开展资料研究。同时，调动 4 部钻机打基准井，32 支勘探队伍 1 000 多人在松辽盆地开展了全面勘探工作。

1959 年 4 月 11 日，松基三井正式开钻，9 月 26 日，终于开采出石油了。此后，松辽平原相继发现了几十个油气田。

邓小平一直关注着大庆油田的勘探工作。

这次来大庆前，在哈尔滨，他与油田的领导一见面就问："杜 6 井的气怎么样？这是一件新闻，以前还没听过。"

当有关同志把情况汇报后，他说："气，你们要搞快一点儿。找到气，能解决大问题。"当说到已在杜 6 井以西、以北地区及齐齐哈尔、富拉尔基等地打了几口井，看来这个地区地质情况比预计复杂时，他说，"气比油更活跃，你们要好好找。"

听到大庆油田的面积和可采储量后，邓小平说："现成 7 亿吨是肯定了，你们要搞到 10 亿吨。有了 10 亿吨，一年就可以生产 3 000 万吨。"邓小平在谈话中 4 次提到要搞到 10 亿吨。

在来大庆的火车上，邓小平还关心地问："你们现在注水还没过关？"康世恩回答说："现在听到的都是好消息，水注得很顺利，效果也明显，比预期的情况好。但这里也潜伏着问题，就是担心水推进得不均匀，会沿着渗透性好的油层跑得较快，形成单层突进，油井过早被水淹。"

"多少时间能淹掉？"邓小平问。

"今年就可能看出来。"

邓小平说："要出问题就早出，好早点儿想办法。"

上午 8 点半，邓小平到达大庆后，先后参观了孙玉庭钻井队、北 1-58 井喷油、北 1 排 2 号转油站、干打垒房子、3 排 1 号注水站及西油库。中午察看了地质图并听取了油田的情况汇报。

在参观一口油井时，邓小平问："这口井每天产量多少？"

工人回答说：用 12 毫米油嘴每天产油 120 吨。后来解释这口井是排液井，生产并不能用这样大的油嘴，只能用 5 ~ 7 毫米油嘴。

邓小平又问："用 7 毫米的油嘴能生产多少？"

"可以产 50 吨油。"

"恐怕不止这个数字，要有 70 ~ 80 吨。"邓小平说。

邓小平问："正常生产时能产多少？"

"按全油田平均，一口井 30 吨左右。"油田领导说。

邓小平说："恐怕也不止这个数。"

离开这口井后，邓小平在汽车上按每天产油 70 吨、80 吨分别做了计算。他说："一天产 70 吨，一年就是 25 000 多吨。一天生产 80 吨，每年就是 28 000 多吨，这是高产量的油井，是好油井。"

参观完油田后，邓小平满意地说："这里的速度是快的。"接着，他又问，"炼油厂跟得上吗？"陪同视察的同志回答说："原计划今年就把常减压部分搞起来。现在看来今年上不去，争取明年搞成。"听到这里，邓小平紧锁眉头说："看来速度比原来预想的慢，要抓紧哟，有啥子困难说嘛！争取明年搞成。"

邓小平十分关心大庆的农业生产。他说："大庆这个地方靠着铁路，有火车站，草原很平，汽车到处可以跑，土地肥，到处能种地。要好好种地，成立专业队，实行单独核算，开头两年要补贴点，以后就要自给自足。农副业队生产的东西，也要实行等价交换。专业队集体所有制，不要和企业混在一起。你们要争取做到蔬菜、副食品自给。

"农田不要再开了。要多搞些畜牧业，多种树，又可以保护草原，又能解决肉食问题。

"这里养猪的条件也很好，要好好养猪。我在密云调查，那里养猪可以不喂粮食，就是喂草、喂草籽也可以长膘。你们要多打点儿草和草籽，多养点儿猪。"

他看到牧场的牛后说："这里的条件太好了。遍地是草，你们也可以办牧场，养点儿乳牛、菜牛，养点儿羊。"

邓小平在视察中还提出，要好好种树。树吸收水分，每棵树就等于一个小水库。要保证每人一年成活二三十棵。你们油区要种些树，也归你们所有。先还是搞成材的树，多少年之后就可以用。几年就可以长得很粗，盖房子是好木头。井边要多栽些树，最好种核桃树，可以榨油。

在这次视察中，邓小平对职工的生活关心最多，也说得最多。

他在哈尔滨时就问油田的领导："职工生活如何？一个月吃多少钱？"

"按过去一个月十三四元就够了，最近来了一批进口面粉，每斤三角二分，这样花钱就多了，低工资工人就很紧。"

邓小平当即对省委书记李剑白说："进口面粉也不能抬高物价，按国内价格调拨。"李剑白表示要马上解决这个问题，多交的款退回。

接着，邓小平又问：职工的冬季服装解决了没有？食堂办得如何？职工在食堂吃饭吗？

听完汇报，他说，有些人愿意在家吃饭也可以，食堂要好好培植，不宜过大。

来到大庆后，邓小平看了工人们正在搞干打垒的房子，很满意。他一一询问：去年盖了多少平方米？今年能盖多少？每平方米多少钱？当他听到每平方米十二三元钱时说：这样就可以多搞。

邓小平说：这里的粮食解决了，副食品也解决了。你们现在是"两挤"。一是家属房子很挤嘛。房子太紧张了，太久了不行。这里有土地，职工是欢迎那种房子的，干打垒嘛。只需一点儿木料就可以盖了。这个问题家属反映很大。这里很艰苦，已经艰苦了几年了，今年、明年就搞，要提高建筑面积。要挤些时间盖房子，今年搞一年，明年再搞一年，不行后年再搞一年，三年要解决这个问题。要搞干打垒，一定解决这个问题。今年要计划每户再多搞半间房子，一家给一间房子嘛。只要减些学习时间，节约劳动时间，就可以多盖一些房子。学习时间可以集中在冬天，夏天就是读点儿报，自由看点儿书，必要时讲一次课。不要怕人家说"大庆不搞政治了""不搞阶级教育了"，人人参加劳动，这不是政治吗？你们一天工作 10 小时，8 小时工作，半小时交接班，一个半小时搞点儿农业，修理修理设备，这样安排是合理的嘛。

当时，油田物资匮乏，许多生活用品凭票供应。邓小平问：日用品供应如何？听说职工没时间去排队，购买日用品很困难，应买的东西也买不上时，他说：你们最好办几个供销社，送货上门。供销社实行集体所有制，按批零差价办。

下午 2 点，邓小平结束了对大庆的视察。

对人民公社的历史思考

1958 年，在轰轰烈烈的"大跃进"中诞生的人民公社，在走过了 26 年后于 1984 年最终解体。在这一时期，中国农村的发展或停滞，中国农民的希望或苦难，都直接与人民公社制度有关。邓小平，作为中国共产党第一代领导集体的重要成员和第二代领导集体的核心，亲历了人民公社形成和解体的全过程，对人民公社有过反复的思考，特别是对人民公社的最终解体起了重要的决策作用。

1958 年夏、秋，在农业生产合作社并社过程中出现了人民公社，以毛泽东为代表的中国共产党人对之普遍感到异常的兴奋，并大加赞赏。毛泽东称赞："还是办人民公社好，它的好处是，可以把工、农、商、学、兵结合在一起，便于领导。"8 月 17 日，在北戴河召开的中共中央政治局扩大会议将人民公社问题列为会议的议题。毛泽东在会上广泛地谈到了对有关人民公社问题的看法。8 月 23 日，在讨论农村工作时，中央其他领导同志也就人民公社问题发言，同意在农村办人民公社。中共中央总书记邓小平对毛泽东的看法也极表赞同，对人民公社也怀有极大的热情。他在中央书记处会议讨论关于人民公社决议的问题时说：公社本身是社会主义性质，为共产主义做准备，全民所有制逐步增加，公社一建立积累很大，积累可为全民所有。经过讨论，8 月 29 日，会议正式通过《中共中央关于在农村建立人民公社问题的决议》。这样，一个大办人民公社的全民运动在全国农村中正式地、普遍地开展起来。

"人民公社好"在当时可以说是全党的共识。邓小平也是这样认为的，他说"看来基本道路解决了"，"就是说农业找到了道路"。

人民公社是政社合一的体制，主要特点是一大二公。随着公社化运动的开展，"共产风"以及生产上的瞎指挥、高指标、高估产、高征购、高用粮等也发生了。仅仅几个月的时间，就暴露出比较严重的问题。这些问题，引起了党中央和毛泽东的重视，也引起了邓小平对人民公社的深思。

毛泽东率先发觉到出现的问题。从1958年11月第一次郑州会议开始，党中央连续召开了一系列会议，讨论如何认识和解决人民公社运动中出现的各种问题。

邓小平和毛泽东对人民公社问题的一些看法是一致的。他不同意混淆集体所有制和全民所有制的界限，不同意一些地方搞急于过渡的做法。1958年10月，他在云南视察人民公社时就说：还是要慢一点儿，自然一点儿。邓小平参加了《关于人民公社若干问题决议（草案）》的讨论，他说：目前，公社只能说是集体所有制，只能说有全民所有制的因素，供给制只能说有共产主义的萌芽。按劳分配、工资级差在社会主义社会仍然有积极作用，不能否定。他在党的八届六中全会上，对建成社会主义和共产主义的标准做了具体的说明。他认为人民公社今天还不是共产主义的，连社会主义还没有建成，怎么就是共产主义呢？形式是共产主义的，内容不完全是共产主义的。这些论述都是为了纠正当时人民公社出现的急于过渡的错误做法。他指出：要把社会主义和共产主义的界限划清楚。确定在15年、20年或更长的一段时间内，我们的任务是建成社会主义社会，逐步增加共产主义的因素，为过渡到共产主义准备条件，并根据这个质的规定来制定目前阶段的方针政策，这样才会使我们既不犯保守主义的错误，又不犯冒险主义的错误。

在正确看待人民公社的问题上，邓小平有他自己的认识：当全党对人民公社都还处于盲目推崇的时候，邓小平提出应当看到，人民公社是一个新问题，不能疏忽大意，要不断总结经验、加强领导。他多次强调：人民公社还正在试验，正确不正确，还要看几年。

1959年7月的庐山会议，由于错误地开展了批判彭德怀等人的右倾机会主义的斗争，党内从第一次郑州会议以来开始纠"左"的形势发生了逆转。这样，人民公社运动中出现并应该纠正的一些问题，被反右倾的斗争所湮没，党内对人民公社的批评声也越来越少了。

邓小平没有参加庐山会议。作为党员，他只能拥护和服从中央关于批判彭德怀右倾机会主义的决议，但他并没有因为反右倾，放弃对人民公社问题的反思。1960年初在中央召开的天津会议上，他指出：人民公社主要是"条件不成熟，急于过渡，一平二调妨碍积极性。如果不注意，要妨害生产的，要妨害过渡，延缓过渡的时间"。

对于人民公社中出现问题的原因，邓小平做了分析。他认为：是因为违背了实事求是的精神。为什么不能实事求是？就是方法出了问题。不调查研究，觉察了问题，不认真调查和处理。过去几年调查研究很少，就搞了许多虚假现象。

1961年，全党大兴调查研究之风。4月，邓小平和彭真到北京郊区顺义搞调查研究。通过调查研究，邓小平认为：农业减产的原因是政策问题，人民公社的一些政策，影响了群众的生产积极性。他充分肯定了当时尚有争议的"三包"（包工、包产、包成本）、"一奖惩"（超额有奖，减产受罚）、"四固定"（土地、劳力、耕畜、农具固定到生产队使用）的责任制，指出"一定要实行定额包工，多劳多得是天经地义的事，是社会主义的分配原则"。当他了解到不少农民不想吃食堂时，他表示："吃食堂是社会主义，不吃食堂也是社会主义。要根据群众的意愿，决定食堂的去留。"

5月10日，邓小平和彭真致信毛泽东，信中说：要进一步全面地调动农民的积极性，对供给制、粮食征购和余粮分配、三包一奖、评工记分、食堂、所有制等问题的措施，还需要加以改进，有些政策要加以端正。报告中明确提出，"三七"开供给制办法，带有平均主义性质，害处很多，干部和群众普遍主张取消。三天后，毛泽东将此信批示发给各中央局，各省、市、区党委供参考。

在广泛调查研究的基础上，党中央对人民公社存在问题的认识逐渐加深，措施也逐步推进，基本上刹住了急过渡和"共产风"，在所有制问题上又一次后退了。1962年2月13日，中央发出《关于改变农村人民公社基本核算单位问题的指示》，规定公社一般以生产队为基本核算单位。至此，生产关系已实质上调整到初级合作社的阶段，但在形式上还维持着人民公社的体制。

为了恢复农业生产，当时还出现了一些新的情况，如有的地方实行"包产到户""责任到田""五统一"等，以各种形式包产到户的达到20%左右。对于这些情况，党内有些人认为这是对人民公社体制的否定，是"单干风"，是倒退。1962年7月7日，邓小平在谈到怎样恢复农业生产时说："农业本身的问题现在看来，主要还得从生产关系上解决。"不管白猫、黑猫，只要抓住老鼠就是好猫。他强调：要改变公社、生产大队、生产队的现有关系，调整公社、大队、生产队的体制。但是，邓小平的这些考虑，不久随着批"单干风"和"包产到户"，实际上被否定了。

"文革"开始后，在极"左"思潮的影响下，不少公社又开始出现并队、联队核算及没收生产队山林、社员自留地的现象，一味推广大寨式的评工记分，取消集贸市场、大搞"割资本主义尾巴"等。公社的权力越来越集中，计划经济统得越来越死，生产大队、生产队和社员个人没有一点儿自主权。公社还坚持不懈地用超经济的强制手段来规范农民的行为，持续不断地开展阶级斗争和路线斗争，不遗余力地向农民灌输"社会主义"思想，用政治手段试图把农民改造成为"社会主义的新人"。在分配上搞绝对平均主义，严防产生"新生的资产阶级分子"。

人民公社的这些弊端带来的矛盾到了 20 世纪 70 年代后期越来越突出地暴露出来了。农民再也忍受不住饥饿而空喊成为社会主义的新人，被迫冒险去寻求新的生活道路。20 世纪 70 年代后期，全国一些地方又悄悄地搞起被批判了多次的"包产到户"。这是对人民公社制度的冲击，给农民带来了真正的实惠，给社会和生产力的发展带来了可喜的变化，也引起了中央领导层的深思。

1977 年 7 月邓小平第三次复出后，针对我国农业发展现状，对人民公社问题进行了深入的思考，并且从理论上和实践上对我国农村的现行体制进行了新的探索。

第一，邓小平号召全党同志要敢于突破"禁区"。

当时，农村人民公社体制还是一个禁区。人民公社是在毛泽东支持和倡导下搞起来的，人民公社就是社会主义的重要象征。

面对这一禁区，1978 年 9 月，邓小平在听取中共辽宁省委常委汇报时指出：我们要根据现在国际、国内条件，敢于思考问题，提出问题，解决问题。千万不要搞禁区，禁区的害处是使人们思想不敢根据自己的条件考虑问题。他提出：要鼓励哪怕一个生产大队、一个生产队很好地思考，根据自己的条件，怎样提高单位面积产量，提高总产量，还有技术方面、多种经营方面，哪些该搞的还没有搞，怎么搞，这样发展就快了。不久，邓小平在视察天津时又反复强调解放思想，开动机器，从实际出发。他说：大队、小队都有特殊性，不能画框框，不能鼓励当懒汉。过去不能进"禁区"，谁独立思考，就好像是和毛主席对着干。实际上，毛主席是真正讲实事求是的，我们过去吃大锅饭，鼓励懒汉，包括思想懒汉，管理水平、生活水平都不高。现在不能搞平均主义，毛主席讲过先让一部分人富裕起来。后来，邓小平说到他 1978 年的东北之行是"到处煽风点火"。事实上，他的这些讲话确实点燃了中国农村改革的熊熊烈火，形成了对人民公社体制的冲击。

1978 年 10 月，邓小平在中国工会第九次全国代表大会上的致辞中第一次提出：各个战线不仅需要进行技术上的重大改革，而且需要进行制度上、组织上的重大改革。这种要从制度上进行重大改革的提法，一个多月以后，在中央工作会议和党的十一届三中全会上成为全党的共识。邓小平在中央工作会议上要求上至中央，下至一个生产队，都要实事求是，都要解放思想，开动脑筋想问题、办事情。邓小平的这些思想鼓舞着广大农民冲破人民公社制度长期以来对他们的禁锢，对废除人民公社制度起了重要的推动作用。

第二，邓小平重申坚持按劳分配原则，鼓励一部分人先富起来。

针对人民公社制度下分配上的平均主义，邓小平反复阐述马克思主义的按劳分配原则，批评吃大锅饭的错误做法。1977 年 9 月，邓小平在会见美联社董事会代表团时指出：过去，"四人帮"反对按劳分配原则，现在我们要恢复按劳分配原则。1978 年 8 月，他在谈到四川农村情况时说：所谓"政策"，无非是按劳分配，再加上有点儿小自由。12 月，党的十一届三中全会原则通过的《关于加快农业发展若干问题的决定（草案）》吸收了邓小平的意见，草案指出：按劳分配、多劳多得是社会主义的分配原则，绝不允许把它当作资本主义原则来反对。我们的一切政策是否符合发展生产力的需要，就是要看这种政策能否调动劳动者的生产积极性。

第三，邓小平支持包产到户，实行联产承包责任制。

1978 年秋，安徽遇到历史上从未有过的大旱。面对严峻的形势，中共安徽省委做出了"借地度荒"的决定：凡是集体无法耕种的土地，可以借给农民种麦，并鼓励农民开荒多种；谁种谁收谁有，国家不征公粮，不分统购任务。在借地的基础上，肥西县山南公社在全省首先闯开禁区，搞了包产到户。与此同时，凤阳县梨园公社小岗生产队 18 户农民，冒着挨批、挨斗、坐牢的风险，决定分田，包干到户。这一举动，翻开了中国农村发展史上新的一页，宣告家庭联产承包经营责任制这一新的农业生产体制开始形成。四川、云南也相继搞了包产到组，广东农民实行了"五定奖"。1979 年 1 月，《人民日报》陆续报道了这四个省实行生产责任制的情况，随即引发了一场改革与反对改革的斗争。

家庭联产承包，意味着对"三级所有，队为基础"的人民公社体制的彻底否定。一些同志认为，仍然必须注意保持人民公社体制的稳定。1979年4月中央工作会议讨论生产责任制问题时，只有少数省委书记明确表态支持。6月，在全国人大五届二次会议期间，担任中共安徽省委书记的万里找到陈云。陈云对安徽的包产到户做法表示双手赞成。邓小平在听取万里的汇报后说：你就这么干下去，实事求是地干下去。关键时刻，邓小平对生产责任制表明了支持的态度。

1979年9月，中央召开了各省、市、自治区第一书记座谈会，讨论关于进一步加强和完善农业生产责任制的几个问题。会后，中央发出通知，第一次郑重地肯定了大包干和包产到户的改革行动，认为它不会脱离社会主义轨道，没有什么复辟资本主义的危险。这样，以包产到户、家庭联产承包责任制为特征的农村改革在全国全面铺开了。

第四，邓小平提出，公社制度还是一个有待探索的问题。

农村的改革冲击着人民公社制度。1980年，四川广汉县的农民率先摘掉挂了22年的人民公社的牌子。1981年9月9日，邓小平在会见以竹入义胜为团长的日本公明党第十次访华代表团时谈到了农村改革的人民公社问题。他说：人民公社建立以后，我们已经感到"一大二公"的目标并不是很快就能实现的，那时候毛主席还在，也意识到这个问题了。所以，后来毛主席经过多次调查研究，提出要搞三级所有制，即公社、生产大队、生产队三级，以生产队为基础，当然也有以公社、生产大队作为核算单位的，但大多数是以生产队为核算单位。我们现在正在研究公社制度问题，看来这个理想还是正确的，不过这要随着生产力的发展才能逐步实现。这个问题还在探索中。公社制度还是一个探索的问题。

1982年12月，全国人大五届五次会议修改宪法，决定改变农村人民公社政社合一的体制，重新设立乡政权。人民公社宣告退出历史舞台。12月31日，中央政治局讨论通过了《当前农村经济政策的若干问题》，指出：人民公社的体制，要从两方面进行改革。这就是，实行生产责任制，特别是联产承包制，实行政社分设。政社合一的体制要有准备、有步骤地改为政社分设，准备好一批改一批。人民公社原来的基本核算单位即生产队或大队，在实行联产承包以后，有的以统一经营为主，有的以分户经营为主。它们仍然是劳动群众集体所有制的合作经济。原来的公社一级和非基本核算单位的大队，是取消还是作为经济联合组织保留下来，应根据具体情况与群众商定。

第五，邓小平认为，人民公社不是一个成功的试验。

　　1983年5月22日，邓小平会见毛里求斯总理阿内罗德·贾格纳特时说：我们农村过去十分贫困，主要原因之一就是搞"以粮为纲"，人民公社制度的试验也不那么理想。同年9月，邓小平会见英国前首相希思，在谈到农村政策时再次说：我们过去的失误都是由于走得太快。10月，中共中央、国务院发出通知指出：随着农村经济体制的改革，现行农村政社合一的体制显得很不适应。当前的首要任务是把政社分开，建立乡政府。通知要求这项工作要与选举人民代表大会代表的工作结合进行，大体上在1984年底前完成。这样，人民公社的体制到1984年最终结束了。

　　20世纪60年代初，邓小平虽然认真总结了人民公社的经验教训，但对人民公社的认识还没有突破当时的一种大的"框框"，这个"框框"就是充分肯定人民公社是一个大前提。纠正人民公社中存在的问题，也只是在大的"框框"下"修修补补"。邓小平虽然强调发展生产是人民公社巩固的关键，但他没有认识到人民公社的这种所有制形式并不适应当时社会生产力的发展。他虽然对一些地方认为已经进入或即将进入共产主义表示不赞成，但对社会主义和共产主义标准的解释也不完全准确，实际上就是他后来所说的当时并没有搞清楚"什么是社会主义"。他虽然对"包产到户""责任到田"等形式表示同意，但他也不同意从根本上否定人民公社这种体制。所以，当毛泽东批评"单干风"时，他还是保留了自己的意见。

　　邓小平是一个政治原则高于一切的人，他对人民公社问题思考的局限性还有当时国际、国内的政治原因。1958年前后，赫鲁晓夫关于向共产主义过渡的调子唱得很高。当时，中国把自己看作是社会主义阵营中的一员，赫鲁晓夫这个调子自然会对中国产生了重要的影响。所以，在中国共产党内，包括邓小平都认为实现共产主义已经为期不远了。后来，随着中苏之间分歧越来越明显，苏联曾批评和怀疑我们的人民公社。这样，对如何看待人民公社中出现的问题，从政治上考虑的因素大大加强了。当时，国内反对彭德怀右倾的斗争也使得我们党不能正视人民公社中存在的问题。全党包括邓小平在内，即使在20世纪60年代初总结人民公社经验教训时，还是在肯定"三面红旗"的前提下来进行的。因此，邓小平对人民公社问题的反思还存在着片面的地方。

　　还有一个重要原因，就是邓小平作为中国共产党第一代领导集体的重要成员，对毛泽东十分尊重。他对人民公社问题的反思，对人民公社运动中出现的错误进行纠正，都是在毛泽东同意的情况下着力去办的。一旦和毛泽东的意见相左，他还是服从毛泽东的意见。

20世纪80年代初，农村人民公社制度之所以能够废除，主要是我们党对"什么是社会主义"有了一个正确的认识。在农村改革初期，邓小平就号召全党解放思想。1980年4月，他指出不解放思想不行，甚至包括"什么叫社会主义"这个问题也要解放思想。邓小平认为：不要光喊社会主义的空洞口号，社会主义不能建立在贫困的基础上。1980年5月，邓小平指出："社会主义的经济政策到底对不对，归根结底要看生产力是否发展、人民收入是否增加，这是压倒一切的标准，空讲社会主义不行，人民不相信。"他说：我们在一个长时期内忽视了发展社会主义社会的生产力。从1957年起，我们的生产力发展非常缓慢。拿农村来说，至1966年的十年间，农民的收入没有增长多少，多数地区的农民还处在贫困状态。"文革"时期情况更加困难，如果按照社会主义的标准来要求，这是很不够的。因此，邓小平支持农村改革，赞同实行家庭联产承包责任制，赞同废除人民公社的体制。

家庭联产承包责任制的推广，冲击了人民公社高度集中的计划经济体制，极大地调动了农民的生产积极性。邓小平认为：中国社会主义农业的改革和发展，从长远的观点看，要有两个飞跃。第一个飞跃，是废除人民公社，实行以家庭联产承包为主的责任制，这是一个很大的前进，要长期坚持不变。第二个飞跃，是适应科学种田和生产社会化的需要，发展适度规模经营，发展集体经济，这是又一个很大的前进，当然这是很长的过程。邓小平论述的第二个飞跃，反映了邓小平对中国农业未来的思考，体现了中国农民的真正希望所在。

"猫论"的由来

"文革"中，邓小平成了"党内第二号走资本主义道路的当权派"。为了罗织他走资本主义道路的罪名，欺骗群众，"猫论"被当成一枚重型炮弹抛了出来。作为一桩著名的"文字狱"，"猫论"这句来自群众的名言，当它回到群众之中的时候，从一开始就遭到严重扭曲，形成种种讹传。讹传之一，文字上改头换面，变成"不管白猫、黑猫，只要抓到老鼠就是好猫"；讹传之二，移花接木，把邓小平说成是"猫论"的发明者和专利者；讹传之三，断章取义，隐瞒了"猫论"产生的历史背景和所针对的具体问题，将之上纲为走资本主义道路的政治主张；讹传之四，形而上学，把"猫论"判定为历史唯心主义的哲学观点，说成是邓小平认识事物的思想基础和处理党政事务的基本原则。显然，这些带有险恶政治目的的讹传，从根本上篡改了"猫论"的含义。结果，"白猫"与"黑猫"被夸大成为走社会主义道路和走资本主义道路两种根本对立的政治概念。"猫论"被解释成"不管社会主义还是资本主义，只要能发展生产力就是好主义"。于是，"猫论"成了唯生产力论的同义语和实用主义的代名词，成了主张走资本主义道路的反动政治观点，受到了最严厉的批判。然而，出乎林彪、"四人帮"一伙意料的是，批判来，批判去，"猫论"非但没有批臭，人民群众反而从中看到了邓小平实事求是的高贵品质，对"猫论"产生了好感。这种好感一方面出自人民群众对邓小平的敬仰，另一方面也反映了人民要求迅速发展社会主义生产力的强烈愿望。诚然，在当时的情况下，群众并不可能了解"猫论"产生的背景和所针对的具体问题，因而对于"猫论"的理解未必十分准确，甚至难免会掺杂一些误解，但是，群众中存在的这种善意的误解与那种政治上的恶意歪曲是有本质区别的。

"文革"以后，通过拨乱反正，许多重大理论问题得到了澄清。由于"猫论"并不是一种思想理论，所以对于它的理解和应用一直是见仁见智，处于百家争鸣状态。近年来，理论界和社会上对于"猫论"的研究和议论越来越多、越来越热。究其原因，主要有二。其一，改革开放是在探索中前进与发展的，缺乏充分的理论准备。对于改革开放中出现的新问题，人们感到困惑；对于改革的标准和未来的发展，不少同志心中无数。人们把"猫论"看作一种理论，希望从中找到根据和答案。其二，党的十一届三中全会以后，邓小平成为我们党的第二代领导集体中的核心。作为改革开放的总设计师，他的思想理论对于国家的发展具有重大指导意义。因此，在研究邓小平思想的热潮中，"猫论"就成了热门话题之一。

新时期对于"猫论"的研究从总体上讲是被当成一种思想理论来看待的，这本身就是一种误解。加之许多研究者并不了解"猫论"的背景，研究的动机、目的、角度和方法都不尽相同，大家各取所需，难免误解迭起。概括起来，大约有以下几种类型。第一，仍然坚持"文革"的观点，认为"猫论"就是唯生产力论，其实质就是主张走资本主义道路。持这种观点的人，企图通过对"猫论"的否定，来否定改革开放的总政策，使中国回到过去的老路上去。

第二，别有用心地将"猫论"歪曲为实用主义的选择标准，实质是企图利用"猫论"迷惑群众，改变改革开放的政治方向，使走资本主义道路合理化。第三，许多好心的同志，片面地夸大了"猫论"的含义和用途。他们或者把"猫论"当成一种哲学观点，用来阐释邓小平思想理论发展的基础，或者把"猫论"当作具有普遍意义的方法论原则，不加区别，不分对象、场合地到处应用。结果，"猫论"被曲解为一点论和选择事物的唯一标准。

　　毋庸置疑，对于"猫论"的理解与认识，应该采取百家争鸣的方针。但是，上述这些误解，已在一定程度上混淆了人们的思想，造成了理论上的混乱，并且给我们的实际工作带来了消极影响。这样，勘正这些误解就十分必要了。

　　"猫论"是在具体的背景下，针对具体问题而提出来的。因之，对于"猫论"的理解，同样必须遵循具体问题具体分析的原则。

　　正确理解"猫论"的含义，首先要正确认识它的功能。"猫论"的功能，从本质上讲只有一个，即比喻。"猫论"的比喻功能体现在两个方面：其一，它可以生动、形象地表述对一个具体问题的看法，具有很强的针对性；其二，它可以深入浅出地阐释一个哲学观点和揭示在某一类问题上所特有的选择标准。"猫论"确定选择标准的出发点是一致的，具有共同性。所谓"针对性"，是说"猫论"作为一种比喻，从来就不是孤立存在的。必然要和它所比喻的对象紧密地联系在一起，失去了具体的对象，独立的"猫论"就只剩下猫而不成其为论了。所以，理解"猫论"必须看场合、看问题。在不同的场合和不同的问题上，"猫论"有不同的含义。正是在这个意义上，我们说"猫论"本身不是一种理论、不是哲学观点、不是方法论原则，因而对于我们分析事物不具有普遍的指导意义。

　　所谓"共同性"，是说"猫论"所能解决的问题和所要表达的选择原则是共同的，可以概括的。"猫论"作为一种比喻，可以说明什么样的共性问题呢？概而言之，就是人们对待事物的价值取向问题，即人们根据什么标准来判断和选择事物的问题。例如，作为群众俗语的"猫论"，解决的就是怎样选择猫的问题，选择的标准是能不能捉住老鼠。刘伯承所说的"猫论"，是解决怎样选择战略战术的问题，选择的标准是能不能打胜仗。邓小平所说的"猫论"，是要解决怎样选择社会主义内部的农业生产形式的问题，选择的标准是能不能恢复和发展农业生产，能不能促进农村生产力。由此可见，虽然"猫论"在不同的场合，由于选择的对象不同，因而选择的标准也不同，但是，归根结底，它所要解决的就是一个价值取向问题，即如何选择的问题。从这个意义上讲，"猫论"又可以被用来阐释哲学观点，说明一般的方法论原则，尽管它本身并不是这些。

那么，"猫论"所要阐释的哲学观点（即它确定选择标准的根本出发点），也就是它内在的准确含义是什么呢？不难看出，这就是实事求是，一切从实际出发，具体问题具体分析。除此之外，"猫论"再无其他任何附加的含义。迄今为止，对于"猫论"的一切误解，从根本上讲，都是背离了这个唯一含义的结果。

"猫论"既可以解决具体问题，又能阐释普遍原理，自然具有很高、很好的使用价值。但是，应用"猫论"必须小心谨慎，把握住准确的尺度，特别要注意防止实用主义的倾向，严格掌握"猫论"的应用范围，解决好两个关键问题。

首先，我们必须十分清醒地看到，"猫论"对于事物的选择功能是有非常严格的界限的。一般地讲，它只能在同一性质的事物中进行选择，而不能在不同性质的事物中进行选择。同时，确定选择标准的出发点必须实事求是。这些是应用"猫论"的质的规定，不能越雷池半步。比如，邓小平使用"猫论"，是为了解决农村生产形式的选择问题，选择的对象是包产到户、生产队、生产大队和人民公社。这里有一个根本的前提，即所有这些生产形式都属于社会主义集体所有制的范畴，相互之间并不是对立的、排斥的。在这个大前提下，我们可以根据各地的具体情况，看哪种形式适应当地的生产力状况就选择哪种形式，这就叫实事求是、从实际出发。如果脱离了这个大前提，把选择对象改变为社会主义和资本主义两种根本对立的制度，而且不顾历史、不管国情、不看将来，仅以当时的生产力水平作为选择的唯一标准，这样势必就会做出错误的选择，从而在根本上违反了实事求是这一"猫论"内在的含义。所以，在性质上把握住使用"猫论"的尺度，具有十分重要的现实意义。

其次，应当看到，"猫论"不是一个万能的方法论原则。在时间和空间上，它的应用范围都是有限度的。所谓"时间的限度"，是指对于同一事物的选择，在不同的时间可能有不同的标准。比如，"猫论"本身的选猫标准，在封建时代的农村小生产者那里，就是以抓老鼠为标准，而在现代化社会，由于选猫的目的不同，许多人则完全反过来以猫的毛色的好坏为标准。所谓"空间的限度"，是说事物的选择标准是多样化、复杂化的，有的是单一的标准，有的是复合的标准。一般地讲，"猫论"的应用，只限于具有一个选择标准的事物，而对于具有两个以上选择标准的问题，"猫论"就失去了它的选择功能。比如，对于提拔和选用干部，党中央明确规定有四个标准，而且缺一不可。在这个问题上，我们就不能滥用"猫论"的一个选择标准来以偏概全。在这方面，我们是有过相当深刻的教训的。再如，对于青年学生的教育培养，有德、智、体三个方面的标准。在这个问题上，也不能简单地套用"猫论"，以不管什么学生，只要成绩好，就是好学生来作为培养标准。这说明，对于"猫论"，务必要分清哪些问题上能用，哪些问题上不能用，绝不能不加区别地普遍应用。

总之，实事求是，从实际出发，具体问题具体分析，这是"猫论"唯一的内在含义，同时也是我们应用"猫论"的正确尺度。

一篇题词的遭遇

新中国成立十周年时，广西策划了一套献礼书，从出版角度反映自治区十年来的创作成果，这是 20 世纪 50 年代的系统工程。这套献礼书由《广西革命回忆录》、《广西小说选》、《广西诗选》、《广西民歌选》、歌舞剧《刘三姐》、壮族民间长诗《布伯》等十个选题组成，在 1959 年 9 月一次推出。其中，广西军区主编的《广西革命回忆录》，是这套献礼书的龙头作品，是当时地方出版社出版的最早的革命回忆录。

由于时间紧迫，要赶在国庆前出书，《广西革命回忆录》只获得张云逸的题词，对未能来得及请邓小平题词，大家深感遗憾。为此，张云逸亲笔写信请邓小平为《广西革命回忆录》题词，建议再版时将小平题词补上，并继续编辑出版《广西革命回忆录》续集。

1963 年春节刚过，《广西革命回忆录》征文小组张武奉命拿着张云逸的亲笔信，进京请邓小平同志题词。邓小平在日理万机的总书记岗位上，一周之内就写来题词。题词全文是：

用革命的事迹来教育我们的子孙万代：像我们前辈那样，像我们的先烈那样，永远当一个革命者，永远当一个为人民大众的集体事业服务的社会主义者，永远当一个共产主义者。

邓小平

邓小平题词一到，立即制作复制件。原件保存在主编单位，复制件保存在出版单位。军队和地方是用双保险办法妥善存管邓小平的题词的。此时，《广西革命回忆录》续集已进入定稿阶段，康生炮制的"利用小说反党是一大发明"，给历史题材制造困难，所以审批作品进展缓慢。接着，在城乡开展"社教""四清"，《广西革命回忆录》的编辑放下手中稿件，下乡接受再教育。再接着，"文革"铺天盖地而来，《广西革命回忆录》被打成为邓小平树碑立传的"大毒草"横遭不幸。本书作者大部分蒙冤受屈，本书编辑无论是军队的还是地方的，都被整肃下放，使保存邓小平题词及回忆录原稿都成了大问题。红卫兵把编辑室公文柜贴了封条，《广西革命回忆录》的编者冒着政治风险，凭责任与信念，靠智慧与勇气，在恶劣的环境中保存着邓小平的题词和书稿。编辑人员几经变迁，图书稿件几经转移，十多年后在一个灰暗楼道走廊角的一堆破铁皮箱中，拂去满纸尘埃，才找到《广西革命回忆录》续集原稿。这里需要特别提到的是，经办邓小平题词的张武，挨批后受贬下放到桂东南六万大山。为了确保邓小平的题词万无一失，张武先用红绸把邓小平题词包在里面，再用草纸包封外面，把它藏在啤酒瓶箱中，越过一道又一道造反派关卡，偷偷随身带到六万大山，完好地保存了下来。党的十一届三中全会后，张武带着邓小平题词重返南宁，但《广西革命回忆录》的出版仍然受阻，历经口头申诉、书信要求均被拒绝。无奈之下，张武借中办、国办发文征集革命文物之机遇，将邓小平为《广西革命回忆录》的题词上呈军委总部。为此，中国人民解放军党史资料征集委员会给张武颁发了二等奖。邓小平题词在《广西革命回忆录》续集出版后，广西军区又为张武记三等功，颁发嘉奖令。为一本书的题词荣立军功，在军史上前无先例，在出版史上也是首开先河。张武是军旅作家，他生前最后一个职务是广西军区党史办主任，最后一篇报告文学《心迹》，是写邓小平的题词的。字里行间渗透着忠诚和深情：我们从中南海拿来题词，就要对中南海负责，邓小平把题词交给我们，我们就要把题词印在书上。特殊年代遇到的逆境、磨难、荣辱在所不计，很自然地表露出抨击"左"倾思想的浩然正气。此言此情，"心迹"也。

党的十一届三中全会后，我国进入新的历史时期，出版工作面临新的形势。《广西革命回忆录》的编辑陆续归队，把再版《广西革命回忆录》和出版续集列入 1980 年选题计划。真是幸又不幸：幸运的是邓小平题词和《广西革命回忆录》续集原稿，在十年浩劫中终于保存下来了；不幸的是受"左"倾思想影响的人还是不给《广西革命回忆录》开绿灯。"文革"革文化的命，当时社会上出现前所未有的书荒。在这样的情况下，再版《广西革命回忆录》并出版续集，重新肯定这部作品，具有平反正名性质。加之《广西革命回忆录》续集的作者多为年近古稀，受林彪、"四人帮"迫害，身心遭受严重创伤的老同志，有的将不久于人世。他们来信要求尽快出版《广西革命回忆录》续集，坦诚进言"不要把我们的作品作为祭品"。遗憾的是有关方面听不进去，1982 年竟然出现了一个取消出版《广西革命回忆录》的红头文件。《广西革命回忆录》是邓小平题词的载体，载体没有了，"皮之不存，毛将焉附"。面对这种打击，编者没有掩卷长叹，为了冲破"中层板结"，他们上书自治区党委直至中央。在彻底否定"文革"的大环境中，在自治区党委和中宣部的直接干预下，由中央工作组李英敏一锤定音，致函广西宣传口领导，要求落实自治区党委主要负责人关于出版《广西革命回忆录》的批示。这样，邓小平的题词烙着历史的印记，披着时代的风雨，经历重大挫折与磨难，曲折而又传奇地终于印在《广西革命回忆录》的卷首与读者见面了。红七军老战士、自治区主席覃应机在序言中说："首先，要感谢广西军区政治部的同志和广西人民出版社的同志，在十年内乱中，还完整地保存了邓小平同志为该书的题词，保存了二十多年前编就的革命回忆录原稿。"此番话朴实、真切，暖人心窝，耐人寻味。

回顾邓小平题词的出版过程，历时 22 年。党的十一届三中全会后，广西党政军部门就《广西革命回忆录》出版问题先后上呈、下达七个文件（拨乱反正的历史见证，其中 1982 年和 1984 年，广西党政一、二把手曾两次明确批示再版《广西革命回忆录》，出版其续集并亲自作序）。其出版经历，一波三折，极其艰难，非同寻常。

没有留影的视察

1958 年 8 月 3 日，经数次磋商，中苏两国政府签订了"八三协定"：中国将建设一座海军超长波电台，由苏联提供技术和一些设备援助。超长波电台的建立将为中国潜艇提供通信导航。这是我军通信对一个新领域的首次涉足。

台址几经选择，最后定在大同的一片荒土之上，创业者的足迹从此唤醒了雁北沉睡了千年的盐碱地。

1960年7月，苏联突然中止执行和单方撕毁了中苏两国政府签订的数百项协议、合同，撤走了在华的全部专家。帮助超长波台工程设计的苏联专家撤下上马不久的半截子工程打道回府，并带走了关键性图纸和重要的工程建设资料，超长波台的一些关键性设备部件苏方也不予起运。

工程处于奄奄一息的瘫痪状态。超长波台投资巨大，规模空前。没了技术，少了资料，断了设备，工程是建是停，进退维谷。国务院副总理罗瑞卿忧心忡忡地把海军副司令员周希汉叫到办公室，专门听取了汇报，不无担忧地问："没有了洋专家，我们自己搞，有没有把握？你们要拿一个详细的意见。"周希汉副司令员立马又叫来了海军司令部通信兵部主任徐明德。徐明德深知工程的上与下关系着一个国家、一个民族的荣辱和尊严。他经过深思熟虑之后，在周副司令员面前拍响了胸脯："我们中国人不比苏联'老毛子'笨，他们能干的事，我们也能干。干不好，你撤我的职！我们一定能够以自力更生的精神使超长波台起死回生。"

这段令人怄气的辛酸和争口气的艰难创业，以及三年自然灾害的趁火打劫，统统注入了超长波台的历史。一群中国军人以大无畏的革命英雄主义和不可辱的民族气节，在盐碱地上开始书写自己能力的证明。故此，中央领导对超长波台的建设投来了特别的关注。邓小平等领导同志把力量和勇气热乎乎地送到了轰轰烈烈的工地。

那是1964年春天，春寒凝重地紧锁雁北大地，超长波台的建设已进入设备安装阶段，几年的拼搏已成果在望。

4月6日中午1时许，部队正在开饭，雁北军分区副司令员冯福林突然来到工地，找到超长波台政委常振华和副台长刘巨扬，急不可待地说："今天下午，中共中央总书记邓小平和彭真、陆定一等中央首长要来视察长波台，请你们做好准备。"这一消息，令工地所有官兵万分激动。

临近下午4时，在官兵们的翘首以待中，邓小平、彭真、陆定一等人下车向大家走来。常振华和刘巨扬赶紧迎上前去，向首长行了军礼。邓小平一面和大家握手，一面用浓重的四川口音说："哟，你们海军怎么成了旱鸭子了！"一句风趣话逗出一片笑声，松弛了大家紧张的心情。

当时，超长波台的办公楼和宿舍尚未建好，部队都住在简易的平房和工棚里，唯一可做接待场所的是刚刚建成的器材仓库。长波台的领导因准备仓促和缺少经验，700平方米的大仓库里孤单单地摆着一张三屉桌和几把椅子，以致陪同的省、市党政军领导不得不站在一旁。

刘巨扬向邓小平等首长汇报了超长波台的建设情况，包括该台的使命、规模、工程造价、勘察设计、苏联设备到货情况和安装程度，以及存在的问题等。邓小平听得非常认真，不停地发问："超长波台建成后，通信距离有多远？"

刘巨扬答："根据苏联提供的资料，潜望镜状态的潜艇通信有效距离可达5 000至8 000海里，约合1.5万公里，可以达到美国的西部沿海。"

邓小平又问："这种超长波台，美国、英国、苏联有多少座？"

"根据现有的资料，英国有一座中型的；美国除本土有两座外，在日本、澳大利亚和欧洲都建有大型的，可以保障对潜艇的全球通信；苏联建有三座大型台，还有一些小型台。"刘巨扬娴熟地说。

邓小平"哦"了一声，说："我们很快也有了。"他又问，"长波台和短波台能不能分开建？"

刘巨扬十分专业地说："对潜艇通信主要依靠超长波，但作为辅助手段，短波通信是必不可少的。把长、短波电台建在一起便于使用和管理，还可节省编制和经费。"

邓小平再问："为什么选在这个地方？"

刘巨扬汇报："台址选择一是从战略布局考虑，位置要选在后方；二是技术上的要求，要求地势平坦、地下水位高，以获得较高的导电率；三是有充足的电力供应和方便的交通条件。我们开辟的是一块盐碱地，没有占用良田。"

邓小平含笑点头："好得很，良田很宝贵哟。"

当刘副台长汇报到从苏联购买的设备情况后，邓小平非常关心还有哪些设备没有按协议给，资料全不全。刘巨扬痛心地说："苏方关键设备一直拖延不给，我方通过外交途径多方交涉，提出抗议，来了些设备，但其中大型电子管由于包装和装车不符合要求，在运输过程中已有不少损坏，大型无缝钢管质量不合格的有几百吨。我方要求索赔，苏方却不承认，对钢管质量问题提出派人来我们现场察看，我们没有同意。"

彭真说："这是他们故意搞的！"彭真在 1960 年的布加勒斯特会议上，曾与赫鲁晓夫进行过面对面的斗争，领教过苏联臭不可闻的沙文主义，语气里充满了愤慨。

邓小平掷地有声地说："故意搞鬼还死不认账，我们要坚持索赔！"

邓小平脑海里蹦出的一个个问号代表一种兴趣，兴趣体现了关心。听完汇报，邓小平一行又兴致勃勃地到机房和天线铁塔安装现场做了实地考察。每到一处，邓小平都给官兵以问候、以鼓励。他高度赞扬了超长波台建设者们的艰苦创业精神和自力更生的决心，勉励大家克服困难，早日把中国人亲手建造的超长波台搞起来，气气那帮背信弃义的"老毛子"！最后，邓小平说："今天，我很有收获，既学到了许多新的知识，又学到了你们战胜艰难困苦、一往无前的精神。"

临别，彭真对常振华政委说："一定要把超长波台建设好，有什么困难可以到中央直接找我。"

下午 5 时，邓小平一行驱车离去，兴奋中的建设者们感到干劲更大，信心更足。

遗憾的是，当时全台找不出一台照相机，历史性的镜头没有被相机记录下来，却被人们的记忆永久收藏……